Private Equity für die Herausforderungen der neuen Zeit

Dr. *Pedram Farschtschian* ist Gründungspartner einer in Zürich domizilierten Beteiligungsgesellschaft, die sich auf Abspaltungen von Konzerngesellschaften und Nachfolgeregelungen für Familienunternehmen im deutschsprachigen Europa fokussiert. Zuvor war er bei der britischen Private-Equity-Gruppe 3i tatig, wo er mehrere internationale Transaktionen begleitete. Pedram Farschtschian studierte Wirtschaftswissenschaften an der Universitat St. Gallen (HSG) und promovierte am Schweizerischen Institut für Banken und Finanzen der Universitat St. Gallen (Dr. oec. HSG). Er doziert an der HSG als Gastreferent zum Thema strategische Unternehmensführung und Leveraged Buyouts. Seine wissenschaftlichen Ergebnisse und praktischen Erfahrungen publizierte er erstmals 2009 in seinem Buch *Strategische Beurteilung von Private-Equity-finanzierten Buyouts*.

Pedram Farschtschian

Private Equity für die Herausforderungen der neuen Zeit

Strategische Innovation für das Funktionieren von Private Equity im 21. Jahrhundert

Campus Verlag
Frankfurt/New York

Bibliografische Information der Deutschen Nationalbibliothek:
Die Deutsche Nationalbibliothek verzeichnet diese Publikation in der
Deutschen Nationalbibliografie. Detaillierte bibliografische Daten
sind im Internet unter http://dnb.d-nb.de abrufbar.

ISBN 978-3-593-39207-3

Das Werk einschließlich aller seiner Teile ist urheberrechtlich geschützt.
Jede Verwertung ist ohne Zustimmung des Verlags unzulässig. Das gilt
insbesondere für Vervielfältigungen, Übersetzungen, Mikroverfilmungen
und die Einspeicherung und Verarbeitung in elektronischen Systemen.
Copyright © 2010 Campus Verlag GmbH, Frankfurt am Main
Umschlaggestaltung: Guido Klütsch, Köln
Satz: Fotosatz L. Huhn, Linsengericht
Druck und Bindung: Beltz Druckpartner, Hemsbach
Gedruckt auf Papier aus zertifizierten Rohstoffen (FSC/PEFC).
Printed in Germany

Besuchen Sie uns im Internet: www.campus.de

Inhalt

Geleitwort zur editionMALIK 7
Vorwort von Prof. Dr. Beat Bernet 9

1. Einführung, Thesen und Grundlagen 11
1.1 14 zusammenfassende Thesen 14
1.2 Grundlegendes zu Private Equity 17
1.3 Grundlegendes zu Buyouts 25
1.4 Das *Profit Impact of Market Strategy* Projekt 49

2. Herausforderungen der neuen Zeit 52
2.1 Status und Bedeutung des Private-Equity-Marktes 52
2.2 Entwicklungen des Buyout-Marktes 58
2.3 Strategische und ökonomische Implikationen 65
2.4 Wertschöpfung jenseits von *Multiple Uplifts* und
    Financial Leverage 73
2.5 Nachhaltige *Operating Improvements* durch strategisches
    Management 79

3. Bestandsaufnahme des Status quo 83
3.1 Einbezogene Private-Equity-Firmen 84
3.2 Haltedauer der Beteiligungen und Performance-Messung . . . 87
3.3 Investitionskriterien zur Beurteilung potenzieller
    Buyout-Investments 90
3.4 Wertschöpfungstreiber und Zukunftsausblick 112
3.5 Zusammenführung der Erkenntnisse 117

**4. Nachhaltiges Funktionieren durch strategische
Unternehmensführung** 121
4.1 Kybernetisches Konzept strategischer Unternehmensführung . 123
4.2 Positionierung aktueller Investitionskriterien 139

4.3 Diskussion und Repositionierung aktueller
    Investitionskriterien 142
4.4 Notwendige Konzentration auf Erfolgspotenziale 151
4.5 Notwendige Kenntnis erfolgspotenzialorientierter
    Kernfaktoren 154

5. Erfolgspotenzialbestimmung durch strategische Innovation . 159
5.1 Grundlagen des PIMS-Projektes 160
5.2 Strategische Kern-(Struktur-)Faktoren des
    Unternehmenserfolges 173
5.3 Quantitative Bestimmung von Erfolgspotenzialen 195
5.4 Kritik am PIMS-Programm und Leistungsbeiträge
    der PIMS-Forschung 212
5.5 Kritische Würdigung aktueller Investitionskriterien 215

6. Validierung in der Praxis und Ausblick 226
6.1 Die Basis: zwei Investitionsopportunitäten 227
6.2 Beurteilung nach der aktuellen Praxis 232
6.3 Konfiguration und Operationalisierung des PIMS-Projektes . 236
6.4 Spektrum der Beiträge und Grenzen des PIMS-Projektes ... 245
6.5 Zusammenfassender Ausblick 258

Quellen 259
Anmerkungen 272
Register 297

Geleitwort zur editionMALIK

> Die alte Welt vergeht,
> weil eine neue Welt entsteht.

Wirtschaft und Gesellschaft gehen durch eine der tiefgreifendsten Umwandlungen, die es geschichtlich je gab. Als Begriff wählte ich 1997 dafür »Die Große Transformation«, denn bereits damals war das Ausmaß des heraufziehenden epochalen Wandels deutlich zu sehen. Was heute lediglich als eine finanzielle und ökonomische Krise zu eng gesehen wird, kann weit besser als die Geburtswehen der neuen Welt des 21. Jahrhunderts verstanden werden.

In dieser neuen Welt werden Organisationen eine höhere Ebene des Funktionierens erreichen. Sie werden doppelt so gut wie bisher funktionieren, aber nur die Hälfte des Geldes dafür benötigen. Die universelle Herausforderung wird für sie das Meistern von bisher noch nie erfahrener Komplexität durch neues Management sein.

Geld ist dafür aber weit weniger wichtig als Intelligenz, Vorstellungskraft, Information, Kommunikation und Gestaltungswille. Das neue Wissen hierfür und darauf gestützt neue, biokybernetische Lösungen sind bereits da. Deren Kern sind die ®Evolutionären Naturgesetze aus Kybernetik und Bionik für das Selbstorganisieren und Selbstregulieren. Diese Gesetze zu verstehen und sie zu nutzen ist das neue Kapital der neuen Welt und die Grundlage für Leadership von Personen und Organisationen.

Die editionMALIK ist die Plattform für das zuverlässige Funktionieren von Organisationen in der hochkomplexen Umwelt des 21. Jahrhunderts. Sie ist die systemische Orientierungs- und Navigationshilfe für Leader, die den Wandel vorausdenken und -lenken.

Fredmund Malik
St. Gallen, Januar 2010

Über Malik sagt der Doyen des Managements, Peter F. Drucker:

> »Fredmund Malik has become the leading analyst of, and expert on, management in Europe as it has emerged in the last thirty years – and a powerful force in shaping it … . He is a commanding figure – in theory as well as in the practice of management.«

Vorwort von Prof. Dr. Beat Bernet

Bereits 2006 erkannte Pedram Farschtschian die drohenden Indizien der späteren Finanz- und Wirtschaftskrise. Lange bevor in Fachliteratur und Medien die bevorstehenden tiefgreifenden Veränderungen ein Thema wurden, hat der Autor die Verlagerung von *Financial Leverage* und *Multiple Expansion* oder *Arbitrage* hin zu *Operating Improvements* gesehen und aufgezeigt, warum sich der damals vorherrschende Boom der Private-Equity-Branche seinem Ende zuneigt und eine Neuausrichtung der Finanzinvestoren weg von operativer Exit-Logik hin zu strategisch-unternehmerischem Management notwendig werden sollte.

Aus Interviews mit herausragenden Persönlichkeiten von Pionierunternehmen der Private-Equity-Branche hat der Autor die investitionsentscheidenden Kriterien erhoben, die für deren oft brillanten Erfolg unter den gegebenen Wirtschaftsbedingungen ursächlich waren. Nach deren Prüfung anhand eines ganzheitlichen Strategiekonzeptes konnte Pedram Farschtschian die früheren Erfolgsfaktoren als schwergewichtig operativ enttarnen und zeigen, dass unter dem von ihm bereits damals erwarteten Wandel in den Marktbedingungen diese Erfolgskriterien nicht mehr funktionieren und sich sogar in ihr Gegenteil verkehren würden. Folgerichtig entwickelte der Autor – darin liegt die bemerkenswerte Leistung – ein zukunftsweisendes Konzept für die neuen Erfolgsfaktoren der Private-Equity-Branche und zeigte eine frappierende Möglichkeit auf, mit einem quantitativen strategischen Instrumentarium die Entscheidungen von Investoren neu zu begründen. Potenzielle Investitionsobjekte können damit anhand von Faktoren identifiziert und beurteilt werden, die unabhängig von der jeweiligen Kreditverfügbarkeit und der Entwicklung an den Aktienmärkten eine langfristig nachhaltige Rendite versprechen. In den Vordergrund rücken damit die strategische Positionierung und die langfristigen Erfolgspotenziale von Zielunternehmen als neue Ertragsquellen der Investoren.

Pedram Farschtschian beweist intellektuellen Mut und Weitsicht, indem er zwei sich auf den ersten Blick widersprechende Gebiete – einerseits oft kurzfristig ausgerichtetes Private-Equity-Investment und andererseits langfristig ausgerichtetes unternehmerisches Engagement im Sinne strategischer Unternehmensführung – mit schlüssiger Logik und klarer Argumentation erfolgreich zusammenführt.

In Zeiten, in denen die Branche mehr und mehr unter Druck gerät und sich das Marktumfeld deutlich verändert hat, zeigen Farschtschians Erkenntnisse die neuen Wege, wie Finanzinvestoren trotz aller Widrigkeiten durch ein Umdenken in Richtung strategischer und damit unternehmerischer Investitionen für sich und ihre Investoren auch im 21. Jahrhundert nachhaltig Mehrwert schaffen können. Das 2009 erstmals publizierte und nun überarbeite Buch darf sowohl Investoren als auch den Verantwortlichen von Beteiligungsgesellschaften als Wegweiser für die neue Zeit zur Erschließung nachhaltiger Erträge empfohlen werden.

Beat Bernet
Schweizerisches Institut für Banken und Finanzen, Universität St. Gallen
St. Gallen, April 2010

1. Einführung, Thesen und Grundlagen

»So banal es klingt: Komplexität kann nur mit Erfolg bewältigt werden, wenn man sie zuerst überhaupt als nicht zu beseitigenden realen Tatbestand anerkennt.«
Hans Ulrich, Begründer der systemorientierten Managementlehre

Google, Microsoft und Phonak, aber auch Burger King, Continental Airlines und Geberit verbindet eines: Sie alle wurden durch Private Equity finanziert. Während die ersten drei heutigen Industriegrößen bei der Gründung oder im Zuge ihres Wachstums mit *Venture Capital* oder Expansionskapital gefördert wurden, waren die übrigen drei in einer späteren Phase ihres unternehmerischen Zyklus Gegenstand eines Buyouts beziehungsweise einer Variation desselben. Seit Jahrzehnten nehmen die Möglichkeiten zu, die Finanzierung unterschiedlichster unternehmerischer Herausforderungen alternativ sicherzustellen. Hierbei lassen sich hohe Renditen erzielen, in der Vergangenheit war das regelmäßig der Fall. Im Jahr 2006 war gar ein weltweiter *Fundraising*-Rekord zu verzeichnen. Die globale Private-Equity-Branche vermochte erstmals mehr als 400 Milliarden US-Dollar an Eigenkapital einzuwerben.[1]

Nach einem rasanten Aufschwung in den neunziger Jahren und der darauf folgenden Konsolidierungsphase zu Beginn des Jahrtausends war der Markt für Beteiligungskapital auch in Europa bis 2008 durch ein enormes Wachstum geprägt. Nicht nur 2005, auch das Jahr 2006 ging in gleich dreifacher Hinsicht als Rekordjahr in die Geschichte des europäischen Private Equity ein: Das *Fundraising* konnte gegenüber dem Vorjahr um 56,4 Prozent auf 112,3 Milliarden Euro gesteigert werden, das Volumen der getätigten Investitionen stieg um 51,2 Prozent auf 71,2 Milliarden Euro, und auch die Desinvestitionen nahmen um knapp 11 Prozent zu.[2]

Auch in den Medien sorgte Private Equity für Schlagzeilen. Nachdem die Branche noch zur Jahrtausendwende durch zum Teil spektakuläre *Venture-Capital*-Finanzierungen von vorwiegend Technologieunternehmen von sich reden machte, standen nur kurze Zeit später die als *Leveraged Buyouts* (LBO) bezeichneten, fremdfinanzierten Unternehmensübernahmen im Zentrum des medialen und öffentlichen Interesses. Wegen des Rekordumfangs an verfügbarem Eigenkapital gehörten (milliardenschwere) Übernahmen fast zur Tagesordnung; neun der zehn bis dato größten Buyouts der Geschichte wurden zwischen 2005 und 2007 von Private-Equity-Firmen durchgeführt.

Die hohe Verfügbarkeit an Eigenkapital, aber auch der hochliquide Fremdfinanzierungsmarkt in Verbindung mit einem historisch tiefen Zinsniveau und anhaltend positiven Entwicklungen an den öffentlichen Aktienmärkten führten zu einem außerordentlich hohen Renditeerfolg der Buyout-Investoren. Die niedrigeren Fremdkapitalkosten, die mit einem tiefen Zinsniveau einhergehen, und die von den Aktienmärkten abzuleitenden gestiegenen Bewertungs-*Multiples* ermöglichten es den Finanzinvestoren, die durch *Financial Leverage* und *Multiple Uplifts* zu erzielenden Renditepotenziale weitestgehend auszuschöpfen. Begleitet von nur leiser gesellschaftlicher Kritik und keinerlei politischem Druck war es überdies möglich, auch im Kontext der *Operating Improvements* lukrative Erträge zu erzielen durch vorwiegend kurzfristig ausgerichtete Maßnahmen, die sich in zeitnahen und finanzwirtschaftlich besseren Ergebnissen niederschlagen.

Die vergleichsweise hohen Renditen ließen die Nachfrage nach alternativen Anlagen in der Form von temporärem und außerbörslichem Eigenkapital ansteigen. Dies hat jedoch Auswirkungen auf den Reifegrad und die Wettbewerbsintensität der Private-Equity-Branche. Insgesamt lässt sich gar von einem fundamentalen Wandel des Marktes sprechen.

So zeichnete sich die Private-Equity-Branche 2007 durch einen markanten Überhang nicht investierter Mittel aus. Dies führte – in Verbindung mit dem Investitionsdruck der Fonds – zu einem intensiveren Wettbewerb bei der Akquisition der verbleibenden, im damaligen Kontext als ideal anzusehenden Zielunternehmen und schlug sich in entsprechend höheren Unternehmenspreisen sowie niedrigeren zu erwartenden Renditen nieder. Der zunehmende Reifegrad spiegelt sich auch im wachsenden Anteil der *Secondary Buyouts* wider und führt zu neuen Herausforderungen bei der Identifikation und Ausschöpfung möglicher Wertsteigerungspotenziale. Hedge-Fonds, die mit Private-Equity-Firmen konkurrieren, haben schließlich für eine weitere Intensivierung des Wettbewerbs gesorgt. Aber auch ein nachlassendes Wirtschaftswachstum sowie die Folgen der im Sommer 2007 hervorgerufenen Kreditkrise konfrontieren die Akteure, ähnlich wie schon mehrmals in der Vergangenheit, mit völlig neuen Herausforderungen.

Hinzu kommt eine wachsende gesellschaftliche Kritik und steigender politischer Druck. Auch Jahre, nachdem der frühere deutsche Vizekanzler Franz Müntefering Finanzinvestoren als *Heuschrecken* bezeichnete, versuchen Kritiker darzulegen, dass *Leveraged Buyouts* die langfristige Wettbewerbsfähigkeit und die Wachstumsperspektiven der jeweils übernommenen Unternehmen beeinträchtigen. So werden etwa die potenziell negativen Auswirkungen auf die *Stakeholder*, insbesondere auf die Mitarbeiter Private-Equity-finanzierter Unternehmen hervorgehoben; nicht selten zogen LBOs eine Gesundschrumpfung der Unternehmen nach sich, bei der zahlreiche Beschäftigte ihre Arbeitsplätze verloren. Befürchtet wird somit, dass Private-Equity-Firmen nicht die langfristige Existenzsicherung, sondern die kurzfristige, fremdkapitalfinanzierte Ausplünderung der erworbenen Unternehmen in den Vordergrund ihres Handelns stellen.

Sowohl die aktuellen als auch die prognostizierten Trends in der internationalen Private-Equity-Branche sind weitestgehend von einer zunehmenden Reifung angetrieben, was sich in erster Linie auf das rasante Wachstum zurückführen lässt. Was einst als segmentierter und ineffizienter Markt galt, hat sich zu einem effizienten und wettbewerbsintensiven Marktumfeld gewandelt, das im Zentrum öffentlicher Kritik steht. Ein ökonomisches Umfeld, dessen positive Ausgestaltung sich dem Ende zuneigt, und ein zunehmender Reifegrad des Buyout-Marktes haben weitreichende Implikationen für die in der Industrie tätigen Beteiligungsgesellschaften. Insbesondere führt die veränderte Ausgangslage zu tiefgreifenden Veränderungen in der Art und Weise der bisherigen Wertschöpfung und damit in der Art und Weise, wie Private-Equity-Firmen die bisherigen Renditen erwirtschaftet haben. Was in der Vergangenheit gut funktionierte, bietet entsprechend keinerlei Anhaltspunkte darüber, ob es auch in der Zukunft funktionieren wird, ob also Renditeerfolge erzielt und damit die Kundenbedürfnisse befriedigt werden können. Angesichts dieser grob skizzierten Entwicklungen wird schnell klar, dass der zukünftige Erfolg von Buyout-Firmen sehr stark von deren Fähigkeit abhängen wird, angemessen auf die daraus resultierenden, sowohl strategischen als auch ökonomischen Implikationen zu reagieren.

Konnten sie sich für die Erwirtschaftung der Renditen einst auf eine steueroptimierte Fremdfinanzierung im Sinne des *Financial Leverage* sowie auf variierende Bewertungs-*Multiples* im Sinne von *Multiple Uplifts* verlassen, müssen sich Private-Equity-Firmen fortan auf die Erwirtschaftung *nachhaltiger, realwirtschaftlicher Operating Improvements* fokussieren. Dies macht längere Investitionshorizonte nötig und lässt sich nicht durch ein finanzwirtschaftliches, sondern durch ein entsprechend längerfristig ausgerichtetes, strategisches Management realisieren. Da die Beurteilung und Selektion und damit die eigentliche Entscheidungsfindung einer etwaigen Wertsteigerung selbstverständlich sowohl temporal als auch kausal vorausgehen, verlangt die veränderte Ausgangslage zunächst die richtige, situationsadäquate Beurteilung und Auswahl möglicher Zielunternehmen, und zwar anhand richtiger, situationsadäquater und strategisch de facto erfolgsrelevanter Investitionskriterien.

Die vorliegende Studie untersucht zunächst die in der Private-Equity-Branche aktuell verwendeten Investitionskriterien und Analysemethoden zur Beurteilung potenzieller Buyout-Investitionskandidaten; dafür wurden im Jahr 2007 Geschäftsführer und Partner von Pionierunternehmen der Private-Equity-Branche in zwei Interviewrunden befragt. Es folgt die Vorstellung des Konzepts der strategischen Unternehmensführung nach Aloys Gälweiler, um ein angemessenes Steuerungssystem für Buyout-Investoren darzulegen. Zentral ist dabei die Konzentration auf Erfolgspotenziale der Zielunternehmen und die Kenntnis der erfolgspotenzialorientierten Kernfaktoren. Eng damit verknüpft ist die Vorstellung eines Instrumentariums zur Bestimmung ebendieser Erfolgspotenziale. Es ist dies das *Profit Impact of Market Strategy* (PIMS-) Projekt. Die Fragen, die durch das PIMS-Projekt erstmals empirisch fundiert beantwortet werden können, reichen von der Identifikation der Faktoren, die die Erfolgspotenziale eines Zielunternehmens bestimmen und die unter den veränderten Rahmenbedingungen der Beurteilung von Investitionsopportunitäten zugrunde gelegt sowie als strategisch relevante Investitionskriterien verwendet werden müssen, über die Höhe des Erfolgspotenzials eines Zielunternehmens bis hin zur Frage, welche Unternehmen unter den veränderten Bedingungen ideale Investitionsopportunitäten darstellen.

1.1 14 zusammenfassende Thesen

- Bis vor wenigen Jahren herrschte eine äußerst günstige Konstellation ökonomischer Rahmenbedingungen: eine hohe Eigenkapitalverfügbarkeit, ein hochliquider Fremdfinanzierungsmarkt in Verbindung mit einem historisch tiefen Zinsniveau und anhaltend positiven Entwicklungen an den öffentlichen Aktienmärkten. Dies ermöglichte es Buyout-Investoren, die Renditepotenziale, die durch *Multiple Uplifts* und *Financial Leverage* zu erzielen waren, weitestgehend auszuschöpfen, und kulminierte in einem entsprechenden Renditeerfolg der Finanzinvestoren.

- Begleitet von nur leiser gesellschaftlicher Kritik und nicht vorhandenem politischen Druck, war es überdies möglich, auch im Kontext der *Operating Improvements* durch vorwiegend kurzfristig und finanzwirtschaftlich ausgerichtete Maßnahmen lukrative Erträge zu erzielen. Die Schaffung von *Customer-Value* auf Ebene der Private-Equity-Firmen zur Steigerung der eigenen Wettbewerbsfähigkeit und dauernden Existenzsicherung konnte in Abwesenheit eines analogen Verhaltens auf Ebene der akquirierten Unternehmen realisiert werden.

- Derzeit unterliegt die Private-Equity-Branche einem fundamentalen Wandel. Sowohl die aktuellen als auch die prognostizierten Trends in den internationalen Private-Equity-Märkten sind weitestgehend von einer zunehmenden Reifung angetrieben: Was einst als segmentierter und ineffizienter Markt galt, hat sich zu einem effizienten und wettbewerbsintensiven Marktumfeld gewandelt, das inzwischen im Zentrum öffentlicher Kritik steht.

- Ein zunehmender Reifegrad des Buyout-Marktes, aber auch ein nachlassendes Wirtschaftswachstum sowie die Folgen der im Sommer 2007 hervorgerufenen Kreditkrise haben weitreichende Implikationen für die in der Industrie tätigen Beteiligungsgesellschaften. Sie manifestieren sich in einer zunehmenden Komplexität der für Private-Equity-Firmen relevanten Unternehmensumwelt.

- Die veränderte Ausgangslage führt insbesondere zu tiefgreifenden Veränderungen in der Art und Weise der bisherigen Wertschöpfung: Um ihren Kundenanforderungen auch in Zukunft gerecht werden zu können, müssen sich Private-Equity-Firmen fortan auf die Erwirtschaftung *nachhaltiger, realwirtschaftlicher Operating Improvements* fokussieren, was eine strategische Unternehmensführung unumgänglich macht. Unter systemtheoretischen Gesichtspunkten ist der Kern der strategischen Unternehmensführung die Komplexitätsbewältigung beziehungsweise der Komplexitätsausgleich zwischen Unternehmen und Umwelt.

- Die strategische Unternehmensführung hat bei der richtigen Beurteilung und Auswahl potenzieller Buyout-Investments anhand nachhaltig und strategisch de facto erfolgsrelevanter Investitionskriterien anzusetzen. Die Selektion der Investments hat sich an fundierten Strategiekenntnissen zu orientieren und darf nicht das Resultat des Gutdünkens der jeweils verantwortlichen Investmentmanager sein.

- Die bis dato praktizierte, weitgehend kurzfristig und auf unmittelbare Erfolgserzielung ausgerichtete, operative oder finanzwirtschaftliche Führung der Portfoliogesellschaften spiegelt sich auch in den Investitionskriterien wider, die von Private-Equity-Firmen heute angewendet werden, indem ihr Großteil eindeutig operativen Charakter aufweist.
- Die an operativen Daten ausgerichtete Unternehmensführung der Private-Equity-Firmen gefährdet zwangsläufig die fortgesetzte Lebensfähigkeit ihrer Beteiligungen und ist systematisch irreführend. Deshalb haben operative Daten und mit ihnen Investitionskriterien operativen Charakters unter den heutigen Umweltbedingungen ihre Eignung als Orientierungsgrundlagen für die strategische Führung eingebüßt.
- Der Unternehmenswelt, die durch zunehmende Komplexität gekennzeichnet ist, wird mit dem unternehmerischen Navigationssystem nach Aloys Gälweiler mit einem komplexitätskonformen Steuerungssystem begegnet. Zusätzlich zu den Orientierungsgrundlagen und Steuerungsgrößen der bisher vorherrschenden operativen oder finanzwirtschaftlichen Führung werden neue und zeitlich weiterreichende Orientierungs- und Steuerungsmechanismen der strategischen Unternehmensführung herangezogen.
- Während die Aufgabe der operativen Führung die bestmögliche Realisierung des in der jeweiligen Nahperiode bestehenden Erfolgspotenzials ist, liegt die der strategischen Führung – unter Berücksichtigung einer dauerhaften Existenzsicherung der Unternehmung, dem grundlegenden Ziel der strategischen Unternehmensführung – darin, die notwendigen Voraussetzungen zu schaffen, damit die Realisierung des Erfolgspotenzials überhaupt möglich ist. Entsprechend müssen Private-Equity-Firmen fortan für hinreichend hohe und sichere Erfolgspotenziale sorgen.
- Da im Kontext der strategischen Unternehmensführung die Konzentration auf Erfolgspotenziale und damit einhergehend die Kenntnis erfolgspotenzialorientierter Kernfaktoren notwendig ist, vermag das *Profit Impact of Market Strategy* (PIMS-) Projekt auf verschiedene Fragen Antworten zu liefern, die für die Erfüllung der zentralen Aufgabe der strategischen Unternehmensführung von elementarer Bedeutung sind.
- Die Fragen, die durch das PIMS-Projekt erstmals empirisch fundiert beantwortet werden können, reichen von der Identifikation der Faktoren, die die Erfolgspotenziale eines Zielunternehmens bestimmen und die unter den veränderten Rahmenbedingungen der Beurteilung von Investitionsopportunitäten zugrunde gelegt sowie als strategisch relevante Investitionskriterien verwendet werden müssen, über die Höhe

des Erfolgspotenzials eines Zielunternehmens bis hin zur Frage, welche Unternehmen unter den veränderten Bedingungen ideale Investitionsopportunitäten darstellen.

- Aus systemtheoretischer Sicht kann das PIMS-Projekt als ein kybernetisches Instrumentarium zur quantitativen Bestimmung von Erfolgspotenzialen bezeichnet werden, das vor dem Hintergrund des integrierten und kybernetischen Konzepts der strategischen Unternehmensführung nach Gälweiler Private-Equity-Firmen bei der zukünftigen Beurteilung ihrer Investitionsopportunitäten wirksam zu unterstützen vermag, um nachhaltige, realwirtschaftliche *Operating Improvements* zu erwirtschaften und – als Konsequenz davon – um ihren eigenen, nachhaltigen Erfolg zu sichern.

- Dem Spektrum der im Anwendungszusammenhang validierten Beiträge des PIMS-Forschungsprojektes für Buyout-Investoren stehen eine Reihe von Grenzen und Mängel gegenüber, die sich jedoch weitestgehend zurückführen lassen auf die zu kurz greifende Sicht- und Denkweise der Beteiligungsgesellschaften. Der vorwiegend intuitiven, subjektiven, operativen und unsystematischen Beurteilung von Buyout-Investments kann unter Anwendung des PIMS-Instrumentariums mit einer empirisch fundierten, objektiven und integrierten strategischen Analysemethode begegnet werden.

1.2 Grundlegendes zu Private Equity

Da zahlreiche Begriffe, die mit Private Equity im Allgemeinen und Buyouts im Besonderen zusammenhängen, unterschiedlich gebraucht werden, wird zunächst erläutert, wie diese Begriffe in diesem Buch verwendet werden. Im Anschluss daran folgt eine kurze Vorstellung des PIMS-Projekts.

Außerbörsliches Beteiligungskapital – so die Übersetzung des Begriffs Private Equity – hat sich im Laufe der vergangenen Jahre als Anlageklasse etabliert. Entsprechend wird es in den Portfolios institutioneller Anleger auf breiter Basis akzeptiert und berücksichtigt. Oft wird Private Equity zur Kategorie der *alternativen Anlagen* gezählt. Darunter fallen zum Beispiel Anlageklassen wie Hedge-Fonds, Immobilien, Währungen, Zinsen oder Investitionen in Rohstoffe. Sie stellen eine Ergänzung zu den von Investoren üblicherweise gehaltenen Aktien oder Obligationen dar.

Schlüsselmerkmale von Private Equity sind laut der British Venture Capital Association (BVCA) die Investition in nicht börsennotierte Unternehmen. Dabei fließen die Gelder als Eigenmittel zu. Die Kapitalgeber sind nicht interessiert an einer laufenden Gewinnausschüttung. Ihnen geht es in erster Linie darum, den Wert des investierten Kapitals über einen längeren Beteiligungszeitraum bis zum Exit, dem Ausstieg, zu steigern.[3]

Abbildung 1 zeigt die Kategorien, in die Private-Equity-Investments häufig unterteilt werden. Sie orientieren sich am jeweiligen Reifegrad von Unternehmen (siehe auch Abbildung 2).

| Seed | Start-up | Expansion | Replacement Capital | Buyout |

Maturity of Company

Abbildung 1: Kategorien von Private-Equity-Investments
Quelle: Bance (2004), S. 2

Private-Equity-Investments liegt eine verändernde, wertsteigernde und aktive Anlagestrategie zugrunde. Sie erfordert von den Investmentmanagern besondere Fähigkeiten, die gleichzeitig Kernpunkte einer Bewertung des Fondsmanagements durch die Investoren im Rahmen der *Due Diligence* darstellen. Denn die Prozesse der Venture-Capital- und Buyout-Finanzierungen benötigen ein angepasstes Herangehen, da sie jeweils unterschiedliche Entwicklungsstadien eines Unternehmens betreffen.[4]

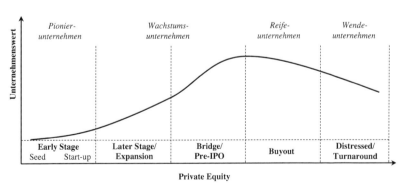

Abbildung 2: Private-Equity-Finanzierungsstufen
Quelle: in Anlehnung an Kraft (2001), S. 45, und Schefczyk (2000), S. 24

In Europa werden die Begriffe Private Equity und Venture Capital häufig synonym verwendet. Doch strenggenommen bezeichnet Venture Capital nur einen Teilbereich von Private Equity: jenen, der auf die Eigenkapitalfinanzierung von jungen, wachstumsorientierten Unternehmen zielt. In dieser Form werden die Begriffe in den USA verwendet. Abbildung 2 verdeutlicht das derart bestimmte Verhältnis von Venture Capital zu Private Equity. Dieses Buch folgt dieser Definition. Es konzentriert sich in erster Linie auf Buyouts. Die Begriffe Private Equity oder Private-Equity-Firma sind deshalb nur in Bezug auf derartige Übernahmeaktivitäten zu verstehen. Sofern also nicht anders vermerkt, sind Unternehmen mit ausschließlichem Fokus auf Venture-Capital-Investitionen ausgeschlossen.

Der Private-Equity-Markt

Für Start-up-Unternehmen, private mittelständische Firmen, Unternehmen in Finanznöten sowie öffentliche Unternehmen auf der Suche nach einer Buyout-Finanzierung stellt der Private-Equity-Markt eine wichtige Finanzierungsquelle dar. Im Wesentlichen umfasst der Markt drei Gruppen von Teilnehmern:

- *Private-Equity-Firmen*, die als Intermediäre fungieren: Sie besorgen von den Investoren Kapital und bringen es in (private) Unternehmen ein. In rechtlicher Hinsicht können sie unterschiedlich ausgestaltet sein.
- *Investoren*, die den Private-Equity-Firmen Kapital zur Verfügung stellen oder sich in Form von Direktinvestitionen selbst an (privaten) Unternehmen beteiligen.
- *Emittenten*, also die (privaten) Unternehmen, in die die Private-Equity-Firmen investieren.

Auf die Gruppe der Private-Equity-Firmen wird im nachfolgenden Unterkapitel gesondert eingegangen. An dieser Stelle soll es noch kurz um die Investoren und die Emittenten gehen.

Investoren In Europa bilden Pensionskassen die umfangreichste Gruppe von Investoren. Im Jahr 2006 betrug ihr Anteil 27,1 Prozent. Ihnen folgten *Funds of Funds* (Dachfonds) mit 18,2 Prozent, Banken (14,4 Prozent), Versicherungen (10,1 Prozent), Privatpersonen (8,9 Prozent), Regierungsbehörden (8,7 Prozent) und andere Investoren wie beispielsweise akademische Einrichtungen oder Unternehmen.[5]

Die Gründe der institutionellen Anleger sind meist rein finanzieller Natur. Einerseits erhoffen sie sich höhere risikobereinigte Renditen als aus anderen Anlageformen, andererseits spielen die potenziellen Vorteile einer Diversifikation eine Rolle.

Emittenten Die (privaten) Unternehmen, die auf dem Private-Equity-Markt nach Finanzierungsmöglichkeiten suchen, unterscheiden sich stark in ihrer Größe und dem Stadium ihrer Unternehmensentwicklung. Entsprechend vielfältig sind ihre Motive für die Kapitalaufnahme sowie ihr Kapitalbedarf.

Dennoch ist ihnen ein Merkmal gemeinsam: Da Private Equity eine der teuersten Finanzierungsformen darstellt, sind die Emittenten meist in einem wirtschaftlichen Umfeld tätig, in dem die Finanzierung über Darlehen oder den öffentlichen Kapitalmarkt nicht praktikabel ist.

In den letzten Jahren haben Berater und Agenten auf dem Private-Equity-Markt an Bedeutung gewonnen, da sie helfen, durch gezielte Informationsbeschaffung Kosten zu senken. Es lassen sich zwei Gruppen unterscheiden:

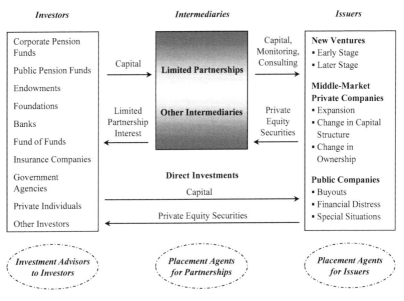

Abbildung 3: Überblick über die Private-Equity-Marktstruktur
Quelle: in Anlehnung an Fenn/Liang/Prowse (1995), S. 4

- Die *Placement Agents* unterstützen die Emittenten bei der Suche nach geeigneten Kapitalgebern beziehungsweise helfen den Intermediären bei der Suche nach passenden institutionellen Anlegern.
- Die *Investment Advisors to Investors* hingegen unterstützen die institutionellen Anleger bei der Bewertung der ins Auge gefassten Intermediäre wie beispielsweise Limited Partnerships (mehr dazu weiter unten).

Abbildung 3 veranschaulicht die Zusammenhänge auf dem Private-Equity-Markt.

Die Private-Equity-Firmen

Die wichtigsten Akteure auf dem Private-Equity-Markt – und zentrales Thema dieses Buches – sind die Private-Equity-Firmen, die als Mittler zwischen Investoren und (privaten) Unternehmen mit Eigenkapitalbedarf beziehungsweise Investitionsopportunitäten tätig sind. Sie lassen sich grundsätzlich nach zwei Kriterien unterscheiden: nach der *Verwendung* sowie nach der *Quelle* ihrer Finanzmittel.

Kategorisierung nach Verwendung der Finanzmittel

Im Allgemeinen werden die Firmen danach unterschieden, in welchem Stadium sie in Unternehmen investieren. Dies spiegelt sich in den Bezeichnungen wider: Neben *Early-Stage-Venture-Capital-Firmen*, *Late-Stage-Venture-Capital-Firmen* und *Buyout-Firmen* zählen hierzu auch Private-Equity-Firmen, die als *Generalisten* agieren. Andere Firmen haben sich auf *Turnaround-* beziehungsweise *Distressed*-Investionen spezialisiert.

Es lassen sich aber auch andere Unterscheidungsmerkmale ausmachen, zum Beispiel die bevorzugte geografische Lage sowie der Fokus auf bestimmte Industrien. Die European Private Equity & Venture Capital Association (EVCA) spezifiziert 17 verschiedene Industrien, in die Private-Equity-Firmen investieren.[6]

Ein letztes wichtiges Differenzkriterium bildet der pro Transaktion bevorzugte Eigenkapitalbetrag, den es zu investieren gilt, beziehungsweise der vom Finanzinvestor bevorzugte Unternehmenswert des Zielobjekts, im Englischen als *Deal Size* bezeichnet.

In Abbildung 2 ist die Entwicklung des (idealisierten) Unternehmenswertes über die verschiedenen Stadien hinweg dargestellt. Es lässt sich erkennen, dass die *Deal Size* grundsätzlich im Laufe der Reifung des Unternehmens bis hin zum Buyout anwächst. Die ausgezahlten Rekordsummen bis zum Jahr 2007 zeigen ganz klar, dass es in pekuniärer Hinsicht im Bereich der Buyout-Transaktionen keine deckelnden Grenzen gibt.

Kategorisierung nach der Quelle der Finanzmittel

Legt man die Anlagevehikel zugrunde, lassen sich Private-Equity-Firmen in folgende Gruppen einteilen:

Independent Private-Equity-Firmen – unabhängige Private-Equity-Firmen – beschaffen ihre Finanzmittel von zahlreichen externen Investoren. Dabei sind unabhängige *private* Fonds nicht börsennotiert und organisatorisch nicht mit den Investoren verbunden. Unabhängige *öffentliche* Fonds hingegen sind an der Börse notiert; Investoren können in diesem Fall über eine Aktienbeteiligung am Erfolg der Private-Equity-Firma teilhaben.

Captive Private-Equity-Firmen beschaffen die Gelder von ihrem Hauptanteilseigner; typischerweise sind dies Investmentbanken, Versicherungen oder andere Finanzinstitute. Es wird *ausschließlich* das Kapital der Muttergesellschaft eingebracht, es gibt keinerlei externe Investoren. Die Fonds können entweder als Tochtergesellschaften oder als Geschäftsbereich innerhalb der Muttergesellschaft strukturiert sein.

Semi-Captive Private-Equity-Firmen schließlich bilden eine Mischform: Das Kapital stammt sowohl von einem Hauptanteilseigner als auch von externen Investoren. Diese Form erwächst häufig aus einer Captive Private-Equity-Firma.[7]

Ein Blick auf die Verteilung der Investitionen in Europa wie in Tabelle 1 zeigt, dass Independent Private-Equity-Firmen am stärksten vertreten sind.

Limited Partnerships

Weltweit ist das vorherrschende Anlagevehikel der Private-Equity-Branche der *unabhängige, private* und *geschlossene* Laufzeitfonds. Dies bestätigen die Erhebungen des Investment Performance Council (IPC) beziehungsweise der Private Equity Provisions for the Global Investment Performance Stan-

Investortyp	Umfang der Investitionen (in € 000)	%
Independent Private-Equity-Firmen	48 216 533	67,8
Captive Private-Equity-Firmen	12 521 426	17,6
Semi-Captive Private-Equity-Firmen	10 426 546	14,6

Tabelle 1: Verteilung der Investitionen nach Investortyp in 2006
Quelle: EVCA (2007a), S. 70

dards (GIPS).[8] Die Laufzeit liegt in den meisten Fällen bei zehn Jahren, sie kann jedoch mit Zustimmung der Anleger verlängert werden. Als geschlossen werden diese Fonds deshalb bezeichnet, weil die Anzahl der Anleger beziehungsweise der Anteile für die gesamte Lebenszeit des Fonds festgelegt ist, für neue Investoren ist er also nicht zugänglich. Die dominierende Rechtsform ist die *Limited Partnership*. Sie umfasst zwei Sorten von Partnern: *Limited Partner* und *General Partner*.

Die *Limited Partner* sind institutionelle Anleger sowie individuelle Investoren, die das Kapital zur Verfügung stellen. Die Bezeichnung *limited* rührt daher, dass ihre Haftung auf das zur Verfügung gestellte Kapital beschränkt ist. Als *Limited Partner* auftretende Investoren können die Entwicklung des Fonds zwar verfolgen, nicht aber ins Tagesgeschäft eingreifen, ohne dass sie ihre Haftungsbeschränkung verlieren.

Limited Partner steuern den Großteil des Eigenkapitals des Fonds bei: im Regelfall 99 Prozent. Im Gegenzug erhalten sie – abgesehen von der Kapitaleinlage – den überwiegenden Teil der aufgrund des eingesetzten Kapitals erzielten Gewinne: üblicherweise 80 Prozent.

Als *General Partner* fungieren die Private-Equity-Firmen. Sie übernehmen die volle Verantwortung und Haftung für das Management des Private-Equity-Fonds und sind im Zuge dessen für die Kapitalbeschaffung, die Anlage der Gelder, die Überwachung der Investitionen sowie die Veräußerungen zuständig. Als Entlohnung dafür sowie für die Einbringung eines kleinen Kapitalanteils – in den meisten Fällen 1 Prozent – erhalten sie eine Vergütung, die sich aus einer *variablen* und einer *fixen* Komponente zusammensetzt.

Der variable Anteil besteht aus einem nicht unerheblichen Prozentsatz der Gewinne, die mit dem eingesetzten Kapital erbracht wurden; meist sind es 20 Prozent. Dies wird auch als *Carried Interest* bezeichnet. Die fixe Komponente ist ein jährliches Honorar, *Management Fee* genannt, das sich in der Regel nach der Gesamthöhe der in die Fonds eingebrachten Mittel richtet. Oft liegt es zwischen 1 und 3 Prozent. Erzielt die *Limited Partnership* durchschnittliche Renditen, kann der *Carried Interest* das Managementhonorar um ein Mehrfaches übersteigen.

Abbildung 4 veranschaulicht die dargelegten Zusammenhänge. Die rechtliche Ausgestaltung von Private-Equity-Firmen als *Limited Partnerships* ist nicht die einzig mögliche; jedoch spielen Investorengruppen, die nicht in dieser Form strukturiert sind, bislang auf dem Private-Equity-Markt eine zu vernachlässigende Rolle.

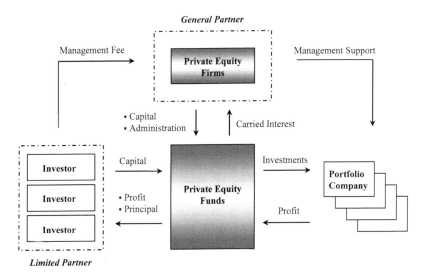

Abbildung 4: Rechtliche Ausgestaltung einer Private-Equity-Limited-Partnership
Quelle: in Anlehnung an Bader (1996), S. 156, und Bilo (2002), S. 20

Der Fokus dieses Buches liegt auf den Independent-, Captive- sowie Semi-Captive-Buyout-Firmen.

1.3 Grundlegendes zu Buyouts

Anders als die übrigen Kategorien von Private-Equity-Investments (siehe Abbildung 1) bedeutet ein Buyout typischerweise die Übernahme einer Mehrheitskontrolle über das jeweilige Zielunternehmen. Im Normalfall impliziert dies einen Eigentümerwechsel. Ferner stehen Buyouts für Investitionen in reifere Unternehmen mit etablierten Businessplänen.

Tabelle 2 führt die Charakteristika auf, die nach Kohlberg Kravis Roberts & Co. (KKR) – eine der weltweit größten und erfolgreichsten Private-Equity-Firmen – ein geeigneter Investitionskandidat für ein (*Leveraged*) Buyout erfüllen sollte.

Financial Characteristics	Business Characteristics
• a history of demonstrated profitability and the ability to maintain above average profit margins • strong, predictable cash flows to service the financing costs related to the acquisition • readily separable assets or businesses which could be available for sale, if necessary • not subject to prolonged cyclical swings in profitability	• a strong management team • products with well-known brand names and strong market position • status as a low-cost producer within an industry, thereby creating the competitive advantage • potential for real growth in the future • products which are not subject to rapid technological change

Tabelle 2: Tabelle 2: Eigenschaften eines geeigneten (Leveraged) Buyout-Kandidaten
Quelle: KKR (1989), S. 66

Rahmenwerk zur Klassifizierung von Buyouts

Die European Private Equity & Venture Capital Association (EVCA) definiert einen Buyout als »a transaction in which a business, business unit or company is acquired from the current shareholder (the vendor)«.[9]

Einen geeigneten Bezugsrahmen für die Klassifizierung von Buyouts liefert die Unterscheidung nach drei Dimensionen: die *Zusammensetzung der Käuferseite*, die *Beweggründe der Verkäuferseite* und die *Finanzierungsmerkmale*.

Die Buyout-Typologien, die im Folgenden vorgestellt werden, schließen sich allerdings nicht gegenseitig aus. Sehr häufig können Buyouts mehreren dieser Kategorien zugeordnet werden. So bezieht sich etwa die Bezeichnung *Leveraged Management Buyout (LMBO)* einerseits auf einen Management-Buyout und sagt gleichzeitig etwas über die Finanzierungsmerkmale der Transaktion aus.

Buyout-Typologien nach der Zusammensetzung der Käuferseite

Zu den Buyout-Varianten, die nach dem Kriterium der *Zusammensetzung der Käuferseite* unterschieden werden, gehören:

- *Management-Buyout (MBO):* Hierbei kauft das Managementteam des Zielunternehmens dem Verkäufer mithilfe einer Private-Equity-Firma und den entsprechenden Mitteln eine bestehende Geschäftseinheit oder das gesamte Unternehmen ab.
- *Management-Buyin (MBI):* Bei diesem Buyout übernehmen externe Manager mithilfe einer Private-Equity-Firma und den entsprechenden Mitteln die Geschäftseinheit oder das ganze Unternehmen.
- *Buyin-Management-Buyout (BIMBO):* Hierbei handelt es sich um eine Kombination aus einem MBO und einem MBI; bei einem BIMBO kaufen sich ein oder mehrere externe Manager mithilfe einer Private-Equity-Firma und den entsprechenden Mitteln in eine Geschäftseinheit oder ein Unternehmen ein und schließen sich mit den Mitgliedern des amtierenden Managementteams zusammen, um das Unternehmen als unabhängige Einheit zu führen.
- *Institutional Buyout (IBO):* Bei dieser Form des Buyouts kaufen Private-Equity-Firmen eine bestehende Geschäftseinheit oder ein Unternehmen vom Verkäufer, wobei das amtierende Management entweder von Anfang an involviert wird und einen gewissen Eigenkapitalanteil übernehmen kann oder aber der Finanzinvestor sein eigenes Management einsetzt.[10]
- *Employee Buyout (EBO), auch als Management and Employee Buyout (MEBO) bezeichnet:* Dies ist ein Buyout, bei dem parallel zum Management und zu der Private-Equity-Firma eine größere Anzahl Mitarbeiter in die Übernahme der Geschäftseinheit oder des Unternehmens investiert.[11]
- *Owner Buyout (OBO):* Hierbei handelt es sich um die teilweise Übertragung des Eigenkapitals einer Geschäftseinheit oder eines Unternehmens an eine Private-Equity-Firma. Die bisherigen Eigentümer erhalten somit

die Gelegenheit, einen Teil ihrer Anteile zu verkaufen und mit dem verbleibenden Eigenkapitalanteil gleichzeitig an der zukünftigen Entwicklung der Geschäftseinheit beziehungsweise des Unternehmens zu partizipieren.[12]

Buyout-Typologien nach den Beweggründen der Verkäuferseite

Auch hinsichtlich der *Beweggründe der Verkäuferseite* lassen sich mehrere Erscheinungsformen unterscheiden.[13]

- Ein Buyout im Rahmen einer *generellen Desinvestition* etwa kann sich dann einstellen, wenn sich der gegenwärtige Eigentümer aus persönlichen und/oder strategischen Gründen zur Veräußerung seines Unternehmens entschließt.[14]
- Auch Familienunternehmen können sich eines Tages mit einem Eigentümerwechsel konfrontiert sehen, meist deshalb, weil die Unternehmensleitung den Ruhestand antritt. Ein teilweiser oder vollständiger Verkauf des Unternehmens an das Managementteam und eine Private-Equity-Firma – auch als *Succession Buyout* bezeichnet – kann eine attraktive Option darstellen. Die Familie kann auf diese Weise die Unabhängigkeit der Firma sicherstellen und gleichzeitig vom Spezialwissen der Private-Equity-Firma profitieren.[15]
- Ein *Spin-off Buyout* stellt eine weitere häufig vorkommende Übertragung von Unternehmensanteilen dar. So kann es im Zuge der Konzentration auf das Kerngeschäft beispielsweise vorkommen, dass diversifizierte Unternehmen bestimmte, nicht zum Kerngeschäft gehörende Tochtergesellschaften oder Geschäftseinheiten abstoßen möchten. Mit Unterstützung von Private-Equity-Firmen kann das betreffende Management folglich diese Geschäftseinheiten aufkaufen.[16]
- Bei einem *Turnaround Buyout* wird die Eigentumsübertragung an das Management sowie an Private-Equity-Investoren vor einer erforderlichen Restrukturierung als optimale Lösung angesehen. Eine grundsätzliche Prämisse in diesem Zusammenhang besteht darin, dass die neue Eigentümerschaft frei von organisatorischen Altlasten ist und folglich mehr Raum für organisatorischen Wandel zulässt.[17]
- Im Falle eines *Going-Private Buyouts* beziehungsweise einer *Public-to-Private Transaction* werden sämtliche Aktien eines börsennotierten Unternehmens vom Management und Private-Equity-Investoren aufgekauft und unmittelbar anschließend von der Börse genommen. Um die Bereit-

schaft zum Verkauf zu fördern, werden den Verkäufern typischerweise Anreize in Form von Prämien angeboten.[18]

- Des Weiteren können das Management und Private-Equity-Investoren auch über sogenannte *Privatisierungs-Buyouts* in den Besitz vormals staatlicher Unternehmen gelangen.[19] In diesem Kontext gilt es zwei verschiedene Ausgangssituationen zu unterscheiden: In einer freien Marktwirtschaft dienen Privatisierungs-Buyouts unter anderem dem Abbau von Staatsdefiziten sowie einer effizienteren Allokation von Ressourcen. Auf der anderen Seite können staatliche Unternehmen auch im Zuge einer umfassenden Transformation von der Plan- hin zur Marktwirtschaft durch Buyouts privatisiert werden.[20]
- Der Begriff *Secondary Buyouts* schließlich bezieht sich auf Situationen, in denen ein bereits vom Management und Private-Equity-Investoren aufgekauftes Unternehmen später zum Gegenstand eines zweiten Buyouts wird.[21] Dieses immer häufiger anzutreffende Phänomen fügt den Exit-Möglichkeiten, die den Investoren zur Verfügung stehen, eine weitere Dimension hinzu.

Buyout-Typologien nach Finanzierungsmerkmalen

Bei der Segmentierung der Buyouts nach Finanzierungsmerkmalen steht der kontrovers diskutierte *Leveraged Buyout* im Mittelpunkt:

»A leveraged buyout (LBO), i.e. a buyout in which the target company's capital structure incorporates a particularly high level of debt, much of which is normally secured against the company's assets.«[22]

Der hier angewandte Mechanismus ergibt sich aus der Idee, dass *Financial Leverage* als Ergänzung beziehungsweise sogar als Ersatz für wertsteigernde Maßnahmen dienen könnte. Die Möglichkeit, die von einem akquirierten Unternehmen generierten zukünftigen Cashflows für den Zinsendienst und zur Rückzahlung der Schulden zu verwenden, die ursprünglich zum Kauf ebendieses Unternehmens aufgenommen wurden, eröffnet der Branche neue Möglichkeiten und Dimensionen. Unternehmerische Wertsteigerung – im Sinne einer Stärkung der Marktposition oder über nachhaltige operative Verbesserungen – ist damit zur Erzielung hoher Eigenkapitalrenditen nicht zwingend notwendig.

Der Buyout-Prozess

Wie bereits erwähnt, konzentriert sich dieses Buch auf die Investitionskriterien und Analysemethoden, die von Private-Equity-Firmen eingesetzt werden, um potenzielle Buyouts zu beurteilen. Da die Auswahl von Investitionsopportunitäten der *Due Diligence* sowie einer etwaigen Wertschöpfung im Rahmen des Post-Investment-Managements sowohl temporal als auch kausal vorausgeht, untersucht dieses Buch in erster Linie die Entscheidungsfindung und den Selektionsprozess.

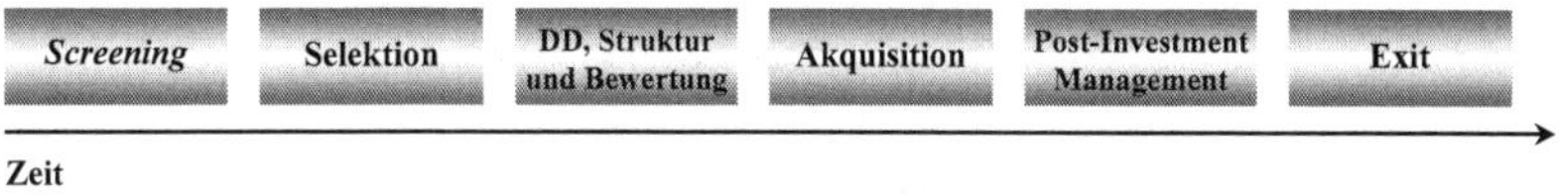

Screening	Selektion	DD, Struktur und Bewertung	Akquisition	Post-Investment Management	Exit

Zeit ⟶

Abbildung 5: Schlüsselschritte des Buyout-Prozesses
Quelle: in Anlehnung an Bygrave/Timmons (1992), S. 14

Abbildung 5 zeigt die Schlüsselschritte des Buyout-Prozesses. Doch bevor der Prozess überhaupt beginnen kann, benötigen Privat-Equity-Firmen Zugang zu grundsätzlich durchführbaren Investitionsopportunitäten. Eine gewisse Menge an Investmentangeboten (*Deal-Flow*) stellt also eine *conditio sine qua non* dar. Die Beteiligungsgesellschaften stützen sich deshalb auf die unterschiedlichsten Beziehungen beispielsweise zu Investmentbankern, Maklern, Beratern, Anwälten oder Wirtschaftsprüfern, um an potenzielle Investitionsopportunitäten zu gelangen. Sie können dabei von ihrer Reputation profitieren und auf Empfehlungen von Unternehmen zählen, die sie früher finanziert haben.[23] Darüber hinaus werden Private-Equity-Firmen häufig direkt von den Unternehmen beziehungsweise von deren Vertretern angesprochen, die ihnen Businesspläne vorlegen. Nicht zuletzt können sie den Markt auch proaktiv nach möglichen Investitionsopportunitäten absuchen.

Screening

In der anfänglichen *Rasterungs-* oder *Screening*-Phase werden die Investitionsopportunitäten auf ihre jeweilige Übereinstimmung mit der Investitionspolitik des Fonds, der Investitionsstrategie, die der *Partnership* zugrunde liegt, sowie den entsprechenden Fundamentalkriterien hin geprüft. Letztere umfassen in der Regel:

- die Transaktionsgröße beziehungsweise *Deal Size*,
- die Erfüllung möglicher Sektorerfordernisse,
- die geografische Lage eines Zielunternehmens,
- die jeweilige Stufe beziehungsweise Kategorie der benötigten Private-Equity-Finanzierung (siehe Abbildung 1),
- die in einer bestimmten Transaktion zum Einsatz zu gelangenden Finanzinstrumente, und schließlich
- die Erfüllung etwaiger (Mindest-)Erfordernisse hinsichtlich der prozentualen Beteiligungshöhe.[24]

Dieses Screening nimmt höchstens einige Stunden in Anspruch und endet oft mit der Aussortierung von bis zu 90 Prozent der erhaltenen Investitionsanträge.

Entscheidungsfindung und Selektionsprozess

Die nach dem Screening verbleibenden vielversprechenden Vorschläge werden einer eingehenderen Beurteilung unterzogen: dem eigentlichen Entscheidungsfindungs- und Selektionsprozess. Dieser kann bis zu mehreren Wochen dauern. Buyout-Firmen müssen sich hierbei in höchstem Maße auf subjektive Beurteilungsverfahren verlassen, basierend auf den ihnen vorgelegten Businessplänen. Die Finanzinvestoren wägen bei ihren Entscheidungen für oder gegen eine bestimmte Transaktion die jeweiligen Risiken und Erträge gegeneinander ab.[25] Obgleich die Investitionskriterien, die jeweils zur Beurteilung der Attraktivität eines Angebots angewendet werden, von Finanzinvestor zu Finanzinvestor variieren können, reflektieren sie in der Regel doch die Dimensionen des Businessplans und lassen sich grundsätzlich fünf Kategorien zuordnen[26]:

- Finanzen beziehungsweise finanzielle Kriterien (zum Beispiel Profitabilität, Cashflow-Muster, Kapitalintensität),
- Management beziehungsweise managementbezogene Kriterien (zum Beispiel die Qualität des Managementteams, relevanter *Track Record*, Private-Equity- und/oder Buyout-Erfahrung)
- Markt beziehungsweise marktbezogene Kriterien (zum Beispiel Marktwachstum, Marktgröße, Wettbewerbsintensität)
- Produkt/Dienstleistung beziehungsweise produkt-/dienstleistungsbezogene und operative Kriterien (zum Beispiel Marktanteil, Produktqualität, Produktportfolio)
- Transaktion/Buyout beziehungsweise Transaktions-/Buyout-bezogene

Kriterien (zum Beispiel Exit-Optionen, *Buy-and-Build*-Möglichkeiten, veräußerbare Unternehmensteile)

Die im Rahmen des vorausgehenden *Screenings* angelegten *fondsbezogenen Fundamentalkriterien* können aus Sicht der Private-Equity-Firmen als *dichotome* Kriterien bezeichnet werden. Ihre jeweilige Erfüllung lässt sich mit ja oder nein beantworten. Daraus ergibt sich die Entscheidung, ob ein Zielunternehmen überhaupt näher untersucht wird oder nicht.

Die Kriterien, die der Entscheidungsfindung und dem Selektionsprozess zugrunde liegen, sind hingegen als *kontinuierliche* Kriterien zu interpretieren: Ob ein Markt hohe Wachstumsraten aufweist oder ob die Profitabilität eines Unternehmens als hoch eingestuft werden kann, lässt sich sinnvoll nur graduell beantworten.

Abhängig davon, inwieweit das jeweilige Investitionskriterium erfüllt ist, bestimmt sich die Attraktivität eines Zielunternehmens.

Die Fähigkeit, die Beurteilung der einzelnen Investitionsmöglichkeiten in eine stichhaltige Einschätzung der zu erwartenden Rendite zu transformieren oder ihre Sensitivität hinsichtlich unerwarteter Ereignisse zu bestimmen, ist von entscheidender Bedeutung. Dennoch beruht die Entscheidungsfindung und der Selektionsprozess in der Praxis in aller Regel auf einer rein subjektiven Bewertung der Investitionsopportunitäten, die anhand einer Reihe Kriterien von unterschiedlichen Dimensionen getroffen werden.

Due Diligence, Strukturierung und Bewertung

Nur die Investitionsopportunitäten, die den zweistufigen Prozess aus *Screening* und *Selektion* überstehen, werden schließlich einer eingehenderen Überprüfung, der sogenannten *Due Diligence (DD)* unterzogen. Sie kann mehrere Monate in Anspruch nehmen.

Um ihre Entscheidung möglichst effektiv abzusichern, können sich Private-Equity-Firmen nicht ausschließlich auf die Informationen verlassen, die die Verkäuferpartei zur Verfügung stellt. Deshalb werden eine Reihe externer Parteien wie Strategie- und Transaktionsberater, Wirtschaftsprüfer, Steuerberater, Juristen und Umweltexperten involviert, um bestimmte Aspekte eines Projektes zu beurteilen beziehungsweise zu bestätigen. Durch die Identifikation der wichtigsten Risiken und Potenziale sowie durch deren Verknüpfung mit Managementanreizen und Investorenrechten lassen sich wirksame Instrumente schaffen – vorausgesetzt, die relevanten Fragen werden schon frühzeitig im Verhandlungsprozess erkannt und thematisiert.

Das im Zuge des *Due-Diligence*-Prozesses erworbene Wissen ermöglicht es den Buyout-Firmen, die Transaktion zu strukturieren und die entsprechenden Fragen in der Aktionärsvereinbarung zu berücksichtigen.[27] Mit der voranschreitenden Weiterentwicklung der verschiedenen Finanzinstrumente sind immer mehr Varianten denkbar, selbst wenn viele dieser Instrumente von den Entwicklungen der Finanzmärkte abhängen. Eine angemessene *Strukturierung (Struktur)* von Buyout-Investitionen wiederum hat bedeutende Konsequenzen für die Fähigkeit der Private-Equity-Firmen, ihre Zielrenditen zu realisieren. In der Praxis können sich jedoch einige Faktoren, die man grob unter Zeit- und Kostenrestriktionen sowie situationsspezifische Faktoren zusammenfassen kann, direkt und limitierend auf das Ausmaß und den Detaillierungsgrad der *Due Diligence* auswirken.[28]

Die *Bewertung* einer Investitionsopportunität kann unter Anwendung einer oder der Kombination verschiedener Methoden durchgeführt werden. Im Rahmen von Private-Equity-Investitionen und hierbei insbesondere bei Übernahmen etablierter Unternehmen, wie es bei Buyouts üblicherweise der Fall ist, haben Ertragswertmethoden und Marktwert- beziehungsweise Marktvergleichsmethoden die größte Bedeutung.[29]

Bei *Marktwert-* beziehungsweise *Marktvergleichsmethoden* werden operative Größen vergleichbarer Unternehmen in Beziehung zu den am Kapitalmarkt beobachteten Unternehmenswerten gesetzt. Hieraus lassen sich Multiplikatoren – sogenannte *Market-* oder *Valuation Multiples* – für die Bestimmung individueller Unternehmenswerte ableiten, und zwar nach dem Schema:

Enterprise Value (EV) = Operative Bezugsgröße x Valuation Multiple

Ertragswertmethoden wie der *Discounted Cashflow (DCF)* hingegen basieren auf der erwarteten Entwicklung zukünftiger Ertragsgrößen.[30] Obschon in der Praxis Ertragswert- und Marktvergleichsmethoden oftmals gleichwertig und parallel eingesetzt werden, vermochte sich die Bewertung durch *Market Multiples* vor allem aufgrund der einfachen und schnellen Anwendbarkeit als Standard zu etablieren.[31] Als operative Bezugsgrößen können etwa Umsatz, EBITDA, EBIT, *Net Profit* oder Cashflows, aber auch andere, industriespezifische Maße[32] herangezogen werden; die EBITDA-Kennzahl hat sich hierbei als Standardmaß durchgesetzt.[33] Der Multiplikator selbst wird in der Regel nicht nur aufgrund der Kurse vergleichbarer börsennotierter Unternehmen (*Quoted Comparables* oder *Trading Multiples*) ermittelt, sondern auch aufgrund effektiv bezahlter Preise bei vergleichbaren Unternehmenskäufen (*Comparable Transactions* oder *Transaction Multiples*).[34]

Post-Investment-Management

Nach dem Tätigen der Investition umfasst die Aktivitäten der Buyout-Firmen neben dem Überwachen und Führen ihrer Portfoliogesellschaften auch die Bereitstellung einer Reihe von Beratungsleistungen. Vertreter von Private-Equity-Firmen führen ins Feld, dass gerade die Fähigkeit, durch die Unterstützung des Managements Werte zu schaffen, ein besonderes Merkmal ihres Geschäftsmodells ist, das sie von anderen externen Investoren unterscheidet.

In der Post-Investment-Management-Phase helfen die Finanzinvestoren beim Schnüren der Vergütungspakete für das Management, tauschen bei Bedarf einzelne Führungskräfte aus und informieren sich regelmäßig über die finanzielle und sonstige Entwicklung des Unternehmens. Darüber hinaus rekrutieren sie erfahrene Kandidaten für das Topmanagement sowie den Verwaltungsrat und beteiligen sich an der Lösung wichtiger operativer Probleme beziehungsweise an der Entwicklung der langfristigen Unternehmensstrategie.[35] Der Grad der Involvierung variiert nach der spezifischen Art und Weise der Investition sowie von Investor zu Investor. Gemeinhin wird zwischen Private-Equity-Firmen mit einem *hands-on-* und einem *hands-off-*Ansatz hinsichtlich des Managements ihrer Beteiligungen unterschieden.

Buyout-Exits – Umwandlung illiquider Anteile in realisierte Erträge

Unabhängig von den einzelnen Kategorien (siehe Abbildung 1) ist ein Hauptmerkmal von Private-Equity- und damit auch von Buyout-Investitionen der begrenzte Anlagezeitraum beziehungsweise die begrenzte Haltedauer der Beteiligungen. Um die Möglichkeit abzusichern, die Kapitalgewinne auch zu realisieren, verkaufen Private-Equity-Firmen ihre Portfoliogesellschaften nach einer bestimmten Zeitperiode. Bei Venture-Capital-Fonds, die sich auf die Finanzierung von Start-ups und Expansionsstrategien fokussieren, umfasst der Anlagehorizont typischerweise sieben bis zehn Jahre, der von Buyout-Fonds beträgt drei bis fünf Jahre.[36]

Der Exit stellt zwar den letzten Abschnitt des Buyout-Prozesses dar, er ist jedoch für die Funktionstüchtigkeit der vorangehenden Phasen extrem wichtig. Deshalb erfolgt an dieser Stelle ein Überblick über die verschiedenen Exit-Möglichkeiten.

Private-Equity-Investitionen sind illiquide Anlagen, die nicht so einfach und so schnell verkauft werden können, wie dies mit Anteilen an börsennotierten Unternehmen möglich ist. Der Exit hat daher nach einer sorgfältig konzipierten Strategie zu erfolgen und ist bereits früh in die Investitionsüberlegungen mit einzubeziehen.[37] Es wird meist zwischen fünf grundsätzlichen Exit-Routen unterschieden.[38] Bei jeder dieser Alternativen kann der Grad der Veräußerung von der partiellen bis zur kompletten Desinvestition variieren; dabei existieren jeweils eigene Anforderungen hinsichtlich der Größe und Eigenschaften der zu veräußernden Gesellschaft. Weitere Aspekte, die für die Wahl einer bestimmten Exit-Route eine Rolle spielen, sind etwa mögliche Offenlegungspflichten, die erforderliche Transaktionsdauer sowie steuerliche Auswirkungen.[39]

Initial Public Offering (IPO) Der gewinnbringendste Exit-Kanal ist typischerweise der Börsengang.[40] Auch der damit einhergehende potenzielle Gewinn an Popularität kann für Private-Equity-Investoren ein bedeutendes Motiv sein. Insbesondere für jüngere Private-Equity-Firmen sind erfolgreiche IPOs hilfreich, um eine Reputation aufzubauen und so die Kapitalbeschaffung für neue Fonds zu erleichtern.[41]

Trade Sale Die Veräußerung einer Portfoliogesellschaft an einen Dritten, wie beispielsweise einen Wettbewerber, war in den letzten Jahren die meistgenutzte Exit-Route für die europäische Venture-Capital- und Private-Equity-Industrie.[42] Der Käufer in einem *Trade Sale* ist in der Regel ein *strategischer* Erwerber, der im selben oder einem ähnlichen Geschäftsfeld tätig ist und beispielsweise eine vertikale oder horizontale Integration beabsichtigt.[43]

Secondary Buyouts Die insgesamt zunehmende Reifung der internationalen Private-Equity-Märkte spiegelt sich unter anderem im bereits erwähnten Phänomen der *Secondary Buyouts* wider. Private-Equity-Investoren betrachten konkurrierende Private-Equity-Firmen zunehmend als eine mögliche Quelle für Transaktionen oder als potenzielle Käufer. Das Stigma des Versagens, das *Secondary Buyouts* anfänglich gewissermaßen anhaftete – man hatte es nicht geschafft, ein Unternehmen an die Börse zu bringen oder per

Trade Sale an einen strategischen Erwerber zu veräußern[44] – hat sich inzwischen verflüchtigt. Heute ist es eine anerkannte Exit-Route.

***Buy-back*-Transaktion** Beteiligungsgesellschaften können sich aus ihren Investments auch zurückziehen, indem sie ihre Eigenkapitalanteile an das fragliche Unternehmen oder den beziehungsweise die Unternehmer zurück verkaufen. Eine solche *Buy-back*-Transaktion setzt allerdings eine formale Vereinbarung in der Phase der Strukturierung der Transaktion voraus. Diese Übereinkunft hat meist die Form einer *Put*- oder *Call*-Option: Als *Put* wird das Recht eines Investors bezeichnet, der Portfoliogesellschaft seinen Anteil zu einem vorab festgelegten Preis zu veräußern. Umgekehrt gibt eine *Call-Regelung* der Portfoliogesellschaft das Recht, den Anteil des Investors zu erwerben.[45]

Liquidation Für ein Investment, das in die Insolvenz geht oder seine Geschäftstätigkeit aus anderen Gründen nicht fortführen kann, muss eine *Abschreibung* oder eine *Liquidation* getätigt werden. Da dies die am wenigsten wünschenswerte und unprofitabelste Exit-Option darstellt, gehen Private-Equity-Firmen diesen Weg nur dann, wenn keine anderen Rückzugsmöglichkeiten zur Verfügung stehen.[46]

*Leveraged Buyout*s – Akquisitionskonzept und Finanzierungsstruktur

Zwar ist jeder *Leveraged Buyout* (LBO) in seiner spezifischen Transaktionsstruktur einzigartig, doch ist allen gemeinsam, dass für den Erwerb des Zielunternehmens jeweils erhebliche Fremdfinanzierungsmittel eingesetzt werden. Die akquirierende Private-Equity-Firma finanziert den Erwerb mithilfe einer Kombination aus Fremd- und Eigenkapital, wobei das Fremdkapital in aller Regel auf Basis der zukünftigen Cashflows zur Verfügung gestellt und mit den Aktiva der Zielgesellschaft besichert wird. Das aufgekaufte Geschäft generiert Cashflows, die für den anfallenden Schuldendienst des eigenen Buyouts verwendet werden. Das bedeutet im Grunde, dass das mit Fremdmitteln gekaufte Unternehmen selbst zur Bezahlung des Kaufpreises beiträgt.[47] Abbildung 6 verdeutlicht dies.

Die Finanzierungsstruktur eines *Leveraged Buyout* umfasst typischerweise vier Arten von Kapital: Der Großteil des Akquisitionspreises wird über Bankdarlehen finanziert, die zum Zeitpunkt der Transaktion meist etwa 50 Prozent der Kapitalstruktur ausmachen. *Junk-Bonds* beziehungsweise

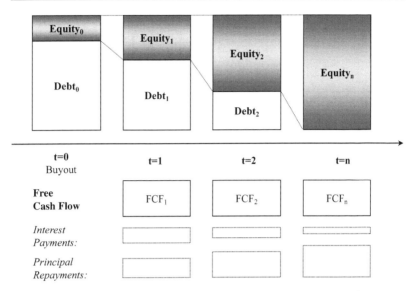

Abbildung 6: Vereinfachte Finanzierungsstruktur einer LBO-Transaktion

hochverzinsliche Anleihen sowie Mezzanine-Darlehen machen sodann zusammen in der Regel etwa 20 Prozent aus, und die restlichen 30 Prozent werden von Equity-Sponsoren beigesteuert.[48] Die Equity-Sponsoren, meist eine oder mehrere Private-Equity-Firmen, werden gemeinsam mit dem amtierenden Managementteam des Zielunternehmens zu Eigentümern des Unternehmens und haben damit Anspruch auf sämtliche Kapitalgewinne. Im Unterschied zu diesen Equity-Sponsoren sind die Fremdkapitalgeber überwiegend an feste Renditen gebunden, mit Anspruch auf Zinszahlungen und Tilgung.

Die Fremdfinanzierung bei den meisten *Leveraged Buyouts* umfasst eine Reihe von Schuldinstrumenten mit unterschiedlichen Laufzeiten, Rückzahlungsmustern, Zinsen sowie unterschiedlichem Rang und ist in mehrere sogenannte *Tranchen* aufgeteilt. *Senior*-Tranchen werden meist von einer oder mehreren Geschäftsbanken zur Verfügung gestellt, in der Regel mit gleitenden Preisen, die als *Spread* auf einen festgelegten Referenzzinssatz wie etwa den *European Interbank Offered Rate (EURIBOR)* oder den *London Interbank Offered Rate (LIBOR)* angesetzt sind. Bankkreditgeber haben Anspruchsvorrang gegenüber anderen, untergeordneten beziehungsweise *Junior*-Fremdfinanzierungsquellen.[49]

Untergeordnete Kredit-Tranchen beziehen sich typischerweise auf hochverzinsliche Anleihen und Mezzanine-Darlehen. Die letztere Art der

Finanzierung heißt so, weil sie in der Mitte der Kapitalstruktur angesiedelt ist – in der Architektur bezeichnet Mezzanin ein Zwischengeschoss – und Fremd- und Eigenkapitalcharakteristika miteinander verbindet. Neben der Zinszahlung, die mit der Fremdfinanzierung typisch einhergeht, beinhaltet Mezzanine-Kapital häufig Optionen oder sogenannte *Equity Kicker* als eine zusätzliche Form des Risikoertrags, was bedeutet, dass die Fremdkapitalgeber die Möglichkeit zugesprochen erhalten, sich am Eigenkapital des Zielunternehmens zu beteiligen.[50]

Wie in Abbildung 6 dargestellt, erhöht die laufende Entschuldung den Wert des als Residualgröße definierten Eigenkapitals selbst bei fehlender Cashflow-Steigerung durch operative Verbesserungen und sogar unter der Annahme eines über die Laufzeit hinweg konstanten Unternehmenswertes.

Performance-Messung in Buyout-Transaktionen

Die *Internal Rate of Return* (IRR) und der *Multiple of Original Cost* beziehungsweise *Money Multiple* sind in der Buyout-Industrie sowohl auf Fonds- als auch auf Beteiligungsebene die meist verwendeten Performance-Maße.[51] Der *Money Multiple* stellt die realisierten Beträge einer Beteiligung deren Kosten gegenüber und drückt so aus, wie oft die Beteiligung den ursprünglichen Kapitaleinsatz erwirtschaftet hat. Die IRR beziehungsweise der interne Ertragssatz hingegen definiert sich als »[…] that rate of discount which equates the present value of the cash outflows with the present value of the cash inflows from an investment«.[52]

Die IRR kann mathematisch durch die nachstehende Gleichung zum Ausdruck gebracht werden:

$$\sum_{t=0}^{T} \frac{CF_t}{(1 + IRR)^t} \stackrel{!}{=} 0$$

T gibt hierbei die Haltedauer der Beteiligung an, und CFt kennzeichnet die in der Periode t jeweils angefallenen Cashflows.[53] Da hier lediglich die realisierten Cashflows erfasst werden, kann die IRR-Berechnung um den *Net Asset Value* (NAV) der noch nicht realisierten Anteile erweitert werden:[54]

$$\sum_{t=0}^{T} \frac{CF_t}{(1 + IRR)^t} + \frac{NAV_T}{(1 + IRR)^T} \stackrel{!}{=} 0$$

Während bei der Berechnung des *Money Multiple* die realisierten Beträge einer Beteiligung *unabhängig des Zeitfaktors* mit den Kosten ins Verhältnis gesetzt werden, berücksichtigt die IRR-Kalkulation »[...] the time when the capital is actually invested and is weighted by the amount invested at each moment«.[55]

Wie oben bereits angedeutet, ist es für Private-Equity-finanzierte Buyouts kennzeichnend, dass die Investmentrendite im Wesentlichen nicht aus den laufenden Erträgen, sondern aus den Kapitalgewinnen im Zuge der Veräußerung resultiert. Daher ist neben den oben skizzierten Exit-Kanälen auch das Timing der Desinvestition von übergeordneter Bedeutung.[56] Bei einer gegebenen Zahlungsreihe der Beteiligungskosten und einer vom Exit-Zeitpunkt abhängigen Realisierung gegebener Kapitalgewinne sinkt – unter der Annahme, dass alle übrigen Bedingungen gleich bleiben – die in der Form der IRR ausgedrückte Rendite in Abhängigkeit zur Zeit beziehungsweise zur Haltedauer einer Beteiligung. Diesen Zusammenhang verdeutlicht Tabelle 3.

Multiple	1,5x	2x	2,5x	3x	3,5x	4x	5x	6x	7x	8x
Jahr 2	22%	41%	58%	73%	87%	100%	124%	145%	165%	183%
Jahr 3	14%	26%	36%	44%	52%	59%	71%	82%	91%	100%
Jahr 4	11%	19%	26%	32%	37%	41%	50%	57%	63%	68%
Jahr 5	8%	15%	20%	25%	28%	32%	38%	43%	48%	52%
Jahr 6	7%	12%	16%	20%	23%	26%	31%	35%	38%	41%
Jahr 7	6%	10%	14%	17%	20%	22%	26%	29%	32%	35%
Jahr 8	5%	9%	12%	15%	17%	19%	22%	25%	28%	30%

Tabelle 3: IRR und Money Multiples versus Zeit beziehungsweise Haltedauer

Die Performance im Zeitablauf wird deshalb typischerweise mit der *Internal Rate of Return* gemessen, wohingegen absolute Gewinne mithilfe des *Money Multiples* zum Ausdruck gebracht werden.

Die gleichzeitige Verwendung beider Performance-Maße erlaubt es, etwas über die Natur der erwirtschafteten Renditen zu erfahren. Ein höherer *Multiple* in Kombination mit einer niedrigeren IRR würde so zum Beispiel auf eine Renditeerwirtschaftung über einen längeren Zeithorizont schließen lassen. Die Erwirtschaftung einer höheren IRR über eine kürzere

Periode könnte umgekehrt auf einem kleineren absoluten Gewinn basieren.[57] Da die frühe Realisierung signifikanter Beträge einen erheblichen Einfluss auf die in Form der IRR ausgedrückte Performance einer Beteiligung hat – selbst wenn der entsprechende *Money Multiple* weit weniger beeindruckend ist –, empfiehlt es sich, beide Performance-Maße stets in Kombination anzuwenden.[58]

Wertschöpfungstreiber in Buyout-Transaktionen

Im Folgenden geht es um die Frage, welche Faktoren oder Treiber die Performance per se bestimmen.

Die gesamte Wertgenerierung im Rahmen eines Buyouts ist das Resultat eines komplexen Zusammenspiels verschiedener Wertschöpfungstreiber, deren Wirksamkeit sich entlang verschiedener Phasen des Buyout-Prozesses entfaltet. Die Wertschöpfungstreiber unterscheiden sich sowohl in der Art und Weise als auch im Ursprung der Wertgenerierung. Während einige Wertzuwächse aus der Interaktion des Private-Equity-Investors mit einer Portfoliogesellschaft resultieren, spiegeln andere das Ergebnis der Verhandlungen zwischen Finanzinvestor und der Verkäufer- beziehungsweise Käuferpartei wider.[59]

Einfach gesagt entspricht die aus Sicht der Private-Equity-Firmen erwirtschaftete Wertgenerierung dem Wertzuwachs ihres – über die Haltedauer einer Beteiligung hinweg – eingesetzten Eigenkapitals (E). Formal lässt sich dieser Zusammenhang wie folgt darstellen:
Ausgehend von

Enterprise Value (EV) = Equity (E) + Net Debt (ND)

erhält man durch einfache Umformung zunächst

Equity (E) = Enterprise Value (EV) − Net Debt (ND)

Hierbei kann das Eigenkapital (E) unter Berücksichtigung der in der Buyout-Praxis vorwiegend eingesetzten Bewertungsmethode zur Ermittlung des *Enterprise Values (EV)* und entsprechend unter Einbezug von

Sales x EBITDA-Margin = EBITDA

und

EBITDA-Multiple = Enterprise Value (EV)/EBITDA

in die folgenden vier Komponenten zerlegt werden:

Equity (E) = Sales x EBITDA-Margin x EBITDA-Multiple – Net Debt (ND)[60]

Eine Veränderung im Sinne eines Wertzuwachses des von den Private-Equity-Firmen eingesetzten Eigenkapitals (E) zieht somit konsequenterweise eine Veränderung mindestens einer dieser vier Komponenten, die die Wertschöpfungstreiber in Buyout-Transaktionen darstellen, nach sich.

Die Bedeutung des EBITDA und der EBITDA-Multiples

Das Akronym *EBITDA* steht für *Earnings before Interest, Taxes, Depreciation and Amortization*; es bezieht sich somit auf das Betriebsergebnis vor Zinsen, Steuern und Abschreibungen auf Sachanlagen als auch auf immaterielle Vermögenswerte. Der operative Gewinn – definiert als Gewinn vor Zinsen und Steuern (EBIT) – findet sich in sämtlichen Jahresrechnungen. Ausgehend vom EBIT wird durch die Addition der Abschreibungen auf Sachanlagen und immateriellen Vermögenswerte auf das EBITDA geschlossen.

Abhängig von der jeweils gewählten operativen Bezugsgröße und des jeweiligen Bewertungsgegenstandes, können anstelle der *EBITDA-Margins* und der damit einhergehenden *EBITDA-Multiples* alternativ auch *Sales-Multiples, EBIT-Margins* und *EBIT-Multiples* oder *Net Profit-Margins* und *Net Profit-Multiples* zur Anwendung gelangen.[61] Die EBITDA-Kennzahl vermochte sich in der Buyout-Praxis jedoch als Standardmaß durchzusetzen. Dies geschah in erste Linie aus folgenden Gründen:

- Unter Berücksichtigung der spezifischen Finanzierungs- und Steuersituation als auch der jeweiligen Abschreibungsmodi eines Unternehmens erlaubt die Kennzahl als Bruttoergebnis vernünftige Leistungsvergleiche mit anderen Unternehmen oder Unternehmen anderer Industrien.
- Da Buyout-Investoren auf Größen wie etwa *Capex*[62], Zinsen oder Steuern nach der Akquisition zumindest indirekt Einfluss nehmen können, interessieren sie sich im Rahmen ihrer Analysen für ein Ergebnis, das um diese Faktoren bereinigt wurde und sie damit über die aktuelle, fundamentale Ertragskraft des Unternehmens informiert.
- Durch die Nähe der Kennziffer zum operativ erwirtschafteten Cashflow[63] wird das EBITDA von den Investoren häufig als dessen Indikator oder Proxy herangezogen[64]. Es bildet somit die Grundlage der – in der Buyout-Praxis auf Ertrags- und Marktwert basierenden[65] – Unternehmensbewertung.[66]

- Als grobe Annäherung an den *Operating Cashflow* informiert das EBITDA bei der Strukturierung einer Buyout-Transaktion über die Schuldentilgungskraft des Zielunternehmens und kann so erste Auskünfte darüber erteilen, welcher Grad an Fremdfinanzierung bei der Akquisition ungefähr zu erwarten ist.[67]

Modellbeispiel zur Veranschaulichung der Wertschöpfungstreiber

Die fiktive und vereinfachte Modellrechnung in Tabelle 5 verdeutlicht das Zusammenspiel der vier Wertschöpfungstreiber. Sie dient außerdem als Bezugsobjekt für weitere Ausführungen. Die auf realistischen Erfahrungswerten beruhenden Input-Parameter sind in der Modellrechnung grau unterlegt. Zur besseren Übersicht werden sie in Tabelle 4 zunächst separat dargestellt.

Input-Parameter	Input-Wert	Input-Parameter	Input-Wert
• Wachstumsrate Umsatz	3 % p. a.	• Steuern	25 %
• Wachstumsrate EBITDA-Marge	2 % p. a.	• Investitionen ins Umlaufvermögen	0,5
• EBITDA-Marge	15 %	• Investitionen ins Anlagevermögen	1,0
• Abschreibungen	1,0	• *Entry-/Exit-Multiple* (EBITDA)	6x/8x
• Fremdkapitalzinsen	8 %	• Fremdkapitalquote	70 %

Tabelle 4: Modellannahmen der Input-Parameter

Die erwirtschaftete Wertgenerierung und damit der Wertzuwachs des von der Private-Equity-Firma eingesetzten Eigenkapitals wird anhand der *Internal Rate of Return* und des *Money Multiple* zum Ausdruck gebracht. Aufgrund ihrer jeweiligen Eigenschaften reagieren die beiden Performance-Maße unterschiedlich auf eine Verlängerung der Haltedauer. Während der *Money Multiple* in Tabelle 5 – bedingt durch die zusätzlich in den Folgejahren generierten Zahlungsströme und unter sonst gleichbleibenden Bedingungen – steigt, sinkt die in der Form des IRR ausgedrückte Rendite in Abhängigkeit zur Zeit (ebenfalls unter sonst gleichbleibenden Bedingungen).

Dieser diametrale Verlauf der beiden Performance-Maße wird in Abbildung 7 verdeutlicht (basierend auf der Modellrechnung in Tabelle 5). Ein

Schlüsselgrößen	Parameter	Jahr 1	Jahr 2	Jahr 3	Jahr 4
Wachstumsrate Umsatz	3 % p. a.				
Umsatz	100,0	103,0	106,1	109,3	112,6
Wachstumsrate EBITDA-Marge	2 % p. a.				
EBITDA-Marge	15 %				
EBITDA	15,0	15,8	16,6	17,4	18,3
./. Abschreibungen	1,0	1,0	1,0	1,0	1,0
EBIT	14,0	14,8	15,6	16,4	17,3
./. Fremdkapital-Zinsen	8 %	5,0	4,5	3,9	3,2
EBT		9,7	11,1	12,5	14,1
./. Steuern	25 %	2,4	2,8	3,1	3,5
Reingewinn		7,3	8,3	9,4	10,6
EBITDA	15,0	15,8	16,6	17,4	18,3
./. Investitionen ins Umlaufvermögen	0,5	0,5	0,5	0,5	0,5
./. Steuern		2,4	2,8	3,1	3,5
./. Investitionen ins Anlagevermögen	1,0	1,0	1,0	1,0	1,0
Free Cash Flow		11,8	12,3	12,8	13,2
./. Fremdkapital-Zinsen		5,0	4,5	3,9	3,2
./. Tilgung		6,8	7,8	8,9	10,1
Ausschüttung	0,0	0,0	0,0	0,0	0,0
EBITDA	15,0	15,8	16,6	17,4	18,3
Entry-/Exit-Multiple	6 x				8 x
Enterprise Value (EV)	90,0				146,2
Fremdkapitalquote	70 %				20 %
Fremdkapital (FK)	63,0	56,2	48,4	39,5	29,4
Eigenkapital (EV-FK)	27,0				116,8
Internal Rate of Return					44 %
Money Multiple					4,3 x

Tabelle 5: *Modellrechnung einer Leveraged-Buyout-Transaktion*

um ein Jahr verzögerter Exit resultiert in einer IRR von 38 Prozent, was einem Renditerückgang von 15,8 Prozent entspricht. Wird die Halteperiode der Beteiligung gar um weitere zwei auf insgesamt sieben Jahre ausgedehnt, sinkt die IRR weiter auf 31 Prozent, was einem Renditerückgang von 41,9 Prozent entspricht. Der *Money Multiple* steigt bei einer Haltedauer von fünf Jahren auf 5,0 x und beträgt bei Ausdehnung der Haltedauer auf sieben Jahre gar 6,6 x.

Der Zeitfaktor und damit die Haltedauer einer Beteiligung beziehungsweise der Exit-Zeitpunkt beeinflussen entsprechend die Rendite eines In-

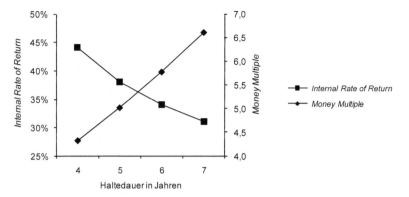

Abbildung 7: Rentabilitätswirkung des Zeitfaktors

vestments. Da jedoch durch eine Variation des Zeitfaktors per se keine Werte generiert werden, darf in diesem Zusammenhang nicht von einem weiteren Wertschöpfungstreiber gesprochen werden.

Die Wertschöpfungstreiber in Buyout-Transaktionen im Überblick

Abbildung 8 stellt die eingangs hergeleiteten Wertschöpfungstreiber in einer verallgemeinerten Form dar und zeigt die jeweils konkreten Anknüpfungspunkte einer Wertsteigerung vereinfacht auf. Die folgenden Unterkapitel widmen sich der genaueren Beschreibung der einzelnen Treiber. In Einklang mit der Aufteilung, die in der Buyout-Praxis gängig ist und auch in der Literatur überwiegend so getroffen wird, sind die Wertschöpfungstreiber *Sales* und *Margin* unter der Bezeichnung *Operating Improvements* zusammengefasst.[68] Diese Vorgehensweise erweist sich – wie noch gezeigt wird – insofern als geeignet, als die durch diese beiden Treiber begründete Wertsteigerung ausschließlich und direkt auf eine gesteigerte Performance der betreffenden Portfoliogesellschaft selbst zurückgeführt werden kann.

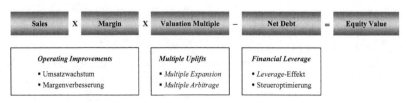

Abbildung 8: Wertschöpfungstreiber in Leveraged-Buyout-Transaktionen

Wertsteigerung durch Operating Improvements

Unter sonst gleichen Bedingungen kann im Rahmen der *Operating Improvements* eine Steigerung des – beispielsweise in der Form des EBITDA vorliegenden – Bruttoergebnisses und somit ein Wertzuwachs des von der Private-Equity-Firma eingesetzten Eigenkapitals erwirtschaftet werden, indem höhere Umsätze bei konstanten Margen erzielt oder höhere Umsatzrenditen bei konstanten Umsätzen realisiert werden. Höhere Umsätze in Kombination mit höheren Umsatzrenditen verstärken die Wertsteigerung entsprechend, ein Entgegenlaufen derselben Größen relativiert sie.

Das im Fachjargon als *Top-Line Growth* bezeichnete Umsatzwachstum kann das Resultat organischer wie auch akquisitorischer Wachstumsbestrebungen sein. Auch die als *Bottom-Line Growth* bezeichnete Margenverbesserung lässt sich durch eine Reihe von Maßnahmen erzielen. Diese reichen von der Realisierung von Synergiepotenzialen über Effizienzsteigerungen bis hin zur Realisierung von Kostensenkungspotenzialen, etwa durch einen Personalabbau. Anders als es bei den sogenannten *Multiple Uplifts* oder dem *Financial Leverage* der Fall ist, rühren jegliche Wertsteigerungen im Rahmen des *Top-Line-* und *Bottom-Line Growth* somit ausschließlich und direkt von einer gesteigerten Performance der betreffenden Portfoliogesellschaft selbst her.

Die zentrale Bedeutung der *Operating Improvements* zeigt sich weiterhin darin, dass nicht nur die – dank der in ihr enthaltenen beiden Wertschöpfungstreiber verursachte – Steigerung des Bruttoergebnisses per se – bei sonst gleichen Bedingungen – zu einem Wertzuwachs des Eigenkapitals führt. Ebenso werden Wertsteigerungen durch die verbleibenden zwei Wertschöpfungstreiber begünstigt. Die Erwirtschaftung höherer Bruttoergebnisse – etwa in der Ausprägung der Kennziffer EBITDA – führt nämlich zudem vor allem über eine Kombination zweier Kanäle zu einer Wertsteigerung des vom Finanzinvestor eingesetzten Eigenkapitals:

- Höhere EBITDA gehen in der Regel mit der Generierung höherer *Operating Cashflows* einher, die ihrerseits die Tilgung der Schulden begünstigen, die den Unternehmen im Rahmen der Akquisitionsfinanzierung aufgebürdet wurden. So wird eine vom *Leverage-Effekt* herrührende Wertsteigerung des Eigenkapitals herbeigeführt.
- Setzt man identische Bewertungs-*Multiples* sowohl zum Zeitpunkt der Beteiligungsakquisition als auch des Exits voraus, erhöht sich der Verkaufspreis eines Unternehmens[69] durch die Multiplikation einer Konstante mit einem zum Zeitpunkt des Exits höher liegenden EBITDA.

Variierende Bewertungs-*Multiples* zum Zeitpunkt der Beteiligungsakquisition und des Exits verstärken beziehungsweise relativieren die resultierende Wertsteigerung entsprechend.

Nicht selten führt die Erwirtschaftung höherer Umsatzrenditen im Kontext des *Bottom-Line Growth* schließlich zu einem *Multiple Uplift*; die verbesserte Profitabilität eines Unternehmens wird vom Markt mit der Anwendung eines höheren (Exit-)*Multiples* entsprechend honoriert.[70]

Wertsteigerung durch Multiple Uplifts

Die *Multiple Uplifts* beziehen sich auf jenen Teil der Eigenkapitalwertsteigerung, der von einer Variation der Bewertungs-*Multiples* zum Zeitpunkt der Beteiligungsakquisition und des Exits herrührt. Durch die Multiplikation derselben – typischerweise in der Form von EBITDA-*Multiples* – mit dem Produkt aus *Sales* und *Margin* – typischerweise in der Form des EBITDA – ergibt sich der *Enterprise Value (EV)*, der nach Abzug des *Net Debt* zum Eigenkapitalwert (E) des Unternehmens führt. Während die Höhe der *Valuation Multiples* selbst grundsätzlich durch das allgemeine Bewertungsniveau an den Kapitalmärkten bestimmt wird,[71] spiegelt die Höhe der Variation der *Multiples* vorwiegend den Realisierungsgrad zweier Wertsteigerungsstrategien wider, auf die im Folgenden eingegangen wird: die *Multiple Expansion* und die *Multiple Arbitrage* (siehe Abbildung 8). Die *Multiple Expansion* ist primär durch strategische Neupositionierung bedingt. Sie ist von der – mit einer *Buy Low/Sell High*-Strategie gleichzusetzenden – *Multiple Arbitrage* deutlich zu unterscheiden.

Eine Wertsteigerung im Sinne einer *Multiple Expansion* kann zum Beispiel durch die Identifikation und anschließende Ausschöpfung des sogenannten *Conglomerate Discounts*[72] erreicht werden. Dies geschieht, indem primär unterbewertete und außerhalb des eigentlichen Kerngeschäftes liegende Geschäftsfelder nach der Akquisition veräußert werden. Die hieraus resultierende strategische Neupositionierung des Unternehmens – sie äußert sich in einer Fokussierung – führt zur Eliminierung des *Conglomerate Discounts* und wird beim Exit vom Markt mit einer Aufwertung der zur Anwendung gelangenden *Multiples* entsprechend belohnt.[73] Weiterhin kann eine *Multiple Expansion* häufig vor dem Hintergrund sogenannter *Corporate Spin-Offs* beziehungsweise Konzernabspaltungen beobachtet werden. Durch die vom Finanzinvestor vorangetriebene Verselbstständigung strukturell abhängiger und im Markt noch nicht selbstständig positionierter Unternehmenssparten können zum Zeitpunkt der Veräußerung oftmals höhere *Multiples* zur Anwendung gelangen.[74]

Eine Steigerung des Eigenkapitalwertes im Sinne einer *Multiple Arbitrage* kann bedeuten, von Wirtschaftszyklen und den Entwicklungen an den Kapitalmärkten zu profitieren. Haussierende Aktienmärkte erweitern nicht nur das Spektrum der Exit-Möglichkeiten,[75] sondern können es Private-Equity-Firmen überdies ermöglichen, durch ein zum Zeitpunkt des Exits höheres Bewertungsniveau – und die damit einhergehenden höheren *Multiples* – attraktive Renditen zu erwirtschaften.

Multiple Arbitrage bedingte *Multiple Uplifts* können auch von den verschiedenen Erwartungshaltungen der Käufer- und Verkäuferparteien herrühren. Im Vordergrund stehen hierbei die Erwartungen hinsichtlich der zukünftigen Performance des Unternehmens und der Entwicklungen der jeweiligen Industrie. Erstere wiederum können durch Informationsvorsprünge des Managements – das im Rahmen eines Management-Buyouts gemeinsam mit dem Finanzinvestor als Käufer auftritt – gegenüber den bisherigen Eigentümern begründet sein.[76] Des Weiteren ist es oftmals möglich, innerhalb privater Märkte, zwischen öffentlichen und privaten Märkten[77] oder innerhalb öffentlicher Märkte[78] Bewertungsdifferenzen opportunistisch auszunützen und so erfolgreich Arbitrage zu betreiben. Da im Rahmen der *Multiple Arbitrage* eine Wertgenerierung selbst in Abwesenheit etwaiger (Performance-)Veränderungen in dem betreffenden Unternehmen stattfinden kann, bezeichnen die Autoren Berg und Gottschalg diese Art von Wertgenerierung nicht etwa als *Value Creation*, sondern treffend als *Value Capturing*.[79]

In letzter Instanz bestimmen sich die zur Anwendung gelangenden Bewertungs-*Multiples* durch das Verhältnis von Angebot und Nachfrage und sind das Resultat der Verhandlung zwischen Käufer- und Verkäuferpartei. Man kann deshalb davon ausgehen, dass kompetitive Auktionen in der Regel zu höheren Bewertungs-*Multiples* und damit zu höheren Unternehmenspreisen führen, als das bei exklusiven Verhandlungen der Fall ist.

Wertsteigerung durch Financial Leverage

Die von Private-Equity-Firmen durchgeführten Buyouts zeichnen sich in der Regel durch den Einsatz eines überdurchschnittlich hohen Fremdkapitalanteils aus. Die Rolle dieses *Financial Leverage* im Rahmen der Wertschöpfung in *Leveraged-Buyout*-Transaktionen beschreiben Berg und Gottschalg folgendermaßen:

»Financial engineering, i. e. the optimization of capital structure and minimization of after-tax cost of capital of the portfolio company is one of the most widely acknowledged levers applied by buyout firms to create value.«[80]

Der Schlüssel zur Erzielung hoher Eigenkapitalrenditen liegt in der Erkenntnis, dass Unternehmenswachstum nicht zwingend für eine entsprechende Wertsteigerung gegeben sein muss.[81]

Das Phänomen, das diesen Überlegungen zugrunde liegt, ist bekannt unter der Bezeichnung *Leverage-Effekt*: Liegt die erwartete Gesamtkapitalrendite (ROI beziehungsweise r_{GK}) eines Unternehmens über dem Fremdkapitalzinssatz (i), wächst der Erwartungswert[82] der Eigenkapitalrendite (*Return on Equity:* ROE beziehungsweise r_{EK}) linear mit dem Verschuldungsgrad (FK/EK beziehungsweise t).[83] Formal lässt sich dieser Zusammenhang wie folgt darstellen:

$$rEK = rGK + t\,(rGK - i)$$

Die Politik der Verschuldung hat somit eine Hebelwirkung auf den Erwartungswert der Eigenkapitalrendite.

Neben dem *Leverage*-Effekt sind für Private-Equity-Firmen Steuervorteile von potenziell wertsteigernder Bedeutung. Da Gewinnsteuern nicht vom EBIT, sondern vom EBT[84] berechnet werden, führen die vom EBIT steuerlich absetzbaren Fremdkapitalzinsen, die mit einem überdurchschnittlich hohen Fremdkapitalanteil einhergehen und oftmals beträchtlich sind, zu einer Reduktion der Gewinnsteuerlast. Dadurch werden sowohl die Rendite des vom Finanzinvestor eingesetzten Eigenkapitals als auch die zur Entschuldung zur Verfügung stehenden freien Mittel positiv beeinflusst. Dieser im Fachjargon als *Tax Shield* bezeichnete Steuervorteil kann gegebenenfalls durch erhöhte Abschreibungsmöglichkeiten nach der Übernahme eines Zielunternehmens noch vergrößert werden.[85]

Der Einflussnahme des Finanzinvestors auf die Kapitalstruktur eines Zielunternehmens vor dem Hintergrund des *Financial Leverage* sind Grenzen gesetzt, und zwar durch die jeweilige markt- und unternehmensbezogene Kreditverfügbarkeit sowie durch die entsprechenden Kapitalkosten. Während Erstere die Situation am Kreditmarkt und die finanzielle Lage eines Zielunternehmens widerspiegelt, werden Letztere durch das aktuelle Zinsniveau definiert. Tabelle 6 vermittelt einen Überblick, in welchem

Umfang die Beteiligungsgesellschaft auf die vorgestellten Wertschöpfungstreiber beziehungsweise auf die durch sie potenziell zu erzielenden Renditen Einfluss nehmen kann.

Wertschöpfungstreiber	Möglichkeiten der Einflussnahme
Operating Improvements	●
Multiple Uplifts	◑
Financial Leverage	◑

Tabelle 6: Möglichkeiten der Einflussnahme auf die Wertschöpfungstreiber

Zusammenspiel der Wertschöpfungstreiber

Zum besseren Verständnis wurden die Anknüpfungspunkte und Möglichkeiten einer Wertsteigerung im Rahmen der verschiedenen Wertschöpfungstreiber jeweils *unter sonst gleichen Bedingungen* aufgezeigt und ausgeführt. Wie in der Modellrechnung ersichtlich, spielen in der Realität jedoch selbstverständlich sämtliche Wertschöpfungstreiber zusammen und entfalten ihre Wirkung gemeinsam.

Basierend auf den Werten dieses Modellbeispiels zeigt Abbildung 9 deshalb den Einfluss der jeweiligen Wertschöpfungstreiber auf die Gesamtperformance der Beteiligung.

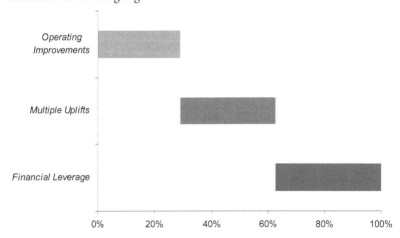

Abbildung 9: Zusammensetzung der Wertschöpfungstreiber

Der absolute Wertzuwachs des von der Private-Equity-Firma eingesetzten Eigenkapitals in diesem Beispiel beträgt 89,8 und setzt sich entsprechend wie folgt zusammen:

- 26,2 beziehungsweise 29,2 Prozent aus der Wertsteigerung durch *Operating Improvements*,
- 30,0 beziehungsweise 33,4 Prozent aus der Wertsteigerung durch *Multiple Uplifts*,
- 33,6 beziehungsweise 37,4 Prozent aus der Wertsteigerung durch *Financial Leverage*.

Der jeweils relative Beeinflussungsgrad der Rendite durch die verschiedenen Wertschöpfungstreiber und deren Variationen, aber auch das Ausmaß der Wertsteigerungsmöglichkeiten im Kontext der verschiedenen Wertschöpfungstreiber sind situationsbedingt und somit von Buyout zu Buyout verschieden.

1.4 Das *Profit Impact of Market Strategy* Projekt

Wie in der Einführung bereits erwähnt, unterliegt die Private-Equity-Branche derzeit einem grundlegenden Wandel. Dieser führt insbesondere zu tiefgreifenden Veränderungen in der Art und Weise der bisherigen Wertschöpfung: Um ihren Kundenanforderungen auch in Zukunft gerecht werden zu können, müssen sich Private-Equity-Firmen fortan auf die Erwirtschaftung *nachhaltiger, realwirtschaftlicher Operating Improvements* fokussieren, was eine strategische Unternehmensführung unumgänglich macht. Die Aufgabe der strategischen Führung liegt in einer dauernden Existenzsicherung des Unternehmens. Entsprechend müssen Private-Equity-Firmen künftig für hinreichend hohe und sichere Erfolgspotenziale sorgen.

Ein klares Verständnis all jener Faktoren, die tatsächlich ausschlaggebend sind für das strategische Erfolgspotenzial eines Unternehmens im Sinne einer dauerhaften Ertragskraft, ist sowohl für die Wissenschaft als auch für die Praxis seit jeher von beträchtlichem Interesse. Die strategischen Grundfragen sind so alt wie die Betriebswirtschaftslehre selbst und stehen am Anfang so mancher Managementtheorie. Entsprechend wird auch seit längerer Zeit versucht, mithilfe von Langzeitstudien die Wirkungsweise bestimmter Unternehmensstrategien auf den Unternehmenserfolg empirisch zu erfassen, um daraus die der Geschäftswelt innewohnenden, strategischen Gesetzmäßigkeiten abzuleiten. Im Zentrum dieser Bestrebungen steht das sogenannte PIMS-Projekt. PIMS steht für *Profit Impact of Market Strategy*. Dieses Projekt ist weltweit das bisher größte und langwährendste empirische Strategieforschungsprogramm, es wird seit 1972 bis heute durchgeführt. Basierend auf einer einzigartigen Sammlung empirischer Unternehmensdaten ermittelt das PIMS-Forschungsprogramm strategische Bestimmungsfaktoren des nachhaltigen Unternehmenserfolges.[86]

Die Anfänge von PIMS lassen sich bis in die sechziger Jahre zurückverfolgen, als General Electric ein Forschungsprojekt zur Analyse der Ursachen der unterschiedlichen Leistungsfähigkeit verschiedener Geschäftsbereiche innerhalb des Unternehmens anstieß. Unter der Leitung von Sydney Schoeffler[87] wurde ein statistisches Modell mit der Bezeichnung *Profit-Optimizing Model* (PROM) entwickelt, das sich dem Aufspüren sogenannter *laws of the market place* annehmen sollte. Nach mehreren Jahren intensiver Forschung mündeten diese Bestrebungen in die Entwicklung eines (Regressions-) Modells, »[...] that captured the major factors which explain a great deal of the variability in return on investment«.[88] Die Ausdehnung des Ansatzes auf andere Unternehmen begründete die Geburtsstunde des eigentlichen PIMS-Programms, das von 1972 bis 1974 am Marketing Science Institute (MSI) der Harvard Business School (HBS) weiterentwickelt wurde.

Aufgrund der Dimensionen, die das Forschungsprogramm anzunehmen begann, wurde es 1975 schließlich an eine eigens dafür gegründete Organisation ausgelagert: dem Strategic Planning Institute (SPI). Aufgrund der großen Aufmerksamkeit, die dem PIMS-Programm im amerikanischen Management zuteil wurde, entstand 1978 die Tochtergesellschaft PIMS Associates, die sich der Anwendungsforschung und Unternehmensberatung widmet. Ende 1982 erfolgte in London die Gründung der ersten europäischen Niederlassung, der weitere europäische Tochtergesellschaften und Kooperationen folgten. Im Jahre 2004 wurde PIMS Associates in Europa vom Malik Management Zentrum St. Gallen übernommen, nachdem dieses die PIMS-Expertise seit vielen Jahren als Lizenznehmer angewandt hatte.[89]

Die Datenbank des Forschungsprojekts enthält die gespeicherten Erfahrungen und Leistungen von einer laufend wachsenden Anzahl realer Unternehmen. Sie umfasst inzwischen rund 4000 Geschäftseinheiten von über 500 Unternehmen aus einem Spektrum verschiedenster Industriezweige weltweit und deckt heute mehr als 20000 Jahre Geschäftserfahrung in ihrem Datenmaterial ab.[90]

Auf der Suche nach den strategischen Gesetzmäßigkeiten für nachhaltigen Geschäftserfolg identifizierte das PIMS-Programm unter anderem rund drei Dutzend Einflussfaktoren, die in wechselseitiger Abhängigkeit eine erhebliche Auswirkung auf die Profitabilität ausüben und über 80 Prozent der Rentabilitätsunterschiede zwischen verschiedenen Geschäftseinheiten – gemessen am *Return on Investment* (ROI) – erklären.[91] Im Laufe der Zeit und durch weitere Analysen wurden diese zu fünfzehn beziehungsweise acht Einflussfaktoren verdichtet, auf die rund 75 Prozent beziehungsweise 70 Prozent des tatsächlichen Erfolgs einer Geschäftseinheit zurückgeführt werden können. Diese Faktoren gilt es also unter allen Umständen unter Kontrolle zu bringen. Gereiht nach ihrer Bedeutung für die dauerhafte Ertragskraft sind es: *relativer Marktanteil, Produktivität, Investmentintensität, relativer Kundennutzen, Innovationsrate, reales Marktwachstum, Kundenkonzentration* und *vertikale Integration*.[92]

Eine quantitativ günstige Zusammensetzung dieser Faktoren macht ein Unternehmen strategisch so robust, dass Schwächen auf anderen Gebieten verkraftet werden können. Gleichzeitig können Mankos in einem oder gar mehreren dieser strategischen Hauptfaktoren nicht durch noch so viele andere Stärken und durch noch so gutes operatives Management auf Dauer kompensiert werden.[93] Interessant ist in diesem Kontext die im Zuge der Private-Equity-Forschung regelmäßig gezogene Schlussfolgerung, dass es entlang sämtlicher in Abbildung 1 dargestellten Kategorien von Private-Equity-Investments die Qualität des Managementteams ist, die in letzter Instanz den Investitionsentscheid der Private-Equity-Firmen bestimmt. An späterer Stelle wird darauf zurückgekommen.

Die Forschungsergebnisse von PIMS lassen sich für die Beurteilung von Investitionsopportunitäten nutzbar machen. Insbesondere mit Blick auf die Implikationen, die aus den bereits angedeuteten Marktentwicklungen resultieren, ist es konkret möglich, die von PIMS empirisch belegten Faktoren, die für das strategische Erfolgsziel eines Unternehmens tatsächlich relevant sind, und deren Zusammenspiel für die strategische Beurteilung möglicher Beteiligungsobjekte fruchtbar zu machen. Die Kapitel 5 und 6 widmen sich dieser Frage ausführlich.

2. Herausforderungen der neuen Zeit

»Traditionally, there have been three trusted routes for buyout firms to make money […] These days, the primary model for value creation after a buyout is the third model of active ownership.«

Apax Partners Ltd/The Economist Intelligence Unit

Google, Microsoft, Cisco Systems, FedEx und Phonak, aber auch Burger King, Continental Airlines, TDC, Celanese und Geberit verbindet eines: Sie alle wurden in einer Phase ihres unternehmerischen Daseins durch Private Equity finanziert.

2.1 Status und Bedeutung des Private-Equity-Marktes

Nicht nur Aktionäre, auch Manager sehen sich in den verschiedenen Reifegraden ihrer Unternehmen mit einer Vielzahl von Herausforderungen konfrontiert. Deren Spannweite reicht von der Start-up-Finanzierung über die Kapitalbereitstellung, um beispielsweise anorganisches Wachstum zu ermöglichen, bis hin zur Nachfolgeregelung oder Privatisierung eines börsennotierten Konzerns. Traditionelle Kapitalquellen wie etwa der öffentliche Kapitalmarkt oder Bankkredite stehen ihnen hierbei aus einer Reihe von Gründen oftmals gar nicht, nicht mehr oder nur zu erschwerten Konditionen zur Verfügung. Private Equity – privates Beteiligungskapital – ermöglicht seit Jahrzehnten in zunehmendem Maße, die Finanzierung dieser Herausforderungen oder die Realisierung einer Reihe weiterer Absichten sicherzustellen.[94]

Gepaart mit den in der Vergangenheit relativ nachhaltig erzielten, beeindruckenden Renditen der Private-Equity- und hierbei insbesondere der Buyout-Fonds, die noch heute denen öffentlicher Aktienmärkte regelmäßig überlegen sind,[95] führte dies 2006 zu einem weltweiten *Fundraising-*

Herausforderungen der neuen Zeit 53

Rekord: 684 Private-Equity-Fonds warben global insgesamt 432 Milliarden US-Dollar ein, was gegenüber dem Vorjahr einem Anstieg von 38 Prozent entspricht.[96] Auch in Europa wächst der Private-Equity-Markt stetig. Nach einem rasanten Aufschwung in den neunziger Jahren und einer darauf folgenden zweijährigen Konsolidierungsphase zu Anfang des Jahrtausends war der Markt zwischen 2003 und 2007 durch ein enormes Wachstum geprägt (siehe Abbildung 10).

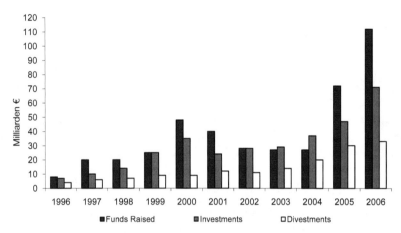

Abbildung 10: Fundraising, Investitionen und Desinvestitionen in Europa
Quelle: basierend auf den Daten von EVCA (2006 a), S. 47, und EVCA (2007 a), S. 38

Auch hierbei ging das Jahr 2006 in gleich dreifacher Hinsicht als Rekordjahr in die Geschichte des europäischen Private Equity ein. Das *Fundraising* konnte gegenüber dem Vorjahr um 56,4 Prozent auf 112,3 Milliarden Euro gesteigert werden. Das Volumen der in der Branche getätigten Investitionen stieg um 51,2 Prozent auf 71,2 Milliarden Euro an, und auch die Desinvestitionen nahmen um knapp 11 Prozent zu und beliefen sich damit auf 33,1 Milliarden Euro.[97]

Private Equity wird heute oftmals als neuer, *dritter Kapitalmarkt*[98] bezeichnet. Es hat sich neben dem Aktien- und Anleihenmarkt beziehungsweise dem öffentlichen Kapitalmarkt und dem Kreditwesen als eine weitere Geldquelle für Unternehmen etabliert, um dem hohen Bedarf an einer alternativen Finanzierungsform gerecht zu werden.[99]

Relativer Entwicklungsgrad ausgewählter europäischer Private-Equity-Märkte

Das rasante Wachstum erstreckte sich allerdings nicht gleichermaßen über alle Länder Europas. Darüber hinaus kann sich die Position eines Landes im europäischen Umfeld bei einem relativen Marktvergleich deutlich von derjenigen unterscheiden, die auf einem Vergleich auf absoluter Basis beruht: Abbildung 11 zeigt sowohl den relativen Entwicklungsgrad des Private-Equity-Marktes ausgewählter europäischer Länder – hierfür wurde jeweils das in Private Equity investierte Kapital ins Verhältnis zum Bruttoinlandsprodukt (BIP) eines Landes gesetzt – als auch die Rangordnung eines auf absoluter Basis beruhenden Vergleichs.

Während das Vereinigte Königreich mit Private-Equity-Investments in der Höhe von 40,9 Milliarden Euro absolut gesehen europaweit klar führend ist, nimmt Schweden mit einem BIP-Anteil von 1,44 Prozent unter relativen Gesichtspunkten die Vorreiterrolle in punkto Entwicklungsgrad des Private-Equity-Marktes ein. Die deutschsprachigen Länder Deutschland (0,31 Prozent), Schweiz (0,28 Prozent) und Österreich (0,1 Prozent) weisen im Verhältnis zum europäischen Durchschnitt (0,57 Prozent) ein erhebliches Entwicklungspotenzial auf.[100]

Die möglichen Ursachen für die unterschiedlichen Entwicklungsstadien können nicht nur in den grundsätzlich verschiedenen Finanzierungskulturen und Rahmenbedingungen gesucht werden. Auch die variierenden Start-

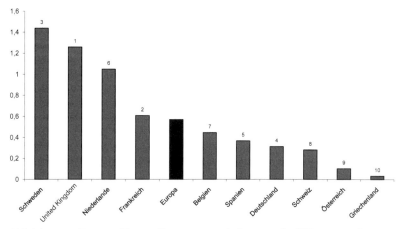

Abbildung 11: Private-Equity-Investments als Prozent des BIP in 2006
Quelle: basierend auf den Daten von EVCA (2007 a), S. 50 und 67

zeitpunkte der jeweiligen Marktentwicklungen werden eine Rolle spielen. Während in den angelsächsischen Märkten beispielsweise bereits kurz nach dem Zweiten Weltkrieg die ersten Beteiligungsgesellschaften entstanden[101] und sich die Private-Equity-Branche in Schweden in den siebziger Jahren zu etablieren vermochte, mangelt es in Deutschland noch heute weitestgehend an einer Selbstverständlichkeit der Private-Equity-Finanzierung.[102] Zudem wirken sich hier die regulatorischen Rahmenbedingungen und die stärkere Fremdfinanzierungstätigkeit des Bankensektors nachteilig auf den Entwicklungsgrad des Private-Equity-Marktes aus.[103]

Dominante Rolle der Buyouts innerhalb des Private-Equity-Marktes

Während die Branche zum Jahrtausendwechsel durch teilweise spektakuläre Finanzierungen von Technologieunternehmen, vorwiegend aus dem Biotech- und Internet-Umfeld, von sich reden gemacht hat, stehen inzwischen Buyouts im Zentrum des medialen und öffentlichen Interesses. Von den 2006 weltweit eingeworbenen 432 Milliarden US-Dollar wurden 212 Milliarden US-Dollar und somit knapp die Hälfte aller Gelder von Buyout-Fonds eingesammelt.[104] Die Verschiebung des Investitionsschwerpunktes hin zur Spätphasenfinanzierung zeigt sich auch in Europa. Abgesehen von 2005 – der einzigen Ausnahme – wächst parallel zu den seit 2001 stetig zunehmenden Private-Equity-Investitionen auch der prozentuale Anteil der Buyouts an. Wie Abbildung 12 zeigt, betrug der Anteil der Buyouts

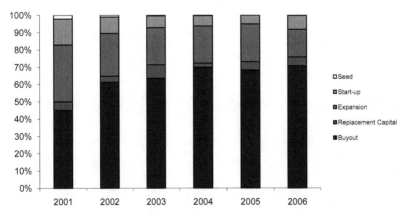

Abbildung 12: Jährliche kategoriale Verteilung der Private-Equity-Investments
Quelle: basierend auf den Daten von EVCA (2006 a), S. 80, und EVCA (2007 a), S. 70

am Volumen der in der Branche insgesamt getätigten Investitionen 2006 70,7 Prozent und konnte gegenüber dem Vorjahrswert von 32,1 Milliarden Euro (68,2 Prozent) auf 50,3 Milliarden Euro gesteigert werden.[105]

Die Statistiken der EVCA, die der Abbildung 12 zugrunde liegen, beziehen sich ausschließlich auf Investitionen in der Form reinen Eigenkapitals. Entsprechend spiegeln sie im Kontext der hier interessierenden Buyouts jeweils den *Equity-* und nicht den *Enterprise Value* wieder.[106] Zieht man die Daten des explizit auf Buyout-Transaktionen ausgerichteten Jahrbuchs *European Buyout Review* der Incisive Media heran und berücksichtigt man den in aller Regel beträchtlichen Anteil an Fremdkapital, der mit einem Buyout einhergeht, betrug der Gesamtwert aller in 2006 in Europa getätigten Investitionen 168,3 Milliarden Euro. Dies entspricht gegenüber dem Vorjahr einem Zuwachs von 41,3 Prozent.[107]

Abbildung 13 visualisiert überdies die seit 2002 stetig wachsende Anzahl getätigter Buyout-Investitionen: 2006 wurden europaweit bereits 708 Buyouts durchgeführt.

Ebenso hat sich – wie Abbildung 14 zeigt – seit 2002 der Marktanteil von Buyout-Transaktionen an den globalen Mergers&Acquisitions- (M&A-) Transaktionen markant erhöht.

Nach den Berechnungen des Finanzdatenanbieters Thomson Financial konnten im Jahr 2002 Unternehmensübernahmen, die von Private-Equity-Firmen finanziert wurden, lediglich für 7,6 Prozent des weltweiten M&A-

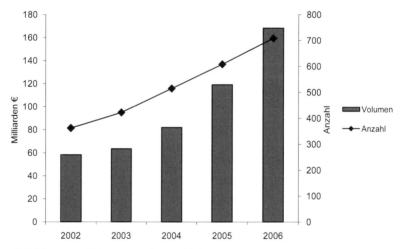

Abbildung 13: Volumen und Anzahl der Buyout-Investitionen in Europa
Quelle: basierend auf den Daten von Incisive Media (2007), S. 1

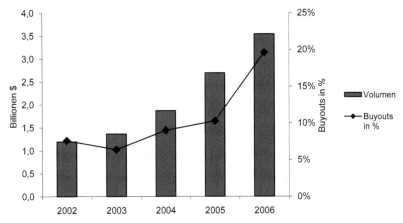

Abbildung 14: Buyouts in Prozent des weltweiten M&A-Volumens
Quelle: basierend auf den Daten von Thomson Financial (2007)

Volumens von 1,2 Billionen US-Dollar verantwortlich gemacht werden. 2006 hingegen waren Finanzinvestoren bereits in 19,6 Prozent sämtlicher Transaktionen involviert.[108] Im Vergleich zum Vorjahr (2005 waren es 10,3 Prozent) erfolgte beinahe Verdoppelung des Buyout-Marktanteils: Vor dem Hintergrund eines Wachstums um 31,4 Prozent des globalen M&A-Volumens hat sich das Volumen der Buyouts um gar 151,1 Prozent auf 693 Milliarden US-Dollar explosionsartig gesteigert.

Die dominante Rolle der Buyouts innerhalb des Private-Equity-Marktes und deren wirtschaftliche Bedeutung spiegelt sich ebenso in der Fortsetzung des seit 2005 anhaltenden Trends zur Etablierung immer größerer Fonds wider, deren Mittel vorwiegend für ebendiese Buyouts bestimmt sind. Die zehn weltweit größten Fonds haben im Jahr 2006 etwa 100 Milliarden US-Dollar eingeworben. Das entspricht nahezu einem Viertel der in der Branche insgesamt eingesammelten Gelder. Auch wurden im selben Jahr sechs der zehn bisher größten Fonds aufgesetzt.[109] Und schließlich verwundert es nicht, dass neun der zehn bisher größten Buyouts der Geschichte zwischen 2005 und 2007 stattgefunden haben. Unter Experten wird bereits über Fonds mit einem Anlagevolumen von 100 Milliarden US-Dollar spekuliert, womit auch die weltweit größten Firmen als Übernahmeobjekte in die Reichweite der Finanzinvestoren gelangen würden.[110] Die steigende Nachfrage nach alternativen Anlagen in der Form von temporärem und außerbörslichem Eigenkapital, motiviert durch vergleichsweise hohe und regelmäßig zweistellige Renditen in der Vergangenheit, hat einen Einfluss auf die Wettbewerbsintensität und den Reifegrad des Private-Equity-Marktes. Darauf wird im Folgenden eingegangen.

2.2 Entwicklungen des Buyout-Marktes

Bereits 2004 fasste Marc Anson in einem Artikel im *Journal of Wealth Management* die Trends im internationalen Private-Equity-Markt wie folgt zusammen: »There has been a distinct change in the private equity market. What was previously thought to be a segmented, inefficient marketplace has turned into an efficient, auction-driven asset class.«[111]

Too much money chasing too few deals

Auch heute noch sind sowohl die aktuellen wie auch die prognostizierten Trends weitestgehend von einer zunehmenden Reifung des Buyout-Marktes angetrieben. Das lässt sich in erster Linie auf den rasanten Anstieg der Anzahl an Buyout-Fonds[112] sowie auf das starke Wachstum der von diesen Fonds eingeworbenen Mittel zurückführen. Schon 2003 konnte die Private-Equity-Industrie weltweit ein seit 1998 kumuliertes Überangebot an Kapital in der Höhe von 182 Milliarden US-Dollar ausweisen.[113] Berücksichtigt man die Rekordsummen, die seither eingeworben wurden, kann man davon ausgegangen, dass dieser Überhang an nicht investierten Fondsmitteln inzwischen weit mehr beträgt.[114]

Erhebliche Mittelzuflüsse führen in Verbindung mit dem Investitionsdruck der Fonds zu einer gesteigerten Wettbewerbsintensität bei der Akquisition der verbleibenden, im aktuellen Kontext idealen, Zielunternehmen und schlagen sich entsprechend in höheren Unternehmenspreisen sowie in niedrigeren zu erwartenden Renditen nieder.[115] Dieser Zusammenhang ist in der Branche unter dem Ausdruck *Too much money chasing too few deals* bekannt.[116]

Konkurrenz durch Hedge-Fonds

Doch nicht nur Private Equity, auch andere alternative Anlageklassen wie etwa Hedge-Fonds haben in den letzten Jahren ein hohes Wachstum erfahren. Die weitgehend gleichen Investoren umwerbend, stehen Letztere nicht nur beim *Fundraising*, sondern zusehends auch auf der Investitionsseite im Wettbewerb zu den Private-Equity-Firmen.

Angelockt von vergleichsweise hohen Renditen der Vergangenheit und ausgestattet mit großen Freiheiten, konkurrieren diese weitgehend unregulierten Investoren mit den Buyout-Firmen um den Erwerb von Mehrheitsbeteiligungen an Unternehmen. Dieser Versuch, sich einen Anteil am Private-Equity-Markt oder zumindest an einem Teilsegment dessen zu sichern, führt zu einer weiteren Intensivierung des Wettbewerbs.[117]

Einfluss signifikanter Mittelzuflüsse auf die *Valuation Multiples*

Die hohe Eigenkapitalverfügbarkeit in Kombination mit dem in jüngster Vergangenheit hochliquiden Fremdfinanzierungsmarkt hat in Europa zu steigenden Unternehmenspreisen geführt.[118] Beschleunigt wurde diese Entwicklung von der anhaltend positiven Situation an den öffentlichen Aktienmärkten und den hieraus jeweils abgeleiteten, entsprechend höheren Bewertungs-*Multiples*.

Abbildung 15 veranschaulicht die Entwicklung europäischer Unternehmenspreise für verschiedene Transaktionsgrößen als ein Vielfaches des EBITDA. Sie zeigt ein – seit etwa 2002 – insgesamt ansteigendes Bewertungsniveau, das im Jahr 2006 zu höheren Bewertungs-*Multiples* geführt hat, als sie noch gegen Ende der Boomphase in den neunziger Jahren zur Anwendung gelangt sind.

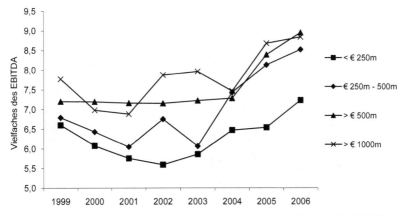

Abbildung 15: Entwicklung der Unternehmenspreise als Vielfaches des EBITDA
Quelle: basierend auf den Daten von Standard & Poor's (2007 a), S. 86f.

Auswirkungen auf die Struktur der Akquisitionsfinanzierung

Bedingt durch den liquiden Fremdfinanzierungsmarkt und das historisch tiefe Zinsniveau sowie die niedrigeren Fremdfinanzierungskosten, die hieraus resultieren, ist in den letzten Jahren – im Rahmen der Akquisitionsfinanzierung – auch der Anteil der Kreditfinanzierung per se gestiegen. Ganz im Sinne des oben dargelegten *Leverage*-Effektes[119] ist parallel zu der beschriebenen Entwicklung der Unternehmenspreise der Anteil der Schulden, der den akquirierten Unternehmen aufgebürdet wurde, kontinuierlich angestiegen.

Abbildung 16 verdeutlicht die Entwicklung des durchschnittlichen Verschuldungsgrades europäischer Akquisitionskandidaten als ein Vielfaches des EBITDA. Sie zeigt, dass den Zielunternehmen im Verhältnis zu ihrer Rückzahlungsfähigkeit, gemessen anhand des EBITDA, seit 2001 eine immer größere Schuldenlast aufgeladen wurde. Für das Jahr 2006 betrugen die sogenannten *Leverage Multiples* in Europa im Durchschnitt das 5,43-Fache des EBITDA, wohingegen dieselbe Größe 2001 noch 4,04 betrug.[120]

Zusätzlich begünstigt wurde der steigende Anteil des Fremdkapitals durch die zunehmende Verfügbarkeit innovativer Finanzinstrumente. Jene erlauben eine Strukturierung von Verbindlichkeiten, die es ermöglicht, das Rendite-Risiko-Profil speziell auf die spezifischen Investorenbedürfnisse zuzuschneiden. Die in die Transaktionen involvierten Banken nehmen die Darlehen hierbei nämlich in der Regel nur kurzzeitig auf die eigenen Bücher und reichen sie größtenteils an andere Banken und Investoren weiter,

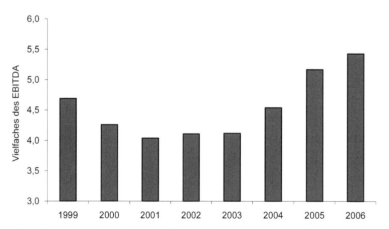

Abbildung 16: Entwicklung des Verschuldungsgrades als Vielfaches des EBITDA
Quelle: basierend auf den Daten von Standard & Poor's (2007 b), S. 77

die sich ihrerseits durch die geringen tatsächlichen Ausfallraten der letzten Jahre vermehrt für derartige Anlagen interessieren. Hauptabnehmer sind unter anderem Hedge-Fonds.[121]

Im Gegenzug zur oben skizzierten Entwicklung ist im Rahmen der Akquisitionsfinanzierung der prozentuale Anteil des Eigenkapitals, das von den Finanzinvestoren eingesetzt wird, zurückgegangen. Abbildung 17 zeigt dies für wiederum verschiedene Transaktionsgrößen. 2002 betrug der in Europa über alle Transaktionsgrößen hinweg durchschnittlich eingesetzte Anteil des Eigenkapitals noch 38,5 Prozent. Für das Jahr 2006 hingegen konnte gemäß Standard & Poor's (S&P) ein Durchschnitt von lediglich 33,2 Prozent ermittelt werden.[122]

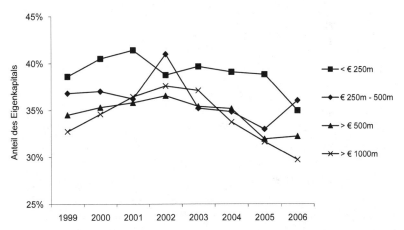

Abbildung 17: Prozentuale Entwicklung des eingesetzten Eigenkapitals
Quelle: basierend auf den Daten von Standard & Poor's (2007 a), S. 70f.

Veränderte Beweggründe der Verkäuferseite

Der zunehmende Reifegrad des Buyout-Marktes spiegelt sich auch im zunehmenden Anteil der *Secondary Buyouts* wider.[123] Abbildung 18 macht dies anschaulich. Die Weiterverkäufe an Finanzinvestoren konnten nach dem Spitzenwert des Jahres 2005 (60,5 Prozent) ein Jahr später für 48,1 Prozent und somit für knapp die Hälfte aller in Europa durchgeführten Buyouts verantwortlich gemacht werden.[124] Von sämtlichen Veräußerungsmotiven, die im letzten Kapitel vorgestellt wurden, ist ihnen die mit Abstand größte Bedeutung beizumessen.

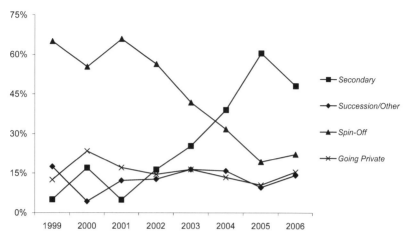

Abbildung 18: Entwicklung der Anzahl Buyouts nach Veräußerungsmotiven
Quelle: basierend auf den Daten von Standard & Poor's (2007 a), S. 26

Abgesehen von dieser markanten Zunahme der *Secondary Buyouts* und des sich einigermaßen konstant entwickelnden Anteils jener Buyouts, die durch übrige Veräußerungsgründe motiviert sind, fällt in Abbildung 18 der diametrale Verlauf der *Spin-off Buyouts* auf: 2001 betrug deren Anteil an den insgesamt getätigten Buyouts 65,9 Prozent; für das Jahr 2006 aber konnte lediglich noch ein Anteil von 22,2 Prozent festgestellt werden. Diese beachtliche Abnahme lässt sich dadurch erklären, dass sich die Phase der Entdiversifizierung – nach den in der Vergangenheit übertrieben praktizierten Diversifikationsstrategien – allmählich ihrem Ende nähert; die Mehrheit der potenziellen Buyout-Kandidaten widmet sich bereits wieder ihrem Kerngeschäft. Dies unterstreicht einerseits weiter den zunehmenden Reifegrad des Buyout-Marktes und bestätigt gleichzeitig die zunehmende Knappheit der, im aktuellen Kontext idealen, Zielunternehmen im Sinne des *Too much money chasing too few deals.*

Ohne jeglichen Anspruch auf Vollständigkeit reflektiert schließlich auch die wachsende Menge der preistreibenden Auktionen den zunehmenden Reifegrad des Marktes.[125] Während kompetitive Auktionen früher noch die Ausnahme bildeten und exklusive, bilaterale Verhandlungen den Großteil der Verkaufsprozesse ausmachten, werden heutzutage – insbesondere bei größeren Unternehmen, *Corporate Spin-Offs* und *Secondary Buyouts* – zusehends Investmentbanken mit einem offiziellen Verkaufsauftrag versehen. Verfügt das zu erwerbende Unternehmen über ein Wertsteigerungspotenzial, führt ein Bieterkampf der Buyout-Firmen über höhere Bewertungs-*Multiples* zu höheren Unternehmenspreisen und damit konsequenterweise auch zu niedrigeren zu erwartenden Renditen.

Zunehmender Reifegrad des Buyout-Marktes

Angesichts dieser Entwicklungen beansprucht die Zusammenfassung der Trends im internationalen Private-Equity-Markt, die zu Beginn dieses Unterkapitels zitiert wurde, auch heute noch höchste Gültigkeit für sich. In den letzten Jahren kulminierten die hohe Eigenkapitalverfügbarkeit und der hochliquide Fremdfinanzierungsmarkt in Verbindung mit einem historisch tiefen Zinsniveau und den anhaltend positiven Entwicklungen an den öffentlichen Aktienmärkten in einem außerordentlich hohen Renditeerfolg der Buyout-Firmen. Wie im Verlaufe des Buches noch eingehend gezeigt wird, ist dieser Renditeerfolg keineswegs mit einer entsprechenden Wertsteigerung bei den jeweils übernommenen Unternehmen gleichzusetzen, etwa im Sinne einer Stärkung der Wettbewerbsfähigkeit. Ebenso wenig informiert er über die Qualität der erwirtschafteten Renditen.

Die niedrigeren Fremdkapitalkosten, die mit einem tiefen Zinsniveau einhergehen, und die von den Aktienmärkten abzuleitenden, gestiegenen Bewertungs-*Multiples* haben es Buyout-Firmen ermöglicht, die Renditepotenziale, die sich durch *Multiple Uplifts* und *Financial Leverage* erzielen ließen, weitestgehend auszuschöpfen. Dank der günstigen ökonomischen Rahmenbedingungen konnten Finanzinvestoren entsprechend selbst in der Abwesenheit etwaiger *Operation Improvements*, die nur mit einem beträchtlichen Aufwand zu erreichen wären, beeindruckende Gewinne realisieren. Legt man die Möglichkeiten der Einflussnahme auf die jeweiligen Wertschöpfungstreiber zugrunde, lässt sich dieser Zusammenhang graphisch wie in Tabelle 7 darstellen.

Während die ökonomischen Rahmenbedingungen der zurückliegenden Jahre die Bedeutung der jeweiligen Wertschöpfungstreiber gemäß Tabelle 7 zu definieren vermochten und somit die Renditeerfolge der Investoren weitgehend zu verantworten haben, führten die skizzierten Entwicklungen zu verschiedenen Symptomen, die für einen zunehmenden Reifegrad des Buyout-Marktes und gar für einen fundamentalen Wandel der Branche sprechen.

So werden bereits die Erwartungen einer weiteren Intensivierung des Wettbewerbes oder einer zunehmenden Knappheit der Zielunternehmen

Wertschöpfungstreiber	Möglichkeiten der Einflussnahme	bisherige Bedeutung
Operating Improvements	●	◐
Multiple Uplifts	◐	●
Financial Leverage	◐	●

Tabelle 7: Bisherige Bedeutung der Wertschöpfungstreiber

im Sinne des *Too much money chasing too few deals* den Markt in den kommenden Jahren unter Druck halten. Zusätzlich werden ein eventuell nachlassendes Wirtschaftswachstum sowie die Auswirkungen der im Sommer 2007 hervorgerufenen Kreditkrise die Akteure mit gänzlich neuen Herausforderungen konfrontieren.[126]

Angesichts der Parallelen zu den Entwicklungen gegen Ende der achtziger Jahre oder zur Zeit der Jahrtausendwende,[127] die inzwischen am Markt zu beobachten sind, vermag Abbildung 19 eine Idee über das Ausmaß und die Aktualität des angedeuteten Wandels zu vermitteln. Sie verdeutlicht die Entwicklung des weltweiten M&A-Volumens, an dem Private-Equity-finanzierte Unternehmensübernahmen einen zusehends steigenden Anteil besitzen und 2006 bereits mit 19,6 Prozent teilhatten.[128]

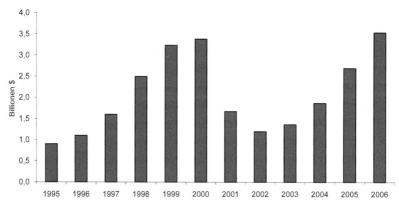

Abbildung 19: Entwicklung des weltweiten M&A-Volumens
Quelle: basierend auf den Daten von Thomson Financial (2007)

2.3 Strategische und ökonomische Implikationen

Ein sich dem Ende zuneigendes, positives ökonomisches Umfeld und ein zunehmender Reifegrad des Buyout-Marktes bedingen weitreichende Folgen für die in der Industrie tätigen Beteiligungsgesellschaften. Während Ersteres nicht nur für die Finanzinvestoren negative Konsequenzen hat,[129] lässt sich die zunehmende Reifung primär auf das rasante Wachstum der Private-Equity-Industrie selbst zurückführen und wirkt sich in erster Linie auf die in ebendieser Industrie tätigen Unternehmen nachteilig aus.[130]
Die veränderte Ausgangslage führt insbesondere zu tiefgreifenden Veränderungen in der Art und Weise der bisherigen Wertschöpfung und damit in der Art und Weise, wie Private-Equity-Firmen die bisherigen Renditen erwirtschaftet haben. Was in der Vergangenheit gut funktionierte, bietet keinerlei Anhaltspunkte dafür, wie in Zukunft die Erzielung von Renditeerfolgen sichergestellt werden kann. Im Folgenden werden die sich daraus ergebenden strategischen und ökonomischen Implikationen entlang den Wertschöpfungstreibern in Buyout-Transaktionen abgeleitet.

Schwindende Bedeutung der *Multiple Uplifts*

Wie in Kapitel 1.3 ausgeführt, ist es wichtig, im Rahmen der *Multiple Uplifts* die *Multiple Expansion* (sie ist primär durch eine strategische Neupositionierung bedingt) von der *Multiple Arbitrage* (sie ist mit einer *Buy Low/Sell High-Strategie* gleichzusetzen) zu unterscheiden.
 Multiple Expansions lassen sich häufig vor dem Hintergrund von *Corporate Spin-Offs* erzielen. Durch die Verselbstständigung strukturell abhängiger und im Markt noch nicht eigenständig positionierter Unternehmenssparten – vom Finanzinvestor über die Haltedauer hinweg vorangetrieben – können zum Zeitpunkt des Exits oftmals höhere *Multiples* zur Anwendung gelangen. Die markante Abnahme der *Spin-off Buyouts* in den vergangenen Jahren vermag jedoch die Möglichkeiten einer strategischen Neupositionierung im Rahmen dieser Art von Transaktionen zu relativieren. Private-Equity-Firmen sehen sich stattdessen mit einer ebenso markanten Zunahme der Anzahl von *Secondary Buyouts* konfrontiert, bei denen das Potenzial einer strategischen Neupositionierung durch den vormaligen Investor weitgehend ausgeschöpft sein dürfte.
 Genauso wie haussierende Aktienmärkte nicht nur das Spektrum der Exit-Möglichkeiten erweitern,[131] sondern es Private-Equity-Firmen überdies

ermöglichen, durch ein zum Zeitpunkt des Exits höheres Bewertungsniveau und die hiermit einhergehenden höheren *Multiples* attraktive Renditen zu erwirtschaften, führt auch ein letzten Endes schwieriger werdendes Börsenumfeld zu entsprechenden Implikationen. Die Möglichkeiten, den Eigenkapitalwert im Sinne einer *Multiple Arbitrage* zu steigern, werden dadurch negativ beeinflusst, und eine bestenfalls zu verfolgende *Buy High/Sell High*- oder aber gar *Buy High/Sell Low-Strategie* rückt an die Stelle der in den letzten Jahren relativ einfach zu praktizierenden *Buy Low/Sell High-Strategie*.

Die Bewertungs-*Multiples*, die zur Anwendung gelangen, werden – wie schon in Kapitel 1.3 erwähnt – in letzter Instanz durch das Verhältnis von Angebot und Nachfrage bestimmt und sind das Resultat der Verhandlung zwischen Käufer- und Verkäuferpartei. Kombiniert man dies mit den skizzierten Entwicklungen, insbesondere der wachsenden Anzahl der Auktionen, liegt der begründete Verdacht nahe, dass preistreibende Auktionen auf der Käuferseite zusehends die Möglichkeiten einer anschließend weiteren Steigerung des *Exit-Multiples* und damit der *Multiple Uplifts* negativ beeinträchtigen. Auf der Verkäuferseite dürfte ein schwieriger werdendes Börsenumfeld entsprechende Auswirkungen auf mögliche Börsengänge haben und damit diese bislang bevorzugte Exit-Route negativ beeinträchtigen.

Tabelle 8 greift die Modellrechnung in Tabelle 5 auf. Unter Konstanthaltung aller anderen Parameter verdeutlicht Tabelle 8, welchen Effekt variierende Bewertungs-*Multiples* auf die vom Finanzinvestor erzielte Rendite haben, ausgedrückt in der Form der *Internal Rate of Return* beziehungsweise des *Money Multiple*.

Entry-/Exit-Multiples	6 x/8 x	7 x/8 x	8 x/8 x	9 x/8 x	10 x/8 x
Internal Rate of Return	44 %	35 %	26 %	17 %	9 %
Money Multiple	4,3 x	3,3 x	2,5 x	1,9 x	1,4 x

Tabelle 8: Rentabilitätswirkung variierender Bewertungs-Multiples

Ausgehend von dem in der Modellrechnung zum Zeitpunkt der Akquisition verwendeten *Entry-Multiple* von 6 x und *Exit-Multiple* von 8 x werden die Rentabilitätswirkungen eines schrittweisen Wegfalls der durch *Multiple Uplifts* erzielten Renditeanteile dargestellt. Das sich in der Mitte befindende Szenario spiegelt hierbei die Rentabilitätswirkung eines totalen Wegfalls der durch *Multiple Uplifts* erzielten Renditeanteile wider, indem *Entry-* und *Exit-Multiples* auf demselben Niveau verharren. Die beiden letzten Szenarien beziehen sich auf den Effekt eines oben angedeuteten negativen *Multiple Uplifts* und verdeutlichen damit die Auswirkungen eines plötzlich schwieriger werdenden Börsenumfelds auf die aktuell in den Portfolios der Beteiligungsgesellschaften gehaltenen Unternehmen. Zudem illustrieren sie die für Private-Equity-Firmen heute relevante Ausgangssituation vor dem Hintergrund eines länger andauernden Abschwungs an den Börsen.

Aber auch ungeachtet der negativen Implikationen eines schwieriger werdenden Börsenumfelds und eines zunehmenden Reifegrades des Buyout-Marktes hat das – oben beschriebene und seit etwa 2002 insgesamt – ansteigende Bewertungsniveau per se einen negativen Einfluss auf die Renditen der Finanzinvestoren. Selbst wenn es nämlich gelingt, die Spanne zwischen *Entry-* und *Exit-Multiple* konstant zu halten, führt ein steigendes Bewertungsniveau mathematisch logisch zu niedrigeren Renditen. Dieser Zusammenhang wird durch Tabelle 9 verdeutlicht.

Entry-/Exit-Multiples	4 x/6 x	5 x/7 x	6 x/8 x	7 x/9 x	8 x/10 x
Internal Rate of Return	56 %	49 %	44 %	40 %	37 %
Money Multiple	5,9 x	5,0 x	4,3 x	3,9 x	3,5 x

Tabelle 9: Rentabilitätswirkung konstant variierender Bewertungs-Multiples

Schwindende Bedeutung des *Financial Leverage*

Wie schon dargelegt, sind der Möglichkeit, mithilfe des Einsatzes von *Financial Leverage* Renditen zu erwirtschaften oder zu steigern, sowohl durch die jeweilige markt- und unternehmensbezogene Kreditverfügbarkeit als auch durch die entsprechenden Kapitalkosten Grenzen gesetzt. Während Erstere die Situation am Kreditmarkt sowie die finanzielle Lage eines Zielunternehmens widerspiegelt, werden Letztere durch das aktuelle Zinsniveau bestimmt.

Die *marktbezogene Kreditverfügbarkeit* ist Schwankungen unterworfen, was beispielsweise die im Sommer 2007 hervorgerufene Kreditkrise deutlich zum Ausdruck brachte. Insbesondere für die Finanzierung größerer Buyout-Transaktionen ist sie zudem von der Existenz liquider Syndizierungs- und Sekundärmärkte abhängig, die es den Kreditinstituten ermöglicht, ihr Kreditportfolio aktiv zu managen.[132]

Ausschlaggebend für die *unternehmensbezogene Kreditverfügbarkeit* ist die Fähigkeit des jeweiligen Unternehmens, Zinszahlungen samt Tilgung der Kredite nachkommen zu können. Entsprechend stehen bei der Kreditvergabe die Cashflows im Mittelpunkt, die sich der Ermittlung der wirklichen Zahlungsströme widmen; entscheidend ist damit die Finanzkraft eines Unternehmens. Hierbei wird seitens der Banken sowohl eine gewisse Stabilität der vergangenen Zahlungsströme als auch eine gewisse Prognostizierbarkeit und Planbarkeit der zukünftigen gefordert. Es ist davon auszugehen, dass sich ein nachlassendes Wirtschaftswachstum oder ein konjunktureller Abschwung auch in der Ertragsstruktur und Finanzkraft vieler Unternehmen niederschlägt und dort die unternehmensbezogene Verfügbarkeit von Krediten durchaus einzuschränken vermag.

Gleichzeitig definieren steigende Zinsen durch die Verteuerung der Schulden nicht nur die Möglichkeiten der Kreditaufnahme für zukünftige Akquisitionsfinanzierungen, sondern üben überdies auch Einfluss auf die aktuell in den Portfolios der Beteiligungsgesellschaften gehaltenen Unternehmen aus. Durch die höheren Zinszahlungen, die zu entrichten sind, werden jene in ihrer Widerstandsfähigkeit gegenüber schwierigeren Wirtschaftslagen oder unvorhergesehenen Entwicklungen geschwächt. Verschärft hat sich diese Situation zusätzlich durch die über die letzten paar Jahre hinweg gestiegenen Verschuldungsquoten.

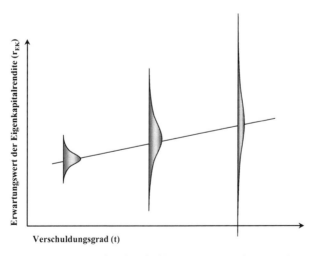

Abbildung 20: Wahrscheinlichkeitsverteilung der Eigenkapitalrendite
Quelle: *Spremann/Pfeil/Weckbach (2001), S. 275*

Aber auch abgesehen von den negativen Implikationen sich ändernder, ökonomischer Rahmenbedingungen ist der Einsatz des *Financial Leverage* mit einer Reihe weiterer negativer Aspekte behaftet. Insofern wurde in Kapitel 1.3 lediglich die Sonnenseite des *Leverage*-Effektes aufgezeigt. Wie Abbildung 20 veranschaulicht, verändert sich mit zunehmendem Verschuldungsgrad (t) die Wahrscheinlichkeitsverteilung der Eigenkapitalrendite – stilisiert durch die Glockenkurven für drei Verschuldungsgrade. Hierbei nehmen sowohl der Erwartungswert der Eigenkapitalrendite (r_{EK}), aber auch die Streuung mit dem Verschuldungsgrad zu.[133]

Entsprechend lässt der Einsatz von Fremdkapital nicht nur den Erwartungswert der Eigenkapitalrendite hochschnellen, sondern bewirkt auch eine Erhöhung der Renditevolatilität beziehungsweise der Varianz[134] und damit also der Risiken. Die Varianz (Var) der Eigenkapitalrendite nimmt hierbei quadratisch mit dem Verschuldungsgrad zu.[135]

Dieses sogenannte *Leverage-Risiko* lässt sich formal wie folgt darstellen:

$$Var\ (rEK) = (1 + t)2\ Var\ (rGK)$$

Analog zum *Leverage*-Effekt gilt hier: Liegt die Gesamtkapitalrentabilität unter dem Fremdkapitalzinssatz, verringert sich der Erwartungswert der Eigenkapitalrentabilität umso stärker, je größer der Verschuldungsgrad ist.[136] Dieser Zusammenhang gewinnt insbesondere vor dem Hintergrund steigender Zinsen an Bedeutung. Der *Leverage*-Effekt erhöht das unternehmerische Risiko eines Zielunternehmens, indem die Auswirkungen der Schwankungen im Geschäftsverlauf auf die Eigenkapitalrendite und den Cashflow verstärkt werden. Die Widerstandsfähigkeit des Unternehmens gegenüber unvorhergesehenen Entwicklungen wird so geschwächt.[137]

Des Weiteren hat ein erhöhter Verschuldungsgrad direkte und entscheidende Auswirkungen auf den Handlungsspielraum eines Unternehmens. Wird Fremdkapital in großem Umfang zur Begleichung des Kaufpreises herangezogen, geht damit die Verpflichtung einher, den Zinszahlungen samt Tilgung der Kredite nachzukommen, und zwar unabhängig von der jeweiligen Geschäftslage. Die hierdurch motivierte und notwendige Bestrebung, möglichst hohe Cashflows für die Befriedigung ebendieser Ansprüche zu erwirtschaften, kann das Management eines Unternehmens unter Druck setzen und zu unerwünschten Nebenwirkungen führen.

Abseits dieser psychologischen Komponente stehen dem Unternehmen bei erhöhtem Verschuldungsgrad auch de facto weniger Mittel für anderweitige Investitionen zur Verfügung. Das führt zu einer massiven Einschränkung der unternehmerischen Handlungsoptionen.[138] Ferner vertragen sich eine übermäßige Kreditfinanzierung und insbesondere die hiermit einhergehenden sogenannten *Financial Covenants*[139] nicht mit der Fähigkeit eines Unternehmens, schnell und flexibel agieren und reagieren zu können.[140] Das jedoch sollte elementarer Kern der Unternehmensführung eines jeden gesunden Unternehmens sein und kann in wirtschaftlich schlechteren Zeiten gar über Erfolg und Misserfolg entscheiden. Abgesehen von den ohnehin schon stark begrenzten Möglichkeiten der Einflussnahme und genau so, wie es im Rahmen der *Multiple Uplifts* dargelegt wurde, wird auch dem *Financial Leverage* in Zukunft zwangsläufig eine kleinere Bedeutung zukommen. Als Folge der oben skizzierten negativen Implikationen, die sich aus den veränderten ökonomischen Rahmenbedingungen ergeben, sowie der weiteren negativen Aspekte, die mit einem erhöhten Fremdkapitaleinsatz einhergehen, werden die Finanzinvestoren in den nächsten Jahren ihre Buyout-Transaktionen mit kleineren *Leverage Multiples* finanzieren müssen.

Tabelle 10 greift die Modellrechnung aus Tabelle 5 auf und verdeutlicht – unter Konstanthaltung aller anderen Parameter – den Effekt abnehmender *Leverage Multiples* und damit die Wirkung einer abnehmenden Fremdkapitalquote auf die vom Finanzinvestor erzielte *Internal Rate of Return* beziehungsweise auf den erzielten *Money Multiple*.

Fremdkapitalquote	70 %	65 %	60 %	55 %	50 %
Internal Rate of Return	44 %	40 %	37 %	35 %	33 %
Money Multiple	4,3 x	3,9 x	3,6 x	3,3 x	3,1 x

Tabelle 10: Rentabilitätswirkung des Financial Leverage

Ungeachtet dessen, ob die im Sommer 2007 vom amerikanischen Immobilienbereich ausgehende Kredit- oder *Subprime*-Krise nun als Katalysator zu bezeichnen ist, der für die Aktivierung eines an den Finanzmärkten seit geraumer Zeit schlummernden Virus – die hohe Verschuldung – zur Verantwortung gezogen werden kann, oder ob sie als eine gesunde, natürliche Entwicklung oder Korrektur im Sinne einer Neubewertung der Risiken zu klassifizieren ist, lässt sich eines mit Bestimmtheit festhalten: Die Kreditkrise und die mit ihr verbundenen Turbulenzen an den Finanzmärkten führten zu einer weiteren Abwertung der durch *Financial Leverage* potenziell zu erzielenden Renditevorteile. Die Neubewertung der *Subprime*-Risiken hat nämlich auch zu einer Neubewertung der Kreditrisiken aus Übernahmefinanzierungen geführt. Dadurch konnte der mit einem Buyout in aller Regel einhergehende beträchtliche Anteil an Krediten von den entsprechenden Banken nur noch schwer am Kapitalmarkt platziert werden.

Angesichts dieser Entwicklung, die sich vorwiegend in einer gestiegenen Risiko-Aversion manifestiert, ist davon auszugehen, dass die Banken bei der Kreditvergabe zukünftig immer restriktiver werden, da sie die Darlehen an den Kapitalmärkten nur noch unter erschwerten Bedingungen, mit Verlusten oder gar nicht mehr refinanzieren und beispielsweise an Bond-Investoren weiterverkaufen können. Abgesehen von den gestiegenen Zinskosten, führt dies dazu, dass insbesondere Private-Equity-Firmen, die auf größere Transaktionen spezialisiert sind, ihre Buyouts mit einem größeren Eigenkapitalanteil finanzieren müssen. Die unter finanzmathematischen Gesichtspunkten logische Folgerung eines zunehmenden Eigenkapitalanteils auf die vom Finanzinvestor ceteris paribus erzielte Rendite wird wiederum in Tabelle 10 ersichtlich.

Verlagerung der Wertschöpfungstreiber

Auch Tabelle 11 greift die Modellrechnung aus Tabelle 5 auf. Unter der Annahme, dass alle übrigen Parameter konstant bleiben, verdeutlicht sie die Rentabilitätswirkung eines schrittweisen Wegfalls der durch *Multiple Uplifts* und *Financial Leverage* erzielten Renditeanteile. Hiermit fasst sie die vorwiegend ökonomischen Implikationen zusammen, die im Rahmen der beiden vorangegangenen Abschnitte dargelegt wurden. Szenario eins geht von einer Erhöhung des *Entry-Multiples* um *ein* Vielfaches des EBITDA sowie von einer Reduktion der Fremdkapitalquote um 5 Prozent aus. Das zweite Szenario spiegelt sodann die Rentabilitätswirkung eines totalen Wegfalls der durch *Multiple Uplifts* erzielten Renditeanteile – Entry- und *Exit-Multiples* verharren auf demselben Niveau – in Kombination mit einem erneuten Rückgang der Fremdkapitalquote um 5 Prozent wider. Die beiden letzten Szenarien beziehen sich schließlich auf den Effekt eines – mehr (Szenario 4) oder weniger (Szenario 3) stark ausgeprägten – negativen *Multiple Uplifts* und einer mit 5 Prozent stetig weiter sinkenden Fremdkapitalquote.

Unabhängig davon (und der Frage nachzugehen), wie sich die Private-Equity-Renditen in den kommenden Jahren entwickeln werden, müssen Finanzinvestoren zur Sicherung ihrer Wettbewerbsfähigkeit darum bemüht sein, die in Tabelle 11 dargelegten Renditeeinbußen so weit als möglich zu kompensieren. Dementsprechend sowie basierend auf denselben Daten beantwortet Tabelle 12 der Veranschaulichung halber die hier zentrale Frage:

Wertschöpfungstreiber	Szenario 1	Szenario 2	Szenario 3	Szenario 4
Entry-/Exit-Multiples	6 x/8 x	7 x/8 x	8 x/8 x	9 x/8 x	10 x/8 x
Fremdkapitalquote	70 %	65 %	60 %	55 %	50 %
Internal Rate of Return	44 %	32 %	22 %	14 %	8 %
Money Multiple	4,3 x	3,0 x	2,2 x	1,7 x	1,4 x

Tabelle 11: Rentabilitätswirkung von Multiple Uplifts und Financial Leverage

Wie müssten sich die *Operating Improvements*, und hierbei im Einzelnen das Umsatzwachstum und die Margenverbesserung, entwickeln, damit die Renditen auf dem ursprünglichen Niveau gehalten werden können?

Wertschöpfungstreiber		Szenario 1	Szenario 2	Szenario 3	Szenario 4
Umsatzwachstum	3 % p. a.	6 % p. a.	9 % p. a.	12 % p. a.	15 % p. a.
Margenverbesserung	2 % p. a.	5 % p. a.	8 % p. a.	10 % p. a.	12 % p. a.
Entry-/Exit-Multiples	6 x/8 x	7 x/8 x	8 x/8 x	9 x/8 x	10 x/8 x
Fremdkapitalquote	70 %	65 %	60 %	55 %	50 %
Internal Rate of Return	44 %	44 %	44 %	44 %	44 %
Money Multiple	4,3 x	4,3 x	4,3 x	4,3 x	4,3 x

Tabelle 12: Rentabilitätswirkung der Operating Improvements

Bei einem Investitionshorizont von vier Jahren müssten die *Operating Improvements* bereits bei einer Erhöhung des *Entry-Multiples* um *ein* Vielfaches des EBITDA sowie einer Reduktion der Fremdkapitalquote um 5 Prozent massiv gesteigert werden. Um die in der Ausgangssituation erzielten Renditen weiterhin zu erwirtschaften, müssten im Einzelnen das jährliche Umsatzwachstum von 3 Prozent auf 6 Prozent verdoppelt und die jährliche Margenverbesserung von 2 Prozent auf 5 Prozent verzweieinhalbfacht werden. Bei einem totalen Wegfall der durch *Multiple Uplifts* erzielten Renditeanteile und einer weiteren Reduktion der Fremdkapitalquote um 5 Prozent (Szenario 2) müsste das jährliche Umsatzwachstum von 3 Prozent auf 9 Prozent gar verdreifacht und die jährliche Margenverbesserung von 2 Prozent auf 8 Prozent gar vervierfacht werden. Ebenso beeindruckend zeigen sich schließlich die geforderten Steigerungen der *Operating Improvements* in den letzten beiden Szenarien.

Sollte es den Private-Equity-Firmen nicht möglich sein, diese – im Rahmen von Buyouts zugegebenerweise enorm ambitionierte – Steigerung der *Operating Improvements* innerhalb der hier gewählten Frist von vier Jahren durch konsequenterweise eher kurzfristig ausgerichtete Maßnahmen herbeizuführen, bleibt als Ausweg nur eine längere Haltedauer und eine dadurch ermöglichte, längerfristig ausgerichtete Wertsteigerung.

Die Entwicklungen, die sich aus einer zunehmenden Reifung des Marktes ergeben, sowie ein sich dem Ende zuneigendes, positives ökonomisches Umfeld führen dazu, dass sich die Möglichkeiten der Wertschöpfung verändern und sich die Bedeutung der jeweiligen Wertschöpfungstreiber entsprechend verlagert. Während sich somit in der Vergangenheit die bloße Realisierung der durch *Multiple Uplifts* und *Financial Leverage* ermöglichten Wertschöpfungspotenziale als Garant für hohe Renditen erwies, erfordern die veränderten Bedingungen eine radikale Umstellung des Wertschöpfungsmodells, das Finanzinvestoren verfolgen. Zukünftig lässt sich eine zumindest in den Ansätzen kalkulierbare Wertsteigerung vorwiegend durch die Erzielung von *Operating Improvements* erwirtschaften.[141]

Diesen Zusammenhang zeigt Tabelle 13. Die Darstellung baut auf den Möglichkeiten der Einflussnahme auf die jeweiligen Wertschöpfungstreiber und in Vergleich zu ihrer jeweils bisherigen Bedeutung auf.

Wertschöpfungstreiber Einflussnahme	bisherige Bedeutung	zukünftige Bedeutung
Operating Improvements	●	◐	●
Multiple Uplifts	◐	●	◐
Financial Leverage	◐	●	◐

Tabelle 13: Zukünftige Bedeutung der Wertschöpfungstreiber

2.4 Wertschöpfung jenseits von *Multiple Uplifts* und *Financial Leverage*

Auch heute noch – Jahre nach der Heuschrecken-Polemik des damaligen deutschen Vizekanzlers Franz Müntefering – ist die öffentliche Wahrnehmung der Private-Equity-Branche durch Vorurteile und Klischees geprägt. Aus diesem Grund spielen die Finanzinvestoren bei den weltweiten

Übernahmen und Fusionen nicht nur eine gewichtige, sondern auch eine zwiespältige Rolle. Zu den Herausforderungen, die eine voranschreitende Reifung des Buyout-Marktes mit sich bringt, treten so seit spätestens 2005 zunehmende gesellschaftliche Kritik und wachsender politischer Druck.

Es sind nicht nur die steigende Schuldenlast der übernommenen Unternehmen sowie deren mögliche negative Auswirkungen,[142] die im Zentrum der Kritik stehen. Eng verknüpft mit dieser Politik der Verschuldung werden insbesondere die Maßnahmen, die von Finanzinvestoren im Rahmen der *Operating Improvements* gewählt werden, skeptisch hinterfragt.[143]

Der Einbezug eines großen Anteils an Fremdkapital zur Akquisitionsfinanzierung geht mit der Verpflichtung einher, unabhängig der jeweiligen Geschäftslage den entsprechenden Zinszahlungen samt Tilgung der Kredite nachzukommen. Die hierdurch bedingte Notwendigkeit, möglichst hohe Cashflows für die Befriedigung dieser Ansprüche zu erwirtschaften, führe gemäß der Argumentation zahlreicher Kritiker dazu, dass notwendige Investitionen sowie Ausgaben für Forschung und (Produkt-)Entwicklung oftmals unterlassen werden (müssen).[144] Dies gefährde die zukünftige Wettbewerbsfähigkeit eines Unternehmens und beeinträchtige dessen Wachstumsmöglichkeiten.

Bekräftigt wurden die Kritiker in ihrer Argumentation durch einige, zum Teil äußerst erfolgreiche Buyout-Transaktionen der Vergangenheit, bei denen Beteiligungsgesellschaften im Zuge von Restrukturierungsprogrammen eine nicht unerhebliche Anzahl von Arbeitsplätzen zur Einsparung von Lohnkosten ins Ausland verlegten oder gar ersatzlos strichen.[145]

Es wird somit befürchtet, dass Private-Equity-Firmen nicht die Wettbewerbsfähigkeit und langfristige Existenzsicherung in den Vordergrund ihres Handelns stellen, sondern die kurzfristige, fremdkapitalfinanzierte Ausplünderung der erworbenen Unternehmen. Anders ausgedrückt: Es wird beanstandet, dass die Finanzinvestoren beim Exit zwar regelmäßig den Unternehmenspreis ihrer Beteiligungen steigern und damit ansehnliche Renditen auf ihr eingesetztes Kapital erwirtschaften können, gleichzeitig aber nur in Einzelfällen eine eigentliche Wertsteigerung bei den jeweils übernommenen Unternehmen selbst zu beobachten ist.

Aber nicht nur die gesellschaftliche Kritik hat zugenommen, auch der politische Druck ist gewachsen.[146] Um wenigstens ein Stück weit aus der Schusslinie zu gelangen und einer möglichen, schärferen Regulierung, etwa durch eine unvorteilhafte Gesetzgebung, zuvorzukommen, haben beispielsweise Private-Equity-Branchenvertreter in Großbritannien 2007 eigeninitiativ die Erarbeitung eines freiwilligen Verhaltenscodex in Auftrag gegeben. Darin geht es vorwiegend darum, Forderungen nach Transparenz und Offenlegung von Informationen Rechnung zu tragen.[147] Als Reaktion auf den zunehmenden Druck der Öffentlichkeit und auch, um ein besseres Verständnis der Private-Equity-Industrie zu ermöglichen, fordern verschiedene Parteien einen differenzierteren Blick auf die in der Branche tätigen Beteiligungsgesellschaften.[148] Gleichzeitig versuchen Branchenvertreter, die positiven Aspekte von Private Equity in einer Reihe von Publikationen darzulegen. Im Zentrum der Bestrebungen steht die Ermittlung der volkswirtschaftlichen Bedeutung von Private Equity und insbesondere die des Beitrags von Private Equity zur Beschäftigung.[149]

Preissteigerung gegenüber Wertsteigerung

Wie bereits dargelegt, haben das historisch tiefe Zinsniveau und die anhaltenden positiven Entwicklungen an den öffentlichen Aktienmärkten es Mitte der ersten Dekade dieses Jahrhunderts ermöglicht, die durch *Multiple Uplifts* und *Financial Leverage* zu erzielenden Renditepotenziale weitestgehend auszuschöpfen. Dieser Renditeerfolg ist jedoch keineswegs mit einer entsprechenden Wertsteigerung der jeweils übernommenen Unternehmen – etwa im Sinne einer Stärkung der Wettbewerbsfähigkeit – gleichzusetzen, noch sagt er etwas über die Qualität der erwirtschafteten Renditen aus.

Intuitiv ist dies insofern verständlich, als variierende Bewertungs-*Multiples* nicht etwaige Werte für das übernommene Unternehmen generieren, sondern beim Exit bestenfalls den Verkaufs*preis* des Unternehmens steigern. Damit dienen sie der *Wertsteigerung des vom Finanzinvestor eingesetzten (Eigen-)Kapitals*. Ähnlich werden durch einen erhöhten Einsatz von Fremdkapital per se auch im Kontext des *Leverage*-Effektes keinerlei Werte geschaffen, sondern bestenfalls Steuern eingespart und die Eigenkapital*renditen* der Investoren gesteigert: »Borrowing per se creates no value other than tax benefits.«[150] Die Begriffswahl der *Wertschöpfung* beziehungsweise der *Wertsteigerung* hat also mit Bedacht und angepasst an die jeweilige Perspektive zu erfolgen.

Der auf Zeit operierende Finanzinvestor strebt zur Erhaltung und Steigerung der eigenen Wettbewerbsfähigkeit die bestmögliche Erfüllung seiner Kundenbedürfnisse und damit eine *Wertsteigerung des eingesetzten (Eigen-) Kapitals* an. Diese lässt sich durch *Operating Improvements, Multiple Uplifts* sowie durch *Financial Leverage* erzielen. Bestenfalls können die durch *Operating Improvements* erzielten Eigenkapitalwertsteigerungen einer Wertsteigerung bei den jeweils übernommenen Unternehmen entsprechen, während die durch *Multiple Uplifts* sowie durch *Financial Leverage* erzielten Wertsteigerungen eine Preis- beziehungsweise Renditesteigerung bedeuten.[151] Analog hierzu zielt auch die unternehmerische Tätigkeit, die vom Prinzip her auf Dauer angelegt ist – selbst wenn das Unternehmen zeitweilen im Eigentum einer Beteiligungsgesellschaft ist –, zur Erhaltung und Steigerung der Wettbewerbsfähigkeit darauf ab, die bestmögliche Erfüllung der Kundenbedürfnisse sicherzustellen. Außerhalb des Finanzbereiches sind es aber nicht bloße Geldwerte, die dem Kunden Nutzen stiften, sondern Werte im Sinne all jener Produkte und Dienstleistungen, die von der Kundschaft täglich erworben werden.[152] Eine Wertsteigerung für das übernommene Unternehmen liegt entsprechend dann vor, wenn es gelingt, *den Kundennutzen in diesem nicht-pekuniären Sinne zu steigern.*

Die im Kontext der *Operating Improvements* erzielten Wertsteigerungen des Eigenkapitals können, müssen aber nicht einer Wertsteigerung bei den jeweils übernommenen Unternehmen entsprechen. Letzeres ist der Fall, wenn die Investoren nicht die Wettbewerbsfähigkeit und die langfristige Existenzsicherung in den Vordergrund stellen, sondern an der kurzfristigen, fremdkapitalfinanzierten Ausplünderung der erworbenen Unternehmen interessiert sind. Darum ist an dieser Stelle zusätzlich zu der geschilderten Verlagerung der Wertschöpfungstreiber eine gewisse Differenzierung notwendig: die Unterscheidung von *kurzfristig finanzwirtschaftlichen Operating Improvements* einerseits und *nachhaltig realwirtschaftlichen Operating Improvements* andererseits.

Kurzfristig finanzwirtschaftliche gegenüber
nachhaltig realwirtschaftlichen *Operating Improvements*

Das historisch tiefe Zinsniveau und die anhaltend positiven Entwicklungen an den öffentlichen Aktienmärkten haben es nicht nur ermöglicht, die Renditepotenziale weitestgehend auszuschöpfen, sondern überdies haben sie dazu beigetragen, dass auch im Rahmen der *Operating Improvements* durch vorwiegend kurzfristig ausgerichtete Maßnahmen lukrative Erträge erzielt werden konnten.

Angesichts dieser günstigen Marktkonditionen und gleichzeitig unter dem enormen Druck, die Rekordsummen, die in den letzten Jahren eingeworben wurden (siehe oben), zu investieren, befinden sich die Private-Equity-Firmen in einem Wettlauf mit der Zeit. Die Folge ist ein Investitionshorizont, der extrem kurzfristig ausgerichtet ist. Nach wie vor wird versucht, die akquirierten Unternehmen unter Erzielung der jeweils geforderten Mindestrendite möglichst rasch wieder zu veräußern. Dies geschieht vor dem Hintergrund eines seit etwa 2002 insgesamt ansteigenden Bewertungsniveaus und in Ungewissheit zukünftiger Marktentwicklungen.

Der kurzfristige Investitionshorizont lässt konsequenterweise jene Maßnahmen in den Vordergrund rücken, deren Effekte sich in dieser kurzen Haltedauer auch entfalten können.[153] So konnte – bei den übernommenen Unternehmen beispielsweise durch die Verlagerung der Produktion in Billiglohnländer, Entlassung von Mitarbeitern, Ausgabenkürzung bei Forschung und Entwicklung, Senkung des Investitionsaufwandes, Verkauf von Randaktivitäten, Reduktion der Marketingkosten oder durch verbessertes Management des Nettoumlaufvermögens – regelmäßig ein auf kurze Sicht finanzwirtschaftlich besseres Ergebnis erzielt werden. Das anhaltend gute Börsenumfeld ermöglichte schließlich lukrative Börsengänge. Aber auch neue Käufer wie strategische Investoren oder wiederum Private-Equity-Firmen akzeptierten von Jahr zu Jahr – gemessen am kurzfristig verbesserten Gewinn des zu verkaufenden Unternehmens – höhere Preise.

Die vermehrt zu beobachtenden extrem raschen Weiterveräußerungen von Unternehmen – im Fachjargon als *Quick Flips* bezeichnet –, bei denen sich die Haltedauer regelmäßig auf weniger als zwei Jahre beschränkt, verdeutlichen diese Praxis.[154]

Die skizzierten Veränderungen des Buyout-Marktes führen jedoch nicht nur zu einer Verlagerung der Wertschöpfungstreiber, sondern erfordern im Rahmen der *Operating Improvements* zudem eine Umorientierung, genauer gesagt eine Fokussierung auf die Erwirtschaftung *nachhaltiger, realwirtschaftlicher Operating Improvements*. Dies geht mit der Notwendigkeit eines weitaus längeren Investitionshorizontes einher und führt letztlich auch zu einer Wertsteigerung bei den jeweils übernommenen Unternehmen.

Es wurde bereits darauf hingewiesen, dass die erheblichen Mittelzuflüsse der letzten Jahre in Verbindung mit dem Investitionsdruck der Fonds zu einer gesteigerten Wettbewerbsintensität bei der Akquisition der verbleibenden, im aktuellen Kontext idealen, Zielunternehmen geführt haben. Bislang wurde bewusst nicht näher umschrieben, was unter der Bezeichnung *im aktuellen Kontext ideal* verstanden wird. Doch nun ergibt es sich aus dem geschilderten Sachverhalt, dass es sich hierbei um Zielunternehmen handelt, die innerhalb nur weniger Jahre durch kurzfristig ausgerichtete Maßnahmen und unter Erzielung der jeweils geforderten Mindestrendite wieder veräußert werden können. Aufgrund der gesteigerten Wettbewerbsintensität reduziert sich zwangsläufig die Anzahl der in diesem Sinne idealen Zielunternehmen. Dies bedeutet für die Investoren, dass sie ihr Investitionsspektrum erweitern müssen: Um der Knappheit zu begegnen, ist es zukünftig unvermeidbar, auch in Unternehmen zu investieren, bei denen eine (Eigenkapital-)Wertsteigerung nur durch nachhaltig ausgerichtete Maßnahmen und nur über einen längeren Zeithorizont zu erwirtschaften ist.

Die Situation hat sich sowohl durch die Hedge-Fonds, die zunehmend mit Buyout-Firmen konkurrieren, als auch insbesondere durch die markante Zunahme der *Secondary Buyouts* verschärft: Denn man kann davon ausgehen, dass die vormalige Beteiligungsgesellschaft ihren Hausaufgaben sorgfältig nachgegangen ist – im Sinne der Ausschöpfung der durch *Multiple Uplifts* und *Financial Leverage* zu erzielenden Renditepotenziale und der Erwirtschaftung eines kurzfristig und finanzwirtschaftlich besseren Ergebnisses. Es stellt sich damit die Frage, wie der neue Finanzinvestor jenseits dieser Wertschöpfungstreiber, die künftig an Bedeutung verlieren werden, eine Wertsteigerung des eingesetzten Eigenkapitals erzielen kann.[155] Die Investoren sehen sich somit bei der Identifikation möglicher Wertschöpfungspotenziale mit neuen Herausforderungen konfrontiert.

Aber auch abgesehen von einer sinkenden Anzahl *idealer* Zielunternehmen, erfordert ein sich dem Ende zuneigendes, positives ökonomisches Umfeld eine Fokussierung auf nachhaltige, realwirtschaftliche *Operating Improvements*. Können die Private-Equity-Firmen ihre eingegangenen Beteiligungen zum erwünschten Zeitpunkt gar nicht oder nur mit einem Verlust veräußern, sind sie gezwungen, die Unternehmen länger im Portfolio zu halten, im Extremfall gar über einen wirtschaftlichen Zyklus hinweg. Gleichzeitig können hierbei durch kurzfristig ausgerichtete *Operating Improvements* keine genügend hohen Erträge erzielt werden, zumal die Unternehmen eben nicht nach nur wenigen Jahren wieder gewinnbringend veräußert werden können. Managementprofessor Fredmund Malik formuliert in diesem Zusammenhang treffend: »Es ist die alte Erfahrung aller Großkapitalisten aller Epochen: ›If you can't sell, you have to care …!«[156] Während also in der Vergangenheit bei der Renditeerzielung im Kontext der *Operating Improvements* vorwiegend kurzfristig ausgerichtete Maßnahmen im Vordergrund standen, deren Auswirkungen sich in einem kurzfristig und finanzwirtschaftlich besseren Ergebnis niederschlagen, erfordern die von zunehmender gesellschaftlicher Kritik und wachsendem politischen Druck begleiteten Veränderungen der ökonomischen Rahmenbedingungen und der zunehmende Reifegrad des Buyout-Marktes eine weitere Anpassung des von den Finanzinvestoren verfolgten Wertschöpfungsmodells. Da die kurzfristige Sichtweise den kommenden Anforderungen nicht mehr standhalten wird, bedingt die Erzielung von Renditen, die von den Anlegern akzeptiert werden, zukünftig die Erwirtschaftung *nachhaltiger, realwirtschaftlicher Operating Improvements*. Diese macht wiederum längere Investitionshorizonte nötig und lässt sich nicht etwa durch finanzwirtschaftliches, sondern durch ein entsprechend längerfristig ausgerichtetes, strategisches Management erreichen. Diese Art der Eigenkapitalwertsteigerung führt letztlich auch insofern zu einer Wertsteigerung bei den jeweils übernommenen Unternehmen, als eine nachhaltig ausgerichtete und auf realwirtschaftliche Verbesserungen abzielende Unternehmensführung über eine gesteigerte Leistungsfähigkeit des Unternehmens zu einer Steigerung des jeweiligen Kundennutzens führt. Hieraus resultiert eine Stärkung der Wettbewerbsfähigkeit.

Abbildung 8, die bereits in Kapitel 1.3 zur Visualisierung der Wertschöpfungstreiber herangezogen wurde, muss dementsprechend um das Adjektiv *nachhaltig* sowie die Bezeichnung *strategisches Management* ergänzt beziehungsweise korrigiert werden. Dies geschieht in Abbildung 21.

Abbildung 21: Von kurzfristigen zu nachhaltigen Operating Improvements

2.5 Nachhaltige *Operating Improvements* durch strategisches Management

Die im Verlaufe dieses Kapitels beschriebenen Entwicklungen und die hieraus resultierenden strategischen und ökonomischen Implikationen zeigen unmissverständlich auf, dass sich Private-Equity-Firmen in Zukunft nicht mehr auf eine steueroptimierte Finanzierungsstruktur und eine von variierenden Bewertungs-*Multiples* herrührende Wertsteigerung ihres eingesetzten Eigenkapitals verlassen können. Das Wertschöpfungspotenzial manifestiert sich zukünftig jenseits dieser bisher gültigen, sowie gleichzeitig kaum zu beeinflussenden Wertschöpfungstreiber, und die Qualität der Renditen gewinnt zunehmend an Bedeutung.

Um ihren Kundenanforderungen auch in Zukunft gerecht werden zu können, müssen sich Private-Equity-Firmen auf die Erwirtschaftung nachhaltiger, realwirtschaftlicher *Operating Improvements* fokussieren, was – wie bereits angedeutet und in Kapitel 4 noch ausführlich zu sehen sein wird – eine strategische Unternehmensführung unumgänglich macht. Diese hat bei der richtigen Beurteilung und Auswahl möglicher Beteiligungsobjekte anhand nachhaltig relevanter Erfolgsfaktoren anzusetzen und muss eine im Rahmen des Post-Investment-Managements richtige und richtig angewandte Wertsteigerungsstrategie beinhalten. Sowohl die Selektion als auch das Management der Investments haben sich hierbei an fundierten Strategiekenntnissen zu orientieren und dürfen nicht das Resultat des Gutdünkens der jeweils verantwortlichen Investmentmanager sein.

Tabelle 14 veranschaulicht das zukünftige Differenzierungspotenzial, das den einzelnen Wertschöpfungstreibern zugrunde liegt. Dabei baut sie auf den Möglichkeiten der Einflussnahme auf die jeweiligen Wertschöpfungstreiber auf und setzt sie in Vergleich zu ihrer jeweils bisherigen als auch zukünftigen Bedeutung.

Wertschöpfungstreiber	Einfluss-nahme	bisherige Bedeutung	zukünftige Bedeutung	Differenzierungs-potenzial
Operating Improvements	●	◑	●	●
Multiple Uplifts	◑	●	◑	◑
Financial Leverage	◑	●	◑	○

Tabelle 14: Differenzierungspotenzial der Wertschöpfungstreiber

Die derzeit im Markt operierenden Finanzinvestoren sind jedoch – wie die Bezeichnung bereits suggeriert – *Investor*-Aktionäre und keine *Unternehmer*-Aktionäre,[157] sonst wären sie keine Finanzinvestoren, sondern bestenfalls strategische Investoren. Obwohl Eigentum an einem Unternehmen und Eigentum an Aktien durch dasselbe Papier verbrieft wird und es juristisch keine Unterschiede geben mag, können die Unterschiede wirtschaftlich gesehen größer nicht sein. Während der Investor so etwa auf Zeit operiert und an den Beteiligungen interessiert ist, solange sie sich rentieren, ist die unternehmerische Tätigkeit vom Prinzip her auf Dauer angelegt.[158] Die aufgezeigten Implikationen legen die Vermutung nahe, dass sich hier ein mehr oder weniger fundamentaler Wandel abzeichnen muss, um auch in Zukunft noch überlegene Renditen erwirtschaften zu können oder zumindest keine Werte zu vernichten.

Die zukünftige Kundennutzenstiftung bedingt bei den Private-Equity-Firmen somit einen Wandel vom kurzfristig ausgerichteten und sich an finanzwirtschaftlichen Größen orientierenden Investor zum langfristig ausgerichteten und sich an strategischen Steuerungsgrößen orientierenden Unternehmer:

»Am Anfang und am Ende allen strategischen Denkens, Entscheidens und Handelns in einer Finanzdienstleistungsunternehmung muss das stehen, was man als ›value proposition‹ bezeichnet. Er drückt das konsequente Bestreben der Unternehmung aus, ihren Kunden […] Nutzen zu stiften beziehungsweise Wert zu generieren und ihnen über das Leistungsportfolio ein entsprechendes Angebot zu unterbreiten.«[159]

Sowohl die Beteiligungsgesellschaften als auch die von ihnen übernommenen Unternehmen müssen die bestmögliche Erfüllung ihrer Kundenbedürfnisse anstreben, um ihre jeweils eigene Wettbewerbsfähigkeit zu erhalten und zu steigern. Hierbei gilt: »Konkurrenzfähig ist ein Unternehmen dann, wenn es das, wofür der Kunde bezahlt, besser kann als andere.«[160] Insoweit gibt es zunächst keine Unterschiede. Während nun aber die Kundenbefriedigung auf Seiten der Beteiligungsgesellschaften einer Vermehrung des Kapitals entspricht, das die Anleger investiert haben, und entsprechend dadurch erreicht wird, indem Private-Equity-Firmen ihr eingesetztes Eigenkapital vermehren, sind es außerhalb des Finanzbereiches nicht bloße Geldwerte, die dem Kunden Nutzen stiften, sondern Werte im Sinne all jener Produkte und Dienstleistungen, die von der Kundschaft täglich erworben werden[161]: »In der Finanzindustrie ist Shareholder-Value von Beteiligungen identisch mit Customer-Value für Investoren, nicht hingegen in der Realwirtschaft.«[162] Der zukünftige Erfolg der Private-Equity-Firmen beruht exakt auf dieser Einsicht.

Anders als es dank der positiven ökonomischen Rahmenbedingungen bisher der Fall war, setzt die Fähigkeit, weiterhin die Kundenbedürfnisse befriedigen zu können, nun voraus, dass zuerst einmal auf Ebene der übernommenen Unternehmen eine zufriedene Kundschaft – *Customer-Value* – geschaffen wird. Dies lässt sich nicht etwa durch kurzfristig ausgerichtete

Maßnahmen erzielen, deren Effekte sich in einem kurzzeitig und finanzwirtschaftlich verbesserten Ergebnis niederschlagen, sondern durch nachhaltige Maßnahmen, die zu einer realwirtschaftlichen Verbesserung und Stärkung des Unternehmens führen. Die Bedienungsanleitung hierfür nennt sich strategisches Management.

Wenn nun die Erwirtschaftung nachhaltiger *Operating Improvements* – ermöglicht durch eine strategische Unternehmensführung – zunächst anzusetzen hat bei der richtigen Beurteilung und Auswahl möglicher Beteiligungsobjekte anhand nachhaltig erfolgsrelevanter Faktoren, dann stellt sich die zentrale Frage, ob denn die heute in der Praxis angewandten Investitionskriterien und eingesetzten Analysemethoden den zukünftigen Anforderungen überhaupt genügen. Anders ausgedrückt geht es im Folgenden darum, inwieweit der oben angedeutete Wandel bereits fortgeschritten ist.

3. Bestandsaufnahme des Status quo

»Ich glaube, dass es als Finanzinvestor ganz wichtig ist, dass man – um erfolgreich zu sein – genaue Kriterien hat [...] dass man relativ schnell sagen kann, ist das ein Investment, das uns interessiert, oder ist es was, das uns eher nicht interessiert.«

Aus den Interviews

Um herauszufinden, ob die heute in der Praxis angewandten Investitionskriterien und eingesetzten Analysemethoden den zukünftigen Anforderungen genügen, wurden 18 Pionierunternehmen der Private-Equity-Branche befragt. Dies geschah im Jahr 2007 in zwei Schritten. Zunächst wurde eine Bestandsaufnahme durchgeführt, danach ging es darum, zu beurteilen, welche Ergebnisse gewonnen wurden und wie es um die Praxistauglichkeit der bis dahin abgeleiteten alternativen Analysemethode bestellt ist. Dazu wurden meist jeweils Doppelinterviews mit Vertretern des gehobenen Managements – wie Geschäftsführern und Partnern – geführt. Tabelle 15 listet die befragten Firmen auf, zur besseren Übersicht nach Herkunft geordnet.

angelsächsische Private-Equity-Firmen	kontinentaleuropäische Private-Equity-Firmen
• 3i Group plc • Apax Partners • BC Partners • Bridgepoint • CVC Capital Partners (CVC) • Doughty Hanson & Co • Investcorp • Kohlberg Kravis Roberts & Co (KKR) • Permira • Texas Pacific Group (TPG) • The Carlyle Group • The Riverside Company	• AFINUM • Argos Soditic • CapVis Equity Partners • GermanCapital • Gilde Buy Out Partners • Zurmont Madison Private Equity

Tabelle 15: Befragte Private-Equity-Firmen

3.1 Einbezogene Private-Equity-Firmen

Zehn der befragten Firmen finden sich in der Rangliste der weltweit größten 50 Private-Equity-Firmen, die das Magazin *Private Equity International* (*PEI*) im Mai 2007 veröffentlichte. Dies ist die erste Rangliste, die Private-Equity-Direktinvestitionen nach Größe aufführt und mit einer konsistenten Methodik arbeitet. Unter *Größe* wird der Umfang an Kapital verstanden, der von Januar 2002 bis April 2007 für Private-Equity-Investments eingeworben wurde. *Private Equity* steht für Kapital, das für Direktinvestitionen in Unternehmen bereit liegt, und umfasst Eigenkapital für Venture Capital, Wachstums- beziehungsweise Expansionsfinanzierung, Buyouts, auf Kontrolle ausgerichtete *Distressed*-Investitionen sowie Mezzanine-Darlehen, solange sich die betreffende Private-Equity-Gesellschaft vorwiegend mit Private-Equity-Investitionen beschäftigt. Primär für Immobiliengeschäfte eingeworbenes Kapital ist nicht berücksichtigt.[163]

Abbildung 22 zeigt den Rang der Beteiligungsgesellschaften, die für dieses Buch befragt wurden, innerhalb der 50 größten Private-Equity-Firmen. Angegeben ist dabei auch der Umfang der jeweils eingeworbenen Gelder. Die dominante Marktstellung der befragten angelsächsischen Private-Equity-Firmen ist klar erkennbar.

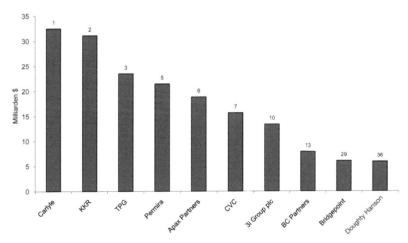

Abbildung 22: Globale Rangliste der befragten Private-Equity-Firmen
Quelle: basierend auf den Daten von PEI (2007), S. 62 f.

Eckdaten der Private-Equity-Firmen

Wie bereits dargelegt, lassen sich Private-Equity-Firmen (in Tabelle 16: *PE-Firms*) nach unterschiedlichen Merkmalen kategorisieren: unter anderem nach der Art von Unternehmen, in die sie investieren (*Transactions*), nach dem Fokus auf bestimmte Sektoren beziehungsweise Industrien (*Sector Focus*) oder nach der vom Finanzinvestor bevorzugten *Deal Size* – im Folgenden als Unternehmenswert (*Enterprise Value – EV*) oder Umsatz (*Turnover – TO*) der Zielunternehmen wiedergegeben.

PE-Firm	Transactions*	Sector Focus	EV	Founded	Staff	# Buyouts	Fund
3i Group plc	VC, GC, B	Focus	< € 1 bn	1945	750	197	€ 5 bn
Apax Partners	VC, GC, B	Focus	n/a	1981	130	62	€ 4,3 bn
BC Partners	B	no Focus	€ 300 m–4 bn	1986	75	16	€ 5,9 bn
Bridgepoint	GC, B	Focus	< € 1 bn	1984	100	55	€ 2,5 bn
CVC	B	no Focus	€ 300 m–10 bn	1981	135	43	€ 6 bn
Doughty Hanson	VC, GC, B	no Focus	€ 250 m–1 bn	1985	120	13	€ 3 bn
Investcorp	GC, B	no Focus	$ 300 m–1 bn	1982	300	15	n/a
KKR	B	Focus	> € 150 m**	1976	305	22	€ 4,5 bn
Permira	B, T	Focus	> € 500 m	1985	162	42	€ 11 bn
TPG	VC, GC, B, T	no Focus	$ 100 m–750 m**	1992	52	12	$ 14,5 bn
Carlyle Group	VC, GC, B	Focus	n/a	1987	750	32	$ 2,2 bn
Riverside	B	no Focus	$ 10 m–100 m	1988	120	10	$ 61 m

* Venture Capital (VC), Growth/Expansion Capital (GC), Buyouts (B), Restructuring/Turnarounds (T)
** Bevorzugte Eigenkapital-Einbringung

Tabelle 16: Eckdaten der angelsächsischen Private-Equity-Firmen
Quelle: basierend auf den Daten von EVCA (2007c), Mergermarket (2007), und den Websites der jeweiligen Private-Equity-Firmen

Tabelle 16 und Tabelle 17 zeigen die entsprechenden Daten[164] der befragten Beteiligungsfirmen im Vergleich. Hinzu kommen weitere Parameter wie das Gründungsjahr (*Founded*), die Gesamtanzahl der Mitarbeiter (*Staff*), die Anzahl der seit der Jahrtausendwende in Europa getätigten Buyouts (*# Buy-*

outs) und schließlich die Größe des aktuellen Fonds des Finanzinvestors, dessen Mittel für die Durchführung europäischer Buyout-Transaktionen bestimmt sind (*Fund*).[165]

PE-Firm	Transactions*	Sector Focus	TO	Founded	Staff	# Buyouts	Fund
AFINUM	B	no Focus	€ 25 m–100 m	2001	9	4	€ 150 m
Argos Soditic	B	no Focus	€ 5 m–30 m**	1989	25	16	€ 275 m
CapVis	GC, B	no Focus	€ 50 m–500 m	1990	17	13	€ 500 m
GermanCapital	B, T	no Focus	€ 30 m–150 m	2005	11	3	€ 165 m
Gilde	VC, GC, B	Focus	€ 75 m–500 m	1982	40	37	€ 600 m
Zurmont Madison	B	Focus	€ 7 m–25 m**	1987	8	4	€ 160 m

* Venture Capital (VC), Growth/Expansion Capital (GC), Buyouts (B), Restructuring/Turnarounds (T)
** Bevorzugte Eigenkapital-Einbringung

Tabelle 17: Eckdaten der kontinentaleuropäischen Private-Equity-Firmen
Quelle: Basierend auf den Daten von EVCA (2007c), Mergermarket (2007), und den Websites der jeweiligen Private-Equity-Firmen

Aufteilung der Private-Equity-Firmen anhand der bevorzugten *Deal Size*

Da davon ausgegangen werden kann, dass die Investitionskriterien unterschiedlich[166] sind bei Buyout-Firmen, die sich auf kleinere Investitionsopportunitäten konzentrieren (Firmen mit sogenannten *Small and Mid-Market Buyout-Funds*) im Vergleich zu denjenigen, die sich auf größere Transaktionen spezialisiert haben (Firmen mit sogenannten *Large and Mid-Market Buyout-Funds*), wurde bei der Auswahl der Private-Equity-Firmen eine in etwa gleich große Anzahl beider Investorengruppen angestrebt. Tabelle 18 teilt die befragten Buyout-Firmen anhand ihrer favorisierten *Deal Size* auf.

Die je exakt bevorzugte *Deal Size* der Investoren lässt sich in den Tabellen 16 und 17 ablesen. Wie dort ersichtlich, bedienen sich die Buyout-Firmen keines einheitlichen Standards. Während zwar die Mehrheit hinsichtlich der Transaktionsgrößen ein Intervall angibt, unterscheiden sich die Angaben durch die jeweilige Bezugsgröße. Diese reicht vom Unternehmenswert des Zielunternehmens über dessen Umsatz bis hin zur bevorzug-

Large and Mid-Market Buyout-Funds	Small and Mid-Market Buyout-Funds
• Apax Partners • BC Partners • CVC Capital Partners (CVC) • Doughty Hanson & Co • Investcorp • Kohlberg Kravis Roberts & Co (KKR) • Permira • Texas Pacific Group (TPG) • The Carlyle Group	• 3i Group plc • AFINUM • Argos Soditic • Bridgepoint • CapVis Equity Partners • GermanCapital • Gilde Buy Out Partners • The Riverside Company • Zurmont Madison Private Equity

Tabelle 18: Aufteilung der Private-Equity-Firmen anhand der Deal Size

ten Eigenkapitaleinbringung des Buyout-Investors. Auch die Bezeichnung *Mittelstand* beziehungsweise *Mid-Market* ist eher weit gefasst, da die hier genannten Unternehmenswerte zwischen 10 Millionen US-Dollar und 1 Milliarde Euro liegen. Entsprechend darf die Einteilung in Tabelle 18 nicht als rigide aufgefasst werden, sondern dient vielmehr als Orientierung über die jeweils bevorzugte Transaktionsgröße der Private-Equity-Firmen.

3.2 Haltedauer der Beteiligungen und Performance-Messung

Die *Internal Rate of Return*-Kalkulation ist eine der beiden meist verwendeten Performance-Maße in der Buyout-Industrie. Wie bereits erwähnt, berücksichtigt sie nur »[...] the time when the capital is actually invested and is weighted by the amount invested at each moment«.[167] Im Gegensatz zum *Money-Multiple*-Performance-Maß ist die IRR daher abhängig vom tatsächlichen Zeitpunkt der Cashflows und berücksichtigt somit den Zeitwert des Geldes. Folglich ist die IRR direkt mit der jeweiligen Haltedauer einer Investition verknüpft.

Haltedauer der Beteiligungen

Die Gesprächspartner gaben als durchschnittliche Haltedauer von Buyout-Investitionen rückblickend drei bis fünf Jahre an.[168] Diese Zeitspanne stimmt genau mit den Resultaten der EVCA überein, die im Jahr 2006 ihre Mitglieder zu deren durchschnittlichen Investitionshaltedauern befragt hatte.[169]

Den Halteperioden zugrunde liegende Faktoren

Als Faktoren, die den Halteperioden zugrunde liegen und teilweise als Erklärung für deren Volatilitäten herangezogen werden können, wurden die *Deal Size*,[170] der Typus eines Buyouts[171] oder die verfolgte *Value-Play*-Strategie[172] jeweils einmal genannt. Deutlich hervorgehoben wurde aber mehrfach die Relevanz des jeweiligen Zeitpunkts innerhalb des Wirtschaftszyklus' und die damit einhergehende opportunistische Verhaltensweise von Buyout-Investoren.

Einfluss des konjunkturellen Aufschwungs bis 2007 auf die Haltedauer

Praktisch sämtliche Gesprächspartner stimmten darin überein, dass in den Jahren bis 2007 – ähnlich wie in der zweiten Hälfte der neunziger Jahre – eine zyklisch getriebene Verkürzung der Halteperioden festzustellen ist. Die opportunistische Verhaltensweise von Buyout-Investoren spiegelt sich somit eindeutig in den Halteperioden wider. Der Vertreter einer international tätigen Private-Equity-Firma fügte hinzu: »Heutzutage sind die *Valuation-Multiples* und *Debt-Levels* so hoch, da hat man Mühe, mit den Beteiligungen einen Konjunkturzyklus durchzustehen.«[173] Bedingt durch die Unsicherheit, wie sich die wirtschaftliche Situation zukünftig entwickeln wird, lassen die Buyout-Häuser ihre Beteiligungen schneller rotieren und bedienen sich des guten Marktumfeldes. Ihr Ziel ist, die Beteiligungen durch die Realisierung eines von der *Multiple Arbitrage* herrührenden Gewinns rasch wieder zu veräußern.

Zukunftserwartungen

Nach Aussagen der Interviewpartner wird die opportunistische Verhaltensweise der Private-Equity-Firmen auch in Zukunft die Haltedauer stark beeinflussen und sie gleichzeitig nur schwer prognostizierbar machen. Für einen wirtschaftlichen Aufschwung erwartet die klare Mehrheit der befragten Buyout-Firmen in den nächsten Jahren wieder eine Verlängerung der Halteperioden. Interessanterweise stehen diese Erwartungen nicht im Einklang mit der erwähnten EVCA-Studie: Die Mehrheit der befragten Investoren rechnete dort mit keinerlei Veränderungen in den Halteperioden.[174]

Die Interviewpartner der vorliegenden Studie gehen davon aus, dass es sich in Zukunft als schwieriger erweisen wird, insbesondere bei aktuellen Investitionen, für die – bedingt durch den wirtschaftlichen Aufschwung – höhere Einstiegspreise bezahlt wurden, ansehnliche Renditen zu erwirtschaften. Um den voraussichtlich negativen Einfluss der Bewertungs-*Multiples*, den Effekt einer negativen *Multiple Arbitrage*, zu kompensieren, würde der Fokus vermehrt auf die *Operating Improvements* verlagert werden. Der Umstand, dass die Maßnahmenpläne hierfür zuerst einmal konkretisiert und realisiert werden müssen und zudem eine gewisse Vorlaufzeit nötig sei, ehe die Resultate sichtbar werden, impliziere wiederum eine längere Halteperiode. Die befragten Buyout-Firmen gehen jedoch davon aus, dass auch die zukünftige durchschnittliche Zeitspanne wieder drei bis fünf Jahre betragen werde und sich die durchschnittliche Haltedauer somit über wirtschaftliche Zyklen hinweg relativ konstant entwickle.

Performance-Messung bei den einbezogenen Private-Equity-Firmen

Wie nicht anders zu erwarten, wurden die *Internal Rate of Return* und der *Money Multiple* von sämtlichen Finanzinvestoren als die zwei exklusiven Messgrößen für die Performance ihrer Investments gesehen. Als Zielgrößen nannten die Interviewpartner überwiegend eine IRR von 20–25 Prozent beziehungsweise ein *Money Multiple* von 2–3x, was auch die durchschnittliche Haltedauer der Investoren widerspiegelt.[175]

Beide Performance-Maße, so die Interviewpartner, seien relevant, und es gelte, sie jeweils in Kombination zu betrachten und gegenseitig zu balancieren. Auch herrscht hinsichtlich der relativen Wichtigkeit der zwei Kennzahlen weitestgehend Einigkeit. Einige wenige Private-Equity-Firmen messen zwar der IRR höhere Bedeutung bei, doch erklärt die Mehrheit, dass der *Money Multiple* eigentlich die aussagekräftigere Größe darstellt. Interessant war in diesem Zusammenhang insbesondere die Aussage eines Gesprächspartners:

»IRR und *Money Multiple* sind schon die relevanten Größen, mit der IRR kann man sich jedoch nichts kaufen! Die IRR ist lediglich gegenüber den Investoren maßgebend. Beim Fundraising spielt sie zwar eine wichtige Rolle, für die Beurteilung einer getätigten Investition jedoch fällt sie weniger ins Gewicht. Hierfür ist der *Money Multiple* zentral, da er das tatsächlich erwirtschaftete Geld repräsentiert.«

Es wurde mehrfach wiederholt, dass auf der Basis eines einzelnen Investments der *Money Multiple*, auf Portfolioebene hingegen die IRR die relevante Messgröße darstelle. Für die isolierte Betrachtung eines Investments nimmt aus Sicht der jeweiligen Buyout-Firma der *Money Multiple* zunehmend die zentrale Stellung ein, zumal er den absoluten und somit den tatsächlich erwirtschafteten Betrag angibt. Ferner wurde angeführt, dass die Kompensation der Investmentmanager im Rahmen des *Carried Interest* in der Regel auf ebendiesem Betrag und nicht auf der erzielten *Internal Rate of Return* basiere. Auf Portfolioebene und somit auch aus der Sicht der Fonds-Investoren, mache es jedoch einen erheblichen Unterschied, ob beispielsweise eine Verdoppelung des eingesetzten Eigenkapitals innerhalb von zwei oder aber innerhalb von vier Jahren erwirtschaftet werde.

Im Zusammenhang mit den Performance-Maßen spielt natürlich – primär wiederum für die Fonds-Investoren – auch die Vergleichbarkeit eine wichtige Rolle. Laut der Interviewpartner sei eine Verdoppelung des eingesetzten Eigenkapitals ohne die Angabe eines Zeithorizontes in ihrer Aussagekraft sehr beschränkt. Die IRR hingegen spiegle die annualisierten Renditen wider und eigne sich so auch für Vergleiche über die Asset-Klasse *Private Equity* oder *Buyout* hinweg. Nichtsdestotrotz vertrat ein Gesprächspartner die Meinung, dass der IRR heute eigentlich überhaupt keine Bedeutung mehr zukomme. Schließlich wurde auch mehrmals angeführt, dass beide Größen in Relation zu den absoluten Werten gesetzt werden müssen, um sinnvolle Vergleiche erzielen und vernünftige Aussagen tätigen zu können. Letztendlich spielten also die absoluten Beträge die zentrale Rolle:

»Eine IRR von 50 Prozent auf einen Betrag von 2,50 Schweizer Franken ist genau so wenig beeindruckend wie ein *Money Multiple* von 2 auf einen Betrag von 2,50 Schweizer Franken. Wenn Sie es schaffen, 10 Millionen Schweizer Franken zu verdoppeln, dann haben Sie 10 Millionen Schweizer Franken verdient. Wenn Sie aber 100 Millionen Schweizer Franken verdoppeln können, dann haben Sie 100 Millionen Schweizer Franken verdient.«

3.3 Investitionskriterien zur Beurteilung potenzieller Buyout-Investments

In der ersten Interviewrunde standen die Investitionskriterien, die die Private-Equity-Firmen zur Beurteilung potenzieller Buyout-Investitionsopportunitäten anwenden, besonders im Mittelpunkt des Interesses.

Vorgelagerte und fondsbezogene Fundamentalkriterien

Wie in Kapitel 1.3 erläutert, geht im Buyout-Prozess der Entscheidungsfindungsphase und dem eigentlichen Selektionsprozess eine anfängliche *Rasterung* voraus. Während Erstere das Kernstück der Untersuchung bildet, beschäftigt sich die Rasterungs- oder *Screening*-Phase mit der Suche nach Übereinstimmungen zwischen den jeweiligen Investitionsopportunitäten und der Investitionspolitik des Fonds, der Investitionsstrategie, die der *Partnership* verfolgt, und den entsprechenden Fundamentalkriterien.[176]

Obwohl die Investitionskriterien ganz klar den Schwerpunkt der Interviews bildeten, wurde den vorgelagerten und fondsbezogenen Fundamentalkriterien durchaus Platz eingeräumt.[177] Vertreter von vier Beteiligungsgesellschaften nannten insbesondere den Fokus auf bestimmte Sektoren und betonten eine ausschließliche Investitionstätigkeit in demselben.[178] Weitere Gesprächspartner äußerten sich etwas relativierter und sprachen in diesem Zusammenhang von gewissen Industriepräferenzen, ohne sich jedoch auf eine bestimmte Anzahl Sektoren zu fixieren oder gar Investitionen in nicht präferierte Sektoren auszuschließen.

Für den strengen Sektorfokus wurden zweierlei Gründe angegeben: Während die Vertreter zweier Buyout-Firmen die Konzentration auf Erwartungen hinsichtlich der zukünftigen Entwicklung und hierbei insbesondere des erwarteten Marktwachstums zurückführten,[179] begründete der dritte Gesprächspartner den Ausschluss einiger Sektoren mit mangelnden Kenntnissen und der Unfähigkeit, die Treiber zu verstehen, die der Branche zugrunde liegen.[180] Der Vierte machte die Kombination dieser beiden Gründe für die Auswahl bestimmter Sektoren verantwortlich.

Des Weiteren wurde das Exit-Kriterium und damit die Verfügbarkeit realistischer Exit-Szenarien von drei der insgesamt 18 Private-Equity-Firmen nicht etwa den klassischen Investitionskriterien, sondern proaktiv den vorgelagerten Kriterien zugeordnet. Eine hohe Wahrscheinlichkeit, Beteiligungen eines Tages veräußern zu können, stellt in ihren Augen kein Investitionskriterium dar, das je nach Erfüllungsgrad eine Investitionsopportunität mehr oder weniger attraktiv macht, sondern sei viel eher der Gruppe dichotomer Fundamentalkriterien zuzuordnen: Sollte jene Wahrscheinlichkeit nicht gegeben sein, komme es erst gar nicht zu einer näheren Untersuchung eines Zielunternehmens: »The exit [...] constitutes a conditio sine qua non [...]. If there are no feasible exit routes, there will be no investment.«

Übersicht der angewandten Investitionskriterien im Entscheidungsprozess

Bei der Erfassung der Kriterien, die bei der Beurteilung potenzieller Buyout-Investments herangezogen werden, zeigte sich, dass tatsächlich wie angenommen nicht alle Investorengruppen über eine bestimmte Anzahl klar definierter Investitionskriterien verfügen. Bei den Antworten ergab sich dementsprechend ein jeweils unterschiedlicher Grad an Präzision. Gerade einmal bei der Hälfte der untersuchten Private-Equity-Firmen waren klare Sets von Investitionskriterien vorzufinden. Bei den anderen wurden die relevanten Kriterien im Rahmen der Gespräche eruiert beziehungsweise präzisiert.

Tabelle 19 listet die erhobenen Investitionskriterien auf und zeigt die Häufigkeit der Nennungen. Allerdings ist sie mit Vorsicht zu interpretieren. Obschon sie das gesamte Spektrum der Investitionskriterien samt der Häufigkeit ihrer Nennungen wiedergibt, darf nicht davon ausgegangen werden, dass die befragten Private-Equity-Firmen den einzelnen Kriterien jeweils die gleiche Bedeutung und Relevanz beimessen. Auch dürfen, selbst wenn sich mehrere Gesprächspartner über die Existenz eines bestimmten Investitionskriteriums einig sind, daraus keine Schlüsse bezüglich einer möglichen Priorisierung gezogen werden. Die Häufigkeit steht entsprechend nicht in einem direkten Verhältnis zur jeweiligen inhaltlichen Bedeutung und Relevanz oder zur relativen Wichtigkeit eines Kriteriums. Auf letztere beide Punkte wird in den nächsten Abschnitten eingegangen.

Bis auf eine Ausnahme ließen sich sämtliche von den Private-Equity-Firmen genannten Investitionskriterien erwartungsgemäß den fünf, in Kapitel 1.3 vorgestellten Kategorien zuordnen. Nicht einzugliedern war hingegen ein sehr oft genanntes und relativ weit gefasstes Kriterium, das in Tabelle 19 als *Potential for Value Creation and Growth* bezeichnet ist. Der nächste Abschnitt geht näher darauf ein.

Es sei noch einmal daran erinnert, dass es sich in Tabelle 19 um die Investitionskriterien des Entscheidungsfindungs- beziehungsweise Selektionsprozesses handelt. Lediglich Investitionsopportunitäten, die nach dieser Phase des Buyout-Prozesses noch immer von Bedeutung sind, werden im Rahmen der anschließenden *Due Diligence* einer umfangreichen als auch detaillierten Untersuchung unterzogen. Während die Investitionskriterien von den *Investment Executives* der Private-Equity-Firmen selbst angewandt werden, erfolgt die *Due Diligence* in der Regel unter Einbezug verschiedener externer Parteien. Hierbei wird der jeweils bestehende Kriterienkatalog vertieft, und eine Reihe weiterer, oben nicht zwingend aufgeführter Themen-

BESTANDSAUFNAHME DES STATUS QUO 93

Kategorie	Investitionskriterium	Häufigkeit der Nennung
Finanzen	Cashflow-Stabilität	7
	Cashflow-Visibilität	3
	Kapitalintensität	5
	Profitabilität	13
Management	Qualität des Managementteams	16
Markt	Kundenabhängigkeit	1
	Markteintrittsbarrieren	3
	Marktgröße	3
	Marktregulierung	3
	Marktwachstum	13
	Wettbewerbsintensität	2
	Zyklizität	9
	geografische Diversifikation/Expansion	4
	Kapazitätsauslastung	2
Produkt/Dienstleistung	Marktanteil	14
	Produktportfolio	5
	Produktqualität	2
	Technologielastigkeit	8
Transaktion/Buyout	Buy-and-Build-Möglichkeiten	1
	Erfahrung und Kompetenz der PE-Firma	1
	Exit-Möglichkeiten	5
	Transaktionskomplexität	1
Sonstige	Potential for Value Creation and Growth	13

Tabelle 19: Erhobene Investitionskriterien und Häufigkeit der Nennungen

gebiete oder nicht identisch genannter Faktoren können plötzlich relevant und damit zum Gegenstand der Untersuchung werden.

Bedeutung und Relevanz der am häufigsten genannten Investitionskriterien

Die Investitionskriterien, die von einer deutlichen Mehrheit der insgesamt 18 befragten Private-Equity-Firmen aufgeführt wurden, sind in Tabelle 20 gelistet. Sie werden im Folgenden detaillierter untersucht hinsichtlich ihrer Bedeutung und der ihnen zugesprochenen Relevanz.

Investitionskriterium	Häufigkeit der Nennung	Kategorie
Qualität des Managementteams	16	Management
Marktanteil	14	Produkt/Dienstleistung
Marktwachstum	13	Markt
Potential for Value Creation and Growth	13	Sonstige
Profitabilität	13	Finanzen

Tabelle 20: Häufigst genannte Investitionskriterien

Qualität des Managementteams

In ausnahmslos sämtlichen Interviews bildete die Qualität des Managementteams als Kriterium, die Attraktivität einer Investitionsopportunität zu beurteilen, einen zentralen Bestandteil der Diskussion. Wie aus Tabelle 20 ersichtlich, sind sich 16 der insgesamt 18 Private-Equity-Firmen. Weniger Einigkeit herrscht indes in der Frage, welche konkrete Bedeutung und Relevanz der Qualität des Managementteams einzuräumen sei. Während für zehn Beteiligungsgesellschaften dies im Mittelpunkt ihrer Selektionsprozesse steht und für einige davon gar ein *Killerkriterium* darstellt, nimmt der Parameter bei den restlichen sechs Buyout-Firmen eine zwar wichtige, keineswegs aber übergeordnete Rolle ein.

Der am häufigsten genannte Grund für die große Bedeutung der Managementqualität ist die Rolle des Führungsteams bei der Realisierung des *Potential for Value Creation and Growth*. Bei der Implementierung einer

Wertsteigerungsstrategie und somit vor allem in operativen Belangen sei die Verfügbarkeit des richtigen Managementteams, das überdies auch richtig und breit *incentiviert* sein muss,[181] das A und O. Ein Gesprächspartner erklärte: »Damit ist die Hälfte der Arbeit bereits erledigt.« Das am zweithäufigsten genannte Argument für die dominante Rolle der Managementqualität brachte ein Gesprächspartner so auf den Punkt:

»Sicherlich kann das Management die Dynamik eines Marktes, einer Industrie nicht ändern. Aber: *What separates a good business from a bad business it's always management.* Sie können ein Super-Business haben, also ein Super-Geschäftsmodell in einem attraktiven Markt, und dennoch gibt es Managementteams, die das kaputt machen. Management ist das wichtigste Entscheidungskriterium für uns und der *Key Success Factor* für einen Buyout.«

Auch einer Reihe weiterer Gründe wurde Platz eingeräumt, die hier kurz skizziert werden sollen. Einer der Gesprächspartner wies darauf hin, dass nicht jedes Managementteam für ein *Leveraging* geeignet ist. Insbesondere sei zu prüfen, ob das amtierende Führungsteam mit dem hiermit verbundenen Zwang zur Kredittilgung umgehen kann. Ein anderer Vertreter argumentierte, dass die Manager vor allem bei der Implementierung der Wertsteigerungsstrategie unter Private-Equity-Eigentumsverhältnissen – und dem damit einhergehenden Paradigmenwechsel vom Angestellten zum Miteigentümer – plötzlich viel engagierter seien, sich in dem Unternehmen effizient und effektiv einzubringen. Selbsterklärend ist folgender Vergleich, der in ähnlicher Form mehrfach wiederholt wurde:

»It's like a marriage. If you have done it, you know what I'm talking about. You have to be really really sure about the people you are working with. On a personal basis, on a trust basis and on a competence basis. You have to be comfortable about the people you are going to work with in both cases, the upside as well as the downside case. Are they committed? Are they solid? Are they going to stick with you?«

Etwas kürzer fasste sich der Gesprächspartner einer amerikanischen Investorengruppe: »At the end of the day you bet on people, not on strategies.«

Es verwundert nicht, dass sich die dominante Bedeutung, die diese Finanzinvestoren der Managementqualität beimessen, nicht nur in der Häufigkeit der Nennungen, sondern auch in der Priorisierung widerspiegelt. Obschon eine gewisse Abneigung gegenüber *Management-Buyins* besteht, bedienen sich aber auch diese Private-Equity-Firmen nötigenfalls der Möglichkeit, Manager zu ersetzen oder Ergänzungen im Managementteam vorzunehmen. Nichtsdestotrotz, so die Aussage, sei aber ein von Anfang an zur Verfügung stehendes, fähiges Management zu bevorzugen, da so – im Rahmen einer ohnehin schon auf drei bis fünf Jahre begrenzten Zeitperiode – vermieden werden kann, unnötig Zeit zu verlieren.

Die Haltung der sechs Buyout-Firmen, für die die Managementqualität zwar eine wichtige, keineswegs aber übergeordnete Rolle einnimmt, kommt in der folgenden Aussage deutlich zum Ausdruck: »The quality of management is important, but not of prime importance. Even the best management cannot turn an average asset into a good asset.« Fast deckungsgleich äußerte sich ein deutscher Gesprächspartner: »Auch wenn man einen sehr guten Manager in einem schlechten Geschäft hat, gewinnt eigentlich immer das Geschäft.« Solange das *Asset* gut sei, kämen somit auch Unternehmen mit einer minderwertigeren Managementqualität in Frage. Selbst wenn der Betreuungsaufwand und die Risiken in einer Anfangsphase etwas größer seien, traue man sich durchaus zu, das Managementteam oder einzelne, im Management nicht optimal belegte Stellen nach Bedarf zu ersetzen beziehungsweise zu ergänzen. Man könne sich schließlich eines enormen Beziehungsnetzwerkes und zahlreicher Kontakte zu diversen *Headhuntern* bedienen und die Situation so relativ einfach meistern. Obwohl die Managementthematik bei diesen Beteiligungsgesellschaften somit vorhanden ist, ist sie weit davon entfernt, im Mittelpunkt zu stehen, geschweige denn die Rolle eines *Killerkriteriums* einzunehmen.

Es gibt aber auch noch jene zwei Private-Equity-Firmen, für die die Qualität des Managementteams kein Kriterium zur Attraktivitätsbestimmung einer Investitionsopportunität darstellt. Für den Vertreter einer auf mittelständische Unternehmen spezialisierten Investorengruppe war die Frage der Managementqualität den Cashflows eines Unternehmens zugeordnet. Damit wurde der Thematik kein weiterer Platz eingeräumt.

Der zweite Gesprächspartner vertrat eine auf große Transaktionen spezialisierte Private-Equity-Gesellschaft. Er wählte eine Analogie aus der Nautik: Bei der Beurteilung von Investitionsopportunitäten denke er stets im Sinne von Plattformen oder Schiffen. Die zentrale Frage für ihn lautet: Was bietet der jeweilige Deal für eine Plattform? Die Plattform per se könne nicht geändert werden, was gleichzeitig die zentrale Bedeutung anderer Investitionskriterien wie etwa Marktposition oder Markteintrittsbarrieren hervorhebt. Jene Parameter würden die Stärke und die Gesundheit des Schiffes definieren. Bezüglich des Managements hingegen betonte der Gesprächspartner:

»Für mich ist das Management kein eigentliches Investitionskriterium, weil ich es als eine Variable des Deals sehe. Wenn Sie sich ein bestimmtes Unternehmen anschauen, dann haben Sie bestimmte Fixdaten, die Sie nicht ändern können. Jene gehören zur Ausgangslage der Investition, und das wird bis zum Exit so bleiben. Das Management hingegen ist eine Variable. Wenn das Management schlecht ist, schmeißen Sie es hinaus und besorgen sich ein neues. Deshalb ist Management für mich kein Investitionskriterium, geschweige denn ein Killerkriterium.«

Marktanteil

Für 14 der insgesamt 18 Private-Equity-Firmen stellt der Marktanteil eines Zielunternehmens ein Investitionskriterium dar. Von den verbleibenden vier Firmen erwähnten drei diesen Sachverhalt überhaupt nicht, während der Vertreter einer international tätigen Investorengruppe die Nichtrelevanz des Marktanteils folgendermaßen begründete:

»Es muss ein ausreichend großer Markt vorhanden sein, sodass auch mit kleineren Marktanteilen trotzdem die Ziele erreicht werden können. Wir möchten nicht in eine Unternehmung investieren, die eine dominante Position im Markt hat, zumal sie die nur verlieren kann. Wenn also eine Company in einem mit 3 Prozent wachsenden Markt über 50 Prozent Marktanteile besitzt und nur über Marktanteilsgewinne wachsen kann, dann investieren wir nicht [...]. Wir machen keine *lowgrowth deals*.«

Die 14 Investoren, für die der Marktanteil von Bedeutung ist, lassen sich in mehrere Gruppen einteilen. So begründeten sechs Private-Equity-Firmen die Bevorzugung von Investitionen in Marktführer mit der Investitionsphilosophie, die der Beteiligungsgesellschaft zugrunde liegt, und untermauerten diese teils mit der Angabe vergangener Investitionsbeispiele oder mit Vorgaben hinsichtlich der Marktposition im jeweiligen Markt oder in der jeweiligen Nische, die von einem Zielunternehmen zu erfüllen sind.

Vier Interviewpartner erklärten, dass nicht nur der aktuelle Marktanteil, sondern insbesondere auch das Potenzial, weitere Marktanteile gewinnen zu können, ausschlaggebend ist. Das absolute Niveau der Marktanteile sei entsprechend weniger relevant als die zukünftigen Möglichkeiten der Marktanteilsgewinnung.

Ein Gesprächspartner vertrat eine völlig andere Meinung:

»Der aktuelle Marktanteil eines Unternehmens ist wichtig für die Beurteilung einer Opportunität. Marktanteilsgewinne kann man hingegen nicht planen. Das ist ein *Icing on the Cake*, wenn man sie erhält.«

Die drei verbleibenden Private-Equity-Gesellschaften setzten die Frage, wie bedeutsam der Marktanteil einer Investitionsopportunität sei, in Beziehung zum Marktwachstum. Zwei Gesprächspartner argumentierten hierbei, dass selbst ein schrumpfender Markt kein Ausschlusskriterium sein müsse, solange die Marktführerschaft oder zumindest das Potenzial dazu als gegeben betrachtet werden darf. Einer der Partner erklärte, dass ein schrumpfender Markt gleichzeitig auch größer werdende Eintrittsbarrieren für neue Wettbewerber bedeute, zumal ein neuer Marktteilnehmer, der anfänglichen Investitionen gegenübersteht, nicht in einen schrumpfenden Markt einsteigen wird. Als Private-Equity-Investor sei das insofern vorteilhaft, als dass die Renditen, mit denen sich der Marktführer konfrontiert sieht, relativ einfach abgeschöpft werden können. Exakt zu erfüllende Grenzwerte für den Marktanteil eines Unternehmens seien somit nicht zweckdienlich; viel eher gelte es, die Erfüllung dieses Kriteriums Deal für Deal neu zu beurteilen. Der dritte Gesprächspartner dieser Gruppe begründete seine Präferenz für Unternehmen mit einer führenden Wettbewerbsposition mit der besseren Möglichkeit, von einer solchen Basis aus wachsen zu können.

Marktwachstum

Das Wachstum beziehungsweise die Wachstumsrate des Marktes, in welchem ein Zielunternehmen operiert, stellt für 13 der insgesamt 18 Private-Equity-Firmen ein Investitionskriterium dar. Während sich die Gesprächspartner von vier der fünf Investorengruppen, auf die dieser Sachverhalt nicht zutrifft, erst gar nicht zum Marktwachstum äußerten, begründete der Vertreter eines auf große Transaktionen spezialisierten Buyout-Investors die Nichtrelevanz des Marktwachstums folgendermaßen:

»Marktwachstumsraten sind keine eigentlichen Investitionskriterien; sie finden sich meistens im Preis wieder. Marktwachstum diskriminiert nicht zwischen guten oder schlechten Investments. Wenn Sie ein Unternehmen kaufen, das in einem Markt tätig ist, der 10 Prozent pro Jahr wächst, dann zahlen Sie einen anderen Preis. Das Risiko-Rendite-Profil ist im Grunde dasselbe, als wenn Sie ein Unternehmen kauften, das in einem Markt tätig ist, der mit 2 Prozent wächst – da zahlen Sie weniger.«

Die Interviewpartner dreier – vom Hauptansatz her wachstumsorientierter – Beteiligungsgesellschaften betonten in den Gesprächen mehrmals ihre Vorliebe für stark wachsende Unternehmen und die Notwendigkeit vorhandener Wachstumspotenziale. Wachstum sei sowohl organisch als auch anorganisch durch Zukäufe möglich. Wachstumspotenziale spiegeln sich laut den Aussagen dieser Interviewpartner unter anderem in einem positiven Marktumfeld wider, wobei dem Marktwachstum wiederum eine zentrale Bedeutung zukommt. So bevorzugen es diese Investoren, vor allem in Unternehmen zu investieren, die in stark wachsenden Märkten operieren. Wachstumsmöglichkeiten im Rahmen von *Bottom-Line Growth*, *Buy-and-Build*, *Product-Line Expansion* und geografischer Expansion würden erst dann an Bedeutung gewinnen, wenn ein gewisses Marktwachstum vorhanden ist.

Der Gesprächspartner einer international erfahrenen Private-Equity-Firma erklärte:

»In einem stark wachsenden Markt oder Sektor kann man sich auch einiges an Fehlern erlauben. In einem schrumpfenden Markt wird man auch mit einem guten Managementteam, das alles richtig macht, mit runtergezogen, wenn auch vielleicht weniger schnell als die anderen. Wenn man zu einem korrekten Preis, also zu einer normalen *Market Valuation* ein durchschnittliches oder gar gutes Unternehmen in einem tollen Markt erwerben kann, ist es schwierig, etwas falsch zu machen.«

Es verwundert daher nicht, dass dieser Gesprächspartner im Rahmen der Priorisierung dem Marktwachstum gegenüber der Managementqualität den Vorzug gibt.

Der Vertreter einer kontinentaleuropäischen Buyout-Firma brachte den Standpunkt der verbleibenden Interviewpartner zum Ausdruck:

»Es ist einfacher für ein Unternehmen zu wachsen, wenn es nicht verdrängen muss, wenn es Platz gibt für verschiedene Player. Und deshalb ist es kurzfristig sicher relevant, dass man ein Unternehmen kauft, das wachsen kann, ohne dass es direkt Marktanteile gewinnen muss.«

Potential for Value Creation and Growth

Für 13 der insgesamt 18 Private-Equity-Firmen ist ein relativ weit gefasstes Kriterium wichtig, das nicht den in Kapitel 1.3 vorgestellten Kategorien zuzuordnen ist. Im Folgenden wird es als *Potential for Value Creation and Growth* bezeichnet. Von fünf Investorengruppen wurde dieses Thema gar nicht angeschnitten. Die übrigen 13 wählten unterschiedliche Begrifflichkeiten: Die Bandbreite der Formulierungen reichte von *Value Story* oder *Value Play* über *Value Creation Potenziale* oder *Veränderungspotenzial* bis hin zu *Potential of Transformation* oder *Compelling Value Proposition*.

Weitestgehend Einigkeit herrschte hingegen darüber, was mit den verschiedenen Termini ausgedrückt werden soll: das Entwicklungspotenzial eines Unternehmens. »Die Unternehmung muss wirklich entwickelt werden können, sodass die Firma größer, stärker, besser wird und strategisch besser positioniert werden kann«, erklärte ein Gesprächspartner treffend.

Die zentrale Frage in diesem Zusammenhang lautete, ob, wo und wie Werte generiert werden können. Sämtliche Vertreter der 13 Private-Equity-Firmen fanden die Antworten in den in bereits verschiedentlich diskutierten Wertschöpfungstreibern in Buyout-Transaktionen: *Operating Improvements*, *Multiple Uplifts* und *Financial Leverage*.

Hinsichtlich des Umsatzwachstum beziehungsweise des *Top-Line Growth* wurde zwischen organischem und anorganischem oder externem Wachstum unterschieden. Möglichkeiten, *organisch oder anorganisch wachsen* zu können, liegen laut Aussagen der Interviewteilnehmer in einem stark expandierenden Markt, in der Bearbeitung neuer Marktfelder, in der Erweiterung des Produktsortiments, in der Erweiterung des Vertriebsnetzes, in der Produktpreiskalkulation und der Produktqualität, wie auch schließlich in der Realisierung von Internationalisierungsstrategien im Sinne einer geografischen Expansion. Vor allem bei mittelständischen Unternehmen, die bei vielen Private-Equity-Firmen im Fokus der Investitionen stehen und die sehr oft über längere Zeit hinweg lediglich ihren Heimatmarkt bedienen, sei Wachstum primär durch die Erschließung neuer Märkte zu erreichen. Beim *externen Wachstum* äußerten sieben Gesprächspartner ihre Präferenz für vorhandene *Buy-and-Build*-Opportunitäten, um ihre Beteiligungen ausgehend von einer anfänglichen Investition durch weitere Zukäufe[182] wachsen zu lassen und von etwaigen Synergiepotenzialen profitieren zu können.

Bei der Frage der Margenverbesserung beziehungsweise des *Bottom-Line Growth* stand für die Mehrheit der Beteiligungsgesellschaften die Realisierung von Kostensenkungspotenzialen im Vordergrund. Ins Visier genommen werden hierbei das Beschaffungswesen, die Produktion(seffizienz), die Distribution, die Logistik, das *Working Capital Management*, die Produktivität, die Produktkomplexität und mögliche Einsparpotenziale im Personal- oder Materialbereich. Bei der Beurteilung der Profitabilität eines konkreten Zielunternehmens spielen des Weiteren *Benchmarks* eine wichtige Rolle. Sie dienen als Instrument, die Ertragskraft eines Zielunternehmens mit derjenigen seiner *Peer Group* zu vergleichen.

Zentrale Bedeutung wurde im Kontext der Margenverbesserung sowohl der Organisationsstruktur als auch der Unternehmensführung beigemessen; Unternehmen, die sich grundsätzlich in einer starken Ausgangsposition befinden,[183] von den Investmentmanagern jedoch als *undermanaged* erachtet werden,[184] bieten Finanzinvestoren besonders attraktive Investitionsopportunitäten. Gerade bei *Corporate Spin-Offs* – die neben Nachfolgesituationen einen wesentlichen Bestandteil ihres *Deal Flow* ausmachen – sei es oftmals mit relativ geringem Aufwand möglich, die Wertgenerierung zu beschleunigen, meist besser als das noch unter dem Regime der Muttergesellschaft der Fall war. Ausschlaggebend seien der positive Druck des Private-Equity-Investors, die damit einhergehende Energiefreisetzung beim Management und die sich neu bietenden Möglichkeiten unter der Private-Equity-Eigentümerschaft.

Vier Gesprächspartner betonten bei ihren Überlegungen auch den Einbezug von *Multiples* beziehungsweise von Möglichkeiten, beim Zeitpunkt des Exits von den unter Umständen höher liegenden Bewertungs-*Multiples* im Sinne von *Multiple Uplifts* profitieren zu können. Die Frage sei also, wie Unternehmen durch strategische Akquisitionen oder Neupositionierungen interessanter aufgestellt werden können und wie man von Wirtschaftszyklen profitieren könne. Zur Veranschaulichung ersterer Möglichkeiten zogen drei der vier Interviewpartner bereits getätigte Investitionen heran. Der Erste verwies auf einen *Corporate Spin-Off*, bei welchem davon auszugehen sei, dass beim Exit durch die Verselbstständigung eines ehemals integrierten und abhängigen Unternehmensteils ein höherer *Multiple* erreicht werde. Der Zweite erläuterte anhand eines Beispiels, dass die entsprechende Beteiligung durch den sukzessiven Verkauf nicht zum Kerngeschäft gehörender Bereiche und einer neuen, klar definierten Unternehmensstrategie beim Exit eine andere Struktur aufweise, für welche höhere *Multiples* zur Anwendung kommen. Der dritte Vertreter verdeutlichte sodann anhand zweier Buyouts, wie *Multiple*-Vorteile durch strategische Akquisitionen realisiert werden können: Während bei einem Unternehmen die Beschleunigung einer geografischen Expansion durch eine Akquisition angestrebt wurde, um so auch eine geringere Abhängigkeit von der lokalen Kundschaft herbeizuführen, stand bei der zweiten Gesellschaft die Risikominimierung durch eine Akquisition zur Sortimentserweiterung im Vordergrund.

Zwei Gesprächspartner erklärten, im Rahmen des *Potential for Value Creation and Growth* sei auch das Potenzial einer Wertgenerierung durch *Financial Leverage* zu untersuchen. Hierbei werde die Fähigkeit der Zielgesellschaften ins Visier genommen, nachhaltige *Free Cashflows* generieren zu können, um die den Unternehmen aufgebürdeten Schulden – über die Haltedauer hinweg – stetig tilgen zu können. Die Wertgenerierung rühre hierbei somit von der Entschuldung der Portfoliogesellschaft her.

Im Bewusstsein einer zunehmenden Bedeutung der *Operating Improvements* und damit auch des *Potential for Value Creation and Growth* verfügen drei auf größere Transaktionen konzentrierte Private-Equity-Firmen eigens hierfür über Spezialisten. Diesen obliegt jenseits des *Financial Leverage* und der *Multiples* die Verantwortung für die Wertgenerierung im strategischen und operativen Bereich. Während sich die Mehrheit der *Buyout Executives* auf die Transaktion, die Finanzierung und den Exit konzentrieren, fokussieren sich diese Spezialisten auf Gebiete wie etwa das Beschaffungswesen der Portfoliogesellschaften, das *Working Capital Management*, das Vertriebsnetz und so weiter. In der Regel verfügen diese Personen über langjährige Industrieerfahrung und stehen dem Managementteam der Beteiligungen von Beginn an und über die gesamte Haltedauer hinweg zur Seite.

Interessant ist im Kontext des *Potential for Value Creation and Growth* die Ausführung eines Gesprächspartners, der darauf verwies, dass die Potenziale in einem Businessplan plausibel und kredibel abbildbar und auch realisierbar sein müssten. Darüber hinaus müssten die Entwicklungsmöglichkeiten klar identifizierbar und konkretisierbar sein und in einem Umfang vorliegen, sodass sie innerhalb von drei bis fünf Jahren umgesetzt werden könnten.

Ein Vertreter einer der erfahrensten Private-Equity-Firmen verwies ebenfalls auf die Notwendigkeit eines Plans, den es sodann umzusetzen gelte. Die Bedeutung des Managements relativierend resümierte er:

»The most important criteria to assess a buyout opportunity used to be management, management and management. However, this era has ended. Today the situation has become much more complex. Nowadays we must understand and be able to articulate what we can do with a particular business. We then must deliver a detailed plan how to achieve what we want to do and have a management that realises this plan.«

Profitabilität

Die Profitabilität ist von der – weiter unten behandelten – *Cashflow-Stabilität* und *Cashflow-Visibilität* abzugrenzen. Der Cashflow widmet sich der Ermittlung tatsächlicher, liquiditätswirksamer Zahlungsströme und damit der *Finanzkraft* eines Unternehmens. Die Profitabilität hingegen bezieht sich unter Private-Equity-Gesichtspunkten in aller Regel auf das Verhältnis von Umsatz und einer bestimmten Ertragsgröße – etwa in der Ausprägung der Kennziffern EBITDA oder EBIT – und informiert damit über die *Ertragskraft* eines Unternehmens.

Erneut stellt für 13 der insgesamt 18 befragten Private-Equity-Firmen die Profitabilität eines Zielunternehmens ein Investitionskriterium dar. Die Tatsache jedoch, dass nur die Vertreter von zwei Beteiligungsgesellschaften der Thematik überhaupt keinen, drei Gesprächspartner ihr hingegen anderweitig Platz eingeräumt haben, lässt vermuten, dass mindestens 16 Buyout-Firmen der Profitabilität eines Zielunternehmens Beachtung schenken. Da Buyouts in aller Regel in der Form von *Leveraged Buyouts* durchgeführt werden und so eine gewisse, minimale Ertragskraft zur Tilgungsfähigkeit der Schulden bedingen, kann des Weiteren davon ausgegangen werden, dass die Profitabilität einer Gesellschaft bei sämtlichen Private-Equity-Firmen in die Entscheidungsfindung mit einfließt. Ähnlich wie das Vorhandensein von Exit-Möglichkeiten ist laut der Aussage verschiedener Interviewpartner auch eine bestimmte Mindestprofitabilität nahezu schon als eine *conditio sine qua non* zu verstehen, damit die gewünschte *Leverage*-Finanzierung überhaupt realisiert werden kann. So könnte gemäß einem Gesprächspartner ein Handelsunternehmen mit einer EBIT-Marge von 4 Prozent genauso eine zu prüfende Investitionsopportunität darstellen wie ein hochspezialisierter Nischenanbieter mit Margen im Bereich von 30 Prozent. Die notwendige Bedingung sei aber, dass die Profitabilitätssituation eine Fremdfinanzierung zulässt.

Etwas relativierend äußerte sich der Interviewpartner einer kontinentaleuropäischen Buyout-Firma:

»Wir investieren auch in Unternehmen, die bei unserem Einstieg zwar nicht profitabel sind, wir aber die Gründe hierfür kennen und das Unternehmen sehr schnell zu profitablem Wachstum drehen können.«

Somit sei nicht zwingend die Profitabilitätssituation zum Zeitpunkt des Einstiegs des Private-Equity-Hauses ausschlaggebend, sondern viel eher die Erkennbarkeit des Weges zur Profitabilität.

Demgegenüber äußerte der Vertreter einer anderen, wiederum kontinentaleuropäischen Buyout-Firma: »We seek to invest in companies with superior margins relative to the rest of the sector.« Als Begründung nannte er die Ungewissheit, wie die Märkte sich zukünftig entwickeln werden, und die Sicherheit, die durch eine gewisse Profitabilität herbeigeführt wird:

»[...] if your cash generation is there, you will survive anything. Cash generation in a business is therefore an absolute key. If you get that right, it is very difficult to get the deal wrong.«

Priorisierung der angewandten Investitionskriterien

Im Rahmen der Priorisierung wurde gefragt, in welchem Ausmaß die jeweiligen Kriterien den Investitionsentscheid beeinflussen. Zwei Finanzinvestoren machten keinerlei Angaben hierzu.

Fünf der Befragten wiesen der Qualität des Managementteams höchste Priorität zu. Die Aussagen eines Gesprächspartners bringt die Motive der fünf Private-Equity-Firmen deutlich zum Ausdruck:

»Meines Erachtens der allerwichtigste Punkt und an erster Stelle überhaupt ist die Qualität des Managements. Genau wie beim Kauf einer Liegenschaft, wo die drei wichtigsten Kriterien Lage, Lage und Lage lauten, lauten die drei wichtigsten Kriterien bei Buyouts Management, Management und Management. Wenn eine Firma zwar gut, das Management jedoch schlecht ist, dann steht die Firma in zwei Jahren schlecht da; die beste Firma kann von einem schlechten Management runtergewirtschaftet werden.«

Selbst wenn bei einem Unternehmen das beste Management nichts bringen sollte, so sei der springende Punkt die Tatsache, dass ein schlechtes Management nicht nur nichts bringen, sondern dem Unternehmen im Gegenteil gar schaden würde.

Zwei der 18 Gesprächspartner räumten einer klaren Wertsteigerungsstrategie beziehungsweise dem Marktwachstum den Vorzug ein und positionierten die Managementqualität auf Rang zwei. Begründet wurde dies mit der Marktsituation, in der es – primär bedingt durch die hohen Unternehmenspreise – unumgänglich sei, eine klare Idee davon zu haben, wie der Wert des erworbenen Unternehmens gesteigert werden könne. Der Vorzug des Marktwachstums resultiere primär aus der Unmöglichkeit allfälliger Korrekturmaßnahmen, wie es sie beim Management gebe, und aus der Toleranz eines wachsenden Marktes gegenüber möglichen Fehlern der Unternehmensführung.

Die Mehrheit der befragten Private-Equity-Firmen betonte schließlich die Gesamtheit der Effekte und implizierte so eine Unmöglichkeit, Priorisierungen durchführen zu können. In verschiedenen Gesprächen wurde auf zahlreiche Deals der Vergangenheit verwiesen, bei denen die Zielunternehmen eine jeweils diametrale Erfüllungsstruktur der einzelnen Kriterien ausweisen konnten. Entsprechend sei das Gesamtbild entscheidend, und es gelte, die einzelnen Kriterien Deal für Deal gegeneinander abzuwägen. Einer der Gesprächspartner ging sogar noch einen Schritt weiter:

»Die Kriterien müssen viel eher kumulativ erfüllt sein – was nützt es, wenn eine Company sämtliche Kriterien hervorragend erfüllt, sich aber für einen *Leveraged Buyout* schlicht nicht eignet?«

Weitere Investitionskriterien

Im Folgenden werden die restlichen Investitionskriterien kurz erläutert, die von den insgesamt 18 befragten Private-Equity-Firmen aufgeführt wurden. Tabelle 21 zeigt sie im Überblick.

Investitionskriterium	Häufigkeit der Nennung	Kategorie
Zyklizität	9	Markt
Technologielastigkeit	8	Produkt/Dienstleistung
Cashflow-Stabilität	7	Finanzen
Exit-Möglichkeiten	5	Transaktion/Buyout
Kapitalintensität	5	Finanzen
Produktportfolio	5	Produkt/Dienstleistung
geografische Diversifikation/Expansion	4	Produkt/Dienstleistung
Cashflow-Visibilität	3	Finanzen
Markteintrittsbarrieren	3	Markt
Marktgröße	3	Markt
Marktregulierung	3	Markt
Kapazitätsauslastung	2	Produkt/Dienstleistung
Produktqualität	2	Produkt/Dienstleistung
Wettbewerbsintensität	2	Markt
Buy-and-Build-Möglichkeiten	1	Transaktion/Buyout
Erfahrung und Kompetenz der PE-Firma	1	Transaktion/Buyout
Kundenabhängigkeit	1	Markt
Transaktionskomplexität	1	Transaktion/Buyout

Tabelle 21: Weitere genannte Investitionskriterien

Zyklizität

Genau die Hälfte der Gesprächspartner nannte die Zyklizität als ein weiteres Investitionskriterium. »We prefer to invest in businesses which are not subject to cyclical swings and unexpected shocks«, brachte ein Gesprächsteilnehmer die Haltung auf den Punkt. Das jeweilige Zielunternehmen müsse eine gewisse Solidität aufweisen, damit es sich überhaupt für einen Buyout eigne und eine Fremdfinanzierung zulasse. Man untersuche bei den Investitionen deshalb, in welcher Zyklizität oder Periodizität sich ein Unternehmen gerade befinde und wie sich der Markt in Zukunft entwickeln könnte. Bevorzugt würden Investitionen in defensive Sektoren wie Pharma, Versorger, Telekom oder Nahrungsmittel, wohingegen zyklische und volatile Geschäfte wie etwa Maschinenbau, Chemie oder Automobilzulieferer grundsätzlich vermieden würden.

Die Vertreter dreier angelsächsischer Buyout-Investoren betonten, dass Zyklizitäten nicht zwingend zum Ausschluss einer Investitionsopportunität führen müssen, sondern unter Umständen gar Chancen bieten können. Voraussetzung sei jedoch, dass die hiermit einhergehenden Risiken richtig eingeschätzt werden und so beispielsweise um eine Finanzierung ersucht werde, die den Zyklizitäten standhalte.

Technologielastigkeit

Während der Technologielastigkeit eines Zielunternehmens von der Hälfte der Investorengruppen kein Platz eingeräumt wurde und ihr ein Gesprächspartner eine unbedeutende Rolle zusprach, vermeiden es acht der befragten Private-Equity-Firmen grundsätzlich, in Unternehmen zu investieren, die stark technologiegetrieben sind. Die Haltung dieser acht Buyout-Häuser machte einer der Gesprächspartner deutlich:

»Die Company sollte entweder der technologische Führer in einem Markt sein, wobei sich die Technologie mindestens während des Investitionszeithorizontes nicht plötzlich als obsolet erweisen sollte, oder aber es wird in Unternehmen investiert, die keinen größeren Technologie-Einsatz bedingen.«

Als Grund hierfür wurde mangelndes technologisches Know-how der Buyout-Firmen angeführt.

Cashflow-Stabilität und Cashflow-Visibilität

In engem Zusammenhang mit der bereits erläuterten Profitabilität stehen die *Cashflow*-Stabilität und die *Cashflow*-Visibilität eines Unternehmens. Unabhängig von der Profitabilität eines Zielunternehmens wurde die *Cashflow*-Stabilität siebenmal und die Visibilität dreimal explizit aufgeführt. Ist eine gewisse, für die Fremdfinanzierung notwendige Mindestprofitabilität gegeben, rücken aus der Finanzperspektive diese beiden Investitionskriterien in den Mittelpunkt. Bevorzugt werden entsprechend Unternehmen mit nicht-zyklischen und überdies einigermaßen prognostizierbaren Cashflows. Während erstere Eigenschaft selbsterklärend ist, lasse sich eine Prognostizierbarkeit beispielsweise durch langfristige Verträge erreichen.

Exit-Möglichkeiten

Wie bereits erwähnt, wurde das Exit-Kriterium und damit die Verfügbarkeit realistischer Exit-Szenarien von drei der insgesamt 18 Private-Equity-Firmen nicht den Investitionskriterien, sondern den vorgelagerten Kriterien zugeordnet. Ist diese Verfügbarkeit nicht gegeben, kommt es bei diesen Investoren erst gar nicht zu einer näheren Untersuchung eines Zielunternehmens. Fünf weitere Gesprächspartner binden die Exit-Thematik gewöhnlich in ihre Entscheidungsfindung mit ein und versuchen, von Anfang an ein Gefühl für die Veräußerungsmöglichkeiten zu bekommen.

Während jedoch die Nichtexistenz klarer Exit-Szenarien für den Vertreter einer international sehr erfahrenen Investorengruppe kein *Killerkriterium* darstellt, da es schließlich noch die Möglichkeit gäbe, ein Unternehmen im Rahmen eines *Secondary Buyout* zu veräußern, erklärte ein anderer Gesprächspartner:

»Wir möchten uns nicht auf Vermutungen oder Annäherungen verlassen müssen, wie der Exit eines Tages ausschauen könnte. Es muss ein *Predictable Exit* sein, es reicht nicht, nur zu sagen, es wird ein *Secondary Buyout*.«

Die zehn verbleibenden Interviewpartner äußerten sich nicht zu diesem Investitionskriterium. Da es jedoch in der Natur des Private-Equity-Geschäftes liegt, die Beteiligungen eines Tages zu veräußern, kann – ähnlich wie beim Kriterium *Profitabilität* – durchaus davon ausgegangen werden, dass die Exit-Möglichkeiten einer Beteiligung bei sämtlichen Private-Equity-Firmen als Investitionskriterium in die Entscheidungsfindung mit einfließen.

Kapitalintensität

Die Kapitalintensität eines Zielunternehmens wurde von fünf Gesprächspartnern als ein weiteres Investitionskriterium angeführt. Laut deren Aussagen ist die Aversion gegenüber kapitalintensiven Unternehmen typisch für die Buyout-Industrie. Einer der Vertreter erklärte: »Wenn man sich die schwer kapitalintensiven Unternehmen anschaut, mag man bezweifeln, ob die wirklich am Ende ihrer *total lifetime Cash* verdient haben.« Als Beispiele kapitalintensiver Unternehmen wurden Automobilzulieferer, Luftfahrtgesellschaften und Anlagenbauer angeführt.

Produktqualität, Produktportfolio und geografische Diversifikation/Expansion

In zwei Interviewgesprächen wurde die Bedeutung einer Qualitätsführerschaft und der damit einhergehenden Absicherung der Wettbewerbsposition eines Unternehmens hervorgehoben. Wie bereits bei den Investitionskriterien *Marktwachstum* und *Potential for Value Creation and Growth* angedeutet, spielen außerdem das aktuelle Produktportfolio und dessen Entwicklungsmöglichkeiten wie auch die Chancen einer geografischen Expansion eine zentrale Rolle. Entsprechend wurden diese Investitionskriterien von fünf beziehungsweise von vier Buyout-Firmen explizit angeführt. Während sich hierbei die eine Seite der Gesprächspartner durch eine Erweiterung des Produktportfolios, einer geografischen Expansion und Diversifikation eine Risikominimierung des Geschäftes erhofft,[185] sind es auf der anderen Seite vor allem Umsatzwachstumsbestrebungen, die den Überlegungen zugrunde liegen.

Marktgröße und Marktregulierung

Die Größe des Marktes, in welchem sich ein Zielunternehmen bewegt, wurde von drei Gesprächspartnern als ein Kriterium angeführt. Der Erste beschränkte sich auf die Expansionsmöglichkeiten, die mit einer ausreichenden Marktgröße einhergehen. Der Zweite beließ es bei der Aussage, dass zwar der Markt ausreichend groß sein müsse, das Unternehmen jedoch nicht über einen übermäßigen Marktanteil verfügen müsse. Der dritte Interviewpartner betonte die mit einer ausreichenden Marktgröße einhergehenden erhöhten Exit-Möglichkeiten. In ganz kleinen Märkten sei man beim Exit darauf angewiesen, dass ein anderer Player entweder eine Diversifikationsstrategie anvisiere oder aber sich vor- beziehungsweise rückwärts zu integrieren beabsichtige. Dieser Gesprächspartner relativierte in diesem Zusammenhang die Bedeutung der Marktführerschaft eines Unternehmens in einem eher kleinen Markt:

»Hier kommt die *Balance of Upside-Potential* versus *Downside-Risk* ins Spiel; es ist in diesem Fall sehr wahrscheinlich leichter, Marktanteile zu verlieren, als zusätzliche zu gewinnen.«

Während zwei Gesprächspartner ihre Aversion gegenüber Unternehmen in regulierten Märkten zum Ausdruck brachten, ohne ins Detail zu gehen, führte ein Dritter als Beispiel Luftfahrtgesellschaften an und erläuterte: Dort »[…] haben Sie, zumindest in Europa, staatlich geschützte Wettbewerber, die nicht unbedingt rational geführt werden.«

Markteintrittsbarrieren und Wettbewerbsintensität

Drei Private-Equity-Firmen nannten Markteintrittsbarrieren und zwei führten die Wettbewerbsintensität explizit als Investitionskriterien an. Markteintrittsbarrieren gäben Auskunft darüber, inwiefern die Wettbewerbs- und Marktposition eines Unternehmens abgesichert sei. Die Wettbewerbsintensität, so die beiden Vertreter, sei vor allem vor dem Hintergrund des zunehmenden Konkurrenzdrucks aus Asien in das Kalkül mit einzubeziehen.

Kapazitätsauslastung und Kundenabhängigkeit

Die Kapazitätsauslastung wurde von zwei Interviewpartnern, die Kundenabhängigkeit von einem als Investitionskriterium angeführt. Folgende Stellungnahme verbindet beide Kriterien und bezieht sich auf die Automobilzulieferindustrie:

»Man ist hier von sehr starken Kunden abhängig – stark in dem Sinne, dass man nur wenige Kunden hat –, und den Kunden selbst geht es schlecht. Es geht ja allen Automobilunternehmen schlecht, auch denjenigen, die Gewinne machen. Der Grund liegt darin, dass alle unter einem enormen Druck stehen wegen der riesigen Überkapazität in der Automobilindustrie weltweit. Und diesen Druck geben sie über Preisreduktionsforderungen brutal an ihre Lieferanten weiter. Wenn Sie entsprechend da Lieferant sind – beziehungsweise einen solchen in Ihrem Portfolio halten –, können Sie es vergessen, Preise anzupassen. Das ist grausam!«

Buy-and-Build-Möglichkeiten

Möglichkeiten für *Add-on Acquisitions* wurden lediglich von dem Gesprächspartner einer vom Hauptansatz her wachstumsorientierten Beteiligungsgesellschaft als Investitionskriterium direkt angeführt. Allerdings äußerten beim Investitionskriterium *Potential for Value Creation and Growth* – und dort im Rahmen des *externen Wachstums* – insgesamt sieben Interviewpartner ihre Präferenz für das Vorhandensein dieser *Buy-and-Build*-Opportunitäten.

Erfahrung und Kompetenz der Private-Equity-Firma sowie Transaktionskomplexität

Jeweils einmal wurden *Erfahrung und Kompetenz der Private-Equity-Firma* und die jeweilige *Transaktionskomplexität* eines Buyouts als Kriterium genannt, und zwar von den Vertretern zweier kontinentaleuropäischer Buyout-Firmen. Während ein Gesprächspartner bei der Transaktionskomplexität insbesondere die Schwierigkeiten in Zusammenhang mit *Spin-Offs* oder sogenannten *Carve-Outs* gegenüber klassischen Nachfolgesituationen betonte, erklärte der andere:

»Wir schauen bei einem Investment, inwieweit wir bereits über *Experience* und Kompetenzen in der relevanten Industrie, den regionalen Märkten und dem relevanten Geschäftsmodell verfügen.«

Standardisierte Analysemethoden und Entscheidungsfindung

Anhand der Frage, ob im Rahmen der Entscheidungsfindung standardisierte oder sonstige Analysemethoden für die Attraktivitätsbestimmung einer jeweiligen Investitionsopportunität existieren, ließen sich drei klare Gruppen abgrenzen. Während sich sieben Investoren an mehr oder weniger strengen Kriterienvorgaben orientieren, ohne jedoch über Analysemethoden im engeren Sinne zu verfügen, existieren bei acht von ihnen keinerlei definierte Werkzeuge. Drei Private-Equity-Firmen gaben an, sich mehr für das Gesamtbild einer Investitionsopportunität zu interessieren.

Von den zuerst genannten sieben Investoren wenden sechs die Gesamtheit der in Tabelle 19 aufgeführten Investitionskriterien an. Die siebte Private-Equity-Firma, eine angelsächsische und international erfahrene Investorengruppe, bezieht zwar auch alle in Tabelle 19 genannten Kriterien ein, doch als relativ standardisierte Methode werden vier Kriterien eingesetzt, um die Attraktivität einer Investitionsopportunität in einem Anfangsstadium effektiv und effizient bestimmen und beurteilen zu können: *Sector*

Growth, Management Quality, Leadership Position/Defendable USPs[186] und *Profitability/Cash Flow Visibility.*

Bei den acht Beteiligungsgesellschaften, die über keinerlei definierte Werkzeuge verfügen, gibt es nur im Rahmen der vorgelagerten und fondsbezogenen Fundamentalkriterien einen standardisierten Auswahlprozess. Für die Bestimmung der Attraktivität einer möglichen Buyout-Investition werden hingegen *Case-by-Case*-Analysen durchgeführt. Es sei somit keine Checkliste vorhanden, die zwingend zu erfüllen ist. Der Gesprächspartner einer auf kleinere Transaktionen spezialisierten Private-Equity-Firma begründete die Nichtexistenz standardisierter Analysemethoden damit, dass sein Unternehmen komplexe Buyouts bevorzugt. Wenn man beispielsweise im Begriff sei, ein konglomeratähnliches Unternehmen zu erwerben und sich primär für eine bestimmte der vorhandenen Einheiten interessiere, sei eine uniforme Anwendung standardisierter Methoden nicht zweckdienlich. Ein anderer Gesprächspartner äußerte die Vermutung, dass *Buyout Executives* routinebedingt, wenn auch unbewusst, jeweils doch standardisierte Kriterienkataloge anwenden. Diese dürften mehr oder weniger die in Tabelle 19 aufgeführten Investitionskriterien umfassen.

Ohne mit einer Frage konfrontiert worden zu sein, und völlig unabhängig von der Thematik standardisierter Analysemethoden, gingen die Gesprächspartner dreier Buyout-Firmen auf den Prozess der eigentlichen Entscheidungsfindung ein. Laut ihrer Aussage konzentrieren sie sich bei der Beurteilung einer Investitionsopportunität nie ausschließlich auf ein Kriterium, sondern interessieren sich für deren Gesamtbild. Deshalb erfolge in der Regel auch eine Manifestation in Form eines *Profiling*, in dem die einzelnen Kriterien als auch deren jeweilige Erfüllungsgrade in einer Übersicht klar zum Ausdruck kämen. Unter Umständen könne es geschehen, dass man sich zu einer Investition in ein Unternehmen entschließe, das zwar über geringe Marktanteile, jedoch über großes Wachstumspotenzial verfüge und in einem stark wachsenden Markt operiere. Dieses Gesamtbild der Kriterien als auch der Kriterienerfüllung gelte es sodann, in ein *Risk-Return-Profile* der Investition zu transformieren. Vernünftige Schlüsse, ob die Opportunität Gegenstand einer umfangreichen und detaillierten *Due Diligence* werden soll oder nicht, ließen sich erst im Bewusstsein der Risiko-Rendite-Erwartungen ziehen:

»Diese [...] Abwägungen werden letztendlich bestimmen, ob man mit einem Preis zufrieden ist, der unter den *Base-Case*-Annahmen und der geforderten IRR in einem bestimmten *Deal* beim Modellieren herauskommt.«

Diese Art der Entscheidungsfindung kann zudem als ein weiterer Grund oftmals nicht existenter, standardisierter Analysemethoden gesehen werden:

»Am Ende des Tages müssen Sie – und da gibt es keine festen Kriterien oder Regeln – einfach *Risk* und *Reward* gegeneinander abwägen, und das ist wirklich subjektiv. Das ist dann die Stärke eines der großen Häuser, die ja letztlich deshalb groß geworden sind, weil sie über viele Jahre erfolgreich dieses Geschäft betreiben. Die *collective experience* der *senior guys* kann dann einfach für die angesprochene Abwägung – sichtlich erfolgreich – eingesetzt werden.«

3.4 Wertschöpfungstreiber und Zukunftsausblick

Bevor auf die Zusammensetzung der Wertschöpfungstreiber bei den durchgeführten Buyout-Transaktionen der befragten Investorengruppen eingegangen wird, ist es zunächst wichtig, eine mehrfach geäußerte Differenzierung im Kontext der Bewertungs-*Multiples* zu erläutern.

Einige Gesprächspartner unterscheiden die von einer strategischen Neupositionierung herrührende *Multiple Expansion* deutlich von der zyklisch bedingten *Multiple Arbitrage*. Der Vertreter einer auf mittelständische Zielunternehmen fokussierten Buyout-Firma illustrierte das wie folgt:

»As long as private equity firms can strategically reposition certain under-managed or other companies with not exploited potential […] multiple expansion will still be a valuable source of value creation. Multiple expansion is therefore a result of or closely linked to strategic and operating/earning improvements and may in future no longer be taken as a separate source of value creation but will become the same thing. Multiple arbitrage in terms of ›buy low/sell high‹, however, as it was a common practice in the last couple of years, will be diminishing in the long term.«

Der Gesprächspartner einer auf kleinere Transaktionen fokussierten Buyout-Firma machte einen sogenannten *Größeneffekt* für die notwendige Unterscheidung von *Multiple Expansion* und *Multiple Arbitrage* verantwortlich:

»In unserem Segment gibt es […] einen zweiten Treiber, der im Prinzip unabhängig ist vom Konjunkturzyklus oder von der Frage, wie *bullish* die Märkte sind. Wenn wir nämlich ein Unternehmen mit einem Unternehmenswert von 20, 40 oder 50 Millionen kaufen und wenn wir es schaffen, Umsatz und Ergebnis zu verdoppeln, dann bewegen wir uns in ein anderes Segment hinein; in eines, in dem nämlich plötzlich die Buyout-Funds aufmerksam werden, die ab 100 Millionen Euro interessiert sind. Da werden einfach für größere Deals höhere *Multiples* bezahlt […]. Das hängt auch damit zusammen, dass die Banken für größere Deals mehr *Leverage* bereitstellen, größere Deals stabiler sind und so weiter [...]. Dieser Größeneffekt ist also etwas, wovon wir in der Vergangenheit immer profitiert haben und auch in Zukunft profitieren werden – dieser Effekt wird nicht verschwinden. Der erste Treiber oder Effekt, dass wir eine *Multiple Expansion* haben, weil der Markt so verrückt ist, der ist hingegen nur temporär.«

Zahlreiche Interviewpartner führten weitere Beispiele an, die unter *Multiple Expansion*, nicht aber unter einer *Multiple Arbitrage* zusammenzufassen seien. So würden insbesondere Mittelstandsunternehmen nach der Akquisition durch einen Finanzinvestor sehr oft eine Professionalisierung erleben.[187] Außerdem könnten Unternehmen, die im Rahmen von *Spin-Offs* erworben wurden, unter Private-Equity-Eigentumsverhältnissen völlig selbstständig operieren und sich so anderswo – etwa bei strategischen Interessenten – einfacher integrieren lassen. Durch diese Professionalisierung beziehungsweise Verselbstständigung könne von den Finanzinvestoren beim Exit schließlich eine Prämie erzielt werden, die nicht etwa einer *Multiple Arbitrage*, sondern einer *Multiple Expansion* zuzuschreiben sei.

Der Vertreter einer auf größere Transaktionen spezialisierten Buyout-Firma hingegen erklärte, eine klare Differenzierung sei unmöglich:

»Die Unterscheidung und Separierung zwischen *Multiple Arbitrage* und *Multiple Expansion* einerseits und zwischen *Operating Improvements* und *Multiple Expansion* andererseits ist extrem schwierig und lässt sich wohl nicht eindeutig durchführen [...]. Wie möchte man beispielsweise eine strategische Neuausrichtung – sei dies durch *Divestments* oder *Add-Ons* – eines Unternehmens klassifizieren, wenn die Company dadurch in eine andere *Asset*-Klasse kommt, wo höhere *Multiples* bezahlt werden? Arbitrage? Expansion? Oder aber gar *Operative/Strategic Improvements*?«

Zusammensetzung der Wertschöpfungstreiber

Am Ende der ersten Interviewrunde wurden die Vertreter von 16 der 18 Private-Equity-Firmen gefragt, wie sich die Wertschöpfungstreiber im Rahmen ihrer Buyout-Transaktionen durchschnittlich zusammensetzen. Ebenso wie im Kontext des Investitionskriteriums *Potential for Value Creation and Growth* bezogen sich die Antworten auf die in Kapitel 1.3 dargelegten Möglichkeiten der Wertschöpfung.

Da sich die Gesprächspartner unterschiedlicher Zeithorizonte bedienten, zwei die genauen Werte nicht preisgeben wollten und es ein Dritter bei der bloßen Angabe einer ordinalen Rangordnung beließ, wird an dieser Stelle auf eine eingehende, komparativ-quantitative Übersicht der Ergebnisse verzichtet. Abbildung 23 bietet indes einen Überblick über die aggregierte, durchschnittliche Zusammensetzung der Wertschöpfungstreiber bei den 13 verbleibenden Private-Equity-Firmen. Sie zeigt deutlich, dass ziemlich genau die Hälfte der Wertschöpfung den *Operating Improvements* zuzuschreiben ist. Die beiden weiteren Wertsteigerungshebel, *Multiple Expansion* beziehungsweise *Multiple Arbitrage* und *Financial Leverage,* teilen sich den Rest etwa je zur Hälfte. Ein deutliches Muster ließ sich lediglich bei vier Private-Equity-Firmen erkennen: Zwei Interviewpartner von Investorengruppen, die auf mittelständische, und zwei von Firmen, die auf größere Transaktionen spezialisiert sind, verwiesen auf einen historischen Durchschnitt von jeweils etwa gleich großen Wertschöpfungsbeiträgen.

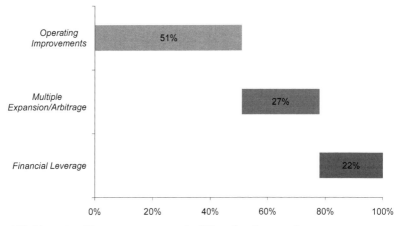

Abbildung 23: Zusammensetzung der Wertschöpfungstreiber

Abbildung 24 veranschaulicht ergänzend die Spannweiten der prozentualen Werte, die die 13 Gesprächspartner pro Wertschöpfungstreiber angaben.

Obwohl auf den ersten Blick die Spannweite bei den *Operating Improvements* am extremsten scheint, ist bei einer relativen Betrachtungsweise, also unter Einbezug der einzelnen, angegebenen Grenzwerte bei sämtlichen drei Wertschöpfungstreibern, eine ähnlich starke Streuung der Antworten festzustellen.

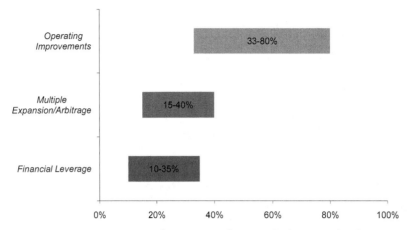

Abbildung 24: Spannweiten der prozentualen Anteile der Wertschöpfungstreiber

Relativierung der Bedeutung der *Operating Improvements*

Ein großer Teil der Beteiligungen, die von den Private-Equity-Firmen seit dem Aufschwung dieses Jahrtausends eingegangen wurden, war zum Zeitpunkt der Befragung noch nicht realisiert. Dies relativiert die Höhe des prozentualen Anteils der *Operating Improvements*. Entsprechend liegen den Gesellschaften auch noch keine Auswertungen darüber vor, wie sich die Wertschöpfungstreiber zusammensetzen. Es ist jedoch davon auszugehen, dass gerade bei diesen Beteiligungen der Anteil des Gewinns, der von *Multiple Expansion* und vor allem von *Multiple Arbitrage* herrührt, überproportional groß ist und weit über 50 Prozent der insgesamt erwirtschafteten Wertschöpfung verantwortet. Diese Vermutung wurde mehrfach im Gespräch bestätigt.

Des Weiteren ist anzunehmen, dass die Private-Equity-Firmen bei den Beteiligungen, die bis 2007 eingegangen sind, stark von der leichteren Verfügbarkeit von Krediten als auch von niedrigeren Finanzierungskosten profitieren konnten. Da sich jene Gesellschaften aber zum Zeitpunkt der ersten Interviewrunde noch im Portfolio der Investoren befanden, lagen auch hier noch keine Auswertungen vor, wie sich die Wertschöpfungstreiber zusammensetzen. Auch diese Annahme wurde durch Aussagen der Gesprächspartner bekräftigt.

Befragt nach der Zusammensetzung der Wertschöpfungstreiber in ihren Investitionen, gingen die Gesprächspartner von 11 der 16 Private-Equity-

Firmen auf ihre Erwartungshaltung hinsichtlich der Zukunft ein. Die folgenden Abschnitte geben diese im Einzelnen wieder.

Zum Verhältnis der *Operating Improvements* und den *Multiples*

Der Vertreter einer erfahrenen, angelsächsischen Investorengruppe brachte die von sämtlichen Gesprächspartnern geäußerte Erwartungshaltung auf den Punkt: »In Zukunft, denke ich, wird der *Operating-Improvements*-Anteil noch zunehmen, einfach dadurch, dass die *Multiple Arbitrage* zurückgehen wird.« Differenziert wurde diese Haltung insofern, als dass fünf der Interviewpartner nicht nur im Rahmen der *Multiple Arbitrage*, sondern zukünftig bei den Bewertungs-*Multiples* insgesamt von einer schwindenden Möglichkeit ausgehen, Wertsteigerungen erwirtschaften zu können. Sechs der einbezogenen Private-Equity-Firmen rechnen indes auch in Zukunft noch damit, durch eine gezielte *Multiple Expansion* ansehnliche Renditen erwirtschaften zu können.

Beständigkeit und Unabdingbarkeit des *Financial Leverage*

Diametral entgegengesetzt äußerte sich eine klare Mehrheit der elf Beteiligungsgesellschaften in Bezug auf die zukünftigen Möglichkeiten, durch *Financial Leverage* eine Wertgenerierung zu erwirtschaften. Anders als bei den Bewertungs-*Multiples* sind die *Buyout Executives* von einer zeitlichen Stabilität der durch *Financial Leverage* erzielten Wertschöpfungsbeiträge überzeugt. Klar zum Ausdruck brachte ein Interviewteilnehmer diese Erwartungshaltung der Investoren: »Der *Leverage* zählt wie in der Vergangenheit nach wie vor stabil für nur zirka 20 Prozent […].« Ein weiterer Gesprächspartner verwies auf die Sicherheitskomponente des Wertschöpfungstreibers: »Between 20–25 percent of the value created comes from financial leverage which is relevant and represents our safety net.« Nur die Vertreter zweier Private-Equity-Firmen rechnen zukünftig mit einem kleineren Wertschöpfungsbeitrag durch *Financial Leverage*, da sie eine schwierigere Verfügbarkeit von Krediten und ein höheres Zinsniveau erwarten.

Die Interviewpartner zweier Investorengruppen unterstrichen die Unabdingbarkeit des *Financial Leverage* im Rahmen von Buyouts durch Finanzinvestoren. Der Vertreter einer kontinentaleuropäischen Investorengruppe erklärte:

»Die Wichtigkeit von *Leverage* [...] entspricht der von Wasser fürs Schwimmen. Wäre *Leverage* nicht vorhanden, wäre es wie Null-Grad-Wasser – da geht man nicht schwimmen [...]. Wenn man das *Financial Engineering* nicht nutzt [...], ist es einfach eine Firmenübernahme. Das hat mit unserer Industrie nichts mehr zu tun. Dann heißt es, Firma X kauft Firma Y mit Geld auf ihrem *Balance Sheet*. Wenn man einen Deal nicht mit *Leverage* macht, braucht man einen unwahrscheinlich viel größeren *Return*, weil der *Return* dann über viel mehr *Equity* verteilt wird. [...] Das [*Financial Leverage*] kann nie von Platz eins vertrieben werden, denn sogar, wenn sich ein Unternehmen nur seitwärts bewegt, machen Sie ein gutes Investment, solange Sie weniger auf die Finanzierung zahlen, als Sie auf das ganze Kapital verdienen. Sogar ein Unternehmen, das an Wert verliert, kann über *Financial Leverage* trotzdem noch zum Erfolg werden [...].«

Zukünftige Renditeerwartungen

Die Interviewpartner zweier Private-Equity-Firmen kamen auch auf die zu erzielenden Renditen in der Buyout-Industrie zu sprechen. Beide waren sich über die voraussichtliche Entwicklungsrichtung einig. Der Experte einer kontinentaleuropäischen Investorengruppe rechnete mit einem Rückgang der Renditen um rund ein Drittel:

»Ich glaube, dass die *Returns* vielleicht auf zwei Drittel von dem, was sie waren, absacken werden [...]. Nachher werden die besten diejenigen sein, die 20 Prozent IRR schaffen. Im Moment sind es diejenigen, die 30 Prozent schaffen.«

Operating Improvements und *Financial Leverage* würden sich dann etwa je zur Hälfte die Wertschöpfung teilen: »Nicht etwa, weil diese beiden Teile für sich steigen, sondern weil *Multiple Expansion* und *Multiple Arbitrage* einfach wegfallen und die *Returns* zurückgehen.«

3.5 Zusammenführung der Erkenntnisse

Vergleicht man die Anforderungen, die sich aus den Marktveränderungen ergeben (Kapitel 2), mit der Praxis der befragten Private-Equity-Firmen, zeigt sich, dass zwischen beiden erhebliche Diskrepanzen bestehen.

Schon bei den Fragen, die sich auf die Haltedauer der Beteiligungen und die angewandten Performance-Maße richteten, stellte sich die Vermutung ein, dass die im zweiten Kapitel geschilderten Implikationen bei den befragten Private-Equity-Firmen noch keineswegs für Reaktionen gesorgt haben. So wurde etwa dargelegt, dass die beschriebenen Entwicklungen nicht nur zu einer Verlagerung der Wertschöpfungstreiber weg von *Multiple Uplifts* und *Financial Leverage* hin zu *Operating Improvements* führen, sondern im Rahmen der *Operating Improvements* eine weitere Umorientierung, nämlich eine Fokussierung auf die Erwirtschaftung nachhaltiger, realwirtschaftlicher *Operating Improvements* erfordern. Dies geht wiederum mit der Notwendigkeit eines weitaus längeren Investitionshorizontes einher, als es bisher üblich war. Die zukünftige Kundennutzenstiftung bedingt dementsprechend einen Wandel vom kurzfristig ausgerichteten Investor zum langfristig operierenden Unternehmer.

Die von den Private-Equity-Firmen zurückblickend angegebene Haltedauer der Beteiligungen bewegt sich jedoch demgegenüber im Durchschnitt zwischen knapp drei bis fünf Jahren und dürfte sich nach Aussage der Mehrheit der Gesprächspartner über wirtschaftliche Zyklen hinweg relativ konstant entwickeln. Allerdings ist zu bedenken, dass sich der *Modus*[188] sogar eher bei drei als bei fünf Jahren bewegen dürfte, da sich einige wenige Portfoliogesellschaften oftmals nur schwerlich und erst nach sieben, acht oder gar mehr Jahren wieder veräußern lassen. Auf diese Weise verschieben sie den in der Form des arithmetischen Mittels ausgedrückten *Durchschnitt* nach oben.[189]

Des Weiteren kann – mit Blick auf die in der Branche verwendeten Performance-Maße – davon ausgegangen werden, dass auch die parallel zum *Money Multiple* angewendete *Internal Rate of Return* einen hemmenden Effekt auf eine mögliche Ausdehnung der Halteperioden ausübt, zumal sich die IRR in Abhängigkeit zur Zeit verändert: Bei einer gegebenen Zahlungsreihe der Beteiligungskosten und einer vom Exit-Zeitpunkt abhängigen Realisierung gegebener Kapitalgewinne sinkt – unter der Annahme, dass alle anderen Parameter gleich bleiben – die in der Form des IRR ausgedrückte Rendite in Abhängigkeit zur Zeit beziehungsweise zur Haltedauer einer Beteiligung. Wird nun der IRR in der Performance-Messung unter relativen Gesichtspunkten eine größere Bedeutung beigemessen, besteht die Gefahr, dass Beteiligungen schneller veräußert werden wollen, um eine bestimmte *Internal Rate of Return* zu erhalten oder zu maximieren. Dies wirkt sich negativ auf eine langfristige Sichtweise der Finanzinvestoren aus.

Der angedeutete Verdacht erhärtete sich spätestens, als die Vertreter der Private-Equity-Firmen nach den Investitionskriterien gefragt wurden, die bei der Beurteilung potenzieller Buyouts zur Anwendung gelangen. So wurde in Kapitel 2.5 die Schlussfolgerung festgehalten, dass sich die

Selektion möglicher Beteiligungsobjekte zukünftig auf nachhaltig relevante Erfolgsfaktoren stützen muss, um kommenden Kundenanforderungen gerecht zu werden, und sich entsprechend an fundierten Strategiekenntnissen zu orientieren hat.

Die zum Teil deutlich variierenden Ergebnisse der ersten Interviewrunde zeigen jedoch unmissverständlich auf, dass ein Großteil der erhobenen Investitionskriterien auf Subjektivität beruht und die Selektion entsprechend aus dem Gutdünken der jeweils verantwortlichen *Investment Executives* resultiert.

Selbst wenn sich die Vertreter der meisten Beteiligungsgesellschaften bei Kriterien wie etwa *Qualität des Managementteams, Marktanteil* oder *Profitabilität* weitgehend einig waren, herrschte hinsichtlich eines Großteils der Faktoren Uneinigkeit über die jeweilige Relevanz und Existenz als Investitionskriterium. Gerade mal fünf der insgesamt 23 aufgeführten Investitionskriterien wurden von einer Mehrheit der Interviewteilnehmer als relevante Investitionskriterien genannt. Hier dominiert also die Subjektivität der Experten. Unterstrichen wurde dies unter anderem durch die Priorisierung der Investitionskriterien; auch hier fiel das Resultat ähnlich uneinheitlich aus.

Die Frage, ob standardisierte oder sonstige Analysemethoden existieren, um im Rahmen der Entscheidungsfindung die Attraktivität einer Investitionsopportunität zu bestimmen, führte zur Erkenntnis, dass Analysemethoden im engeren Sinne schlicht nicht vorhanden sind.

Außerdem wird die Diskrepanz zwischen den zukünftigen Anforderungen und der Ist-Situation klar durch die Zusammensetzung der Wertschöpfungstreiber zum Ausdruck gebracht. Im zweiten Kapitel wurde schrittweise dargelegt, dass sich Private-Equity-Firmen in Zukunft nicht mehr auf eine steueroptimierte Finanzierungsstruktur und eine von variierenden Bewertungs-*Multiples* herrührende Wertsteigerung ihres eingesetzten Eigenkapitals verlassen können. Die erste Interviewrunde allerdings zeigte anhand der aggregierten, durchschnittlichen Zusammensetzung der Wertschöpfungstreiber bei 13 der befragten Private-Equity-Firmen, dass bisher gerade mal die Hälfte der Wertschöpfung den *Operating Improvements* zuzuschreiben ist. Die beiden weiteren Wertsteigerungshebel, *Financial Leverage* und *Multiple Expansion* beziehungsweise *Multiple Arbitrage*, teilen sich den Rest jeweils zur Hälfte. Sie können so immer noch für einen beträchtlichen Teil der Wertgenerierung verantwortlich gemacht werden.

In Zukunft wird die notwendige Erwirtschaftung nachhaltiger, realwirtschaftlicher *Operating Improvements* bereits bei der richtigen Beurteilung und Auswahl möglicher Beteiligungsobjekte anhand nachhaltig relevanter Erfolgsfaktoren ansetzen müssen. Deshalb wurde am Ende des Kapitels 2.5 als Schlussfolgerung die zentrale Frage formuliert, ob denn die heute in der Praxis angewendeten Investitionskriterien und Analysemethoden den zukünftigen Anforderungen tatsächlich genügen. Alternativ wurde danach gefragt, inwieweit der Wandel von *Investor*-Aktionären hin zu *Unternehmer*-Aktionären, der für die Sicherung der zukünftigen Wettbewerbsfähigkeit der Private-Equity-Firmen notwendig ist, bereits fortgeschritten ist. Aufgrund der Ergebnisse, die die Gespräche mit erfahrenen und hauptsächlich leitenden Vertretern von insgesamt 18 ausgewählten Private-Equity-Firmen erbrachten, kann an dieser Stelle gefolgert werden, dass sich dieser Wandel noch nicht abzeichnet.

Allerdings ließen sich Hinweise finden, dass bei den befragten Beteiligungsgesellschaften zumindest eine gewisse Sensibilisierung bezüglich der zukünftigen Bedeutung der verschiedenen Wertschöpfungstreiber eingesetzt hat. So unterstrichen Vertreter von 11 Private-Equity-Häusern beim Ausblick in die Zukunft die relative Wichtigkeit der *Operating Improvements*. Des Weiteren spricht auch die Tatsache, dass bei drei Private-Equity-Firmen, die auf größere Transaktionen spezialisiert sind, Gruppen von Spezialisten existieren, denen jenseits der *Multiple Uplifts* und des *Financial Leverage* die Verantwortung der Wertgenerierung im strategischen und operativen Bereich obliegt, für das vorhandene Bewusstsein einer zunehmenden Bedeutung der *Operating Improvements* und den wachsenden Zwang, diese zu erwirtschaften.

4. Nachhaltiges Funktionieren durch strategische Unternehmensführung

»Es ist im Grunde nicht das neu entstandene Wissen, das die strategische Führung so aktuell gemacht hat. Es ist vielmehr die stärker gewordene Notwendigkeit.«

Aloys Gälweiler, Strategiepionier

Ein hochliquider Fremdfinanzierungsmarkt kombiniert mit einem historisch tiefen Zinsniveau und anhaltenden positiven Entwicklungen an den öffentlichen Aktienmärkten schufen für Private-Equity-Firmen äußerst günstige ökonomische Rahmenbedingungen. Diese ermöglichten es, die durch *Multiple Uplifts* und *Financial Leverage* zu erzielenden Renditepotenziale weitestgehend auszuschöpfen. Begleitet von nur leiser gesellschaftlicher Kritik und nicht vorhandenem politischen Druck, war es überdies möglich, auch im Kontext der *Operating Improvements* durch vorwiegend kurzfristig ausgerichtete Maßnahmen lukrative Erträge zu erzielen.

In dieser Wirtschaftsperiode, die überwiegend durch Stabilität, Stetigkeit und von positiven Veränderungen gekennzeichnet war, reichte in den meisten Fällen eine weitgehend kurzfristig und auf unmittelbare Erfolgserzielung ausgerichtete, operative oder finanzwirtschaftliche Führung der Portfoliogesellschaften aus, um innerhalb der typischen Haltedauer von durchschnittlich drei bis fünf Jahren die Kundenbefriedigung – eine Wertsteigerung des von den Investoren eingesetzten Kapitals – sicherzustellen. Die Schaffung von *Customer-Value* auf Ebene der Private-Equity-Firmen zur Steigerung der eigenen Wettbewerbsfähigkeit und dauernden Existenzsicherung konnte entsprechend in Abwesenheit eines analogen Verhaltens auf Ebene der akquirierten Unternehmen realisiert werden.

Anders ausgedrückt: Die Beteiligungen wurden mit dem Ziel der Maximierung des Gewinns und nicht mit dem Ziel der dauernden Existenzsicherung beziehungsweise der Maximierung der Lebensfähigkeit geführt. Selbst bei einer negativen Entwicklung der *Operating Improvements* oder einer Seitwärtsbewegung der Portfoliogesellschaften erlaubten es die beiden anderen Wertschöpfungstreiber, ansehnliche Renditen zu erwirtschaften.

Die unmittelbare Erfolgserzielung, um möglichst rasch den Wert des in die jeweiligen Transaktionen investierten Eigenkapitals zu steigern, kann als Kern der branchenweit vorherrschenden operativen Führung der Beteiligungen bezeichnet werden. Insofern ist die heutige Private-Equity-Gesellschaft nach wie vor durch ein Gewinnmaximierungsdenken geprägt, das sich primär wegen der günstigen ökonomischen Rahmenbedingungen in den letzten Jahren bewähren konnte.

Die zunehmende Reifung des Marktes sowie ein sich dem Ende zuneigendes, positives ökonomisches Umfeld führen jedoch dazu, dass sich die Möglichkeiten der Wertschöpfung verändern. Die Bedeutung der jeweiligen Wertschöpfungstreiber verlagert sich entsprechend. Die gewandelten Bedingungen erfordern eine radikale Umstellung des von den Finanzinvestoren verfolgten Wertschöpfungsmodells. Zukünftig lässt sich eine Wertsteigerung, die zumindest in den Ansätzen kalkulierbar ist, vorwiegend durch die Erzielung von *Operating Improvements* erwirtschaften. Da die kurzfristige Sichtweise den zukünftigen Anforderungen nicht mehr standhält, erfordern die Veränderungen der Marktkonditionen, die außerdem von zunehmender gesellschaftlicher Kritik und wachsendem politischen Druck begleitet werden, eine weitere Anpassung: Die Erwirtschaftung der seitens der Anleger akzeptierten Renditen bedingt in Zukunft die Erzielung *nachhaltiger, realwirtschaftlicher Operating Improvements.*

Anders als es bisher der Fall war, setzt die Schaffung von *Customer-Value* auf Ebene der Private-Equity-Firmen nun voraus, dass zuerst einmal auf Ebene der akquirierten Unternehmen ein entsprechender Kundennutzen nicht-pekuniären Ursprungs geschaffen wird. Gar der Erfinder des *Shareholder-Value* selbst, Alfred Rappaport, erklärt:

»Even the most persistent advocate of shareholder value understands that without customer value there can be no shareholder value. The source of a company's long-term cash flow is its satisfied customers.«[190]

Dies benötigt nachhaltige Maßnahmen, die zu einer realwirtschaftlichen Verbesserung im Sinne einer gesteigerten Wettbewerbsfähigkeit des Unternehmens führen. »Zufriedene Kunden schaffen heißt, seine Konkurrenzfähigkeit jeden Tag unter Beweis zu stellen, und die Wettbewerbsfähigkeit ständig zu maximieren.«[191] Hierfür erforderlich sind wiederum sowohl längere Investitionshorizonte als auch ein längerfristig ausgerichtetes strategisches Management.

Dieses Kapitel erläutert zunächst das kybernetische Konzept, das hier im Kontext der strategischen Unternehmensführung herangezogen wird.

Danach folgt die Positionierung und Diskussion der im dritten Kapitel erhobenen Investitionskriterien. Anschließend wird die Notwendigkeit der Konzentration auf Erfolgspotenziale und die damit einhergehende notwendige Kenntnis erfolgspotenzialorientierter Kernfaktoren dargelegt, die sich aus der strategischen Unternehmensführung ergibt.

4.1 Kybernetisches Konzept strategischer Unternehmensführung

Es ist die stärker gewordene Notwendigkeit und nicht das neu entstandene Wissen, die der strategischen Unternehmensführung ihre immense Aktualität verleiht.[192] Und genauso ist auch die Kybernetik unmittelbar aus der Notwendigkeit heraus erwachsen, schwierige Probleme zu lösen, die man mit den vorhandenen Techniken nicht bewältigen konnte.[193] Hans Ulrich, der Begründer der systemorientierten Managementlehre, charakterisiert Unternehmen als *produktive soziale Systeme*,[194] die fähig sein sollen, bestimmte, im Zeitablauf aber wechselnde Ziele unter veränderlichen Umweltbedingungen zu erreichen. Unter Unternehmensführung ist entsprechend nichts anderes zu verstehen als alle Tätigkeiten, die darauf gerichtet sind, ein solches zielgerichtetes Unternehmensverhalten zu erzeugen, was wiederum nichts anderes als Lenkung ist.

Als Teilgebiet oder Teildisziplin der Systemtheorie[195] ist die Kybernetik die Wissenschaft von der Gestaltung und Lenkung dynamischer Systeme, und die Lehre von der Unternehmensführung ist die Lehre von der Gestaltung und Lenkung einer besonderen Kategorie von dynamischen Systemen, die Unternehmen genannt werden. Geht man davon aus, dass die kybernetischen Erkenntnisse über Lenkung zutreffen, müssen sie somit auf Unternehmen übertragbar sein und für die Zwecke der Unternehmensführung fruchtbar gemacht werden können.[196] Diesen Zusammenhang veranschaulicht Abbildung 25.

Unternehmensstrategien sind umfassend konzipierte Verhaltensnormen, die auf Dauer, also in zeitlich unbeschränkter Zukunft, immer wieder der Erreichung der obersten Unternehmensziele dienen sollen. Da konkrete Unternehmensziele sich jedoch nur kurzfristig definieren lassen und sich im Laufe der Zeit ändern können, kann man als das dem strategischen Management vorgegebene Ziel nur die dauernde Existenzsicherung

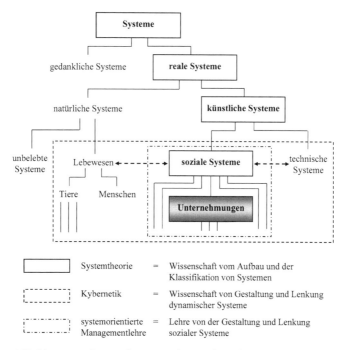

Abbildung 25: Systemtheorie, Kybernetik und Managementlehre
Quelle: Ulrich (2001 a), S. 44

des Unternehmens bezeichnen.[197] Mit den Worten des Strategiepioniers Aloys Gälweiler: Das Ziel ist »[...] die nachhaltig, das heißt auf eine möglichst lange Sicht, angelegte Sicherung der Überlebensfähigkeit der Unternehmung«[198].

Die Grundfrage des strategischen Managements lautet entsprechend: *Welche Strategien können die zukünftige Existenz des Unternehmens sichern, obwohl die zukünftigen Umweltbedingungen, unter denen sie sich zu bewähren haben, nicht voraussehbar sind?* Die Antwort darauf kann eigentlich nur lauten: Die Grundstrategie muss darauf ausgerichtet sein, das Unternehmen zu befähigen, sich kurzfristig den nicht längerfristig voraussehbaren Veränderungen der Umwelt anzupassen.[199] Systemtheoretisch ausgedrückt bedeutet das, dass sich ein System – in diesem Fall das Unternehmen als produktives soziales System – bei zunehmender Komplexität seiner Umwelt nur dadurch am Leben erhalten kann, indem es seine eigene Varietät erhöht.

Strategische Unternehmensführung aus systemtheoretischer Sicht

Unter systemtheoretischen Gesichtspunkten ist der Kern der strategischen Unternehmensführung entsprechend die Komplexitätsbewältigung beziehungsweise der Komplexitätsausgleich zwischen Unternehmen und Umwelt.[200] Für das vorliegende Buch bedeutet das: Es sind die dargelegten Entwicklungen, also die veränderte Konstellation der ökonomischen Rahmenbedingungen und die hieraus resultierenden Implikationen, die sich in einer zunehmenden Komplexität der relevanten Unternehmensumwelt niederschlagen. Während in der vergangenen Wirtschaftsperiode, jener Phase, die sich durch Stabilität, Stetigkeit und positive Veränderungen auszeichnete, in den meisten Fällen eine weitgehend kurzfristig und auf unmittelbare Erfolgserzielung ausgerichtete, operative oder finanzwirtschaftliche Führung der Portfoliogesellschaften als ausreichend betrachtet werden konnte, müssen nun zusätzliche und zeitlich weiterreichende Steuerungsmechanismen herangezogen werden, um den höheren Komplexitätsgrad zu bewältigen.

Dieser Gedanke führt unmittelbar zum bereits gestreiften zentralen Naturgesetz, das in der Kybernetik entdeckt wurde, dem Gesetz der erforderlichen Varietät[201]: »Only Variety can destroy Variety.«[202] Eine geringfügige Modifikation erleichtert das Verständnis: *Only Variety can absorb Variety*. Das Ausmaß, in dem es möglich ist, ein System unter Kontrolle zu bringen, hängt von dessen eigener Komplexität und von der Komplexität der Regulierung ab, die zur Verfügung steht. Wenn Unternehmensführung nun nichts anderes ist als Lenkung, dann besagt das Gesetz der erforderlichen Varietät, dass die verfügbare Lenkungsvarietät relativ zu den beabsichtigten Zielen mindestens so groß sein muss, wie die Varietät[203] des zu lenkenden Systems.[204] Demnach ist es die Aufgabe des strategischen Managements, die Lenkungsvarietät durch den Einbezug zusätzlicher und zeitlich weiterreichender Steuerungsmechanismen zu erhöhen. Dies erfolgt nicht etwa durch die Empfehlung konkreter Strategien, sondern durch die Bereitstellung eines Mechanismus beziehungsweise eines Steuerungssystems, der es einem Unternehmen oder in diesem Fall einer Private-Equity-Firma zu jedem beliebigen Zeitpunkt ermöglicht, für die jeweilige, im Voraus meist nicht bekannte Situation der relevanten Unternehmensumwelt und deren mögliche Entwicklung grundlegende Regeln zu bestimmen, die ihrerseits das Verhalten ihrer Teile einschließlich ihrer Mitarbeiter auf zunächst nicht näher definierte Zeit bestimmen.[205] Komplexität ist damit als Problem und zugleich als Lösung zu verstehen. Es sind Steuerungssysteme notwendig, die die Komplexität adäquat berücksichtigen können.

Es ist gewissermaßen zur Mode geworden, den Begriff *Komplexität* beziehungsweise die Behauptung, ein Sachverhalt sei *komplex*, an den Beginn von theoretischen Schriften zu stellen oder im allgemeinen Sprachgebrauch zu nutzen. Meistens handelt es sich jedoch um ein bloßes Lippenbekenntnis oder um eine Konzession an das, was für den Zeitgeist gehalten wird. Im vorliegenden Kontext ist der Begriff jedoch in vollem Umfang daseinsberechtigt.

Wie bereits angedeutet,[206] besteht das Kernproblem eines jeden Organismus darin, die für sein Überleben relevante Komplexität unter Kontrolle zu bringen. Die Lebensfähigkeit ist ihrerseits eine Struktureigenschaft von Systemen und hängt mit der Fähigkeit zusammen, die eigene Existenz zeitlich indefiniert aufrechtzuerhalten. Auf Unternehmen bezogen kann in vereinfachter Form von der Fähigkeit gesprochen werden, auf unbestimmte Zeit im Geschäft zu bleiben. Damit ist notwendigerweise die Fähigkeit verknüpft, die operative Geschäftstätigkeit zu verändern, wenn dies aufgrund sich verändernder Umstände erforderlich ist. Die Erhaltung der Lebensfähigkeit ist also der jeweils vorläufige Beweis dafür, dass die für das System relevante Komplexität unter Kontrolle gebracht werden konnte.[207]

Wie die Erfahrung zeigt, können praktikable Konzepte und Methoden systemorientierter Unternehmensführung jedoch weder unmittelbar aus abstrakten Erkenntnissen von Systemtheorie und Kybernetik abgeleitet, noch einfach rezepthaft aus technischen Realisationen übertragen werden. Notwendig ist vielmehr die systematische Ausarbeitung einer Managementlehre, die zwar an systemtheoretische und kybernetische Grunderkenntnisse anknüpft, diese aber mit bewährten Ergebnissen aus der Betriebswirtschaftslehre und namentlich aus der Führungspraxis sinnvoll verbindet.[208] Genau hier setzt die von Gälweiler vor rund 25 Jahren entwickelte Systematik an, die heute als einer der größten Durchbrüche in der Unternehmensführung bezeichnet werden darf.[209]

Gälweiler versteht es auf einmalige Weise, praktische Führungserfahrung und theoretischen Sachverstand zu vereinigen. Das entscheidende Merkmal seines Konzepts spiegelt sich in der Tatsache wider, dass das Problem explizit von der Steuerungs- und Regelungsproblematik her angegangen wird. Gälweiler legt ein kybernetisches System von Orientierungs- und Steuerungsmechanismen vor, dessen Wesenskern darin besteht, dass es die Beziehungen zwischen Steuerung und *Voraus*steuerung jener Faktoren klar erfasst, die für die fortgesetzte Existenzsicherung des Unternehmens und für dessen Erfolg wichtig sind.[210]

Der veränderten Konstellation ökonomischer Rahmenbedingungen und damit der durch zunehmende Komplexität gekennzeichneten Unternehmensumwelt, mit der sich die Private-Equity-Firmen fortan konfrontiert sehen, wird ganz im Sinne des oben beschriebenen Varietätstheorems mit einem komplexitätskonformen Steuerungssystem begegnet. Hierzu werden zusätzlich zu den Orientierungsgrundlagen und Steuerungsgrößen der bisher vorherrschenden operativen oder finanzwirtschaftlichen Führung, neue und zeitlich weiterreichende Orientierungs- und Steuerungsmechanismen der strategischen Unternehmensführung einbezogen. Dies bedeutet, dass die Beteiligungsgesellschaften durch den Einsatz dieses Steuerungssystems zur zukünftigen Beurteilung ihrer Investitionsopportunitäten die eigene, als Varietät ausgedrückte Komplexität in Einklang mit der ebenfalls als Varietät ausgedrückten Komplexität ihrer Umwelt bringen können. Das Konzept von Gälweiler begünstigt in einer einzigartigen Art und Weise die Erreichung des Ziels der strategischen Unternehmensführung – eine dauernde Existenzsicherung des Unternehmens –, indem es das Kernproblem eines jeden Unternehmens zu lösen vermag: die für die dauernde Existenzsicherung des Unternehmens relevante Komplexität unter Kontrolle zu bringen. Es existiert heutzutage eine Vielfalt von Ansätzen zur strategischen Unternehmensführung und die Zahl der Schriften über Strategie ist enorm.[211] Die Sichtung und das Studium der entsprechenden Literatur bringen weitreichende Unzulänglichkeiten zu Tage, mit denen ein Großteil der Ansätze behaftet sind. Im Wesentlichen sind dies:

- Statt sich an der Vorstellung eines gesunden Geschäftes und an der Konkurrenz- und Lebensfähigkeit des Unternehmens zu orientieren, steht bei vielen Ansätzen die von der *Shareholder-Value*-Doktrin herrührende Wertsteigerung im Vordergrund.
- Statt beide Führungs- und Aufgabenbereiche ganzheitlich und integriert in den Blick zu nehmen, erfolgt die Betrachtung der strategischen Führung regelmäßig isoliert von derjenigen der operativen Führung.
- Statt von der Vielfalt und Komplexität von Führungssituationen und -problemen auszugehen, weist ein Großteil der Ansätze einen Rezeptcharakter auf und basiert weitgehend auf einmaligen Erfolgsbeispielen oder gar Willkür.
- Statt die relevanten strategischen Zusammenhänge und die erfolgsrelevanten strategischen Schlüsselgrößen mit in die Betrachtung einzubeziehen, stehen bei den Ansätzen oftmals die Methodik und das Instrumentarium im Mittelpunkt.

Sowohl unter den skizzierten systemtheoretischen Gesichtspunkten als auch aufgrund der beschriebenen Unzulänglichkeiten alternativer Ansätze und der im Folgenden noch darzulegenden Eigenschaften, erscheint das Gälweiler'sche Konzept der strategischen Unternehmensführung nicht nur als besonders geeignet, sondern vielmehr als die einzige Systematik, die im Rahmen dieser Studie vernünftig und zweckadäquat zur Anwendung gelangen kann.

Strategische Unternehmensführung nach Gälweiler

Um den Unterschied zwischen dem von Gälweiler entwickelten strategischen Führungs- und Steuerungssystem und anderen Konzepten der strategischen Führung richtig beurteilen sowie um den darin enthaltenen Fortschritt abschätzen zu können, ist es wichtig, sich das Kernproblem klar vor Augen zu führen, das mit strategischer Führung gelöst werden soll:

»Das Kernproblem besteht darin, dass eine an den Daten des Rechnungswesens sowie an Bilanzgrößen orientierte Unternehmensführung strategisch zwangsläufig und systematisch irreführend ist.«[212]

Ein Unternehmen, das Gewinn macht, ist nicht zwingend auch ein gesundes Unternehmen. Es kann im Gegenteil irreversibel vor dem Zusammenbruch stehen, ohne dass dies überhaupt festgestellt werden kann. Mit betriebswirtschaftlichen Mitteln lässt sich nur die operative Dimension von Management beurteilen und steuern, nicht jedoch die strategische. Das ist der Hauptgrund dafür, dass die am Gewinn orientierte Unternehmensführung zu kurz greift und negative Entwicklungen des Unternehmens nicht rechtzeitig erkennen kann.[213] Gälweiler geht hier einen Schritt weiter und hat sich von Beginn an ausdrücklich an der Vorstellung eines gesunden Unternehmens sowie an der Lebensfähigkeit des Unternehmens orientiert. Das von ihm entwickelte Führungs- und Steuerungssystem konzentriert sich auf die strategisch relevanten Orientierungsgrößen und deren Zusammenhänge. Es dient dieser Zielerreichung, indem es die Komplexität, die für die dauernde Existenzsicherung des Unternehmens unumgänglich ist, unter Kontrolle bringt.

Gälweiler unterscheidet zwischen der operativen und der strategischen Unternehmensführung, ohne dabei eine ganzheitliche und integrierte Betrachtung beider Führungs- und Aufgabenbereiche auch nur ansatzweise aus dem Blick zu verlieren. Operative Führung bezeichnet die auf unmittelbare Erfolgserzielung ausgerichtete Unternehmensführung, die laufende Liquiditätssicherung ist dabei eingeschlossen. Liquidität und Erfolg sind insofern operative Führungs- beziehungsweise Steuergrößen. Ihre permanent notwendige, unmittelbare Steuerung gehört deshalb nicht zur strategischen Führung, wenngleich mannigfache Wechselbeziehungen zwischen beiden Führungsaufgaben bestehen. Demgegenüber liegt die Aufgabe der strategischen Unternehmensführung darin, »[...] so früh wie möglich und so früh wie notwendig für die Schaffung und Erhaltung der besten Voraussetzungen für anhaltende und weit in die Zukunft reichende Erfolgsmöglichkeiten, das heißt für ›Erfolgspotenziale‹ zu sorgen«.[214]

Die Aufgabe der operativen Führung besteht entsprechend in der Realisierung des Erfolgspotenzials, »[...] ohne dabei – in einer falsch verstandenen kurzsichtigen Gewinnmaximierung – die zeitlich dahinter kommenden Erfolgspotenziale zu schädigen«.[215] Der strategischen Führung hingegen obliegt die Schaffung der hierfür notwendigen Voraussetzungen; die strategische Führung muss also für Erfolgspotenziale sorgen. Ohne die Existenz etwaiger Potenziale ist auf Dauer – unabhängig von der Größe des heutigen Erfolgs – selbst die beste operative Führung nicht in der Lage, Erfolge zu erzielen. Fredmund Malik formuliert in diesem Zusammenhang treffend:

»Geschäfte zu machen [die Aufgabe der operativen Führung], mag nicht immer leicht sein; aber im Geschäft zu bleiben ist die eigentliche Aufgabe des Unternehmers. Das ist die schwierigere – eben die strategische Aufgabe.«[216]

Unter dem Erfolgspotenzial ist nach Gälweiler das gesamte Gefüge aller jeweils produkt- und marktspezifischen erfolgsrelevanten Voraussetzungen zu verstehen, die spätestens dann bestehen müssen, wenn es um die Realisierung des Erfolgs geht.[217] Gewinn entsteht nicht voraussetzungslos. Es muss eine ganze Reihe von Bedingungen erfüllt sein, damit ein Gewinn überhaupt möglich ist. So müssen etwa vermarktungsfähige Produkte sowie ein nutzbares Vertriebssystem vorliegen, kaufwillige und kauffähige Käufer vorhanden sein und so weiter. Es müssen gegenwärtige, das heißt, hier und heute nutzbare Erfolgspotenziale gegeben sein. Gewinn im betriebswirtschaftlichen Sinne ist somit eine Folge der Nutzung von gegenwärtigen Erfolgspotenzialen.[218] Das Erfolgspotenzial ist die Führungs- beziehungsweise Steuerungsgröße, die bei der strategischen Unternehmensführung im Zentrum steht. Die Steuerung des Erfolgspotenzials als Kernaufgabe der strategischen Führung ist daher nichts anderes als eine organisierte und systematische Vorsteuerung der Größen Erfolg und Liquidität, die für die operative Führung maßgebend sind. Die strategische Führung ist entsprechend der operativen Führung stets vorgelagert, weil sie die für die operative Führung maßgebenden Bewegungs- und Effizienzspielräume schafft.[219] Diese Systemhaftigkeit der Beziehungen zwischen sämtlichen Steuerungsgrößen illustriert Abbildung 26. Eine wichtige Eigenschaft der doppelten Buchführung und aller Entscheidungshilfsmittel, die daraus für die Erfolgssteuerung entstanden sind, besteht in einer systeminhärenten laufenden Koordinierung zwischen der ihr zugeordneten Steuergrößen Erfolg und der vorzusteuernden Liquidität. Wie in jedem funktionsfähigen System bedarf es dazu keiner Koordinierungsfunktion, die speziell zu etablieren wäre. Die für die strategische Führung relevante Grundsystematik nach Gälweiler enthält in identischer Weise die notwendige Koordinierung zwischen der strategischen und der operativen Unternehmensführung. Es bedarf damit keiner speziellen Koordinierungsaufgabe. Sie ist systeminhärent wie bei allen hierarchisch organisierten realen Systemen (siehe Abbildung 25). Die Systemhierarchie spiegelt sich in der Tatsache wider, dass alle Zeithorizonte stets in der Gegenwart beginnen. Das heißt, dass der jeweils kürzere Zeithorizont mit seiner Steuerungsgröße und deren Orientierungsgrundlagen stets ein Subsystem des weiterreichenden Zeithorizontes ist, weil die kurze Frist stets ein Teil der längeren ist.[220]

Oben wurde bereits beschrieben, dass von Seiten der Private-Equity-Firmen die Lenkungsvarietät beziehungsweise die Komplexität der Unternehmensführung durch die Einbeziehung zusätzlicher und zeitlich weiterreichender Steuerungsmechanismen erhöht werden muss, um der zunehmenden Komplexität der relevanten Unternehmensumwelt zu genügen. Es wurde weiterhin – zugegebenermaßen in einer etwas abstrakten Ausdrucksweise – ausgeführt, dass dies nicht etwa durch die Empfehlung konkreter Strategien, sondern durch die Bereitstellung eines Steuerungssystems zu erfolgen hat, das es Private-Equity-Firmen zu jedem beliebigen Zeitpunkt ermöglicht, für die jeweilige, im Voraus meistens unbekannte Situation der relevanten Unternehmensumwelt grundlegende Regeln zu bestimmen, die ihrerseits das Verhalten der Beteiligungsgesellschaften bestimmen. Mit dem von Gälweiler entwickelten Konzept der strategischen Unternehmensführung wird nun ein ebensolches Steuerungssystem bereitgestellt, und die Regeln folgen unmittelbar aus dessen Logik. Auf diese wird im Folgenden näher eingegangen.

Das unternehmerische Navigationssystem nach Gälweiler

Die Grundlogik des Gälweiler'schen Steuerungssystems[221] ist in Abbildung 26 dargestellt. Sie ist von unten nach oben zu lesen. Veranschaulicht sind die Aufgabenbereiche der Unternehmensführung mit ihren Orientierungsgrundlagen und Steuerungsgrößen sowie die dazugehörigen Zeithorizonte. Die notwendige Zunahme der Lenkungsvarietät beziehungsweise der Komplexität der Unternehmensführung im Sinne des Varietätstheorems ist separat gekennzeichnet.

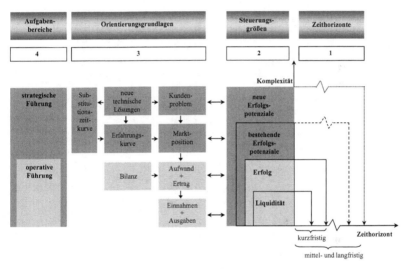

Abbildung 26: Das unternehmerische Navigationssystem nach Gälweiler
Quelle: Gälweiler (2005), S. 34

Diese von Gälweiler entwickelte Darstellung beinhaltet alle wesentlichen Sachverhalte für die Gesamtsteuerung des Unternehmens, sowohl in operativer als auch in strategischer Hinsicht. Sie bringt zum Ausdruck:

- welches die wirklich strategisch relevanten *Orientierungsgrößen* sind,
- welche *Zusammenhänge* zwischen ihnen bestehen,
- welche *Informationsquellen* über sie Auskunft zu geben vermögen und
- über welche *Zeithorizonte* sie ihre Orientierungskraft entfalten können.[222]

Die folgenden Erläuterungen beziehen sich auf Abbildung 26 und erfolgen anhand beziehungsweise aus der Perspektive der jeweiligen Steuerungsgröße.[223]

Liquidität und deren Steuerung als eine der Kernaufgaben des Finanzwesens

Die erste, gleichzeitig aber kurzfristigste Steuerungsgröße des Unternehmens ist die Liquidität. Ein noch so leistungsfähiges Unternehmen muss zwangsläufig untergehen, wenn es ihm nicht gelingt, die Zahlungsfähigkeit aufrechtzuerhalten. Dieses ist das wirtschaftlich und juristisch definierte Überlebenskriterium. Von Bedeutung ist entsprechend zunächst nicht etwa Gewinn, Wachstum oder Profitabilität, sondern die *Sicherung der Liquidität*. Die für die Steuerung der Liquidität erforderlichen Orientierungsgrößen sind in letzter Konsequenz die Einnahmen und Ausgaben.[224]

Das oberste Unternehmensziel – eine auf möglichst lange Sicht angelegte Sicherung der Überlebensfähigkeit – ist allerdings mit einer Führung, die ausschließlich an der Liquiditätssteuerung orientiert ist, nicht zu erreichen.[225] Die Zahlungsfähigkeit ist immer eine momentbezogene Größe, und Entscheidungen, die die Liquiditätssicherung betreffen, haben immer den relativ kürzesten Zeithorizont. Auch noch so raffinierte Analysen der Faktoren, die die Liquidität bestimmen – der Einnahmen und Ausgaben –, bringen keine zusätzlichen Informationen über die längerfristige und zukünftige Entwicklung der Liquidität. Eine positive Liquiditätslage kann des Weiteren insofern irreführend sein, als sie darüber hinwegtäuschen kann, dass die Grundlage für ihre zukünftige Entwicklung, der betriebswirtschaftliche Erfolg, sich zu verschlechtern beginnt oder bereits negativ geworden ist; eine positive Liquiditätslage kann gleichzeitig mit einer schlechten Ertragslage auftreten. Dies ist zwar nicht auf Dauer möglich, aber lange genug für Irreführungen. Mit einem ausschließlich auf die Liquidität fixierten Blick entsteht so das Risiko, Entscheidungen zu versäumen, die geeignet wären, rechtzeitige Liquiditätsvorsorge zu treffen. Andererseits kann auch eine schlechte Liquiditätslage gleichzeitig mit einer guten Ertragssituation auftreten.[226] Festzuhalten bleibt, dass niemals von der Liquidität auf den betriebswirtschaftlichen Erfolg geschlossen werden kann, während das Umgekehrte immer und sehr zuverlässig möglich ist.[227]

Erfolg und dessen Steuerung als eine der Kernaufgaben des Rechnungswesens

Die Erschließung eines größeren Zeithorizontes ermöglicht die wirksame Vorsteuerung der Liquidität. Beides ist dementsprechend nur mit der Steuerung des betriebswirtschaftlichen Erfolgs möglich. Dieser läuft der Liquidität logisch, kausal und zeitlich voraus. Nur mit seiner Hilfe kann daher das Risiko einer systematischen Irreführung aufgehoben werden, die von der

Liquidität selbst immer ausgeht. Die Erfolgssteuerung kann die Liquiditätssteuerung nicht ersetzen, sondern dient als Basis für die Liquiditäts*voraus*steuerung. Die Erfolgssteuerung vergrößert den zeitlichen Horizont für die Liquiditätssteuerung dadurch, dass sie an einem sachlich anderen Faktor ansetzt, der auch anderen Gesetzmäßigkeiten folgt, und nicht etwa durch Extrapolation der Liquidität selbst. Liquiditätssteuerung einerseits und Liquiditäts*vor*steuerung andererseits haben somit andere Orientierungsgrundlagen und Messgrößen. Während die Steuerung der Liquidität durch die Einnahmen und Ausgaben erfolgt, bezieht die Liquiditäts*vor*steuerung eine neue Schicht von Komponenten mit ein, die logisch, kausal und zeitlich übergeordnet sind. Es sind dies die Erträge und Aufwände, die ihrerseits direkte Orientierungsgrundlagen für den betriebswirtschaftlichen Erfolg darstellen. In der sachlichen Andersartigkeit der erfolgsbestimmenden Faktoren liegt ihre Wirksamkeit für die Liquiditäts*vor*aussteuerung.[228]

Die Orientierungsgrundlagen und Messgrößen des Erfolgs beziehungsweise der Liquiditäts*vor*steuerung sind abstrakter und komplexer als die der Liquiditätssteuerung. Das lässt sich an Abbildung 26 ablesen. Dieser Zusammenhang setzt sich bei den zeitlich noch weiterreichenden Steuerungsgrößen der strategischen Führung fort. Die strategischen Orientierungsgrundlagen sind deshalb abstrakter und komplexer als die Orientierungsdaten für die Erfolgssteuerung, weil sie das gesamte langzeitige Wirkungsgefüge der Faktoren abdecken müssen, die für die spätere Erfolgsrealisierung notwendig sind. Diese Systematik bezieht sich von der Steuerung der Forschung als früheste Vorlaufentscheidung bis hin zum Cashflow als Messgröße für die künftigen Liquiditätswirkungen. Dazwischen liegen alle erfolgsrelevanten Maßnahmen und Funktionsbereiche.[229]

Die Steuerungsgrößen der strategischen Führung sind die Erfolgspotenziale, wobei zwischen gegenwärtigen bestehenden und zukünftigen neuen Erfolgspotenzialen unterschieden wird.

Bestehende Erfolgspotenziale – Marktanteile und Erfahrungskurve

Aus logisch exakt denselben Gründen, die oben ausgeführt wurden, kann mit den Größen, die direkt den Erfolg bestimmen, keine wirksame Erfolgs*voraus*steuerung betrieben werden. Ins Zentrum der Steuerung müssen für diesen Zweck andere Orientierungsgrundlagen treten, die früher als die direkten Faktoren des betriebswirtschaftlichen Erfolgs die zukünftige Entwicklung desselben erkennen lassen. Es ist genau dieser Schritt, der aus dem Bereich der operativen Führung heraus und in den Bereich der strategischen

Führung hinein führt, was in Abbildung 26 klar zum Ausdruck kommt.[230] Gälweiler nannte die nun über dem Erfolg liegende Schicht von Wirkungszusammenhängen *bestehende Erfolgspotenziale*. Damit sind nicht beliebige, einfach als günstig angesehene Vorteile oder Stärken gemeint, sondern – wie bereits erläutert – »[...] das gesamte Gefüge aller jeweils produkt- und marktspezifischen erfolgsrelevanten Voraussetzungen, die spätestens dann bestehen müssen, wenn es um die Erfolgsrealisierung geht«.[231]

Die Erfolgs*vor*steuerung erfordert somit die Orientierung an den bestehenden Erfolgspotenzialen, an ihrer Ergiebigkeit sowie Dauerhaftigkeit. Wenn Versäumnisse und Fehlentscheidungen erst anhand einer negativen Wirkung im Erfolg selbst erkannt werden, ist es in der Regel für die Schaffung der Erfolgsvoraussetzungen zu spät; denn deren Aufbau beansprucht mehr Zeit, als ab Erkennen der gefährlichen Lage bis zu deren Durchschlagen in den Liquiditätsbereich noch bleibt.[232] Es zeigt sich hier dieselbe Gegenläufigkeit, die zu systematischer Irreführung führen kann: Der Gewinn kann noch ausgezeichnet sein, obwohl die Gewinn-(Erfolgs-)Potenziale bereits erodieren. Daher kann vom Gewinn nicht auf die dahinter liegenden Potenziale geschlossen werden. Umgekehrt kann der Gewinn schlecht sein oder es kann gar ein Verlust vorliegen, obwohl die Erfolgspotenziale ausgezeichnet sind. In diesem Falle versteht man offenbar nicht, sie zu nutzen.

Maßnahmen, die direkt zur Erfolgs- und Liquiditätssicherung eingeleitet werden, wenn sich die Wirkungen fehlender und/oder erodierender Erfolgspotenziale im Rechnungswesen zeigen, haben in der Regel nur kurzfristige und nicht selten die Erfolgspotenziale noch weiter schädigende Auswirkungen. So ist es typisch für die meisten Kostensenkungsprogramme, dass sie nicht nur unnötige Kosten (Verschwendung), sondern auch Kosten, die in Wahrheit Potenziale bilden, abbauen. Jedes ungenutzte Potenzial verursacht verständlicherweise mehr Kosten, als es Erlöse bringt. Daraus folgt aber nicht automatisch, dass diese Kosten abgebaut werden sollten. Dennoch wird das aber häufig getan, und zwar deshalb, weil das die schnellstmögliche Art ist, den betriebswirtschaftlichen Erfolg zu verbessern. Im Falle börsennotierter Unternehmen wird die Börse das honorieren – das Potenzial aber ist ruiniert. Man sieht das nur nicht, weil es in den Zahlen des Rechnungswesen nicht erfasst, geschweige denn zum Ausdruck gebracht werden kann.[233]

Im Rahmen dieses Buches ist es die als nächste Käuferpartei auftretende Gesellschaft, die diese Verbesserung des betriebswirtschaftlichen Erfolgs entsprechend belohnt.[234] Dies ist etwa in doppelter Hinsicht möglich, durch höhere, zur Anwendung gelangende Bewertungs-*Multiples* oder einfach durch die bloße Multiplikation einer Konstante (Bewertungs-*Multiple*) mit einem zum Veräußerungszeitpunkt höher liegenden betriebswirtschaftlichen Erfolg beispielsweise in der Form des EBITDA.

Die beiden entscheidenden Orientierungsgrößen für das bestehende Erfolgspotenzial – und damit für die Voraussteuerung des Erfolgs – sind die in Marktanteilen ausgedrückte Marktposition und die hieraus resultierenden Kostenfolgen. Im Detail geht es um die Marktanteilsrelationen zwischen den direkten Konkurrenten, und zwar aufgrund ihrer Wirkungen auf die erreichbare Kostenuntergrenze. Die Basis dafür ist die Erfahrungskurve: Da Marktanteilsrelationen die Kumulation von Unternehmensleistungen bestimmen, beeinflussen sie die Kostenuntergrenzen, die grundsätzlich in einem Markt und für die einzelnen Unternehmen erreichbar sind.[235] Die Erfahrungskurve besagt, dass mit jeder Verdoppelung der kumulierten Mengen eines Produktes oder einer Leistung Kostensenkungspotenziale von rund 20–30 Prozent auf die Wertschöpfung in realen Preisen entstehen.[236] Die potenziellen Stückkosten sind damit eine Funktion der kumulierten Mengen. Der Kostenrückgang ist nur potenzieller Natur, das heißt, er tritt nicht automatisch ein. Seine Realisierung setzt voraus, dass die Unternehmensführung fähig ist, diese Kostensenkungspotenziale zu erkennen und zu realisieren. In einer freien Wirtschaft findet sich jedoch immer jemand, der das kann. Er kann damit leicht diejenigen in eine schwierige Situation bringen, die nicht über diese Fähigkeiten verfügen.[237] Günstiger als zu den durch die Erfahrungskurve bestimmten Untergrenzen ist aber die Erbringung der Marktleistung in der Regel nicht möglich – oder wenn, dann nur aufgrund von außerhalb der Unternehmen liegenden Faktoren.[238]

Wer über die höchsten Marktanteile verfügt, hat die niedrigsten potenziellen Stückkosten. Wie bereits erwähnt, heißt potenzielle Stückkosten dabei, dass der Kostenrückgang nicht automatisch eintritt. Aber es bestehen zumindest Kostensenkungsmöglichkeiten, die ein Wettbewerber mit niedrigeren Marktanteilen gar nicht haben kann, wenn er unter sonst gleichen Bedingungen arbeitet. Darin steckt die Chance, Preiskämpfe besser durchhalten zu können – und daher länger als andere Konkurrenten im Markt bestehen und überleben zu können. Höhere Marktanteile stellen entsprechend auf die Dauer stets die Voraussetzung für niedrigere Stückkosten und damit für höhere und sicherere Erfolgspotenziale dar.[239]

Neue Erfolgspotenziale – das Kundenproblem als langfristige Orientierungsgrundlage

Die Erfolgsvoraussteuerung aufgrund der bestehenden Erfolgspotenziale hat aber auch klare Grenzen: Marktanteile und die durch sie ermöglichten *Erfahrungseffekte* finden ihre Steuerungslimitierung dort, wo sich grundlegende Umstrukturierungen in den Märkten abspielen. Gälweiler erklärt in diesem Zusammenhang: »Auch der Wert eines hohen Marktanteils kann durch ein neues und besseres Produkt sehr schnell sein Ende finden.«[240] *Umstrukturierung* meint im vorliegenden Zusammenhang eine spezielle, sehr konkrete Art der Umstrukturierung: Die Art und Weise, mit der ein Marktbedarf bis dato befriedigt wird, verändert sich. Dabei begegnet man einer wesentlich gefährlicheren Form der Konkurrenz, als sie zwischen direkten Wettbewerbern gegeben ist, nämlich der Substitutionskonkurrenz auf der Grundlage neuer Technologien – und damit gänzlich neuer Problemlösungen für den Markt.[241]

Eine Voraussteuerung von bestehenden Erfolgspotenzialen kann auch hier wiederum niemals mit denselben Orientierungsgrößen erfolgen, die ihre direkte Beurteilung erlauben: den Marktanteilen und ihren Kostenwirkungen. Zeitlich vorauslaufende Orientierung und, in deren Folge, rechtzeitige Steuerung ist auch hier nur durch Orientierung an sachlich wiederum anderen und zeitlich weiterreichenden Orientierungsgrundlagen möglich.[242] Im Zentrum der Steuerung neuer Erfolgspotenziale stehen nun einerseits die Frage nach dem Kunden- beziehungsweise Anwenderproblem, das durch bestimmte Produkte und Marktleistungen gelöst wird, und andererseits die Kenntnis der Substitutionsdynamik.[243]

Der Schlüssel dazu liegt darin, ein Produkt als die Lösung eines Kundenproblems zu verstehen. Dieses Verständnis hat aber auf einem ganz bestimmten Gedanken aufzubauen, nämlich dem *lösungsunabhängig* beziehungsweise *lösungsinvariant formulierten Kundenproblem*. Da in der Regel mehrere Möglichkeiten existieren, ein Problem zu lösen, ist es von entscheidender Bedeutung, das Kundenproblem unabhängig von den jeweils am Markt verfügbaren Lösungen und völlig neutral in Bezug auf alle infrage kommenden Lösungstechniken zu kennen und zu formulieren. Nur insoweit es gelingt, ein lösungsunabhängiges Verständnis des Kundenproblems zu gewinnen, kann die Substitutionsdynamik auf einem Markt beurteilt werden, also ob und in welchem Ausmaß neue Lösungen die bisherigen ersetzen können.[244, 245]

Und nur durch eine sorgfältige Analyse der Kundenprobleme lässt sich erkennen, ob es sich um *originäre, dauerhafte* oder um *abgeleitete, nicht-dau-*

erhafte Kundenprobleme handelt. Eine solche Unterscheidung ist notwendig, um die potenziellen Risikoquellen für das Verschwinden von Kundenproblemen rechtzeitig zu identifizieren und unter Beobachtung zu halten. *Originäre Kundenprobleme* sind durch einen hohen Grad der Dauerhaftigkeit ausgezeichnet, das heißt, sie können nach dem derzeitigen Kenntnisstand nicht verschwinden. Was sich ändern kann, sind die Lösungstechniken und -technologien. *Abgeleitete Kundenprobleme* verdanken ihre Existenz den jeweils bestehenden Lösungstechniken für die originären Kundenprobleme. Deshalb sind sie bei Änderungen dieser Lösungstechniken stets betroffen – ihr Risiko besteht darin, dass sie weginnoviert, wegintegriert oder wegrationalisiert werden können.[246]

Vielfältige empirische Untersuchungen haben ergeben, dass die meisten Substitutionen – neue Produkte verdrängen bisherige – auch bei sehr unterschiedlichen Substitutionszeiten nach einem nahezu gleichförmigen Verlaufsmuster erfolgen; dies entspricht einer S-Kurve. Der Grund dafür liegt darin, dass eine einmal begonnene Substitution, sobald sie nur wenige Prozente erreicht und damit die Einsatzfähigkeit der neuen Problemlösung bewiesen hat, mit dieser anfänglichen Substitutionsgeschwindigkeit weiterläuft, bis sie den gesamten Markt erreicht hat, es sei denn, sie wird zwischenzeitlich durch eine neue Substitution abgelöst. Praktisch ist der *gesamte Markt* durch die Anwenderprobleme definiert, die aufgrund ihrer spezifischen Ausprägung durch das neue Produkt eine bessere Lösung erfahren als das alte.[247] Die Kenntnis solcher Substitutionszeiten erhält ihre besondere Bedeutung dadurch, dass fast alle Innovationsprodukte einen Substitutionsprozess auslösen, weil sie eine bestehende Lösung ganz oder teilweise ersetzen.[248]

Hinweise zu gewinnen, mit welcher Geschwindigkeit sich diese Prozesse vollziehen, ist des Weiteren deshalb von entscheidender Bedeutung, weil damit gleichzeitig Anhaltspunkte dafür gefunden werden können, welche Zeit der Unternehmensführung zur Verfügung steht, um aus den sich vollziehenden Umstrukturierungen Nutzen zu ziehen oder zumindest sinnvoll darauf zu reagieren. Diese an wiederum sachlich anderen Orientierungsgrundlagen ausgerichteten Entscheidungen eröffnen den zeitlich größten Steuerungshorizont.

Je besser das bestehende Erfolgspotenzial eines Unternehmens ist, umso geringer wird aufgrund der daraus resultierenden positiven Erfolgs- und Liquiditätswirkungen der Druck sein, die Grundlagen für die bestehenden Erfolgspotenziale zu hinterfragen – und umso eher werden daher auch Orientierungsgrößen für neue, zukünftige Erfolgspotenziale übersehen. Entsprechend wird oft von Überraschungen gesprochen, wo in Wahrheit die Entwicklungen, lange bevor sie in den Märkten Wirkung zeigten, erkennbar gewesen wären, hätte man sich am vorliegenden Steuerungssystem, seinen Faktoren und seiner inneren Logik orientiert.[249]

Zusammenfassende Übersicht

Strategische Unternehmensführung ist primär dort notwendig, wo die Verhältnisse durch einen hohen Grad an Komplexität gekennzeichnet sind. Dieser Tatbestand war für Private-Equity-Firmen in den letzten Jahren so nicht zwingend gegeben. In einer Wirtschaftsperiode, die durch eine äußerst günstige Konstellation ökonomischer Rahmenbedingungen charakterisiert sowie überwiegend durch Konstanz, Regelhaftigkeit und Prognostizierbarkeit zukünftiger, meist positiv verlaufender Entwicklungen gekennzeichnet werden kann, war in der Regel eine weitgehend kurzfristig und auf unmittelbare Erfolgserzielung ausgerichtete, operative Unternehmensführung der Portfoliogesellschaften ausreichend, um innerhalb der relativ kurzen Haltedauer die Kundenbefriedigung – eine Wertsteigerung des von den Investoren eingesetzten Kapitals – sicherzustellen. Anders gesagt: Die Konzepte der strategischen Unternehmensführung, wie das von Gälweiler entwickelte unternehmerische Navigationssystem, sind dort nicht zwingend notwendig, wo die Verhältnisse durch Simplizität, und nicht durch einen Verlust an Konstanz, Unregelhaftigkeit und Nicht-Prognostizierbarkeit – eben Komplexität – gekennzeichnet sind.

Kapitel 2 dieses Buches hat ausführlich und unmissverständlich aufgezeigt, dass der Private-Equity-Markt derzeit einem fundamentalen Wandel unterliegt und dass sich Private-Equity-Firmen entsprechend mit einem massiv erhöhten Grad an Komplexität konfrontiert sehen. Genauer genommen sind es die Entwicklungen, die herrühren von der sich dem Ende zuneigenden günstigen Konstellation ökonomischer Rahmenbedingungen, und die hieraus resultierenden Implikationen, die sich in einer zunehmenden Komplexität der für Private-Equity-Firmen relevanten Unternehmensumwelt niederschlagen. Die noch heute weit verbreitete kurzfristige und gewinnmaximierungsorientierte Sichtweise der Finanzinvestoren wird den zukünftigen Anforderungen nicht standhalten und einer längerfristigen, strategischen Auffassung weichen müssen.

Es wurde ausgeführt, dass der Kern der strategischen Unternehmensführung unter systemtheoretischen Gesichtspunkten die Komplexitätsbewältigung beziehungsweise der Komplexitätsausgleich zwischen Unternehmen und Umwelt ist. Mit dem von Gälweiler entwickelten Ansatz liegt ein kybernetisches Konzept vor, das es erlaubt, der zunehmenden Komplexität ganz im Sinne des Varietätstheorems mit einem komplexitätskonformen Steuerungssystem zu begegnen. Hierzu werden zusätzliche und zeitlich weiterreichende Steuerungsmechanismen herangezogen, die dazu beitragen, dass die Beteiligungsgesellschaften – durch die Anwendung dieses Konzepts zur Führung ihrer Portfoliogesellschaften – die eigene, als Varietät ausgedrückte Komplexität über eine Erhöhung der verfügbaren Lenkungsvarietät in Einklang mit der ebenfalls als Varietät ausgedrückten Komplexität ihrer Umwelt bringen können.

Im Gälweiler'schen Navigationssystem mit den operativen und strategischen Steuerungsgrößen sowie ihren jeweils eigenständigen Orientierungsgrundlagen bestehen zahlreiche Wechselwirkungen. Die Steuerung einer jeweils bestimmten Systemebene hat die Vorsteuerung der zeitlich kürzer reichenden Ebene zur Folge. Aus dieser Logik geht klar hervor, dass eine an operativen Daten ausgerichtete Unternehmensführung die fortgesetzte Lebensfähigkeit eines Unternehmens zwangsläufig gefährdet und irreführend ist:

»Operative Geschäftsdaten, so wichtig und unersetzlich sie für die Führung des laufenden Geschäftes sind, lassen nicht selten die eigentlichen strategischen Probleme einer Unternehmung in einem Licht erscheinen, das den wirklichen strategischen Gegebenheiten nicht entspricht. Ergebnisse und Daten des laufenden Geschäftes verleiten daher meistens auch zu einem strategisch falschen Verhalten.«[250]

Gälweiler unterscheidet zwar zwischen der operativen und der strategischen Unternehmensführung, bleibt jedoch einer ganzheitlichen und integrierten Betrachtung beider Führungs- und Aufgabenbereiche verpflichtet. Dies ist insbesondere im Rahmen der nun folgenden beiden Unterkapitel von zentraler Bedeutung, in denen es zunächst um die Positionierung und dann um die Diskussion der in der aktuellen Praxis zum Einsatz gelangenden Investitionskriterien geht.

4.2 Positionierung aktueller Investitionskriterien

Mehrfach wurde nun darauf hingewiesen, dass die von den Private-Equity-Firmen bis dato erzielte Wertsteigerung des jeweils in eine Transaktion eingesetzten Eigenkapitals auf eine Kombination der in Kapitel 1.3 vorgestellten Wertschöpfungstreiber zurückzuführen ist. Kapitel 3.4 skizzierte auf einer aggregierten und durchschnittlichen Basis die konkrete, prozentuale Zusammensetzung dieser Wertschöpfungstreiber bei Buyout-Transaktionen, die von befragten Finanzinvestoren betätigt wurden.

In der Modellrechnung, die in Tabelle 5 vorgenommen wurde und die auf Input-Parametern aufgrund realistischer Erfahrungswerte beruht, wurde von einer ungefähr gleichgewichteten Kombination der Wertschöpfungstreiber ausgegangen. Demgegenüber zeigten die Ergebnisse der ersten Interviewrunde jedoch, dass ziemlich genau 50 Prozent der Wertschöpfung den *Operating Improvements* zuzuschreiben ist und dass sich die beiden weiteren Wertsteigerungshebel, *Multiple Expansion* beziehungsweise *Multiple Arbitrage* und *Financial Leverage* den Rest je zur Hälfte teilen.

Im Kontext der *Operating Improvements* kamen vorwiegend kurzfristig ausgerichtete Maßnahmen, deren Auswirkungen sich in einem kurzfristig und finanzwirtschaftlich besseren Ergebnis niederschlagen, zur Anwendung und konnten für die Erwirtschaftung lukrativer Erträge verantwortlich gemacht werden. Abbildung 27 – die bewusste Wiederholung von Abbildung 8 – visualisiert diesen Zusammenhang. Um die Relevanz sämtlicher Treiber zu betonen, sind alle Wertschöpfungstreiber mit demselben Grauton unterlegt. Die Bezeichnung *Operating Improvements* ist nicht zwingend mit *nachhaltigen, realwirtschaftlichen* Verbesserungen gleichzusetzen.

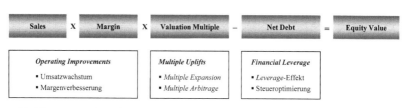

Abbildung 27: Aktuelle Wertschöpfungslogik

In den Mittelpunkt der Aufmerksamkeit rücken nun die Investitionskriterien, die von den Private-Equity-Firmen im Rahmen des Selektionsprozesses angewendet werden. Im Einzelnen interessiert hierbei, inwiefern sich die operative Unternehmensführung der Beteiligungen in den zur Anwendung gelangenden und in der ersten Interviewrunde erhobenen Investitionskriterien widerspiegelt.

Die Investitionskriterien werden deshalb im Folgenden – so weit als möglich – zunächst ohne Erläuterungen und nähere Untersuchung der Bedeutung, die ihnen seitens der Gesprächspartner der Private-Equity-

Firmen beigemessen wird, und damit möglichst *neutral* entsprechend ihrer betriebswirtschaftlichen Bedeutung (im Sinne der Gälweiler'schen Unternehmensführung) dem vorgestellten Navigationssystem beziehungsweise dessen Dimensionen zugeordnet. Dieses lässt in einer einzigartigen Art und Weise eine integrierte Betrachtung sowohl des operativen als auch des strategischen Führungs- und Aufgabenbereiches zu und dient hier genau deshalb als Bezugsrahmen der weiteren Ausführungen. Erst in einem zweiten Schritt werden die Investitionskriterien einer näheren Diskussion und schließlich in Kapitel 5 einer kritischen Würdigung unterzogen.

Abbildung 28 veranschaulicht die Positionierung der aktuell angewendeten Investitionskriterien. Die Größe der Kreise spiegelt wider, wie oft das jeweilige Kriterium genannt wurde. Die vertikale Lage eines Kreises beziehungsweise Investitionskriteriums informiert über dessen Position auf dem Kontinuum zwischen operativem und strategischem Management beziehungsweise, in der Terminologie Gälweilers, zwischen operativer und strategischer Führung.

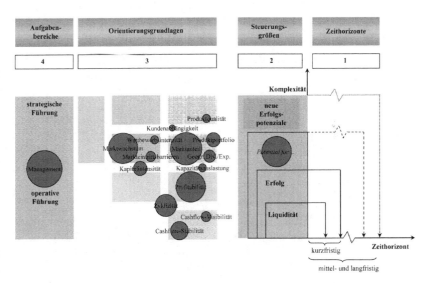

Abbildung 28: Positionierung aktuell angewandter Investitionskriterien
Quelle: basierend auf Gälweiler (2005), S. 34

Wegen ihres engen Transaktionsbezugs lassen sich einige Kriterien nicht ohne Weiteres dem Gälweiler'schen Navigationssystem zuordnen,[251] weshalb an dieser Stelle und in Kapitel 4.3 darauf verzichtet wird. Des Weiteren wurden von den Gesprächspartnern eine kleine Anzahl von Investitionskriterien aufgeführt, die zwar nicht den gleichen Bezug aufweisen und in keinem zwingenden Zusammenhang mit einer Buyout-Transaktion stehen, die sich jedoch ebenso wenig der operativen oder strategischen Führung zuordnen lassen. Es sind dies die achtfach genannte *Technologielastigkeit* eines jeweiligen Zielunternehmens sowie die dreimal erwähnten marktbezogenen Kriterien *Marktgröße* und *Marktregulierung*. Auch diese drei Investitionskriterien bleiben vorerst außerhalb der Betrachtung.[252]

In einer aggregierten Betrachtungsweise bleibt an dieser Stelle festzuhalten, dass die in der aktuellen Praxis zum Einsatz gelangenden Investitionskriterien sowohl in absoluter als auch in relativer und damit in gewichteter Hinsicht mehrheitlich der strategischen Führung zuzuordnen sind. Entgegen der Vermutung, auf die sich die bisherigen Darlegungen stützen und die eigentlich naheliegt, wirft hier die quasi *neutrale* Positionierung der Kriterien den Verdacht auf, dass die heute von den Private-Equity-Firmen angewandten Investitionskriterien bereits strategischen Charakter aufweisen und die Finanzinvestoren zukünftigen Anforderungen entsprechend gerecht zu werden vermögen.

Insofern konnte bisher noch keine Bestätigung dafür gefunden werden, dass sich die bis dato praktizierte operative oder finanzwirtschaftliche Führung der Portfoliogesellschaften, auch in den angewendeten und in der ersten Interviewrunde erhobenen Investitionskriterien widerspiegelt.

4.3 Diskussion und Repositionierung aktueller Investitionskriterien

Noch nicht in den Blick genommen wurde bisher die Bedeutung, die die befragten Private-Equity-Firmen den Investitionskriterien bei der Beurteilung einer Investitionsopportunität tatsächlich jeweils beimessen. Dies erfolgt nun.

Qualität des Managementteams: A und O bei der Realisierung des *Potential for Value Creation and Growth*

Die Veranschaulichung des Gälweiler'schen Navigationssystems – das ja eine integrierte Betrachtung sowohl des operativen als auch des strategischen

Managements zulässt – legt relativ schnell die Vermutung nahe, dass das Investitionskriterium Qualität des Managementteams beiden Führungs- und Aufgabenbereichen zuzuordnen ist.[253] Die richtige Positionierung des Kriteriums sowie eine sachgerechte Diskussion und Beurteilung desselben verlangen jedoch, dass zunächst die eigentliche Rolle eines jeweiligen Managementteams im Kontext einer Buyout-Transaktion verstanden wird. Mit 16 Nennungen war die *Managementqualität* das am häufigsten genannte Kriterium. Als Grund dafür wurde die Rolle hervorgehoben, die das Management bei der Realisierung des *Potential for Value Creation and Growth* spielt. Bei der Implementierung einer Wertsteigerungsstrategie sei die Verfügbarkeit des richtigen und richtig *incentivierten* Managementteams das A und O eines erfolgreichen Buyouts-Investments.

Führt man sich diese Überlegungen vor Augen, scheint es angemessen, das Investitionskriterium ausschließlich der operativen Führung zuzuordnen, lassen sich doch die Realisierung etwaiger Wertsteigerungs- und Wachstumspotenziale sowie die damit eng zusammenhängende Implementierung einer Wertsteigerungsstrategie klar operativen Aufgabenbereichen zuteilen. Bestätigt wird dies auch durch die semantische Betrachtung des Adjektivs *operativ*, denn auch diese weist auf eine solche Positionierung hin: »dem Bereich der Um- und Durchsetzung von Planungen, Zielsetzungen und Strategien eines Unternehmens zugehörig, ihn betreffend«.[254]

Weiter untermauert wird die Zuordnung des Investitionskriteriums *Qualität des Managementteams* zur operativen Führung durch den folgenden Sachverhalt: Wie man dem Gälweiler'schen Navigationssystem entnehmen kann, geht es auf der Ebene der strategischen Führung um den Erhalt bestehender sowie den Aufbau zukünftiger Erfolgspotenziale und somit um ein *Steuerungsproblem*.[255] Die Ebene der operativen Führung hingegen widmet sich der bestmöglichen Realisierung des in der jeweiligen Nahperiode bestehenden Erfolgspotenzials durch die kosten- und leistungsoptimale Kombination aller erforderlichen Produktionsfaktoren. Geht man von der grundsätzlichen Knappheit aller betriebswirtschaftlichen Ressourcen aus beziehungsweise von dem durch die marktwirtschaftliche Konkurrenz ausgeübten Kostendruck, rückt hier das sogenannte *Effizienzproblem* an die Stelle des Steuerungsproblems.[256]

Die bestmögliche Realisierung des in der jeweiligen Nahperiode bestehenden Erfolgspotenzials entspricht nun genau dem von den Gesprächspartnern am häufigsten genannten Rechtfertigungsgrund: der Bedeutung einer hohen Managementqualität zur bestmöglichen Realisierung etwaiger Wertsteigerungs- und Wachstumspotenziale sowie zur effizienten Implementierung einer – zumeist seitens des Finanzinvestors vorgegebenen oder bestenfalls gemeinsam erarbeiteten – Wertsteigerungsstrategie.[257] Verstärkt wird das Effizienzproblem durch die ohnehin schon auf drei bis fünf Jahre begrenzte Investitionsperiode der meisten – nicht nur der hier befragten – Beteiligungsgesellschaften.

Marktanteil – Mittel zur Maximierung und Absicherung der Profitabilität

Auch bei der Positionierung des – mit 14 Nennungen zweithäufigsten – Investitionskriteriums *Marktanteil* ist eine differenzierte Betrachtungsweise nötig. Unter Berücksichtigung des Gälweiler'schen Navigationssystems sowie der dortigen Lage der Markt*position* liegt die Vermutung nahe, dass der Markt*anteil* entsprechend an selbigem Orte und damit der strategischen Führung zuzuordnen ist. Diese Vermutung erweist sich – wie nachstehend dargelegt – zwar zunächst als richtig, vermag aber gleichzeitig nur die Hälfte der Wahrheit aufzuzeigen.

Die Markt*position* ist eine komplexe Größe und deshalb nicht ohne Weiteres zu definieren. In aller Regel lässt sie sich nicht durch eine einzige Kennziffer allein quantifizieren. Natürlich gehören der Markt*anteil*, beziehungsweise die Marktanteile je Geschäftseinheit, und vor allem die *relativen* Marktanteile dazu und können als Indikator zur ungefähren Erfassung der Marktposition herangezogen werden. Die Marktposition als solche geht jedoch weit über die Erfassbarkeit durch Marktanteile hinaus, gehören doch Qualität, Kundennutzen, Bekanntheitsgrad, Image und Ähnliches ebenfalls dazu.[258]

Des Weiteren unterscheidet sich die Bedeutung, die dem Marktanteil von den Private-Equity-Firmen als Investitionskriterium zugemessen wird, von der strategischen Bedeutung von Marktanteilen,[259] wie etwa die Schaffung bester Voraussetzungen für niedrigere Stückkosten und damit für höhere und sicherere Erfolgspotenziale im Gälweiler'schen Sinne. Die relativ höhere Sicherheit für das bei vergleichsweise höheren Marktanteilen auch höhere Erfolgspotenzial besteht darin, dass bei einem rückläufigen Verkaufspreis – was in der Regel stets in der Reifephase eines Marktes der Fall ist – der Anbieter mit dem kleinsten Marktanteil als Erster in die Verlustzone kommt.[260] Marktanteile bestimmen nicht die Stückkosten per se, sondern schaffen die Voraussetzungen für niedrigere Stückkosten und bestimmen damit die langfristig bestenfalls erreichbare Stückkostenuntergrenze; sie bestimmen, wie weit man die Kosten senken kann, falls man es muss. Aus dieser Logik geht klar hervor, dass das Erreichen eines hohen Marktanteils entsprechend der Sicherung der langfristigen Überlebensfähigkeit und nicht der kurz- bis mittelfristigen Gewinnmaximierung dient.

Bei den Finanzinvestoren stehen demgegenüber im Zentrum der Überlegungen die unmittelbaren Auswirkungen eines hohen Marktanteils auf die Profitabilität[261] und die Absicherung von deren Höhe, die durch einen hohen Marktanteil ermöglicht wird. Die Profitabilität und hierbei besonders nachhaltig stabile und angemessen hohe Erträge sind ihrerseits gegenüber den Banken in Zusammenhang mit der Kreditfinanzierung von elementarer Bedeutung. Wie unten näher ausgeführt, ist die Profitabilität der typische Bezugspunkt finanzieller Erfolgsmessgrößen und somit eindeutig dem Rechnungswesen sprich der operativen Führung zuzuordnen.

Das folgende Zitat vermag die hier geschilderten Zusammenhänge auf den Punkt zu bringen:

»Man muss in der Wirtschaft nicht groß, sondern stark sein – stark genug, um alle denkbaren Preismanöver der Konkurrenten parieren zu können, und das geht letztlich nur über die Kosten.«[262]

»Groß« meint in diesem Fall hohe Marktanteile aus Sicht der Private-Equity-Firmen: Sie ermöglichen Maximierung und Absicherung der Profitabilität zur kurz- bis mittelfristigen Gewinnmaximierung und zur Sicherstellung der (Fremd-)Finanzierung; »stark« hingegen bezieht sich auf die Bedeutung hoher Marktanteile aus Sicht der strategischen Unternehmensführung: Sie dienen der Sicherung der langfristigen Überlebensfähigkeit.

Wie im Falle der Profitabilität, ist unter diesen Gesichtspunkten auch das Investitionskriterium *Marktanteil* der operativen, und nicht der strategischen Führung zuzuordnen.

Marktwachstum – Rückenwind für Unternehmenswachstum

Wenn Marktanteile Erfolgspotenziale repräsentieren, dann erfordert ein Halten der Marktanteile und der entsprechenden Erfolgspotenziale stets ein Wachstum, das dem Marktwachstum entspricht – und das unabhängig davon, ob das Marktwachstum hoch oder niedrig, positiv oder negativ ist. Eine Steigerung der Marktanteile heißt, schneller zu wachsen als der Markt – jedes langsamere Wachstum als der Markt bedeutet zwangsläufig den Verlust an Marktanteilen und damit an Erfolgspotenzialen.[263]

In der ersten Interviewrunde nannten die Vertreter von 13 Private-Equity-Firmen Marktwachstum als Investitionskriterium. Zehn von ihnen erklärten, dass sich die Bedeutung des *Markt*wachstums in der Ermöglichung und Unterstützung von *Unternehmens*wachstum widerspiegelt. Unternehmenswachstum – aus Sicht der Gesprächspartner nahezu schon eine *conditio sine qua non* im Sinne eines originären Unternehmensziels[264] – ist dabei unter anderem durch *Top-Line Growth,* also Umsatzwachstum, zu realisieren. Zur Erinnerung: Höhere Umsätze führen – unter sonst gleichen Bedingungen – zu höheren Bruttoergebnissen – beispielsweise in Form des EBITDA vorliegend –, die ihrerseits durch die Multiplikation mit dem Bewertungs-*Multiple,* das zum Veräußerungszeitpunkt zur Anwendung gelangt, zu einem Wertzuwachs des von der Private-Equity-Firma eingesetzten Eigenkapitals führen.[265] Das Marktwachstum steht hier im Dienste des Unternehmenswachstums zur kurz- bis mittelfristiger Ertragssteigerung.

Insofern hat die Positionierung des Investitionskriteriums *Marktwachstum* analog zum *Marktanteil* zu erfolgen – zeigt die notwendige Orientierung der strategischen Führung an den Erfolgspotenzialen doch sehr deutlich, dass Unternehmenswachstum keine autonome Zielsetzung sein kann, sondern nur eine Folge der Marktanteilsziele, wie sie zur Sicherung ebendieser Erfolgspotenziale notwendig sind.[266] Unternehmenswachstum darf – im Gegensatz zur (nicht nur) in der Private-Equity-Branche herrschenden Meinung – kein oberstes Unternehmensziel sein, erst recht nicht das Umsatzwachstum. So sind denn Wachstumsziele nie als Input einer Strategie zu verwenden, sondern als deren Output und als Resultat des systematischen und gründlichen Durchdenkens der strategischen Wirkungsgefüge zu verstehen; richtige Strategien führen zwar in der Regel zu Wachstum, doch der Umkehrschluss gilt keineswegs.[267]

Auch an dieser Stelle vermag der bereits oben zitierte Satz die Zusammenhänge zu verdeutlichen:

»Man muss in der Wirtschaft nicht groß, sondern stark sein – stark genug, um alle denkbaren Preismanöver der Konkurrenten parieren zu können, und das geht letztlich nur über die Kosten.«[268]

»Groß« bezieht sich in diesem Fall auf Marktwachstum im Dienste des Unternehmenswachstums zur kurz- bis mittelfristiger Ertragssteigerung und auf Unternehmenswachstum als originäres Unternehmensziel; »stark« hingegen meint: Marktanteile beziehungsweise Marktanteilsziele zur Sicherung von Erfolgspotenzialen und Unternehmenswachstum als Folge von Marktanteilszielen.

Entsprechend ist auch das Kriterium *Marktwachstum* unter Private-Equity-Gesichtspunkten nicht der strategischen Führung, sondern der sich kurzfristigen Erträgen widmenden operativen Führung zuzuordnen.

Potential for Value Creation and Growth –
hybrides Investitionskriterium

Ähnlich wie im Kontext des Marktanteils legt die Veranschaulichung des Gälweiler'schen Navigationssystems und die Berücksichtigung der Lage, die darin den bestehenden und neuen Erfolgs*potenzialen* eingeräumt wird, zunächst die Vermutung nahe, dass das Investitionskriterium *Potential for Value Creation and Growth* der strategischen Führung zuzuordnen ist. Um das Kriterium richtig zu positionieren und angemessen diskutieren und beurteilen zu können, ist es jedoch wichtig, sich vorab in Erinnerung zu rufen, was die Beteiligungsgesellschaften überhaupt unter *Potential for Value Creation and Growth* verstehen.

Aus den Ausführungen der ersten Interviewrunde geht ziemlich schnell hervor, dass dieses Kriterium nicht im Sinne der Gälweiler'schen Erfolgspotenziale verstanden wird und dass es sich damit nicht um das gesamte Gefüge aller jeweils produkt- und marktspezifischen Voraussetzungen handelt – zumal alle zum Erfolgspotenzial gehörenden Voraussetzungen vor allem die gemeinsame Eigenschaft haben, dass für ihre Schaffung eine lange Zeit gebraucht wird, die grundsätzlich nicht beliebig verkürzt werden kann.[269] Ungeachtet dessen, wie man die Ausdrücke *lange Zeit* oder *langfristig* versteht, kann an dieser Stelle mit Bestimmtheit festgehalten werden, dass der Potenzialbegriff der Investoren, der auf einen Zeithorizont von drei bis fünf Jahren limitiert ist, in keiner Weise in Einklang mit dem oben skizzierten Potenzialverständnis stehen kann und deshalb zunächst einmal der kurzfristigeren, operativen Führung zuzuordnen ist.

Gleichzeitig jedoch konnten in den Gesprächen der ersten Interviewrunde zumindest ansatzweise sowohl Argumente als auch Anknüpfungspunkte gefunden werden, die auf eine Wertgenerierung beziehungsweise auf *Value Creation and Growth* mit strategischem Charakter hinweisen.[270] Wie im Verlaufe des Buches bereits dargelegt, trifft dies zwar keineswegs auf die von *Multiple Uplifts* oder *Financial Leverage* herrührenden Wertsteigerungsmöglichkeiten zu, wohl aber auf diejenigen, die dem Bereich der *Operating Improvements* zuzuschreiben sind. Sowohl im Kontext des *Top-Line-* als auch in demjenigen des *Bottom-Line Growth* wurden so von verschiedenen Parteien im Zusammenhang mit diesen Investitionskriterien diverse Dimensionen aufgeführt – wie etwa Produktqualität, Produktpreis, Produktsortiment, geografisch zu bearbeitende Märkte oder die Organisationsstruktur –, die durchaus Gegenstand der strategischen und nicht der operativen Unternehmensführung sind.[271]

Insofern kann das Kriterium *Potential for Value Creation and Growth* als eine Art *hybrides Investitionskriterium* klassifiziert werden, das sowohl Eigenschaften der operativen als auch solche der strategischen Führung aufzuweisen vermag. Entsprechend ist es an der Schnittstelle dieser beiden Führungsbereiche zu positionieren.

Profitabilität – typischer Bezugspunkt finanzieller Erfolgsmessgrößen

Als typischer Bezugspunkt finanzieller Erfolgsmessgrößen informiert die Profitabilität aus Sicht der Private-Equity-Gesellschaften in aller Regel über das Verhältnis von Umsatz und einer bestimmten Ertragsgröße – etwa in der Ausprägung der Kennziffern EBITDA oder EBIT – und wird letztlich in der Form einer entsprechenden EBITDA- oder EBIT-Marge zum Ausdruck gebracht. Diese Umsatzrendite beschreibt die Ertragskraft eines Unternehmens und ist damit eindeutig der Erfolgsrechnung und ihren Aufwänden und Erträgen beziehungsweise dem Rechnungswesen zuzuordnen.

Aus dem Gälweiler'schen Navigationssystem geht unmissverständlich hervor, dass die Profitabilität damit eine Dimension der operativen Führung darstellt und entsprechend dort zu positionieren ist. Selbst die Berücksichtigung weiterer finanzieller Messgrößen des Erfolgs – wie beispielsweise des *Return on Investment*, der die erzielten Ergebnisse zu den eingesetzten Ressourcen in Relation setzt – ändert nichts an diesem Zusammenhang. Dies bedingt lediglich die Einbeziehung des Bilanzwesens, das seinerseits erneut eine Orientierungsgrundlage der operativen Führung darstellt.

Diskussion und Repositionierung der weiteren Investitionskriterien

In diesem Abschnitt werden die restlichen Kriterien beurteilt, die von den *Investment Executives* zusätzlich zu den fünf soeben diskutierten aufgeführt wurden. Die Reihenfolge basiert auf der in Kapitel 1.3 vorgestellten Kategorisierung der Investitionskriterien: Finanzen, Management, Markt, Produkt/Dienstleistung und Transaktion/Buyout.

Genauso wie es bei der Zuordnung des Faktors *Profitabilität* der Fall war, existiert im Kontext der finanziellen Kriterien bei der Positionierung der beiden Investitionskriterien *Cashflow-Stabilität* und *-Visibilität* nahezu kein Diskussionsspielraum. Ist eine gewisse, für die Fremdfinanzierung notwendige Mindestprofitabilität gegeben, rücken bei der Beurteilung einer Investitionsopportunität aus Perspektive der Private-Equity-Firmen diese beiden Kriterien in den Vordergrund. Bevorzugt werden Unternehmen mit nicht-zyklischen und überdies einigermaßen prognostizierbaren Cashflows. Der Cashflow widmet sich der Ermittlung tatsächlicher, liquiditätswirksamer Zahlungsströme. Er informiert über die Finanzkraft eines Unternehmens und ist damit eindeutig der Mittelflussrechnung und ihren Einnahmen und Ausgaben beziehungsweise dem Finanzwesen zuzuordnen. Aus dem Gälweiler'schen Navigationssystem geht unmissverständlich hervor, dass der Cashflow eine Dimension der operativen Führung darstellt und entsprechend dort zu positionieren ist.

Nicht ganz so eindeutig ist die Positionierung des Investitionskriteriums *Kapitalintensität*. Die Kapitalintensität wird einerseits bestimmt durch das Unternehmenswachstum, das zur Erreichung der Marktanteilsziele angestrebt wird.[272] Sie ist so gesehen Gegenstand des strategischen Managements. Gleichzeitig ist die Kapitalintensität jedoch eine bilanzielle Größe und damit dem Rechnungswesen beziehungsweise der operativen Führung zuzuordnen. Entsprechend erfolgte die Positionierung des Investitionskriteriums in Abbildung 28 zunächst an der Schnittstelle beider Führungs- und Aufgabenbereiche. Unter Private-Equity-Gesichtspunkten bildet aber nicht die Kapitalintensität eines Unternehmens per se das Kernproblem, sondern viel eher die bei kapitalintensiven Unternehmen deutlich niedriger ausfallende, sogenannte *Cash Conversion Rate*[273]; je höher die Kapitalintensität, desto niedriger ist in der Regel der Anteil des Ergebnisses, der in *Free Cashflow* umgewandelt und so für Zinszahlungen sowie Tilgung des aufgenommenen Fremdkapitals eingesetzt werden kann. Wie oben skizziert, stellt der Cashflow als eine Größe, die sichtlich auch bei der Kapitalintensität im Zentrum steht, eine Dimension der operativen Führung dar. Deshalb ist das Investitionskriterium Kapitalintensität ebenfalls an diesem Orte zu positionieren.

Im Kontext der marktbezogenen Kriterien können die einfach, zweifach und dreifach aufgeführten Faktoren *Kundenabhängigkeit*, *Wettbewerbsintensität* und *Markteintrittsbarrieren* relativ eindeutig der strategischen Führung zugeordnet werden.[274] Einzig das von exakt der Hälfte der Gesprächspartner aufgeführte Kriterium *Zyklizität* ist dem operativen Führungsbereich zuzuordnen, bezieht es sich doch unmittelbar auf die Ertrags- und Finanzsituation eines Unternehmens.[275] Die Argumentationslogik zur Positionierung des Investitionskriteriums Zyklizität folgt derjenigen des de facto gleichbedeutenden Kriteriums Cashflow-Stabilität.

Eine ähnliche Situation ist schließlich auch im Kontext der produkt- beziehungsweise dienstleistungsbezogenen und operativen Kriterien vorzufinden. Während die zwei-, vier- und fünffach aufgeführten Investitionskriterien *Produktqualität, geografische Diversifikation/Expansion* und *Produktportfolio* relativ klar der strategischen Führung zugeordnet werden können,[276] ist die Positionierung des Investitionskriteriums *Kapazitätsauslastung* nicht ganz so eindeutig. Genauso wie die Kapitalintensität wird auch die Kapazitätsauslastung eines Unternehmens einerseits bestimmt durch das Unternehmenswachstum, das zur Erreichung der Marktanteilsziele angestrebt wird, und ist so gesehen Gegenstand des strategischen Managements.[277] Gleichzeitig ist die Kapazitätsauslastung jedoch eine produktionsbezogene Dimension und damit der operativen Führung zuzuordnen. Entsprechend erfolgte die Positionierung dieses Investitionskriteriums in Abbildung 28 an der Schnittstelle beider Führungs- und Aufgabenbereiche. Die Bedeutung, die dem Kriterium seitens der Private-Equity-Firmen beigemessen wird, ändert nichts an dieser Einschätzung.

Abbildung 29 veranschaulicht die hier ausgeführten Zusammenhänge.

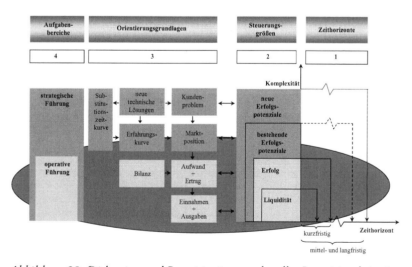

Abbildung 29: Diskussion und Repositionierung aktueller Investitionskriterien
Quelle: basierend auf Gälweiler (2005), S. 34

Kapitel 4.3 kam zu dem Schluss, dass die Investitionskriterien, die die Private-Equity-Firmen aktuell anwenden, in einer aggregierten Betrachtungsweise sowohl in absoluter als auch in relativer Hinsicht mehrheitlich der strategischen Führung zuzuordnen sind. Die Diskussion und die hieraus resultierende Repositionierung im vorliegenden Kapitel führen zu einem gänzlich anderen Ergebnis. Bezieht man die Bedeutung, die den Investitionskriterien von den Gesprächspartnern bei der Beurteilung der Investitionsopportunitäten jeweils tatsächlich beigemessen werden, mit ein, sind die Kriterien nun sowohl in absoluter als auch in relativer und damit in gewichteter Hinsicht mehrheitlich der operativen Führung zuzuschlagen.

Mehrere Investitionskriterien, die gemäß ihrer eigentlichen, betriebswirtschaftlichen Bedeutung im Sinne der Gälweiler'schen Unternehmensführung zunächst eindeutig der strategischen[278] oder zumindest der Schnittstelle zwischen der strategischen und der operativen Führung[279] zugeordnet werden konnten, sind bei näherer Betrachtung ebendieser Schnittstelle[280] oder eindeutig der operativen Führung[281] zugehörig.

Entgegen des Verdachts, der am Ende des letzten Kapitels aufkam, wohl aber in Einklang mit der Vermutung, auf die sich die bisherigen Darlegungen dieses Buches stützen, weist der Großteil der von Private-Equity-Firmen heute angewandten Investitionskriterien klar operativen Charakter auf. Nach dieser Diskussion lässt sich durchaus eine Bestätigung dafür finden, dass sich die bis dato praktizierte, weitgehend kurzfristige und auf unmittelbare Erfolgserzielung ausgerichtete, operative oder finanzwirtschaftliche Führung der Portfoliogesellschaften auch in den zur Anwendung gelangenden und erhobenen Investitionskriterien widerspiegelt. Die Perspektive der Beteiligungsgesellschaften kann unter diesen Gesichtspunkten entsprechend weitgehend als die falsche bezeichnet werden.

4.4 Notwendige Konzentration auf Erfolgspotenziale

Die Konsequenzen, die sich ergeben aus einer an operativen Daten ausgerichteten Führung der Portfoliogesellschaften beziehungsweise einer Konzentration auf sowie der Anwendung von Investitionskriterien, die sich auf operative Steuerungsgrößen und deren Orientierungsgrundlagen beziehen, wurden bereits in Kapitel 4.1 dargelegt. Zur Charakteristik der für die laufende Geschäftsführung wichtigen operativen Daten gehört, »[...] dass sie immer erst die Wirkungen von Veränderungen und nicht die bereits viel früher erkennbaren Ursachen registrieren können«.[282] Mit Blick auf den Gewinn und damit implizit auf die Gälweiler'sche Steuerungsgröße *Erfolg* formuliert auch der Doyen der Managementlehre Peter F. Drucker: »Profit is not the explanation, cause, or rationale of business decisions, but the test of their validity.«[283] Er führt weiter aus:

»In setting objectives, management always has to balance the immediate future against the long range. If it does not provide for the immediate future, there will be no long-range future. But if it sacrifices the long-range needs of ›what our business will be‹ and ›what our business should be‹ to immediate results, there will also be no business fairly soon.«[284]

Im Gälweiler'schen Navigationssystem bestehen mit den operativen und strategischen Steuerungsgrößen sowie ihren jeweils eigenständigen Orientierungsgrundlagen zahlreiche Wechselwirkungen. Das Wirkungsgefüge der gesamten Steuerungsgrößen kann auch durch grundsätzliche Gegenläufigkeiten charakterisiert werden, deren Auswirkungen in nachgelagerten Stufen des Steuerungssystems immer zu spät festgestellt werden. Da jede gegensteuernde Maßnahme Zeit erfordert, bis sie eingeleitet und wirksam werden kann, bedarf es einer zeitgerechten Vorsteuerung oder Voraussteuerung mithilfe von Orientierungssignalen, die niemals durch eine zeitliche Extrapolation der zu steuernden Größen per se geschaffen werden können.[285] Es ergibt sich logisch, dass die an operativen Daten ausgerichtete Unternehmensführung der Private-Equity-Firmen die fortgesetzte Lebensfähigkeit ihrer Beteiligungen zwangsläufig gefährdet und irreführend ist. Deshalb haben operative Daten und mit ihnen Investitionskriterien operativen Charakters unter den heutigen Umweltbedingungen ihre Eignung als Orientierungsgrundlagen für die strategische Führung fortschreitend eingebüßt.

Zusätzlich zu den Orientierungsgrundlagen und Steuerungsgrößen der bisher vorherrschenden operativen oder finanzwirtschaftlichen Führung sind für die strategische Führung entsprechend zeitlich weiterreichende Orientierungs- und Steuerungsmechanismen einzubeziehen. Strategische Unternehmensführung darf hierbei jedoch nicht etwa als eine »Aufstellung einer in die Zukunft gerichteten und auf zukünftige Zeitabschnitte bezogenen Gewinn- und Verlustrechnung«[286] aufgefasst werden,[287] sondern hat sich zusätzlich zur geforderten größeren zeitlichen Erstreckung auch sachlich anderen Orientierungs- und Steuerungsmechanismen als denjenigen des Erfolgs zu bedienen.

Es ist letztlich nicht Aufgabe und Zweck des strategischen Managements, den Gewinn im Detail für zukünftige Geschäftsjahre zu ermitteln, sondern all das eindeutig zu erarbeiten, was man spätestens heute und in der unmittelbar anschließenden Zeit tun muss, um die bestmöglichen Voraussetzungen zu schaffen für die Ertragsbedingungen im Unternehmen und in seiner relevanten Umwelt, die in ein, zwei, drei oder fünf Jahren mit hoher Wahrscheinlichkeit zu erwarten sind.[288] Es ist damit Aufgabe der strategischen Führung, für die Schaffung und Erhaltung der besten Voraussetzungen für anhaltende und weit in die Zukunft reichende Erfolgsmöglichkeiten, das heißt für *Erfolgspotenziale* zu sorgen.

»Das Erfolgspotenzial ist die bei der strategischen Unternehmensführung im Mittelpunkt stehende Führungs- beziehungsweise Steuerungsgröße. Die Steuerung des Erfolgspotenzials als Kernaufgabe der strategischen Führung ist daher nichts anderes als eine organisierte und systematische Vorsteuerung der für die operative Führung maßgebenden Größen Erfolg und Liquidität.«[289]

Auch hier gilt: In der sachlichen Andersartigkeit der erfolgspotenzialbestimmenden Faktoren liegt ihre Wirksamkeit für die Erfolgs*voraus*steuerung.

Im zweiten Kapitel wurde schrittweise dargelegt und schließlich gefolgert, dass sich Private-Equity-Firmen, wenn sie ihren Kundenanforderungen zukünftig gerecht werden wollen, auf die Erwirtschaftung nachhaltiger, realwirtschaftlicher *Operating Improvements* fokussieren müssen. Abbildung 30 veranschaulicht dies (mit Bezug auf Abbildung 27). Diese notwendige Ausrichtung bedingt eine strategische Unternehmensführung, die bei der richtigen Beurteilung und Auswahl möglicher Beteiligungsobjekte anhand nachhaltig relevanter Erfolgsfaktoren anzusetzen und eine im Rahmen des Post-Investment-Managements richtige und richtig angewandte Wertsteigerungsstrategie zu beinhalten hat.

Sowohl die Selektion als auch das Management der Investments haben sich hierbei an fundierten Strategiekenntnissen zu orientieren und dürfen nicht das Resultat des Gutdünkens der jeweils verantwortlichen Investmentmanager sein. Deshalb geht es im Folgenden darum, wie im Kontext

Abbildung 30: Nachhaltige Operating Improvements durch strategisches Management

der strategischen Unternehmensführung diese notwendige Konzentration auf Erfolgspotenziale in der Praxis umgesetzt werden kann. Das heißt, es geht um die Faktoren und Größen, die ihrerseits die Erfolgspotenziale eines jeweiligen Zielunternehmens bestimmen.

Abbildung 31 verdeutlicht auf einen Blick die Implikationen, die aus der notwendigen Erwirtschaftung nachhaltiger, realwirtschaftlicher *Operating Improvements* resultieren, und setzt sie zu den Kapiteln dieses Buches in Beziehung.

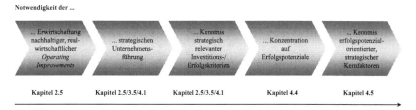

Abbildung 31: Nachhaltige Operating Improvements und Implikationen

4.5 Notwendige Kenntnis erfolgspotenzialorientierter Kernfaktoren

Wie dargelegt, ist es Aufgabe der strategischen Führung, für hinreichend hohe und sichere Erfolgspotenziale zu sorgen. Im Einzelnen geht es dabei um die Suche und Schaffung neuer sowie den Aufbau und die Erhaltung bestehender Erfolgspotenziale.[290] Ohne die Existenz etwaiger Potenziale ist auf Dauer – unabhängig von der Größe des heutigen Erfolgs – selbst die beste operative Führung nicht in der Lage, Erfolge zu erzielen.

Von elementarer Bedeutung für die Erfüllung der zentralen Aufgabe im Kontext der strategischen Unternehmensführung sind entsprechend die folgenden Fragen:

- Welches sind die dem Erfolg beziehungsweise Gewinn kausal und temporal vorgelagerten und für das strategische Erfolgspotenzial eines Unternehmens im Sinne der dauerhaften Ertragskraft tatsächlich relevanten Faktoren und Größen, die den Gälweiler'schen Orientierungsgrößen zugrunde liegen?
- Wie hängen diese Faktoren und Größen zusammen, und wie lassen sie sich quantifizieren und messen?

- Was muss das Management eines Unternehmens zum Aufbau nachhaltiger Erfolgspotenziale konkret tun?[291]

Aus Sicht der Private-Equity-Firmen und speziell mit Blick auf die Beurteilung möglicher Investitionsopportunitäten lauten die entsprechenden Fragen:

- Welches sind die Faktoren, die die Erfolgspotenziale eines Zielunternehmens bestimmen und die unter den dargelegten veränderten Rahmenbedingungen zur Erwirtschaftung nachhaltiger, realwirtschaftlicher *Operating Improvements* der strategischen Beurteilung von Investitionsopportunitäten zugrunde gelegt und entsprechend als strategisch relevante Investitionskriterien verwendet werden müssen?
- Wie kann in Erfahrung gebracht werden, wie ein Zielunternehmen sowohl hinsichtlich der einzelnen strategisch relevanten Faktoren als auch insgesamt strategisch positioniert ist?
- Wie hoch ist das Erfolgspotenzial des jeweiligen Zielunternehmens?
- Was müsste das Management des gegebenenfalls zu akquirierenden Unternehmens zur Realisierung und dem Aufbau von Erfolgspotenzialen konkret tun?
- Welche Wechselwirkungen bestehen zwischen operativer und strategischer Führung, die für die notwendige – und mittels strategischer Unternehmensführung zu realisierende – Erwirtschaftung nachhaltiger, realwirtschaftlicher *Operating Improvements* von Bedeutung sind?
- Welche Zielunternehmen stellen schließlich unter den dargelegten veränderten Rahmenbedingungen ideale Investitionsopportunitäten dar?

Antworten auf diese Fragen bietet das schon kurz eingeführte PIMS-Projekt – beziehungsweise: Die Antworten finden sich in dessen Ergebnissen. In Kapitel 5 und 6 wird noch ausführlicher auf dieses Projekt eingegangen. Das Akronym PIMS steht für *Profit Impact of Market Strategy*: die Wirkung von Marktstrategien auf den Gewinn. Bereits in der Bezeichnung kommt unmittelbar die von PIMS vertretene und mit der von Peter Drucker und Aloys Gälweiler in Einklang stehende Auffassung zum Ausdruck, dass der Gewinn beziehungsweise Profit keine Ursache, sondern das Resultat verschiedener zusammenwirkender Faktoren ist.

Während sich jedoch nicht nur Gälweiler, sondern auch Drucker in diesem Zusammenhang qualitativ-konzeptionell äußern,[292] ist den Forschungsergebnissen des PIMS-Projektes der oben angedeutete Brückenschlag zu verdanken: die empirisch und quantitativ belegte Verknüpfung von Strategie und Performance beziehungsweise von Unternehmensstrategie und Unternehmenserfolg. Dies kommt auch durch den Titel des PIMS-Standardwerks *The PIMS Principles – Linking Strategy to Performance*[293] deutlich zum Ausdruck. Während die Orientierung an finanzwirtschaftlichen Größen wie Erfolg und Liquidität und die Konzentration auf unmittelbare Erfolgserzielung zur möglichst raschen Wertsteigerung des Eigenkapitals, das in die jeweiligen Transaktionen investiert wurde, als Kern der heute noch in der Private-Equity-Branche vorherrschenden, operativen Führung bezeichnet werden kann, »[…] kann man als das dem strategischen Management vorgegebene Ziel nur die dauernde Existenzsicherung der Unternehmung […]«[294] oder mit den Worten von Gälweiler »[…] die nachhaltig, das heißt auf eine möglichst lange Sicht angelegte Sicherung der Überlebensfähigkeit der Unternehmung«[295] bezeichnen. Die Grundfrage des strategischen Managements lautet entsprechend:

- Welche Strategien können die zukünftige Existenz des Unternehmens sichern, obwohl die zukünftigen Umweltbedingungen, unter denen sie sich zu bewähren haben, nicht voraussehbar sind?

Und die Antwort kann eigentlich nur lauten:

- Die Grundstrategie muss darauf ausgerichtet sein, das Unternehmen fähig zu machen, sich kurzfristig den nicht längerfristig voraussehbaren Veränderungen der Umwelt anzupassen.[296]

Sicherung der zukünftigen Existenz des Unternehmens oder des Überlebens heißt, sich immer wieder aufs Neue den sich stets verändernden Gegebenheiten anpassen zu können. Das erfordert ihr rechtzeitiges Erkennen, nicht jedoch in Form etwaiger Futurologien, sondern in ihren ersten konkreten Anzeichen, die normalerweise lange vor dem Eintritt der Wirkungen erkennbar sind. Strategie ist Evolution, und Evolution lässt sich nicht planen.[297] Man kann nur mit ihr und in ihr leben und überleben, wenn man sich an die Funktionsregeln und Ablaufmuster hält, die uns die Evolution lehrt und die sich speziell für die Erhaltung des Unternehmens als bedeutsam erwiesen haben, und wenn man dabei Lösungen vermeidet, die aufgrund der Erfahrung von vorneherein nur hohe Wahrscheinlichkeiten für Misserfolge und existenzgefährdende Risiken enthalten.[298]

Die Funktionsregeln und Ablaufmuster, die für die Sicherung der zukünftigen Existenz des Unternehmens notwendig sind, werden mit dem von Gälweiler entwickelten kybernetischen System von Orientierungs- und

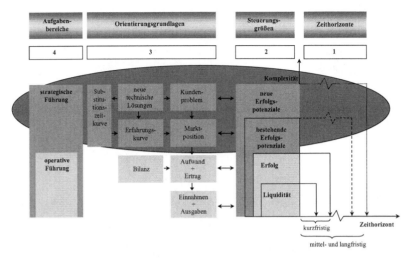

Abbildung 32: Positionierung und Fokus der PIMS-Anwendungen
Quelle: basierend auf Gälweiler (2005), S. 34

Steuerungsmechanismen zur Verfügung gestellt. Durch die Forschungsergebnisse von PIMS werden die Gälweiler'schen strategischen Orientierungsgrößen präzisiert und quantifiziert, wodurch das PIMS-Projekt wirksam die Ermittlung und Umsetzung heutiger und zukünftiger Erfolgspotenziale unterstützt. Dieser Zusammenhang wird in Abbildung 32 veranschaulicht.

Aus dem Blickwinkel der Private-Equity-Firmen rücken bei den zu erwerbenden Zielunternehmen – bedingt durch die veränderten Rahmenbedingungen – die Schaffung von *Customer-Value* und die Steigerung der Wettbewerbsfähigkeit, kurz realwirtschaftliche und nicht finanzwirtschaftliche Anstrengungen, in den Vordergrund, die ihrerseits notwendige Bedingungen einer gesteigerten Lebensfähigkeit und dauernden Existenzsicherung sind. Das beginnt bei der Beurteilung und Selektion möglicher Beteiligungsobjekte anhand nachhaltig und strategisch relevanter Erfolgsfaktoren. Insofern zeigen das vierte Kapitel beziehungsweise das strategische Management und hierbei insbesondere die nun folgenden Ausführungen zu PIMS, wie der Wandel der Private-Equity-Firmen von *Investor*-Aktionären hin zu *Unternehmer*-Aktionären stattfinden kann.

Aufgrund einer Datenbank mit Kennzahlen von mehr als 4 000 gespeicherten Geschäftseinheiten von über 500 Unternehmen ermittelt das PIMS-Forschungsprogramm die Faktoren und Größen, die die Erfolgspotenziale eines Zielunternehmens bestimmen. Unter den veränderten Rahmenbedingungen der strategischen Beurteilung von Investitionsopportunitäten werden sie zugrunde gelegt und entsprechend in Zukunft als strategisch relevante Investitionskriterien verwendet werden müssen. Hierdurch wird die Identifikation der im neuen Kontext idealen Investitionsopportunitäten ermöglicht.

5. Erfolgspotenzialbestimmung durch strategische Innovation

»Höhere Fähigkeiten erwachsen nur aus mehr Komplexität.«
Carsten Bresch, Physiker und Genetiker

Die Zunahme an Komplexität der für Private-Equity-Firmen relevanten Unternehmenswelt – die mit den im zweiten Kapitel beschriebenen Marktentwicklungen beziehungsweise mit deren Implikationen einhergeht – lässt unschwer den hieraus erwachsenden Bedarf an Komplexitätsbeherrschung mithilfe strategischer Unternehmensführung erkennen. In der vergangenen Wirtschaftsperiode, die überwiegend durch Stabilität, Stetigkeit und positiv verlaufenden Veränderungen gekennzeichnet war, reichte in den meisten Fällen eine weitgehend kurzfristig und auf unmittelbare Erfolgserzielung ausgerichtete, operative oder finanzwirtschaftliche Führung der Portfoliogesellschaften. Heute müssen zusätzliche und zeitlich weiterreichende Steuerungsmechanismen herangezogen werden, um den höheren Komplexitätsgrad zu bewältigen.

Mit dem von Gälweiler entwickelten kybernetischen Konzept der strategischen Unternehmensführung wurde ganz im Sinne des Varietätstheorems ein solches komplexitätskonformes Steuerungssystem vorgestellt. Dies ermöglicht es den Beteiligungsgesellschaften, indem sie es für die zukünftige Beurteilung ihrer Investitionsopportunitäten einsetzen, die eigene, als Varietät ausgedrückte Komplexität in Einklang mit der ebenfalls als Varietät ausgedrückten Komplexität ihrer Umwelt zu bringen. Im Gälweiler'schen Navigationssystem, wie es in Abbildung 26 erstmals dargestellt wurde, wird die zunehmende Komplexität beim Übergang von der operativen hin zur strategischen Führung mit ihren jeweils spezifischen Orientierungs- und Steuerungsgrößen separat gekennzeichnet.

Der instrumentelle Charakter des PIMS-Programms (PIMS steht für *Profit Impact of Market Strategy*) erlaubt grundsätzlich eine Anwendung im Rahmen der meisten heute existierenden strategischen Konzepte. Einzelne scheinen allerdings besser dazu geeignet, das PIMS-Programm als unterstützendes Instrument zu integrieren. Zusätzlich zur systematischen und quantitativen Bestimmung von Erfolgspotenzialen, die weiter unten eingehend dargelegt wird, befasst sich das PIMS-Programm mit einer systemischen Analyse der Kausalbeziehungen hinsichtlich unternehmens- und umfeldbezogener Variablen[299] und ermöglicht eine Konzentration auf erfolgsrelevante Faktoren zur Komplexitätsbeherrschung, ohne hierbei eine risikoreiche Einschränkung von Varietät vorzunehmen. Unter diesen Gesichtspunkten erweist sich insbesondere eine Integration in system- und erfolgspotenzialorientierte Konzepte als äußerst fruchtbar,[300] wie das von Gälweiler entwickelte kybernetische Konzept der strategischen Unternehmensführung eines ist.

Insofern kann PIMS aus systemtheoretischer Sicht durchaus als ein kybernetisches Instrumentarium zur quantitativen Bestimmung von Erfolgspotenzialen bezeichnet werden. Vor dem Hintergrund des vorgestellten integrierten und kybernetischen Konzepts der strategischen Unternehmensführung kann es Private-Equity-Firmen bei der zukünftigen Beurteilung ihrer Investitionsopportunitäten unterstützen, um in der Folge nachhaltige, realwirtschaftliche *Operating Improvements* zu erwirtschaften und, als Konsequenz davon, den eigenen, nachhaltigen Erfolg zu sichern.

5.1 Grundlagen des PIMS-Projektes

Um den kybernetischen Charakter von PIMS zu konkretisieren sowie um darzulegen, was PIMS *nicht* ist, wird zuerst das Forschungsprojekt von der Portfolioplanung abgegrenzt.

Abgrenzung von PIMS gegenüber der Portfolioplanung

Zahlreiche Wissenschaftler und Managementberater auf dem Gebiet des strategischen Managements betrachten PIMS als eine Variante der Portfolioplanung. Unter diesem Gesichtspunkt ist die PIMS-basierte Bewertung einer Geschäftseinheit oder einer Gruppe von Geschäftseinheiten eine Alternative und manchmal eine Ergänzung zu den Bewertungen, bei denen Geschäftseinheiten nach ihrer Position in einer Portfoliomatrix[301] oder einem Portfolioraster klassifiziert werden. Obwohl es zwischen den verschiedenen Portfoliosystemen wichtige Unterschiede gibt, liegt allen die gleiche Logik zugrunde:

»Regardless of the particular layout chosen for the matrix, the basic idea behind the portfolio concept remains the same: the position (or box) that a business unit occupies within the matrix should determine the strategic mission and the general characteristics of the strategy for the business.«[302]

Die Logik des beim Aufbau und bei der Analyse der PIMS-Datenbank angewandten Ansatzes gleicht derjenigen der populären Portfolioansätze in einem wesentlichen Punkt:

»We all take as a common starting point the notion that reasonable financial objectives for a business, and at least some of the general characteristics of the strategy it should adapt, depend on (1) its strategic position, and (2) the characteristics of its marketplace.«[303]

Dennoch bestehen grundlegende Unterschiede zwischen dem PIMS-Ansatz und den Portfolioklassifikationssystemen. Zum einen versuchen Portfoliosysteme den Unternehmenserfolg anhand nur weniger Schlüsselfaktoren zu erklären.[304] Sämtliche andere Faktoren, die sich auf die Rentabilität eines Unternehmens auswirken können, werden damit implizit außer Acht gelassen. Das PIMS-Programm wurde demgegenüber von Anfang an so gestaltet, dass möglichst viele Dimensionen von Strategie und Marktbedingungen erforscht werden sollen, die sich auf den Unternehmenserfolg auswirken. Dementsprechend erfassen denn auch die weitverbreiteten Portfolioklassifikationssysteme nur einen Bruchteil all jener strategischen Dimensionen, die gemäß der PIMS-Forschung einen Einfluss auf die Rentabilität eines Unternehmens ausüben.[305]

Ein weiterer großer Unterschied äußert sich in der Tatsache, dass sich PIMS einer Datenbank und damit eines quantitativen Ansatzes bedient, um festzustellen, wie Strategien unter unterschiedlichen Gegebenheiten Ergebnisse beeinflussen können. Nur durch eine Untersuchung unterschiedlicher Situationen, wie dies bei PIMS – bedingt durch den Einbezug von Daten zahlreicher Geschäftseinheiten, die in den verschiedensten Branchen und Ländern tätig sind – der Fall ist, können aussagekräftige und gültige Gesetzmäßigkeiten über Wettbewerbsstrategien erfasst werden.[306]

Befürworter klassischer Portfolioklassifikationssysteme könnten an dieser Stelle – wenn auch nur im ersten Moment – berechtigterweise das Argument vorbringen, dass diese Systeme getreu dem Slogan *Keep it simple* eine Vereinfachung der tatsächlichen Unternehmenssituation anstreben. Der – ebenso wie die Portfolioklassifikationssysteme selbst – weitverbreitete Slogan hat allerdings seine klar und eng begrenzte Berechtigung; wenn es gelingt, die Dinge einfach zu halten, können auch die entsprechenden Steuerungs- und Regulierungsmechanismen einfach sein.[307] Es ist dies eine Situation oder ein Umfeld, die beziehungsweise das durch einen geringen Komplexitätsgrad charakterisiert werden kann.

Da es unumstritten ist, dass dieser Sachverhalt weder für die Erklärung des nachhaltigen Unternehmenserfolgs noch für die strategische Unternehmensführung im Allgemeinen oder die Quantifizierung von Erfolgspotenzialen im Besonderen zutrifft, muss für den angemessenen, richtigen Umgang mit diesen Aufgabenstellungen eine ausreichende, eigene Varietät oder Komplexität entwickelt werden: »Höhere Fähigkeiten erwachsen nur aus mehr Komplexität.«[308] Genauso wie das von Gälweiler entwickelte kybernetische Konzept der strategischen Unternehmensführung scheint auch PIMS dieser Anforderung ganz im Sinne des Gesetzes der erforderlichen Varietät[309] erfolgreich gerecht zu werden, wie dies Carl R. Anderson und Frank T. Paine erklären:

»The PIMS model is described as a complex rather than a simplistic model of strategy [...] the rationale for this approach is based on the assumption that complex models are more likely to be right than simplistic models.«[310]

Um weiterhin darzulegen, was PIMS *nicht* ist, sowie der Klarstellung halber sollen hier abschließend zwei weitverbreitete Missverständnisse aus dem Weg geräumt werden. PIMS *ist* keine Datenbank, wie es regelmäßig missverständlich dargestellt wird. Um die Frage zu beantworten, wie Strategien unter unterschiedlichen Gegebenheiten Ergebnisse beeinflussen können, *bedient sich* das Forschungsprojekt der Datenbanken.

Des Weiteren ist das PIMS-Datenmaterial weder veraltet noch unvollständig, wie das immer wieder kolportiert wird. Der Nachweis der Stabilität der Daten während bisher sämtlicher Konjunkturlagen als auch insbesondere während der sogenannten *New-Economy*-Phase ist im Gegenteil als eine der herausragenden Errungenschaften des Forschungsprojektes zu bezeichnen. Wie später noch gezeigt wird, ist die PIMS-Datenbank des Weiteren auch im Laufe des letzten Jahrzehnts kontinuierlich erweitert worden; betrug die Anzahl der in ihr gespeicherten Geschäftseinheiten zur Jahrtausendwende noch 3 760, enthielt die Datenbank per Ende März 2008 die Kennzahlen von bereits 4 154 gespeicherten Geschäftseinheiten.[311]

Grundidee und Grundprämisse des PIMS-Ansatzes

Die Grundidee hinter dem PIMS-Forschungsprojekt und den darauf aufbauenden Methoden der Gestaltung und Entwicklung von Unternehmensstrategien ist ebenso einfach wie bestechend:

»Müsste es nicht möglich sein, aus den Daten vieler Geschäftsbereiche zahlreicher Unternehmungen genau jene Faktoren herauszufinden, die letztlich wirklich entscheidend sind für den dauerhaften Geschäftserfolg? Wäre nicht zu erwarten, dass mit Methoden, wie sie in anderen Wissenschaften seit langem üblich sind, insbesondere durch vergleichende Strukturanalysen, bessere Resultate zu erzielen sind als durch Intuition und individuelle Erfahrung allein?«[312]

Getreu dem Leitmotiv, das Otto von Bismarck zugesprochen wird,[313] entsprechen diese Fragestellungen dem von PIMS in der Unternehmenspraxis vertretenen Grundsatz: *Lernen aus den Erfahrungen anderer, um eigene Fehler zu vermeiden.*[314]

Basierend auf einer einzigartigen Sammlung von empirischen Unternehmensdaten ermittelt das PIMS-Projekt die strategischen Bestimmungsfaktoren des nachhaltigen Unternehmenserfolges. Hierbei kann PIMS auch heute noch – nach mehr als drei Jahrzehnten – als das bedeutendste und weltweit größte Forschungsprojekt im Bereich der empirischen Strategieforschung bezeichnet werden.[315] Bereits zu Beginn verwiesen die involvierten Wissenschaftler auf die Unabdingbarkeit empirisch belegter Zusammenhänge im Rahmen der Erfolgsfaktorenforschung:

»Whatever economic theory or businessmen's opinions may suggest, however, the ultimate test of whether and how a given factor is related to profitability is an empirical one.«[316]

In Einklang damit betitelt Fredmund Malik das PIMS-Programm als *Durchbruch in der Strategieforschung* und fasst dessen Implikationen für die Strategieentwicklung wie folgt zusammen:

»Bildhaft gesprochen, bedeuten die PIMS-Ergebnisse nicht weniger als das Ende der Blindflugära in der Strategieentwicklung. Was vor und ohne PIMS eine Mischung aus Ratespiel, individuellen Erfahrungen, Intuition, Abschauen von der Konkurrenz und Fortschreibung der Vergangenheit war, ist mit PIMS ein nahezu perfekt gesteuerter Flug mit modernster Satellitennavigation.«[317]

Im Mittelpunkt des PIMS-Programms befindet sich die Grundprämisse, dass Gesetzmäßigkeiten existieren und dass diese universell sind ähnlich der Gesetze, wie sie in den Naturwissenschaften bestehen. Diese *laws of the market place*, also Marktgesetze, sind als »empirisch belegbare Kausalzusammenhänge im Bereich der Unternehmensstrategien«[318] zu verstehen und besagen, dass die ermittelten Wirkungszusammenhänge unabhängig von Zeit und Ort unter gleichen Rahmenbedingungen gelten (also universell gültig sind»Sie gelten auf erstaunlich einheitliche Weise in fast allen Unternehmungen in den verschiedensten Branchen und unter den unterschiedlichsten Marktverhältnissen.«[319]

Damit bedient sich das PIMS-Programm der gleichen Methode, wie sie in anderen angewandten Wissenschaften, etwa der Medizin, eingesetzt wird. Durch den Aufbau einer Datenbank und der Entwicklung entsprechender Analysemethoden wurden die notwendigen Voraussetzungen für ein vergleichbares Vorgehen im Bereich der Strategieforschung geschaffen.[320]

Basiskriterien, konzeptionelle Grundpfeiler und Erfolgsmaßstäbe

Wie schon erwähnt, zielte das Grundkonzept des PIMS-Programms von Anfang an auf die Untersuchung möglichst vieler Dimensionen von Strategie und Marktbedingungen. Es stützt sich hierbei auf zwei Kriterien, die im Rahmen der angewandten Methoden eine zentrale Rolle spielen und gleichzeitig jeweils einen typischen Anknüpfungspunkt für (teils widerlegte) Kritik am PIMS-Programm bieten (siehe unten). Es sind dies die *allgemeine Relevanz für alle Branchen* und *Messbarkeit*.

Entsprechend der Grundprämisse und der Bestrebungen, Zusammenhänge zu entdecken, die über sämtliche Branchen hinweg Gültigkeit besitzen, wurden bei PIMS keine Anstrengungen unternommen, Strategieprobleme zu erforschen, die in nur einer Branche anfallen. Stattdessen erfolgte eine Konzentration auf *gemeinsame strategische Nenner*.[321] Deshalb verfolgt PIMS einen sogenannten *Cross-Sectional*-Ansatz[322]: Die in der Datenbank gespeicherten Informationen stammen von Geschäftseinheiten, die in den unterschiedlichsten Branchen tätig sind. Bei der Ermittlung der Marktgesetze werden in der Regel nicht einzelne Branchen separat untersucht, sondern die Erfahrungen aller in der Datenbank enthaltenen Geschäftseinheiten bilden die Ausgangsbasis für branchenübergreifende Analysen.[323]

Darüber hinaus beschränken sich die PIMS-Analysen auf Dimensionen, die quantifizierbar und bewertbar sind. *Messbarkeit* ist insofern ein notwendiges Kriterium, als sich das PIMS-Programm statistischer Methoden bedient, die eine Quantifizierung der in die Datenbank aufgenommenen Variablen erfordern. Die Untersuchung von Variablen, die naturgemäß nicht quantifizierbar sind, wird somit von vornherein ausgeschlossen.[324]

Strategische Geschäftseinheiten als Bezugsobjekte

Trotz einer Tendenz zur Konzentration beschränken sich nur die wenigsten Unternehmen auf die Herstellung und Vermarktung nur eines Produktes oder nur einer Dienstleistung, um einen klar definierten Kreis von Kunden innerhalb eines klar abzugrenzenden geografischen Bereichs zu bedienen. Und nur selten stehen sie mit einem genau definierten Kreis von Konkurrenten im Wettbewerb. Nicht nur das US-Unternehmen General Electric, in dem das PIMS-Forschungsprojekt seinen Ursprung findet, das koreanische Unternehmen Samsung oder der deutsche Siemens-Konzern vermögen dies zu belegen,[325] sondern auch der größte Teil der zahlreicheren kleineren und mittleren Unternehmen. Die Produkte und Dienstleistungen von Siemens werden beispielsweise von unterschiedlichen Kundenkreisen und für unterschiedliche Anwendungen erworben. Deshalb steht der Konzern im Markt für Weichenstellsysteme mit anderen Konkurrenten im Wettbewerb als im Markt für Geschirrspüler. Folglich sieht sich das Unternehmen bei beiden Produktlinien mit unterschiedlichen Strategiefragen konfrontiert, selbst wenn die Produkte aus demselben Rohmaterial hergestellt, durch dieselbe Absatzorganisation vertrieben oder auf der gleichen Technologie basieren würden.

Entsprechend sind die Untersuchungseinheiten im Rahmen des PIMS-Programms in der Regel nicht gesamte Unternehmen, sondern Unternehmensteilbereiche, sogenannte *Business Units* oder *Strategic Business Units*, zu deutsch *Geschäftseinheiten* oder *strategische Geschäftseinheiten (SGE)*.

»A business unit, according to the PIMS definition, is a division, product line, or other profit center of a company that:

- produces and markets a well-defined set of related products and/or services;
- serves a clearly defined set of customers, in a reasonably self-contained geographic area; and
- competes with a well-defined set of competitors.«[326]

Dieser Definition liegt folgender Gedanke zugrunde:

»The reasoning behind this definition is that it represents the smallest subdivision of a company for which it would be sensible to develop a distinct, separate strategy.«[327]

Diese Argumentation impliziert nicht etwa eine Unternehmensanarchie, in der jede Geschäftseinheit eines Unternehmens ihre eigene, unabhängige Strategie verfolgt. Um Doppelspurigkeiten, widersprüchliche Maßnahmen und eine verkürzte Sichtweise zu vermeiden, müssen im Gegenteil die Strategien von miteinander verbundenen Geschäftseinheiten koordiniert werden. Eine Geschäftseinheit sollte deshalb eine eigene Strategie verfolgen, die eine *Teilstrategie* innerhalb eines breiteren Gesamtstrategierahmens darstellt.[328]

Das Konzept des bedienten Marktes

In engem Zusammenhang mit der Überlegung, wie eine strategische Geschäftseinheit zu definieren ist, steht die Frage nach dem von ihr *bedienten Markt*. Nur in den wenigsten Fällen bieten Geschäftseinheiten jedes Produkt oder jede Dienstleistung an, die sie anbieten könnten, beziehungsweise verkaufen sie an sämtliche Kunden, an die sie verkaufen könnten. Viel eher beschränken sie sich auf einige Teilbereiche eines größeren *Gesamtmarktes*; eine Geschäftseinheit fokussiert sich auf einen Teilbereich des Gesamtmarktes durch das Angebot eines Produkts, das für diesen Teilbereich passend ist (A in Abbildung 33), und durch Marketingmaßnahmen, die auf diesen Teilbereich abzielen (B in Abbildung 33).[329] Abbildung 33 verdeutlicht das Konzept des bedienten Marktes.

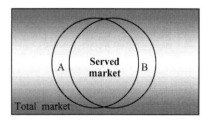

Abbildung 33: Konzept des bedienten Marktes
Quelle: Buzzell/Gale (1987), S. 33

Der bediente Markt wird somit definiert »[...] as that part or segment of an industry (in terms of products, kinds of customers, and geographic areas) in which a business actually competes«.[330] Bei den meisten Geschäftseinheiten ist dieser Markt wesentlich kleiner als die Gesamtbranche, in der eine Geschäftseinheit jeweils tätig ist. Der Marktanteil einer Geschäftseinheit in dem von ihr bedienten Markt stellt so eine geeignetere Kenngröße für die gegenwärtige Wettbewerbsposition dar als der Marktanteil an einer großen und heterogenen Branche – unter dieser Prämisse bildet der bediente Markt in sämtlichen PIMS-Analysen ein zentrales Konzept. Weitere Gründe kommen hinzu:

- Messungen oder Schätzungen von Wachstumsraten eines Marktes werden für jeden von einer Geschäftseinheit bedienten Markt durchgeführt.
- Profil und Marktanteil führender Konkurrenten werden durch den Umfang des von ihnen bedienten Marktes bestimmt.
- Die relative Qualität der Produkte beziehungsweise Dienstleistungen einer Geschäftseinheit wird im Verhältnis zur Konkurrenz auf dem bedienten Markt bewertet.[331]

Maßstäbe für den Erfolg

Linking Strategy to Performance[332] – zu deutsch: die Verbindung von Strategie und (Geschäfts-)Erfolg – erfordert eine genaue Festlegung, wie Erfolg zu messen ist. Indem sie den üblichen Managementverfahren folgen – und in Einklang mit den Profitabilitätsbetrachtungen der Private-Equity-Firmen –, setzen die PIMS-Analysen vorwiegend zwei Maßstäbe für Rentabilität an: *Return on Investment* (ROI) beziehungsweise den Nettobetriebsgewinn vor Steuern und Zinsen (EBIT) als Prozentsatz des investierten Kapitals[333] und *Return on Sales* (ROS) beziehungsweise den Nettobetriebsgewinn vor Steuern und Zinsen (EBIT) als Prozentsatz des Umsatzes. Der ROI ist als Erfolgsindikator eindeutig aufschlussreicher, zumal er die erzielten Ergebnisse zu den eingesetzten Ressourcen in Relation setzt. Um vernünftige Leistungsvergleiche anstellen zu können sowie um möglichst unverzerrte Ergebnisse zu erzielen, bedient man sich des Gewinns *vor* Abzug von Steuern und Zinsen und berücksichtigt entsprechend die spezifische Finanzierungs- und Steuersituation eines jeden Unternehmens beziehungsweise eines jeden Landes.[334] In einigen (seltenen) Fällen wird zusätzlich der Cashflow einer Geschäftseinheit als weiterer Erfolgsindikator hinzugenommen. Da sich die Ergebnisse einer bestimmten Strategie gewöhnlich nur über einen Zeitraum von mehreren Jahren zeigen, ist die angemessene Kenngröße für den Effekt einer solchen Wahl die Durchschnittsrentabilität während eines mehrjährigen Zeitraumes; das PIMS-Programm bedient sich hauptsächlich der durchschnittlichen ROI- und ROS-Werte für Zeiträume von vier Jahren.[335]

Zwischen den einzelnen Geschäftseinheiten in der PIMS-Datenbank bestehen hinsichtlich der Rentabilität erhebliche Unterschiede: Die Vierjahres-Durchschnittswerte des ROI liegen zwischen −100 Prozent und +400 Prozent, die des ROS zwischen −40 Prozent und +40 Prozent.[336] Diese Erfolgsunterschiede sind auf die gleichermaßen großen Unterschiede in den Wettbewerbspositionen und Marktbedingungen zurückzuführen, die selbst zwischen den strategischen Geschäftseinheiten eines einzelnen Unternehmens bestehen. Die große ROI-Spannweite findet ihre Ursache zudem in den großen Unterschieden hinsichtlich der Höhe des investierten Kapitals einer Geschäftseinheit.

Die Abbildungen 34 und 35 zeigen jeweils die Verteilung der in der Datenbank enthaltenen ROI- und ROS-Werte der Geschäftseinheiten. Beide Erfolgskennzahlen weisen ein normalverteilungsähnliches Muster auf.

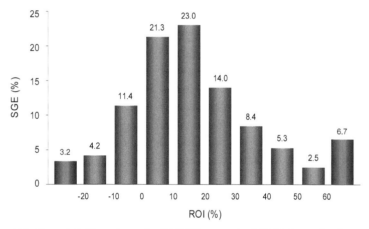

Abbildung 34: Verteilung der ROI-Werte in der PIMS-Datenbank
Quelle: PIMS-Datenbank

Inhalt, Aufbau und Struktur der PIMS-Datenbank(en)

Die PIMS-Datenbank ist im Laufe der Jahrzehnte kontinuierlich erweitert worden. Zum 31. März 2008 speicherte sie Daten von 4154 Geschäftseinheiten für mindestens vier Jahre[337] und verfügte über mehr als 20 000 Jahre Geschäftserfahrung in ihrem Datenmaterial, das je nach Fragestellung nach zahlreichen Gesichtspunkten strukturiert werden kann. Die Verknüpfung von Strategie und Performance beziehungsweise von Unternehmensstrategie und Unternehmenserfolg stand zu Beginn der PIMS-Forschungsarbeiten im Mittelpunkt. Inzwischen liefert PIMS für praktisch alle relevanten

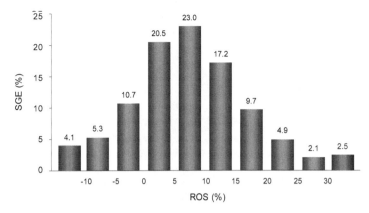

Abbildung 35: Verteilung der ROS-Werte in der PIMS-Datenbank
Quelle: PIMS-Datenbank

Strategiefragen empirisch fundierte Antworten, die auf andere Weise nicht zu erhalten sind.[338]

Diese Informationen decken die Zeiträume zwischen Anfang der siebziger Jahre bis heute ab, somit sind sowohl Phasen der Rezession als auch der Expansion eingeschlossen. Um einen groben Überblick über Inhalt, Aufbau und Struktur der PIMS-Datenbank(en) zu schaffen, wird im Folgenden etwas näher auf die PIMS-Datenerhebung und -Mitgliedschaft, die eigentliche Forschungsdatenbank des PIMS-Programms sowie auf die sogenannten *Satelliten-Datenbanken* eingegangen.

Die PIMS-Datenerhebung

Die Erfassung der Informationen über die strategischen Geschäftseinheiten der Mitgliedsunternehmen erfolgt im Rahmen des PIMS-Programms mittels standardisierter Fragebögen, die als *PIMS Data Forms* bezeichnet werden. Für jede Geschäftseinheit, die neu in die Datenbank aufgenommen wird, gilt es, diesen Erhebungsbogen anhand von insgesamt 252 geschlossenen Fragen auszufüllen. Diese umfassen fünf Themenbereiche:

- Tätigkeitsbereich der strategischen Geschäftseinheit,
- Gewinn- und Verlustrechnungsdaten sowie Bilanzdaten,
- seitens der strategischen Geschäftseinheit bedienter Markt,
- Vergleich mit den drei Hauptkonkurrenten sowie
- Annahmen bezüglich zukünftiger externer und interner Entwicklungen.

Bei jeder Geschäftseinheit werden die jeweiligen Daten dem Rechnungswesen entnommen. In einigen Fällen sind Allokationen oder andere Berichtigungen notwendig, um die Kosten oder das Vermögen zu schätzen, sodass schließlich jede Einheit so behandelt werden kann, als sei sie unabhängig von anderen Teilen ihrer jeweiligen Muttergesellschaft.[339]

Für bestimmte Variablen, die sich im Zeitablauf verändern wie beispielsweise der Jahresumsatz, sind Angaben über zumindest die vergangenen drei Geschäftsjahre erforderlich. In der Datenbank liegen pro aufgenommener Geschäftseinheit damit rund 500 Parameter beziehungsweise Variablen vor, die nach den verschiedenartigsten Gesichtspunkten auf ihre strategische Relevanz, ihre gegenseitigen Beziehungen und ihre Auswirkungen auf die Profitabilität analysiert werden.[340] Um Erhebungsfehler zu vermeiden, werden die Daten einer strengen Qualitätskontrolle durch ein eigens dafür entwickeltes Programm unterzogen, das insbesondere die interne Widerspruchsfreiheit der Daten überprüft und auf Extremwerte hinweist, die außerhalb der normalen Verteilung der Variablen liegen.[341]

Die PIMS-Mitgliedschaft

Unter der Ägide des Strategic Planning Institute (SPI) erfolgte die Mitgliedschaft auf freiwilliger Basis. Jedes Unternehmen konnte grundsätzlich PIMS-Mitglied werden. Als Gegenleistung für die Möglichkeit, die PIMS-Anwendungsmodelle nutzen zu können, waren jährliche, nach Umsatzgröße des jeweiligen Unternehmens gestaffelte Mitgliedsgebühren zu entrichten. Die Mitgliedsunternehmen waren des Weiteren dazu verpflichtet, dem SPI Daten über mindestens eine ihrer strategischen Geschäftseinheiten für Forschungszwecke zur Verfügung zu stellen.[342]

Die freiwillige Mitgliedschaft bedingte eine Selbstselektion der Mitgliedsunternehmen. Dies in Kombination mit deren Nichtveröffentlichung wurde in Literatur und Praxis über Jahre hinweg kritisiert.[343] Unter der Obhut des Malik Management Zentrum St. Gallen, das die PIMS-Anwendungen und -Erkenntnisse heute auf konsultatorischer Ebene einsetzt, erfolgt die Aufnahme weiterer Mitgliedsunternehmen entsprechend auf Basis der erteilten Beratungsaufträge.

In den Anfangsjahren des PIMS-Projektes gehörte die Mehrzahl der Mitgliedsunternehmen zu den umsatzmäßig größten US-amerikanischen Unternehmen. Doch im Verlaufe der Zeit sind zunehmend auch kleinere und mittelgroße Unternehmen ins Forschungsprojekt aufgenommen worden. Somit steht auch die entsprechende Information der Datenbank zur Verfügung.

Die Forschungsdatenbank als Herzstück des PIMS-Programms

Wenn bisher von der *PIMS-Datenbank* die Rede war, dann war damit die Hauptdatenbank gemeint, die das Herzstück des PIMS-Programms[344] darstellt. Sie deckt heute – wie erwähnt – mehr als 20 000 Jahre Geschäftserfahrung aus einem breiten Spektrum verschiedenster Industriezweige weltweit in ihrem Datenmaterial ab. Wie Abbildung 36 zeigt, handelt es sich bei den Geschäftseinheiten zu mehr als 90 Prozent um verarbeitende Betriebe. Etwa ein Drittel stellt Konsumgüter her, 15 Prozent fertigen Kapitalgüter. Die verbleibenden Geschäftseinheiten sind Anbieter von Rohstoffen und Halbfertigfabrikaten, Komponenten oder Zubehör für Industrie und Handel. Handels- und Dienstleistungsunternehmen machen weniger als 10 Prozent der Gesamtunternehmen aus und repräsentieren eine dennoch ziemlich große Stichprobe (über 250) von strategischen Geschäftseinheiten dieser Kategorie.

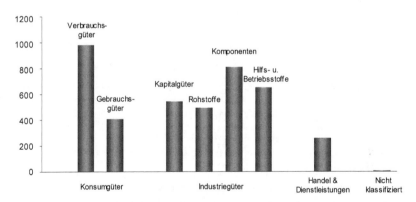

Abbildung 36: Aufteilung der PIMS-Datenbank nach Branchenzugehörigkeit
Quelle: PIMS-Datenbank

Abbildung 37 veranschaulicht die Zusammensetzung der Datenbank nach geografischen Gesichtspunkten. Etwa die Hälfte der Geschäftseinheiten vermarktet ihre Produkte beziehungsweise Dienstleistungen auf nationaler Ebene in den USA oder in Kanada, während 11 Prozent regionale Märkte in Nordamerika bedienen.[345] Auch europäische Unternehmen sind heute zahlreich vertreten und umfassen rund 1 000 Geschäftseinheiten aus kontinentaleuropäischen Ländern sowie 600 aus Großbritannien.

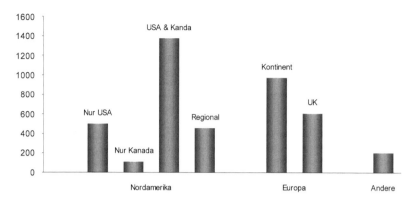

Abbildung 37: Aufteilung der PIMS-Datenbank nach geografischer Lage
Quelle: PIMS-Datenbank

Die weiteren Satelliten-Datenbanken

Zusätzlich zu der PIMS-Hauptdatenbank wurden im Laufe der Zeit mehrere ergänzende, sogenannte *Satelliten-Datenbanken* entwickelt. Diese orientieren sich an speziellen Fragestellungen und befassen sich mit spezifischen Anwendungsproblemen. Sie werden zum Teil heute noch kontinuierlich erweitert.[346]

Für die vorliegende Studie sind insbesondere die PIMS-Start-up-Datenbank sowie die Spezialdatenbank für *Customer-Value* von Bedeutung. Die Start-up-Datenbank wird für die Analyse der Strategien von neugegründeten Geschäftseinheiten sowie von Diversifikations- und Innovationsprojekten eingesetzt. Die Datenbank für den *Customer Value* unterstützt im Rahmen des PIMS-Programms die Erhebung des Kundennutzens.[347]

Prominente Beispiele der Satelliten-Datenbanken sind die PIMS-*Business Overheads*- oder die PIMS-OASIS-Datenbank. Während Erstere ein branchenübergreifendes Benchmarking der Gemeinkosten von strategischen Geschäftseinheiten ermöglicht, steht bei der letzteren Datenbank, die gemeinsam mit Hay Associates und der University of Michigan entwickelt wurde, die Analyse der Beziehungen zwischen Personalfragen, Wettbewerbsstrategie und Unternehmenserfolg im Vordergrund der Bestrebungen.[348] Das Akronym *OASIS* steht für *Organization And Strategy Information Service*.

5.2 Strategische Kern-(Struktur-)Faktoren des Unternehmenserfolges

Auf der Suche nach den unabhängig von Zeit und Ort unter gleichen Rahmenbedingungen geltenden Wirkungszusammenhängen, den *laws of the market place*, identifizierte das PIMS-Programm im Zuge der Forschung 37 Einflussfaktoren, die – mit ihren gegenseitigen Abhängigkeiten – eine signifikante Auswirkung auf die Ertragskraft eines Unternehmens ausüben. Sie erklären über 80 Prozent der statistischen Varianz beziehungsweise der Rentabilitätsunterschiede zwischen verschiedenen Geschäftseinheiten – gemessen am *Return on Investment*.[349]

Im Laufe der Zeit und durch eine Reihe weiterer multipler Regressionsanalysen wurden diese Einflussfaktoren anschließend zu den in Abbildung 38 aufgezeigten 15 Kern-(Struktur-)Faktoren verdichtet, auf die rund 75 Prozent des tatsächlichen Erfolgs einer Geschäftseinheit zurückgeführt werden können. Diese lassen sich unter drei Kategorien zusammenfassen: *Wettbewerbsposition*, *Marktumwelt* sowie *Kapital- und Kostenstruktur*.[350]

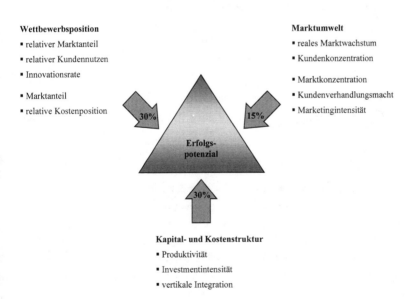

Abbildung 38: Kern-(Struktur-)Faktoren des Unternehmenserfolgs nach PIMS
Quelle: PIMS-Datenbank und PIMS (2007 a), S. 17

Erstmals in der Geschichte der (Betriebs-)Wirtschaft ließ sich somit ein klares Verständnis all jener Faktoren schaffen, die für das strategische Erfolgspotenzial eines Unternehmens im Sinne der dauerhaften Ertragskraft wirklich ausschlaggebend sind.

Bereits die Identifikation dieser strategischen Einflussfaktoren und die hierauf gestützte Untersuchung der jeweiligen Ursachen-Wirkungszusammenhänge kann somit als eine der wichtigsten Errungenschaften der PIMS-Forschung bezeichnet werden.

In Kapitel 4.5 wurden die drei Fragen formuliert, die für Erfüllung der zentralen Aufgaben der strategischen Unternehmensführung von elementarer Bedeutung sind. Die erste lautete:

- Welches sind die dem Erfolg beziehungsweise Gewinn kausal und temporal vorgelagerten und für das strategische Erfolgspotenzial eines Unternehmens im Sinne der dauerhaften Ertragskraft tatsächlich relevanten Faktoren und Größen, die den Gälweiler'schen Orientierungsgrößen zugrunde liegen?

Aus Sicht der Private-Equity-Firmen lautet die entsprechende Fragestellung:

- Welches sind die Faktoren, die die Erfolgspotenziale eines Unternehmens bestimmen und die unter den dargelegten veränderten Rahmenbedingungen zur Erwirtschaftung nachhaltiger, realwirtschaftlicher *Operating Improvements* der strategischen Beurteilung von Investitionsopportunitäten zugrunde gelegt und entsprechend als strategisch relevante Investitionskriterien verwendet werden müssen?

Die vom PIMS-Programm identifizierten Einflussfaktoren bieten erstmals Antworten auf diese Fragen (siehe auch Abbildung 38).

Zur Erfüllung der zentralen Aufgabe der strategischen Unternehmensführung – nämlich für hinreichend hohe und sichere Erfolgspotenziale zu sorgen – ist die Kenntnis dieser Erfolgsfaktoren sowie ein Verständnis ihres Zusammenwirkens von elementarer Bedeutung. Das Gälweiler'sche Navigationssystem belässt es in diesem Zusammenhang bei der Angabe von allgemeinen, eher abstrakten Größen wie *Erfahrungskurve, Marktposition* oder *Kundenproblem* bei Orientierungsgrundlagen, da ein eher qualitativ-konzeptioneller Ansatz verfolgt wird. Erst durch die PIMS-Faktoren werden die Orientierungsgrundlagen konkretisiert beziehungsweise spezifiziert und gewissermaßen operationalisiert.

So wird etwa die Gälweiler'sche Erfahrungskurve unter anderem durch die Faktoren, die unter *Kapital- und Kostenstruktur* subsumiert sind, für praktische Zwecke hinreichend genau spezifiziert. Ebenso können die unter

Wettbewerbsposition und *Marktumfeld* zusammengefassten Faktoren für eine hinreichende Spezifizierung der Orientierungsgrundlage *Marktposition* herangezogen werden. Hierbei bezieht sich beispielsweise der relative Kundennutzen als einer der zentralsten Einflussfaktoren gleichzeitig auch auf das Gälweiler'sche Kundenproblem und kann entsprechend auch dort herangezogen werden.

Die acht strategischen Hauptfaktoren nach PIMS

Von den 15 Erfolgs- beziehungsweise Kern-(Struktur-)Faktoren sind acht sogenannte *strategische Hauptfaktoren* besonders wichtig und unter allen Umständen unter Kontrolle zu bringen. In Tabelle 22 sind sie nach ihrer Bedeutung für die dauerhafte Ertragskraft aufgeführt.

Faktor	Definition	Wirkung
relativer Marktanteil	eigener Marktanteil bezogen auf die Summe der Marktanteile der drei größten Konkurrenten	Hoher relativer Marktanteil ist immer günstig; besonders wichtig ist er bei (i) hoher Marketingintensität, (ii) hoher F&E-Intensität und (iii) schlechter Konjunkturlage.
Produktivität	Wertschöpfung pro Mitarbeiter	Hohe Produktivität ist immer positiv; sie ist unabdingbar bei hoher Investmentintensität.
Investmentintensität	Investment bezogen auf die Wertschöpfung (Investment:= Betriebsnotwendiges Kapital)	Hohe Investmentintensität wirkt sich negativ auf die Ertragskraft von Unternehmen aus.
relativer Kundennutzen	relativ zum Wettbewerb angebotene Produkt-, Service- und Imagequalität, verknüpft mit der relativen Preisposition	Hoher relativer Kundennutzen ist positiv für alle Finanzdaten und bei kleinem Marktanteil unabdingbar.
Innovationsrate	Umsatzanteil von Produkten, die nicht älter als drei Jahre sind	Ab einem bestimmten Umsatzanteil wirken sich Innovationen negativ auf den ROI aus.
reales Marktwachstum	prozentuale reale Wachstumsrate des bedienten Marktes	Hohe Wachstumsrate ist (i) positiv für den absoluten Gewinn, (ii) neutral bzgl. des relativen Gewinns und (iii) negativ für den Cashflow.
Kundenkonzentration	Anzahl unmittelbarer Kunden, die 50 % des Umsatzes ausmachen	Eine extrem kleine Kundenzahl (allerdings abhängig von Branchenmerkmalen) ist günstig; ansonsten ist eine breitere Kundenbasis attraktiver.
vertikale Integration	Wertschöpfung bezogen auf den Umsatz (Wertschöpfung = Umsatz abzüglich bezogener Leistungen)	Hohe vertikale Integration ist positiv in reifen, stabilen Märkten und negativ sowohl in rasch wachsenden wie auch in schrumpfenden Märkten.

Tabelle 22: Strategische Hauptfaktoren des Unternehmenserfolges
Quelle: PIMS-Datenbank, und PIMS (2007a), S. 18

Eine quantitativ günstige Zusammensetzung dieser Faktoren macht ein Unternehmen strategisch so robust, dass Schwächen auf anderen Gebieten verkraftet werden können. Gleichzeitig können Schwächen in einem oder mehreren dieser strategischen Hauptfaktoren auch durch noch so viele andere Stärken und durch noch so gutes operatives Management auf Dauer nicht kompensiert werden.[351]

Es wurde bereits darauf hingewiesen, dass dieser Sachverhalt insbesondere interessant ist angesichts der Schlussfolgerung, die im Zuge der Private-Equity-Forschung regelmäßig gezogen wird, dass es nämlich die Qualität des Managementteams ist, die in letzter Instanz den Investitionsentscheid der Private-Equity-Firmen bestimmt. Dies kann gewissermaßen als Widerspruch aufgefasst werden.[352] Weiter akzentuiert hat sich diese Situation insofern, als dass sich die Qualität des Managementteams auch im Rahmen der geführten Interviews als das offenbar wichtigste Investitionskriterium herauskristallisiert hat. Sowohl die Bedeutung, die dem operativen Management eines Unternehmens in diesem Zusammenhang, als auch diejenige, die dem Investitionskriterium von Private-Equity-Firmen beigemessen wird, wird deshalb Gegenstand weiterer Diskussionen sein.

Im Folgenden werden die acht strategischen Hauptfaktoren des Unternehmenserfolgs einzeln erläutert.[353] Mit Ausnahme des relativen Kundennutzens, dessen Wirkungsweise auf die Ertragskraft eines Unternehmens – gemessen am *Return on Investment* (ROI) – in Zusammenhang beziehungsweise in Zusammenwirkung mit dem relativen Marktanteil zum Ausdruck gebracht wird, wird die isolierte Wirkungsweise des einzelnen Kernfaktors auf den ROI jeweils mithilfe einer Abbildung veranschaulicht.

Relativer Marktanteil

Die Beziehung zwischen Marktanteil und Rentabilität zählt zu den Erkenntnissen des PIMS-Programms, die in der Literatur am häufigsten diskutiert werden. Obwohl vorher schon intuitiv vermutet, wurde ein empirischer Nachweis dieses Zusammenhangs erst im Zuge der PIMS-Forschungen möglich. Auch heute noch stellt die PIMS-Datenbank die weltweit umfassendste Quelle für Detailinformationen zur Beziehung zwischen Marktanteil und Rentabilität dar.[354]

Der in Abbildung 38 aufgeführte *Marktanteil* entspricht dem *absoluten Marktanteil* und vergleicht damit den Umsatz einer Geschäftseinheit mit dem Gesamtumsatz in dem von ihm bedienten Markt. Der sowohl in Abbildung 38 als auch in Tabelle 22 aufgeführte *relative Marktanteil* hinge-

gen stellt den absoluten Marktanteil einer Geschäftseinheit der Marktstruktur beziehungsweise der Konkurrenz gegenüber.[355]
Für die Beziehung zwischen Marktanteil und Rentabilität kommen mindestens vier unterschiedliche Erklärungen in Betracht, die sich gegenseitig nicht ausschließen:

- Die naheliegendste Begründung ist, dass die höhere Rentabilität, die mit höheren Marktanteilen einhergeht, auf die Erzielung sogenannter *Economies of Scale* zurückzuführen ist, also auf Kostensenkungseffekte gänzlich im Sinne der Erfahrungskurventheorie.
- Insbesondere Wirtschaftswissenschaftler, die sich mit Kartellrechtsfragen beschäftigen, argumentieren, dass große Unternehmen aufgrund ihrer größeren Marktmacht höhere Renditen erzielen. Ihre Größe erlaube es ihnen, mit mehr Nachdruck zu verhandeln, Preise festzulegen und schließlich erheblich höhere Preise für ein bestimmtes Produkt durchzusetzen.[356]
- Ist eine Geschäftseinheit im Begriff, die führende Marktposition zu erreichen oder hat sie diese bereits erreicht, werden zudem risikoscheue Abnehmer diesem Unternehmen den Vorzug geben, weil sie die Risiken nicht eingehen wollen, die zuweilen mit dem Kauf eines Produktes von einem kleineren Anbieter verbunden sind.
- Die einfachste aller Erklärungen für die Beziehung zwischen Marktanteil und Rentabilität lautet, dass sich hinter sowohl dem Marktanteil als auch hinter dem ROI ein gemeinsamer zugrunde liegender Faktor verbirgt, beispielsweise die Qualität des Managementteams.[357]

Die Abbildung 39 veranschaulicht die Wirkungsweise des relativen Marktanteils auf den *Return on Investment* anhand der ROI-Durchschnittswerte für die jeweiligen Intervalle des relativen Marktanteils.

Die erkannte Marktanteils-Rentabilitäts-Beziehung wird oftmals kritisiert. Es wird der Vorwurf erhoben, dass im Rahmen der PIMS-Untersuchungen davon ausgegangen werde, dass eine Korrelation zwingend auch eine Kausalität impliziert. Wie aus den unterschiedlichen Erklärungsansätzen bereits entnommen werden kann, hat der Marktanteil an sich jedoch selbstverständlich überhaupt keine kausale Bedeutung. Der Marktanteil einer Geschäftseinheit ist nichts weiteres als eine Maßeinheit.[358]

Das PIMS-Paradigma der Marktanteils-Rentabilitäts-Beziehung kommt durch Abbildung 40 zum Ausdruck. Tom Peters und Nancy Austin fassen es in ihrem Bestseller *A Passion for Excellence* (auf Deutsch erschienen unter dem Titel: *Leistung aus Leidenschaft*) folgendermaßen zusammen:

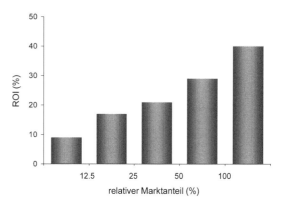

Abbildung 39: Wirkungsweise des relativen Marktanteils auf den ROI
Quelle: PIMS-Datenbank

»It [PIMS paradigm] says, First achieve a ›relative perceived product-quality‹ edge over your competitors. If you do so, you will gain share. (I. e., there are only two ways to gain share: first, the conventional approach of late – rapidly, via murderous price discounting, if you don't screw up the whole market permanently; and, second, more methodically via better relative quality and service.) By gaining share (via relatively high perceived product quality) you can, indeed, then take advantage of economies of scale as appropriate, and achieve low-cost distinction.«[359]

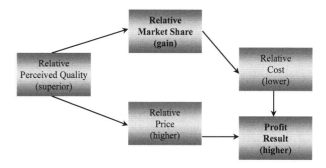

Abbildung 40: PIMS-Paradigma der Marktanteils-/Rentabilitäts-Beziehung
Quelle: Buzzell/Gale (1987), S. 81

Produktivität

Die Produktivität bildet die Nutzung eines jeweiligen Leistungsfaktors ab; sie ist also nur dann aussagekräftig, wenn sie in der Dimension der Wertschöpfung ausgedrückt wird.[360] Genauso wie ein hoher relativer Marktanteil hat auch eine hohe – bei PIMS als Wertschöpfung pro Mitarbeiter definierte – Produktivität einen positiven Einfluss auf die Rentabilität. Die stärkste Determinante der Produktivität ist die Investmentintensität (pro Mitarbeiter), die stark positiv mit ihr korreliert. Um die Ausbringungsmenge pro Mitarbeiter zu steigern, die Stückkosten zu senken und die Rentabilität zu verbessern, ersetzen Unternehmen deshalb nicht selten den Faktor Arbeit durch den Faktor Kapital. Selbst wenn dann die Ausbringungsmenge pro Mitarbeiter normalerweise tatsächlich steigt, gilt bei den meisten Unternehmen, dass die Investmentintensität die Arbeitsproduktivität nicht in dem Maße steigert, um den ROI über den Kapitalkosten zu halten.[361]

Mit Blick auf die Papierbranche formuliert Peter Drucker in diesem Zusammenhang treffend:

»If productivity of labour is accomplished by making the other resources less productive, there is actually loss of productivity. A telling example is the paper industry [...] Since World War II the industry has been enjoying a boom in sales and output. Yet it has been unable, in most years, to produce any but marginal profits – well below what money earns in a savings bank. The break-even point of most up-to-date paper mills is just barely below 100 per cent of capacity operations [...] The paper industry [...] has substituted capital for labour on a massive scale. But the trade-off was a thoroughly uneconomical one. In fact, the paper industry represents a massive triumph of engineering over economics and common sense.«[362]

Sowohl Sydney Schoeffler als auch Bradley Gale beschäftigten sich mit der Art und Weise, wie Produktivitätsverbesserungen erzielt werden. Aufgrund von Untersuchungen anhand der PIMS-Datenbank identifizierte Schoeffler sogenannte *gute* als auch *schlechte* Produktivitätsverbesserungen. Eine Steigerung der Produktivität ist seines Erachtens dann als gut zu bezeichnen, wenn die Wertschöpfung pro Mitarbeiter ohne zusätzliches Investment erhöht werden kann. Entsprechend Gegenteiliges gilt für eine schlechte Produktivitätsverbesserung.[363]

Gale argumentiert in ähnlicher Weise. Seines Erachtens führen Automatisierungen nicht automatisch zu erhöhten Produktivitäten, da Geschäftseinheiten strukturelle Gegebenheiten aufweisen können, die das Verfolgen einer Mechanisierungs- oder Automatisierungsstrategie nicht ratsam erscheinen lassen. Aufgrund der Ergebnisse, die eine von ihm mithilfe der PIMS-Datenbank durchgeführte empirische Studie erbrachte, sollten Geschäftseinheiten, für die eine derartige Strategie gewählt wird, um die negativen Auswirkungen zu mildern, die von einer gestiegenen Investmentintensität ausgehen, idealerweise folgende Charakteristika aufweisen: hohe Marktanteile, niedrige Innovationsrate, niedriger gewerkschaftlicher Organisationsgrad, hohe Kapazitätsauslastung, hohes reales Marktwachstum sowie ein differenziertes Produktangebot oder Spezialanfertigungen. Insbesondere das letzte Charakteristikum regt intuitiv zu Widerspruch an, zumal man es eher mit einem niedrigeren Automatisierungsgrad assoziiert. Tatsächlich bietet aber ein derartiges Produktangebot, insbesondere bei hoher Investmentintensität, Schutz vor intensivem Preis- und Marketingwettbewerb.[364]

Abbildung 41 visualisiert die Wirkungsweise der Produktivität auf den *Return on Investment* anhand der ROI-Durchschnittswerte für die jeweiligen Intervalle der Wertschöpfung pro Mitarbeiter.

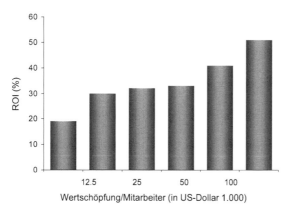

Abbildung 41: Wirkungsweise der Produktivität auf den ROI
Quelle: PIMS-Datenbank

Investmentintensität

Die Investmentintensität ist eine Maßzahl für die sachlichen Input-Faktoren, die zur betrieblichen Leistungserbringung notwendig sind. Sie wird im Rahmen der PIMS-Forschungen als Investment mit Blick auf die Wertschöpfung definiert, wobei das Investment dem betriebsnotwendigen Kapital[365] und die Wertschöpfung dem Umsatz abzüglich bezogener Leistungen entspricht. Hierbei gilt: »All in all, the evidence shows there is a powerful, robust, basic, negative relationship between capital intensity and profitability.«[366] Nach konventioneller Auffassung wird jedoch eine hohe Investmentintensität regelmäßig mit Modernität oder Fortschritt und entsprechend mit höherer Produktivität und Rentabilität assoziiert.[367] Deshalb wurden die Zusammenhänge, die man aufgrund von Querschnittsanalysen entdeckte, durch Zeitreihenanalysen über einen Zeitraum von 7 bis 13 Jahren ergänzt. Dies bestätigt die Ergebnisse der Querschnittsanalysen.[368]

Abbildung 42 zeigt die Wirkungsweise der Investmentintensität auf den *Return on Investment* anhand der ROI-Durchschnittswerte für die jeweiligen Intervalle des Investments bezogen auf die Wertschöpfung.

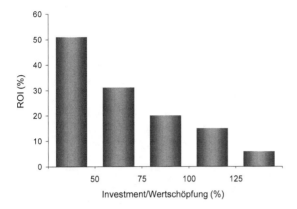

Abbildung 42: Wirkungsweise der Investmentintensität auf den ROI
Quelle: PIMS-Datenbank

Abgesehen von der rein arithmetischen Begründung,[369] ist die negative Beziehung zwischen Investmentintensität und Rentabilität hauptsächlich auf vier Gründe zurückzuführen:

- Eine hohe Investmentintensität führt mit dem einhergehenden Zwang zur Kapazitätsauslastung zu aggressivem und oftmals ruinösem Wettbewerb.
- Hohe Investitionen in Anlagen erweisen sich häufig als Ausstiegsbarrieren[370] aus unrentablen Geschäften.
- Das Management bestimmt teilweise durchschnittliche Gewinn/Umsatzvorgaben, obwohl die betreffenden Geschäftseinheiten ein überdurchschnittliches Verhältnis von Investment zu Umsatz aufweisen.
- Investmentintensive Geschäftseinheiten können einen weniger effizienten Gebrauch ihres Anlagevermögens oder *Working Capital* machen, als es möglicherweise ihre Konkurrenten tun.[371]

Auf die Tatsache, dass die Rentabilitätsnachteile, die von einer hohen Investmentintensität herrühren, durch eine gesteigerte Produktivität zum Teil kompensiert werden können, wurde bereits eingegangen.

Relativer Kundennutzen

Intuitiv wurde längst vermutet, dass sich eine Steigerung des wahrgenommenen Kundennutzens nicht nur auf Rentabilität und Wachstum, sondern auf alle Finanzdaten positiv auswirkt. Die empirischen Forschungen der PIMS-Datenbank lieferten schließlich den Beweis dafür. Der Kundennutzen ist somit einer der zentralsten Einflussfaktoren des Unternehmenserfolges, und dieser Zusammenhang gilt unabhängig von Branche, Konjunkturlage und Unternehmensgröße.

Es gibt zwei grundlegende Möglichkeiten, Wettbewerber in einem Markt zu übertreffen. Einerseits kann eine überlegene *relative* Qualität angestrebt werden: Es werden Produktspezifikationen und Dienstleistungsstandards entwickelt, die den Vorstellungen der Kunden besser entsprechen als die der Konkurrenz. Andererseits besteht die Möglichkeit, überlegene *technische* Qualität anzubieten, indem die Produktspezifikationen und Dienstleistungsstandards besser erfüllt werden als bei der Konkurrenz. Da sich die beiden Alternativen nicht ausschließen, sollte versucht werden, die Wettbewerber sowohl hinsichtlich der wahrgenommenen relativen als auch der technischen Qualität zu übertreffen.

Durch *überlegene relative Qualität* eröffnen sich einem Unternehmen drei – durchweg positive – Optionen:

- Erstens kann für ein qualitativ höherwertiges Sortiment ein höherer Preis verlangt werden, der sich direkt als Gewinn niederschlägt.
- Zweitens kann ein höherer Preis verlangt und der Aufschlag in die Forschung und Entwicklung sowie in neue Produkte investiert werden, um Qualität und Marktanteil auch in Zukunft zu sichern.
- Drittens kann dem Kunden ein besseres Preis-Leistungs-Verhältnis angeboten werden, indem für ein überlegenes Produkt beziehungsweise eine überlegene Dienstleistung der gleiche Preis verlangt wird, den auch die Konkurrenz veranschlagt. Das entspricht dann einer Investition in die zukünftige Position durch Marktanteilsgewinne.[372]

Das Erreichen *überlegener technischer Qualität* bringt zwei wesentliche Vorteile:

- Erstens sind die Kosten der Qualität und entsprechend auch die Gesamtkosten niedriger als bei den Wettbewerbern.
- Zweitens ist technische Qualität eine Schlüsseleigenschaft bei der Kaufentscheidung. Überlegene technische Qualität bewirkt daher gänzlich im Sinne des *Win-win*-Gedankens sowohl geringere Kosten als auch eine wiederum überlegene wahrgenommene Qualität.[373]

Abbildung 43 baut auf Abbildung 40 auf: dem PIMS-Paradigma der Marktanteils-Rentabilitäts-Beziehung. Sie veranschaulicht das gesamte Wirkungsgefüge von Qualität, Marktanteil, Rentabilität und Wachstum.

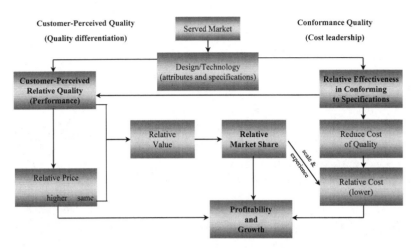

Abbildung 43: Wirkungsgefüge von Qualität, Marktanteil, Rentabilität und Wachstum
Quelle: Buzzell/Gale (1987), S. 106

Nachdem nun die wichtigsten Beziehungen zwischen überlegener relativer Qualität, überlegener technischer Qualität und Rentabilität dargelegt wurden, rücken an dieser Stelle zur Erfassung der Faktoren, die die Erfolgspotenziale eines Unternehmens bestimmen, zwei zentrale Fragen in den Mittelpunkt der Betrachtungen:

- Was ist der vom Kunden wahrgenommene Gesamtnutzen eines Produkts beziehungsweise einer Dienstleistung; was ist der relative Kundennutzen?
- Wie lässt sich dieser bestimmen?

Bereits die begriffliche Bestimmung des Kundennutzens kann als einer der Forschungsdurchbrüche von PIMS bezeichnet werden: Kundennutzen ist das Verhältnis von relativem Preis und relativer Marktleistungsqualität bestehend aus Produkt-, Service- und Imagequalität. »Relativ« ist dabei als eine zweifache Relativität zu verstehen: relativ aus Sicht der Kunden und relativ zu den Konkurrenten.

Die Bestimmung des Kundennutzens, die *Customer Value Analysis*, ist eines der wertvollsten Ergebnisse der PIMS-Forschungen.[374] Der Prozess der systematischen Messung des relativen Kundennutzens umfasst mehrere Teilschritte. Dabei wird auf die bereits erwähnte Spezialdatenbank für *Customer Value* zurückgegriffen, die unter anderem detaillierte Informationen über Qualitätskriterien, Bedeutungsgewichte und Bewertungen enthält.

- Zunächst wird das Geschäft segmentiert, um die wesentlichen Märkte, Leistungen und Kunden als Kaufentscheider zu identifizieren.
- In einem zweiten Schritt erfolgt die Definition der entscheidungsrelevanten Kriterien. Dabei werden sowohl Produkt-, als auch Service- und Imagefaktoren berücksichtigt.[375]
- Zur Bestimmung der Relevanz für die Kaufentscheidung werden die einzelnen Kriterien anschließend gewichtet. Hierbei werden in der Summe 100 Prozent auf alle Kriterien verteilt.
- Die Leistungsbewertung der einzelnen Kriterien erfolgt sodann sowohl für das eigene Produkt als auch für das des Wettbewerbers. Im Mittelpunkt steht hier ganz konkret die Frage nach Vor- und Nachteilen im Wettbewerb.
- Die relative Preisposition wird auf Basis des eigenen Preises im Vergleich zu jenen der direkten Wettbewerber bewertet. Der eigene Preis hat hierbei das Niveau von 100, ein günstigerer Konkurrent eines von beispielsweise 90, ein teurerer Konkurrent eines von beispielsweise 105.
- Abschließend erfolgt die Festlegung der Preis-Qualitäts-Sensibilität des Kunden. Im Mittelpunkt steht die Bedeutung, die der Kunde bei der Kaufentscheidung dem Preis und der Qualität beimisst. Es geht also um die Frage, ob die jeweilige Leistung einem Preismarkt oder einem Qualitätsmarkt[376] zuzuordnen ist.[377]

Diese Teilschritte führen zu einer Preis-Leistungs-Matrix oder *Value Map*, wie sie in Abbildung 44 dargestellt ist. Sie bringt zum Ausdruck, welchen Kundennutzen die betrachteten Wettbewerber erzielen, und veranschaulicht so die Positionierung der Marktteilnehmer. Dadurch ergeben sich wichtige Schlussfolgerungen bezüglich der Einschätzung und der Steigerung des Kundennutzens.

Eine Position entlang der Geraden spiegelt die Ausgeglichenheit zwischen Preis und Qualität wider. Alle Positionen rechts der Geraden erreichen einen positiven Kundennutzen, das heißt, sie bieten mehr Qualität zum gleichen Preis oder einen niedrigeren Preis bei gleicher Qualität. Entsprechendes beziehungsweise Gegenteiliges gilt für die Positionen links der Geraden. Das relative Preis-Leistungs-Verhältnis (PLV) entspricht dem relativen Kundennutzen eines jeweiligen Wettbewerbers; es bezieht sich auf

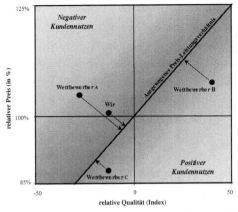

Abbildung 44: Preis-/Leistungs-Matrix (Value Map)
Quelle: PIMS-Datenbank, und PIMS (2007 a), S. 36

den Abstand der aktuellen Positionierung zur Geraden des ausgewogenen Preis-Leistungs-Verhältnisses beziehungsweise des ausgewogenen Kundennutzens.

Je nach Preis-Qualitäts-Sensibilität der Kunden – in diesem Beispiel wird von einem Preismarkt ausgegangen – ist bei der jeweils gewählten strategischen Stoßrichtung zur Verbesserung der Position mit unterschiedlichen Effekten hinsichtlich des zusätzlich generierten Kundennutzen zu rechnen.

Während der relative Kundennutzen die Position eines Unternehmens im Vergleich zum Wettbewerb und damit den Wettbewerbsvorteil misst, zeigt die Marktdifferenzierung das Ausmaß der Unterschiedlichkeit der Angebote aller Anbieter in einem Markt.[378] Sie gibt damit die Qualitätsbandbreite im Markt wider.

Die Wirkungsweise des strategischen Hauptfaktors *relativer Kundennutzen* auf den *Return on Investment* wird weiter unten in Zusammenhang beziehungsweise in Zusammenwirkung mit dem *relativen Marktanteil* in Abbildung 49 zum Ausdruck gebracht.

Innovationsrate

Die Ergebnisse der PIMS-Forschung bestätigen die Bedeutung, die die Innovationstätigkeit im Rahmen der strategischen Unternehmensführung einnimmt. Innovationen sind unternehmerische Tätigkeiten, die heute die Zukunft bestimmen. Sie haben also strategischen Charakter. Sie bieten Optionen, die Konkurrenz zu überflügeln, Marktanteile zu gewinnen und die Rentabilität zu steigern.[379] Aufgrund der Kriterien, auf die sich das Grundkonzept des PIMS-Programms stützt, ist auch für diesen strategischen Hauptfaktor ein Maß notwendig, das sowohl quantifizierbar als auch über Branchengrenzen hinweg gültig ist. Die Innovationsrate entspricht deshalb bei PIMS dem prozentualen Umsatzanteil von Produkten einer Geschäftseinheit, die nicht älter als drei Jahre sind. Diese bei PIMS als neu bezeichneten Produkte müssen

- aus einer längeren Entwicklungszeit resultieren,
- eine entscheidende Veränderung in den Produkteigenschaften aufweisen,
- eine entscheidende Veränderung im Produktionsprozess herbeiführen,
- ein getrenntes Produktmanagement sowie eigens hierfür definierte Verkaufsförderungsaufgaben vorweisen können.

Produktverbesserungen, Produktlinienverbreiterungen und Designveränderungen gelten nicht als neue Produkte.[380]

Um ein vollständiges Bild des Wirkungsmechanismus von Innovationsrate und Rentabilität zu gewinnen, ist es nötig, den eng mit der Innovationsrate verknüpften Marktanteil einzubeziehen. Wie nicht anders zu erwarten, korreliert eine hohe Innovationsrate positiv mit Steigerungen des relativen Marktanteils, die ihrerseits eine zeitlich etwas verzögerte, positive Rentabilitätswirkung ausüben. Die Innovationsrate muss hierbei eine bestimmte Mindestgröße aufweisen, um bedeutende Marktanteilsgewinne herbeiführen zu können.[381] Aus den empirischen Ergebnissen lässt sich nun eine Innovationsrate ableiten, die insofern quasi *optimal* ist, als dass sich Innovationen zunächst wohl positiv, ab einem bestimmten Umsatzanteil jedoch – bedingt durch die Kosten, die mit erheblicher Innovationstätigkeit einhergehen in sämtlichen Funktionsbereichen der Geschäftseinheit – negativ auf die Rentabilität auswirken.

Abbildung 45 zeigt die Wirkungsweise der Innovationsrate auf den *Return on Investment* anhand der ROI-Durchschnittswerte für die jeweiligen Intervalle der Innovationsrate.

Es wurden vier Charakteristika identifiziert, die relativ zur Konkurrenz gemessen werden und die die Rentabilität bei der Einführung neuer Produkte entsprechend zu begünstigen vermögen. Es sind dies:

- eine größere Sortimentsbreite,
- höhere Produktqualität,
- stärkere Marktposition sowie
- eine rigorose Kostenkontrolle.[382]

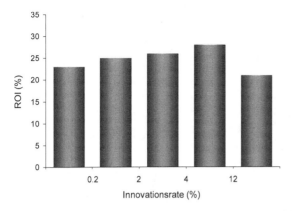

Abbildung 45: Wirkungsweise der Innovationsrate auf den ROI
Quelle: PIMS-Datenbank

Reales Marktwachstum

Um die verzerrende Wirkung inflationärer Preisentwicklungen zu bereinigen, wird im Rahmen des PIMS-Programms für die Rentabilitätsuntersuchungen die prozentuale reale Marktwachstumsrate des bedienten Marktes pro Jahr herangezogen. Angesichts der Bedeutung, die dem Marktwachstum in Portfoliokonzepten bei der Bestimmung der Marktattraktivität regelmäßig beigemessen wird, wäre zwischen Marktwachstum und Rentabilität zunächst ein stark positiver Zusammenhang zu erwarten.

Wie Abbildung 46 jedoch verdeutlicht, kann diese Erwartung anhand der PIMS-Daten empirisch nicht bestätigt werden. Abbildung 46 visualisiert die Wirkungsweise des realen Marktwachstums auf den *Return on Investment* anhand der ROI-Durchschnittswerte für die jeweiligen Intervalle des Marktwachstums.

Ein höheres Marktwachstum geht zwar tendenziell mit höheren absoluten Gewinnen und einem höheren ROI einher, doch ist der Einfluss auf die Rentabilität von relativ bescheidener Natur. Geschäftseinheiten, die in Märkten tätig sind, die sich jährlich mit 5 Prozent oder mehr ausdehnen, können im Durchschnitt einen um rund 8 Prozent höheren ROI ausweisen als diejenigen, die sich in Märkten befinden, die jährlich um 15 Prozent oder mehr schrumpfen. Zwischen diesen Extrempositionen – ab einem Marktwachstum von 5 Prozent zeigt sich hinsichtlich der Rentabilitätswirkungen eine Indifferenz – besitzt die Rentabilität eine nur geringe Beziehung zur Wachstumsrate.

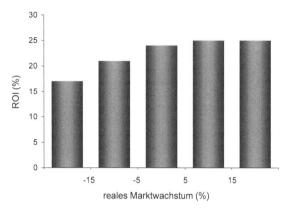

Abbildung 46: Wirkungsweise des realen Marktwachstums auf den ROI
Quelle: PIMS-Datenbank

Märkte mit hohen realen Wachstumsraten weisen folgende Charakteristika auf:

- hohe Bruttospannen,
- hohe Marketingkosten, die jedoch nicht so hoch sind, dass die verbesserte Umsatzrendite ausgeglichen wird,
- niedrige Inflationsraten, sowohl für Verkaufspreise als auch für Löhne und Vorprodukte,[383]
- steigende Produktivität,
- erhöhte Investitionen, um mit dem Wachstum Schritt zu halten, sowie
- ein geringer oder negativer Cashflow trotz steigender ROI-Rentabilität.[384]

Eine hohe reale Marktwachstumsrate des bedienten Marktes ist somit unter dem Strich positiv für den absoluten Gewinn, neutral bezüglich des relativen Gewinns und negativ für den erwirtschafteten Cashflow.

Kundenkonzentration (Kundenprofil)

Ein weiterer strategischer Hauptfaktor ist die Kundenkonzentration beziehungsweise das Kundenprofil, welche(s) sich auf die Ermittlung der (einen Facette der) Kundenmacht bezieht.[385] Zur Messung der Kundenkonzentration beziehungsweise zur Bestimmung des Kundenprofils wird im PIMS-Programm die Anzahl der größten unmittelbaren Kunden herangezogen, mit der eine Geschäftseinheit jeweils 50 Prozent ihres Umsatzes erwirtschaftet.[386] Abbildung 47 veranschaulicht die Wirkungsweise der Kundenkonzentration auf den *Return on Investment* anhand der ROI-Durchschnittswerte für die jeweiligen Intervalle der Kundenkonzentration im eben definierten Sinne.

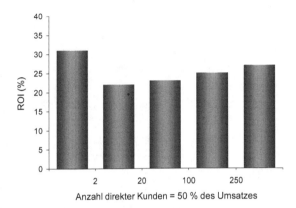

Abbildung 47: Wirkungsweise der Kundenkonzentration auf den ROI
Quelle: PIMS-Datenbank

Hierbei zeigt sich, dass eine steigende Kundenanzahl und damit einhergehend die abnehmende Marktmacht einzelner Kunden die Rentabilität einer Geschäftseinheit im Durchschnitt positiv zu beeinflussen vermag. Die mit zunehmender Kundenanzahl steigenden Transaktions- und Logistikkosten scheinen im Vergleich zur abnehmenden Macht der Kunden eine untergeordnete Rolle hinsichtlich der Rentabilität zu spielen.

Entgegen jeglicher Intuition ist der höchste ROI jedoch bei einer extrem kleinen Anzahl von Kunden, sprich bei zwei oder gar einem einzigen Kunden, zu erzielen.[387] Ungeachtet der Tatsache, dass die – bei einer kleineren Kundenzahl entsprechend niedriger ausfallenden – Transaktions- und Logistikkosten hier deutlich mehr ins Gewicht fallen, ist davon auszugehen, dass diese Geschäftseinheiten oft eine Art Interessengemeinschaft mit ihren Kunden bilden. Mitunter befinden sich ihre Betriebsstätten sogar auf dem Betriebsgelände des Kunden. Dadurch finden die üblicherweise auf starker Kundenmacht basierenden Preiskämpfe nicht statt.[388]

Abschließend ein kurzer Blick auf die große Bedeutung der Kundenkonzentration für den hier nicht näher diskutierten Kern- beziehungsweise Strukturfaktor *Marketingintensität*.[389] Weist eine Geschäftseinheit eine hohe Kundenkonzentration auf, lässt sich der höchste ROI bei einer entsprechend niedrigen Marketingintensität erzielen. Weist eine Geschäftseinheit aber einen großen Kundenkreis auf, ergibt sich die höchste Rentabilität bei einer hohen Marketingintensität.

Vertikale Integration (Wertschöpfungstiefe)

Der letzte strategische Hauptfaktor ist die vertikale Integration. Sie wird im PIMS-Programm definiert als Wertschöpfung einer Geschäftseinheit bezogen auf deren Umsatz. Die Wertschöpfung entspricht hierbei – wie bereits weiter oben ausgeführt – dem Umsatz abzüglich bezogener Leistungen.

Wie Abbildung 48 anhand der ROI-Durchschnittswerte für die jeweiligen Intervalle der vertikalen Integration wiederum zeigt, übt eine hohe Wertschöpfungstiefe grundsätzlich einen positiven Einfluss auf die Rentabilität einer Geschäftseinheit aus.

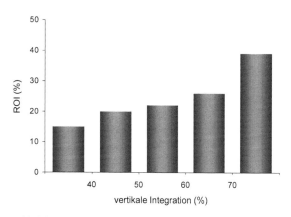

Abbildung 48: Wirkungsweise der vertikalen Integration auf den ROI
Quelle: PIMS-Datenbank

Als potenzielle Vorteile beziehungsweise Gewinnmöglichkeiten einer hohen vertikalen Integration nennen Buzzell und Gale folgende, weitestgehend selbsterklärende Argumente:

- niedrigere Kosten bei Ein- und Verkauf,
- Sicherung von Zulieferungen oder Absatzwegen,

- Verbesserung der Fertigungs- und Lagerhaltungssteuerung,
- technologisches Wissen sowie
- erhöhte Eintrittsbarrieren.

Diesen Vorteilen stellen die Autoren ebenso klare Nachteile gegenüber. Sie betreffen Kosten und Risiken:

- Kapitalbedarf,
- gleichmäßige Auslastung,
- geringere Flexibilität sowie
- Verlust der Spezialisierung.[390]

Da es also Vor- wie auch Nachteile der vertikalen Integration gibt, kann davon ausgegangen werden, dass der strategische Integrationsvorteil je nach Markt- und Wettbewerbsbedingungen unterschiedlich ins Gewicht fällt. Entsprechend hat eine hohe vertikale Integration etwa in reifen, stabilen Märkten eine positive Rentabilitätswirkung, wohingegen ihr Einfluss in rasch wachsenden, wie auch in schrumpfenden Märkten negativ ausfällt.

Wechselwirkungen verschiedener Faktoren

Die Einflüsse der strategischen Hauptfaktoren auf die Erfolgsgröße sind, wie teilweise bereits ersichtlich wurde, von komplexer Natur. Schon ihre jeweils isolierte Wirkungsweise lässt sich intuitiv kaum beurteilen. Weit komplexer sind aber die Wechselwirkungen der einzelnen Kernfaktoren, zumal sich deren Einflüsse auch in ihrer Zusammenwirkung auf den ROI unterscheiden. Die Einflüsse der einzelnen Faktoren können sich in ihrer Wirkung auf den ROI aufheben[391] oder positiv beziehungsweise negativ verstärken.[392] Besonders interessant werden die Nutzungsmöglichkeiten entsprechend dann, wenn die verschiedenen Faktoren zueinander in Beziehung gesetzt werden.

Abbildung 49 veranschaulicht den Zusammenhang zwischen relativem Marktanteil und relativem Kundennutzen mit den jeweiligen Wirkungen auf beziehungsweise Werten für den *Return on Investment*. Wie bereits die Reihenfolge der strategischen Hauptfaktoren in Tabelle 22 zeigt, ist der relative Marktanteil für die dauerhafte Ertragskraft von größerer Bedeutung als der relative Kundennutzen.

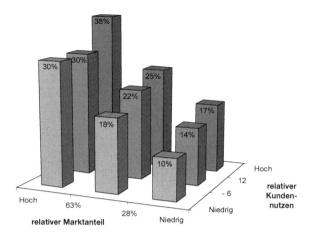

Abbildung 49: Relativer Marktanteil und relativer Kundennutzen
Quelle: PIMS-Datenbank

Es ist offensichtlich, dass die höchsten ROI-Werte mit einem Durchschnitt von 38 Prozent durch die Kombination eines hohen relativen Marktanteils mit einem hohen gestifteten relativen Kundennutzen zu erzielen sind. Doch es mag überraschen, dass auch Geschäftseinheiten mit einem zwar hohen relativen Marktanteil, jedoch im Vergleich zur Konkurrenz unterlegener Qualität immer noch ansehnliche ROI-Werte mit einem Durchschnitt von 30 Prozent erzielen können. Geht man davon aus, dass es keine erstrebenswerte Ausgangslage sein kann, mit einer Rendite von durchschnittlich 10 Prozent zu rechnen, kann der Nachteil eines kleinen relativen Marktanteils seitens eines Unternehmens andererseits nur durch einen hohen gestifteten relativen Kundennutzen kompensiert werden.

Die vielen erfolgreichen Unternehmen mit kleinen Marktanteilen stellen entsprechend keinen Widerspruch zu der von PIMS empirisch festgestellten Beziehung dar, dass höhere Marktanteile in der Regel mit höherer Rentabilität einhergehen. Damit unvereinbar ist jedoch die von Harvard-Professor Michael E. Porter in seinem Bestseller *Competitive Strategy* postulierte, U-förmige Beziehung zwischen Marktanteil und Rentabilität, die in Abbildung 50 dargestellt ist.

Nach Porters Auffassung mag es zwar bei einigen Branchen eine positive Korrelation von Marktanteil und Rentabilität geben, jedoch ist die Beziehung bei anderen genau umgekehrt, und bei wiederum anderen ist sie eben U-förmig, also positiv an beiden Enden und negativ in der Mitte. Als Beispiel für dieses U-förmige Muster nennt Porter die Automobil- und

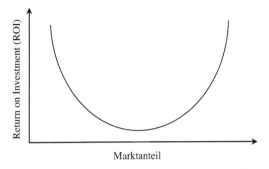

Abbildung 50: Zusammenhang zwischen Marktanteil und ROI nach Porter
Quelle: Porter (2004 b), S. 43

Elektromotorenbranche und warnt vor den Gefahren, die ein *Stuck in the Middle*, ein *Sitzen zwischen den Stühlen*, mit sich bringt.[393] Ungeachtet des unterschiedlichen Ansatzes, mit dem Porter und PIMS jeweils den Marktanteil definieren,[394] liegt in Porters Konzept einer U-förmigen Beziehung zwischen Marktanteil und Rentabilität ein grundlegender Irrtum. Seine Behauptung, Geschäftseinheiten mit geringen Marktanteilen erzielten eine hohe Rentabilität, impliziert, dass diese Tatsache ausschließlich durch den geringen Marktanteil herbeigeführt wird. Tatsächlich zeigen aber die von ihm angeführten Beispiele, die mit Abbildung 49 in Einklang stehen, wie erfolgreiche Produktdifferenzierung die Nachteile eines geringen Marktanteils aufwiegen können. Allerdings erzielen Wettbewerber mit hohen Marktanteilen und hohem relativen Kundennutzen noch höhere Erträge.[395] In diesem Sinne liegt die Vermutung nahe, dass Porter die Wirkung des Marktanteils auf die Rentabilität mit derjenigen des relativen Kundennutzens verwechselt hat.

Weitgehende Irrelevanz industriespezifischer und geografischer Aspekte

Wenn innerhalb eines Landes und einer Branche die Bedingungen für alle Unternehmen weitgehend gleich sind, einige jedoch davon florieren, während andere in Schwierigkeiten stecken, dann kann es weder an den geografischen Gegebenheiten oder der Politik noch an der Branche liegen, sondern nur an der Führung dieser Unternehmen. Insofern erscheint es – wie dies immer wieder getan wird – müßig, von guten oder schlechten Branchen zu sprechen; es gibt nur gute oder schlecht geführte Unternehmen.[396] Gerade für Private-Equity-Firmen, die sich als Investoren tagtäglich mit diversen Investitionsopportunitäten in den verschiedensten Branchen beschäftigen, ist dieser Sachverhalt von immenser Bedeutung, allerdings scheint er nicht auf breiter Basis verstanden zu werden.

Die PIMS-Forschung geht einen Schritt weiter, denn ihre Erkenntnisse liefern eine Bestätigung beziehungsweise einen Beweis dafür, dass für den Erfolg aller Unternehmen dieselben Faktoren maßgeblich sind. Die weitverbreitete Meinung, dass zwischen den Verhältnissen in den USA und in Europa wesentliche Unterschiede zu berücksichtigen seien, ist ebenso gründlich widerlegt worden wie die Meinung, dass Investitions- und Konsumgüter unterschiedlich seien. Die wesentlichen Strukturen der strategischen Parameter von Investitions- und Konsumgütern sind gleichläufig.[397] Bei gleicher Konstellation oder Konfiguration der strategischen Hauptfaktoren zweier Geschäftseinheiten gleichen sich auch deren Ergebnisse, unabhängig davon, welche Art von Produkten sie herstellen, und unabhängig davon, welcher Branche sie angehören.

Zur Präzisierung sowie der Fairness halber sei an dieser Stelle darauf hingewiesen, dass die Abneigung von Private-Equity-Firmen gegenüber manchen Branchen natürlich nicht zwingend auf die Branche per se, sondern auch auf die mit einer Branche assoziierten Charakteristika beziehungsweise Strukturen zurückgeführt werden kann. Die Frage, die sich in einem solchen Fall ergibt, wäre dann jedoch, inwieweit die von PIMS empirisch festgestellten und damit tatsächlich relevanten Struktur- und Hauptfaktoren mit in die Überlegungen und Investitionsbeurteilungen der Finanzinvestoren einfließen. Genau dieser Fragestellung nimmt sich das Kapitel 5.5 an, in dem die aktuellen Investitionskriterien diskutiert und anhand der evidenzbasierten PIMS-Faktoren einer kritischen Würdigung unterzogen werden.

Von zentraler Bedeutung ist an dieser Stelle die Tatsache, dass auf Basis der in der PIMS-Datenbank vorhandenen Erfahrungswerte eine quantitative Bestimmung von Erfolgspotenzialen möglich ist. Während das Finanzwesen beziehungsweise die Mittelflussrechnung über die Liquidität und das Rechnungswesen beziehungsweise die Erfolgsrechnung unter Einbezug der Bilanz über EBIT sowie IST-ROI Auskunft geben können, erlaubt es PIMS, den sogenannten *PAR-ROI* oder Soll-ROI zu errechnen:

»Dies ist jener Soll-Return, der angesichts der im konkreten Einzelfall gegebenen Werte der strategischen Schlüsselfaktoren bei Nutzung aller Möglichkeiten wirklich erzielt werden kann.«[398]

5.3 Quantitative Bestimmung von Erfolgspotenzialen

Das PIMS-Projekt und hierbei besonders das sogenannte *PAR-ROI-Modell* bieten erstmals hinreichend genaue Antworten auf die in Kapitel 4.5 gestellten und noch unbeantworteten Fragen:

- Wie hängen diese (dem Erfolg beziehungsweise Gewinn kausal und temporal vorgelagerten und für das strategische Erfolgspotenzial eines Unternehmens im Sinne der dauerhaften Ertragskraft tatsächlich relevanten) Faktoren und Größen zusammen, und wie lassen sie sich quantifizieren und messen?
- Was muss das Management eines Unternehmens zum Aufbau nachhaltiger Erfolgspotenziale konkret tun?

Aus Sicht der Private-Equity-Firmen lauten die entsprechenden Fragen wiederum:

- Wie kann in Erfahrung gebracht werden, wie ein Zielunternehmen sowohl hinsichtlich der einzelnen strategisch relevanten Faktoren als auch insgesamt strategisch positioniert ist?
- Wie hoch ist das Erfolgspotenzial eines jeweiligen Zielunternehmens?
- Was müsste das Management des gegebenenfalls zu akquirierenden Unternehmens zwecks Realisierung und Aufbau von Erfolgspotenzialen konkret tun?
- Welche Wechselwirkungen bestehen zwischen operativer und strategischer Führung, die für die notwendige – und mittels strategischer Unternehmensführung zu realisierende – Erwirtschaftung nachhaltiger, realwirtschaftlicher *Operating Improvements* von Bedeutung sind?
- Welche Zielunternehmen stellen schließlich unter den dargelegten veränderten Rahmenbedingungen ideale Investitionsopportunitäten dar?

Um zu erklären, wie diese Fragen beantwortet werden können, werden zunächst die im Rahmen des PIMS-Programms existierenden, zentralen Anwendungsmodelle kurz erläutert, ehe in den beiden nachfolgenden Abschnitten der eigentlichen quantitativen Bestimmung von Erfolgspotenzialen Platz eingeräumt wird.

Die zentralen PIMS-Anwendungsmodelle

Die verschiedenen Anwendungsmodelle, die innerhalb des PIMS-Programms existieren, unterscheiden sich hinsichtlich der verfolgten Zielsetzungen, des Komplexitätsgrades sowie der Anwendungshäufigkeit in der Praxis. Am häufigsten sind folgende Modelle in der Praxis:

- das PAR-ROI-Modell,
- der *Report on Look-Alikes* (ROLA),
- das *Limited Information Model* (LIM),
- das *Business Start-up-Model* sowie
- die *Customer Value Analysis* beziehungsweise die hieraus resultierende *Value Map*.[399]

Diesen Anwendungsmodellen wird auch in diesem Buch die größte Bedeutung beigemessen. Deshalb werden nun die Grundkonzeptionen sämtlicher genannter Modelle erläutert. Das PAR-ROI-Modell wird – aufgrund seiner elementaren und zentralen Bedeutung sowohl in der Praxis wie auch für diese Studie – einer mehrstufigen Betrachtung unterzogen: Zunächst wird das Anwendungsmodell allgemein und stark vereinfacht skizziert und erst etwas weiter unten ausführlich vorgestellt sowie anhand von Beispielen illustriert. In Kapitel 6.3 wird schließlich dargelegt, wie die strategischen Kernfaktoren mittels des PAR-ROI-Modells in realen und typischen Anwendungsfällen konfiguriert und operationalisiert werden können.

Das PAR-ROI-Modell

Genauso wie die Haupt- beziehungsweise Forschungsdatenbank als Herzstück des PIMS-Programms zu bezeichnen ist, kann das PAR-ROI-Modell als Herzstück der PIMS-Anwendungsmodelle betrachtet werden. Das Modell ist in gleich zweifacher Hinsicht von elementarer Bedeutung. Zunächst einmal ist es ebendieses Modell, das durch die multiple Regressionsfunktion, die in seinem Mittelpunkt steht, einen Großteil der statistischen Varianz beziehungsweise der Rentabilitätsunterschiede zwischen verschiedenen Geschäftseinheiten – gemessen am *Return on Investment* – zu erklären vermag und diese auf die Wirkung der strategischen Hauptfaktoren zurückführt.[400] Gleichzeitig bezieht sich auch ein Großteil der anderen PIMS-Anwendungsmodelle auf das PAR-ROI-Modell und/oder verwendet dieses beziehungsweise die ihm zugrunde liegenden Prinzipien als Grundlage. Aus diesen Gründen sowie mit Blick auf die in Kapitel 4.5 gestellten Fragen, deren Beantwortung für die Bewältigung der zentralen Aufgabe[401] der strategischen Unternehmensführung von elementarer Bedeutung ist, kommt dem PAR-ROI-Modell auch in diesem Buch die zentralste Bedeutung zu. Es ist exakt dieses Modell, das die quantitative Bestimmung von Erfolgspotenzialen ermöglicht.

Durch den Abgleich der jeweiligen Situation eines Unternehmens mit den empirisch ermittelten, erfolgspotenzialorientierten beziehungsweise strategischen (Erfolgs-)Faktoren der PIMS-Datenbank lassen sich Stärken und Schwächen beziehungsweise Chancen und Risiken eines Unternehmens ermitteln und objektiv bewerten sowie ein Renditepotenzial berechnen. Ein solches Renditepotenzial ist vergleichbar mit der Abschätzung des zu erwartenden Lebensalters der Kunden einer Lebensversicherung: Hier kommen empirisch ermittelte Faktoren zur Anwendung, die einen entsprechenden Einfluss auf das Lebensalter des Menschen haben. Ähnlich ist das Vorgehen bei der Berechnung des Renditepotenzials eines Unternehmens im Rahmen der PIMS-Forschung. Die Ausprägung der einzelnen Faktoren bei dem jeweiligen Unternehmen lassen eine entweder höhere oder eben niedrigere Rendite erwarten.[402]

Der Report on Look-Alikes

Im Gegensatz zum PAR-ROI-Modell steht im Mittelpunkt des sogenannten *Report on Look-Alikes* (ROLA) nicht ein statistisches Verfahren für die Analyse von Daten, sondern ein Suchprogramm zur Ermittlung strukturell ähnlich gelagerter Geschäftseinheiten. Durch diesen Vergleich können in der je spezifischen Situation Chancen, geeignete Strategien und Taktiken zur Verbesserung der Ergebnisse oder für die Verteidigung der Marktposition ermittelt werden. Ebenso lassen sich die voraussichtlichen Auswirkungen von Veränderungen oder Kombinationen mehrerer Parameter auf die verschiedenen Ertragsgrößen errechnen. Insofern ist der *Report on Look-Alikes* ein wirkungsvolles Instrument, das in erster Linie wirkungsvolle Taktiken im operativen Bereich zur optimalen Realisierung von Strategien identifiziert. Weiter zeichnet sich der ROLA durch ein hohes Maß an Flexibilität hinsichtlich der heranzuziehenden Variablen aus.[403] Abbildung 51 visualisiert die Grundkonzeption des *Report on Look-Alikes*.

Mithilfe frei bestimmbarer und je nach ihrer Bedeutung gewichtbarer *Matching Criteria*, also Identifikationsmerkmale, die das strategische Profil einer Geschäftseinheit beschreiben, werden aus der PIMS-Hauptdatenbank jene Geschäftseinheiten herausgefiltert, die ein vergleichbares strategisches

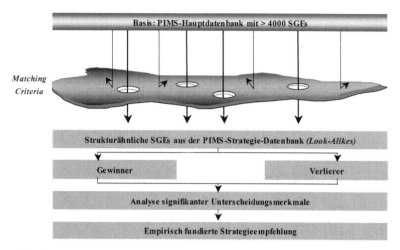

Abbildung 51: Grundkonzeption des Report on Look-Alikes (ROLA)
Quelle: in Anlehnung an PIMS (2007 c), S. 2

Profil wie das der zu untersuchenden Geschäftseinheit aufweisen.[404] Diese strukturähnlichen Geschäftseinheiten – oder *Strategic Peers* – werden in einem zweiten Schritt anhand einer wiederum frei bestimmbaren, sogenannten *Stratification Variable* in zwei, mit *Gewinner* und *Verlierer* bezeichnete Extremgruppen eingeteilt. Dieses Trennkriterium stellt in der Regel ein Ergebnismerkmal dar, beispielsweise den durchschnittlichen ROI.

Im Anschluss werden die strukturähnlichen Geschäftseinheiten beider Gruppen anhand praktisch sämtlicher pro Geschäftseinheit erhobener Daten verglichen sowie die Unterschiede zwischen beiden Gruppen festgestellt. Mithilfe eines Hypothesentestverfahrens (t-Test) werden sodann die signifikanten Unterscheidungsmerkmale analysiert. Schließlich wird die zu untersuchende Geschäftseinheit mit den Gewinnern und Verlierern verglichen, wobei statistisch signifikante Unterschiede zu beiden Gruppen hervorgehoben und empirisch fundierte Strategieempfehlungen abgegeben werden.[405]

Der konkrete Nutzen des ROLA für ein jeweiliges Unternehmen lässt sich wie folgt zusammenfassen:

- Möglichkeit der fundierten Bestimmung sinnvoller und realistischer, strategischer und operativer Geschäftsziele sowie des maximalen Erreichungsgrads eines strategischen Parameters (beispielsweise Zielrenditen) anhand der Erfahrung anderer strategischer Geschäftseinheiten.

- Möglichkeit der Untersuchung individueller Strategien einer Geschäftseinheit hinsichtlich der Ähnlichkeit ihrer Verhaltensmuster mit Gewinner- oder Verliererstrategien.
- Möglichkeit der Ermittlung der Strategie mit der größten Erfolgsaussicht.[406]

Der *Report on Look-Alikes* erweist sich als ein sehr vielseitiges und flexibles Anwendungsmodell beziehungsweise Instrument innerhalb des PIMS-Programms und kann für eine Vielzahl von Fragestellungen herangezogen werden. Der Anwendungsschwerpunkt liegt jedoch im Anschluss an eine Stärken-Schwächen-Analyse anhand des PAR-ROI-Modells, wenn es darum geht, herauszufinden, wie die Situation einer Geschäftseinheit durch überwiegend taktische und operative Maßnahmen verbessert werden kann.

Das Limited Information Model (LIM)

Das sogenannte *Limited Information Model (LIM)* oder *LIM-PAR-ROI-Modell* ist eine komprimierte Version des PAR-ROI-Modells. Im Mittelpunkt des Modells steht ebenfalls eine multiple Regressionsfunktion, für die jedoch – gegenüber den über vier Jahre hinweg benötigten rund 200 Eingabedaten des PAR-ROI-Modells – lediglich die Werte von rund 20 Variablen eines vergangenen Geschäftsjahrs anzugeben sind.[407] Mit der Variablenreduktion geht eine etwas geringere Erklärungskraft des *Limited Information Model* hinsichtlich der Varianz des ROI einher. Sie beträgt 60 Prozent und kann in den meisten Fällen als ausreichend betrachtet werden.[408]

Nicht selten können auf der Basis einer LIM-Analyse Schwerpunkte für nachfolgende, tiefergehende Untersuchungen gesetzt werden. Aufgrund der geringeren Menge benötigter Input-Daten liegt der Einsatzschwerpunkt des *Limited Information Model* jedoch hauptsächlich in Situationen, in denen Daten nur eingeschränkt verfügbar sind. Von PIMS werden regelmäßig die Beurteilung von Akquisitionsobjekten, Konkurrenzanalysen sowie die Beurteilung von Kunden und Lieferanten als Beispiele oder Situationen aufgeführt, die sich insbesondere für eine Analyse mittels des LIM eignen.[409]

Weil Private-Equity-finanzierte Buyouts beziehungsweise die zunächst noch als potenzielle Investitionsopportunitäten zu bezeichnenden Zielunternehmen in aller Regel eine ebensolche Situation darstellen, wird hier – trotz der weitestgehenden Übereinstimmung mit der Grundkonzeption des PAR-ROI-Modells – separat auf dieses PIMS-Anwendungsmodell verwiesen. Der Einsatz des *Limited Information Model* bei der Beurteilung einer

Buyout-Investitionsopportunität wird des Weiteren gleichzeitig durch den erheblich reduzierten Datenerhebungsaufwand begünstigt.

Das Business Start-up-Model

Ganz im Sinne der Grundidee und Grundprämisse des PIMS-Forschungsprojekts ging das *Business Start-up-Model* ursprünglich von der Grundfrage aus, ob auch bei erfolgreichen Start-up-Geschäften Gemeinsamkeiten existieren. Das *Business Start-up-Model* ermöglicht die objektive Beurteilung sowohl der Marketingtaktiken und Zukunftsaussichten von neugegründeten Geschäftseinheiten als auch von Diversifikations- und Innovationsprojekten. Hierbei wird auf die bereits erwähnte PIMS-Start-up-Datenbank zurückgegriffen, die derzeit rund 200 Geschäftseinheiten in den ersten fünf Jahren ihrer Tätigkeit umfasst.[410]

Das *Business Start-up-Model* beziehungsweise dessen Erkenntnisse liefern begründbare und quantitative Antworten auf die für Start-up-Geschäfte strategisch relevanten Fragen:

- Wie müssen neugegründete Geschäftseinheiten, Diversifikations- und Innovationsprojekte angelegt sein, damit sie eine Chance auf Erfolg haben?
- Welches sind die quantitativen Orientierungsgrößen, und welche quantifizierbaren Voraussetzungen sind zu schaffen?
- Wie lange dauert es, bis solche Vorhaben Ertrag abzuwerfen beginnen?[411]

Anhand von Abbildung 52 werden die wichtigsten Forschungserkenntnisse des *Business Start-up-Model* kurz erläutert. Die zentralste Erkenntnis unter dem Gesichtspunkt der Profitabilität sei aber hier bereits vorweggenommen: Neue Geschäfte benötigen im Durchschnitt rund sechs Jahre, um profitabel zu werden, um also nachhaltig aus den roten Zahlen zu kommen.

Genauso, wie die meisten Substitutionen nach einem nahezu gleichförmigen Verlaufsmuster erfolgen, das einer S-Kurve entspricht, steigt auch das Marktvolumen in aller Regel nicht linear, sondern weist einen typischen S-förmigen Verlauf auf. Deshalb sind über den Lebenszyklus des Marktes – und damit des Geschäftes – ganz bestimmte Schwerpunkte zu setzen. Der Schlüssel zum Markteintritt ist die Qualität der Marktleistung im Sinne des relativen Kundennutzens. Durchschnittlich im vierten Jahr stellt sich dann die entscheidende Frage, ob der bis dahin erzielte Marktanteil genügt, um die Marktposition auch in Zeiten von Marktsättigung und Verdrängungswettbewerb, sprich auf Dauer, verteidigen zu können.

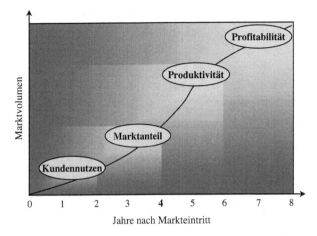

Abbildung 52: Zur Evolution von Zielen bei Start-up-Geschäften
Quelle: in Anlehnung an PIMS (2007 b), S. 6, und Malik (1999), S. 192

Ist dies erreicht, rücken in der nächsten Phase Anstrengungen zur Steigerung der Produktivität in den Vordergrund; nach fünf bis sechs Jahren sind alle Kräfte in den Dienst der Wirtschaftlichkeit zu stellen. Gelingt schließlich auch die Lösung des Produktivitätsproblems, so führt das Start-up-Geschäft in der Regel zur Profitabilität. In jedem Fall sind aber nach sieben bis acht Jahren jene Potenziale aufgebaut, die es ermöglichen, aus einer Position der Stärke heraus zu operieren.[412]

Die Customer Value Analysis beziehungsweise Value Map

Die *Customer Value Analysis,* zu deutsch Kundennutzenanalyse, nimmt unter den PIMS-Anwendungsmodellen eine Sonderstellung ein, da sie ursprünglich zur einheitlichen, branchenübergreifenden und quantitativen Messung des relativen Kundennutzens entwickelt wurde. So gesehen ist die Kundennutzenanalyse mit ihrer Spezialdatenbank für *Customer Value* zunächst als ein wichtiger Bestandteil innerhalb des PAR-ROI-Modells zu klassifizieren.[413]

Neben dieser Funktion hat sich die Kundennutzenanalyse und die hieraus resultierende *Value Map* beziehungsweise Preis-Leistungs-Matrix – aufgrund ihrer methodisch weitgehenden Fundierung – im Laufe der Zeit als äußerst geeignetes Instrument erwiesen, die Dynamik in der Wettbewerbsposition einer Geschäftseinheit zu erforschen. In der Praxis wird sie aufgrund der relativ einfachen Handhabung sowie Verständlichkeit häufig angewendet.[414] Kennt man die jeweilige Position der Marktteilnehmer hinsichtlich des von ihnen erzielten Kundennutzens, lassen sich wichtige Schlussfolgerungen für die Einschätzung und Steigerung des eigenen Kundennutzens ziehen, was wiederum eine zielorientierte Verbesserung der Wettbewerbsposition ermöglicht. Fredmund Malik bringt den Beitrag der *Customer Value Analysis* in diesem Kontext treffend auf den Punkt:

»Das ist das methodische Instrument, um im Rahmen der *Corporate Governance* nicht nur über *Customer Value* anstelle von *Shareholder Value* zu reden, sondern diesen empirisch zu erheben, zu quantifizieren und als Eckpfeiler der Strategie einzusetzen.«[415]

Quantitative Bestimmung bestehender Erfolgspotenziale: das PAR-ROI-Modell

Im Folgenden wird das PAR-ROI-Modell, das sich im Mittelpunkt sämtlicher PIMS-Anwendungsmodelle findet, näher vorgestellt sowie anhand von Beispielen illustriert.

Statistische Konzeption des PAR-ROI-Modells

Die empirische Basis des PAR-ROI-Modells bilden die mit *PIMS Data Forms* erfassten Daten sämtlicher strategischer Geschäftseinheiten. Die meisten Variablen werden als Vierjahres-Durchschnittswerte in die Analyse einbezogen. Im Mittelpunkt des Modells steht wie bereits erwähnt eine multiple Regressionsfunktion, in der sowohl lineare als auch nicht-lineare Effekte berücksichtigt werden. Hierbei wird die abhängige beziehungsweise erklärte Variable *Return on Investment* auf insgesamt 48 unabhängige beziehungsweise erklärende Variablen zurückgegriffen. Diese setzen sich zusammen aus[416]

- 28 Grundvariablen,
- 18 Interaktionsvariablen[417],
- dem quadrierten Marktanteilsindex sowie
- dem absoluten Wert des Indexes der Kapitalintensität.[418]

Mithilfe der Regressionsanalyse wird eine lineare Kombination der 48 unabhängigen Variablen gefunden, dank derer sich Unterschiede in der abhängigen Variablen ROI zwischen den einzelnen Geschäftseinheiten möglichst gut erklären lassen. Der auf Basis der Regressionsanalyse ermittelte Schätzwert des ROI, der PAR-ROI, soll möglichst genau dem tatsächlichen ROI einer bestimmten Geschäftseinheit entsprechen. Zur Ermittlung der Regressionsbeziehung sind ein Berechnungsverfahren sowie ein Gütekriterium nötig, mit dessen Hilfe entschieden werden kann, welches die beste Regressionsfunktion ist, die sich der empirischen Punktwolke beziehungsweise Punkteverteilung möglichst gut anpasst, also die Abweichungen möglichst minimiert. Als Berechnungsverfahren wird vom PIMS-Programm die *Ordinary Least Squares (OLS)*, die *Methode der kleinsten Quadrate*, eingesetzt. Die für einen gegebenen Datensatz – empirische Werte des ROI und der 48 unabhängigen Variablen – zu bestimmende Regressionsbeziehung sollte möglichst gut die Streuung der einzelnen ROI-Werte erklären. Ein Maß für diese Streuung ist die Summe der quadrierten Abweichungen der einzelnen ROI-Werte vom durchschnittlichen ROI aller untersuchter strategischer Geschäftseinheiten; es ist dies die bereits angesprochene ROI-Varianz.[419]

Mittels der Methode der kleinsten Quadrate wird versucht, die Koeffizienten der Regressionsgleichung so zu wählen, dass der nichterklärte Teil der gesamten Streuung möglichst gering und die erklärte Streuung möglichst groß wird: Die Summe der quadrierten Abweichungen der beobachteten ROI-Werte von den ROI-Werten, die mithilfe der PAR-ROI-Regressionsfunktion errechnet wurden, soll minimiert werden. Um die Güte einer Regressionsgleichung zusammenfassend zu beurteilen, wird üblicherweise das Bestimmtheitsmaß R^2 verwendet, das der erklärten Streuung bezogen auf die totale Streuung entspricht. R^2 beschreibt damit, wie gut die Regressionsfunktion an die vorliegende Stichproben-Punkteverteilung angepasst ist, mit anderen Worten: welcher Anteil der ROI-Varianz durch die Varianz der 48 unabhängigen Variablen erklärt wird. Das Bestimmtheitsmaß ist eine normierte Größe, deren Wertebereich zwischen 0 und 1 beziehungsweise 0 Prozent und 100 Prozent liegt; es ist umso größer, je höher der Anteil der durch die Regressionsfunktion erklärten Varianz an der Gesamtstreuung ist.[420] R^2 beträgt im Rahmen der PIMS-Untersuchungen je nach Anzahl der Variablen beziehungsweise strategischen Kern- oder Strukturfaktoren, die in die Gleichung einzubeziehen sind, zwischen 60 Prozent und über 80 Prozent. Der Rest der ROI-Varianz wird den im PAR-ROI-Modell nicht erfassten Einflussfaktoren zugerechnet.

Die quantitative Bestimmung des PAR-ROI und damit die Quantifizierung des Erfolgspotenzials einer Geschäftseinheit erfolgt nun, indem in die PAR-ROI-Regressionsfunktion die bei der jeweiligen Geschäftseinheit ermittelten Werte der einzelnen unabhängigen Variablen eingesetzt werden.

Interpretation und Aussagekraft des PAR-ROI

Ben Branch bringt den Gedanken, der dem PAR-ROI-Modell beziehungsweise dem PAR-ROI zugrunde liegt, wie folgt zum Ausdruck:

»It is hypothesized that these factors determine the level of ROI that is normal for a business in a particular steady-state environment. Accordingly, the Par model is built upon the assumption that, in the long run, a particular market share, growth rate, R&D intensity, degree of unionization, and so on, will produce an ROI for that business that is approximately equal to some equilibrium value (Par). In other words, there are relationships or ›laws of the marketplace‹ that can be relied on to explain a great deal of the cross-sectional variability in ROI.«[421]

Der PAR-ROI ist entsprechend als ein empirisch ermittelter Richtwert für den ROI zu verstehen, der normalerweise von einer bestimmten Geschäftseinheit zu erwarten ist[422]:

»Das PAR/ROI Modell ermittelt einen empirisch begründeten Erwartungswert für die mittel- bis langfristige Rentabilität. Dieser wird aufgrund der Strukturmerkmale einer strategischen Geschäftseinheit (SGE) und ihres Marktes errechnet.«[423]

Dabei wird von einer durchschnittlichen Professionalität des Managements und von einem durchschnittlichen Glück ausgegangen.

Die Ermittlung des PAR-ROI erfolgt mit Blick auf die Vergangenheitsentwicklung realer Geschäftseinheiten und damit aufgrund von gespeichertem Erfahrungswissen unter vergleichbaren, also strukturell ähnlichen Bedingungen. Er ist der zu erwartende ROI, der in der Regel von Geschäftseinheiten mit genau diesen Strukturmerkmalen beziehungsweise mit genau dieser strukturellen Konfiguration der empirisch nachgewiesenen Ertragstreiber erzielt wird. Wie die Erfahrung gezeigt hat, ist der PAR-ROI ein verlässlicher Indikator für die mittel- bis langfristige Rentabilität.[424]

Visualisierung der schrittweisen Ermittlung des PAR-ROI

Mithilfe des PAR-ROI-Modells beziehungsweise der PAR-ROI-Regressionsfunktion kann erfasst werden, wie die für das strategische Erfolgspotenzial eines Geschäftes relevanten Faktoren zusammenhängen, wie diese sich quantifizieren und messen lassen sowie wie hoch das Erfolgspotenzial eines Geschäftes konkret ist. Im Folgenden geht es nun darum, mithilfe von Grafiken zu zeigen, wie die Position einer jeweiligen Geschäftseinheit hinsichtlich der einzelnen strategisch relevanten Faktoren beziehungsweise Variablen im Sinne einer ordinalen Schätzung approximativ eruiert werden kann.

Der Einfluss einer bestimmten Variablen auf den PAR-ROI einer Geschäftseinheit hängt von zwei Faktoren ab:

- der Ausprägung der bestimmten Variablen bei der Geschäftseinheit bezogen auf den Mittelwert der Variablen in der Untersuchungsgesamtheit (PIMS-Datenbank);
- der Richtung und Stärke des grundsätzlichen Einflusses der Variablen auf den ROI (Vorzeichen und Höhe des Regressionskoeffizienten in der PAR-ROI-Gleichung).

Ein relativer Marktanteil, der gegenüber dem Mittelwert der PIMS-Datenbank unterdurchschnittlich ist, hat – wenn man sich den stark positiven Einfluss eines hohen relativen Marktanteils auf den ROI vor Augen führt – einen entsprechend negativen Einfluss auf die Höhe des PAR-ROI und damit auf die Höhe der zu erwartenden Rendite. Abbildung 53 veranschaulicht dies.

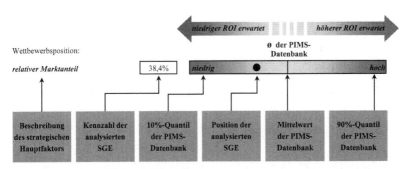

Abbildung 53: Einflussermittlung einer Variablen auf den PAR-ROI
Quelle: in Anlehnung an PIMS (2007 a), S. 26

Analog hätte beispielsweise eine gegenüber dem Mittelwert der PIMS-Datenbank unterdurchschnittliche Investmentintensität – unter Kenntnis des stark negativen Einflusses einer hohen Investmentintensität auf den ROI – einen entsprechend positiven Einfluss auf die Höhe des PAR-ROI.

Tabelle 23 veranschaulicht sämtliche mögliche Kombinationen, wie sich der Einfluss eines einzelnen strategisch relevanten Faktors beziehungsweise einer bestimmten Variablen auf den PAR-ROI entfalten kann.

Vorzeichen und Höhe des Regressions- koeffizienten	Ausprägung der Variablen – Mittelwert der Variablen in der PIMS-Datenbank		
	+	0	−
+	+	0	−
−	−	0	+

Tabelle 23: Matrix zur Einflussermittlung einer Variablen auf den PAR-ROI
Quelle: in Anlehnung an Venohr (1988), S. 96

Geht man von diesem Prinzip aus und berücksichtigt gleichzeitig sämtliche 48 Variablen, ergibt sich die Komplexität des PAR-ROI-Modells beziehungsweise dessen PAR-ROI-Regressionsfunktion.

Gegenüberstellung der aktuellen Rentabilität und des Renditepotenzials

Um die aktuelle Rentabilität (IST-ROI) einer Geschäftseinheit von dessen Renditepotenzial (PAR-ROI) eindeutig abzugrenzen, werden beide Kennziffern in Tabelle 24 einander gegenübergestellt.

IST-ROI: aktuelle Rentabilität	PAR-ROI: Renditepotenzial
• IST-Rentabilität aufgrund vergangener Leistung • Resultat der Realisierung von Erfolgspotenzialen • Quantifizierter Wert des Erfolgs per se • Gegenwarts- und Vergangenheitsbetrachtung • operative Position eines Unternehmens • Kennziffer operativer Führung	• SOLL-Rentabilität aufgrund der Erfolgspotenziale • Quantifizierung des Ertragspotenzials aufgrund der strukturellen Konfiguration der empirisch nachgewiesenen Ertragstreiber • Quantifizierung der Erfolgsvorsteuergrößen • Zukunftsbetrachtung • strategische Position eines Unternehmens • Kennziffer strategischer Führung

Tabelle 24: Gegenüberstellung der aktuellen Rentabilität und des Renditepotenzials

Unter Berücksichtigung der Häufigkeitsverteilung der ROI-Werte in der PIMS-Datenbank zeigt Abbildung 54, wie der IST- und PAR-ROI einer oder mehrerer Geschäftseinheiten im Rahmen der PIMS-(PAR- beziehungsweise LIM-)Analyse typischerweise einander gegenübergestellt und miteinander verglichen werden. Die Darstellung wurde durch die Steuerungsgrößen des Gälweiler'schen Navigationssystems ergänzt, um den relevanten, breiteren Kontext zu zeigen und ein besseres Verständnis zu schaffen.

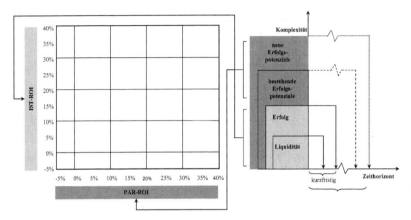

Abbildung 54: Kontrastierung der aktuellen Rentabilität und des Renditepotenzials
Quelle: basierend auf Gälweiler (2005), S. 34, und PIMS-Datenbank

Mit Blick auf Abbildung 54 sowie dank der Kenntnis der von PIMS aufgebrachten Komplexität zur Bestimmung und Quantifizierung erfolgspotenzialorientierter Faktoren ist nun auch zu verstehen, warum am Anfang dieses Kapitels die Schlussfolgerung gezogen wurde, dass das PIMS-Projekt aus einer systemtheoretischen Perspektive als ein kybernetisches Instrumentarium zur quantitativen Bestimmung von Erfolgspotenzialen bezeichnet werden kann, das vor dem Hintergrund eines integrierten und kybernetischen Konzepts der strategischen Unternehmensführung Private-Equity-Firmen bei der zukunftsorientierten Beurteilung ihrer Investitionsopportunitäten unterstützen kann.

Vergleich der aktuellen Rentabilität und des Renditepotenzials

Besonders aussagekräftig und unumgänglich, um die restlichen Fragen zu beantworten, die in Kapitel 4.5 aufgeworfen und in diesem wiederholt wurden, ist nun der eigentliche Vergleich der aktuellen Rentabilität und des Renditepotenzials einer Geschäftseinheit. Der Vergleich erlaubt eine qualifizierte Beurteilung der gegenwärtigen, sowohl operativen als auch strategischen Position einer Geschäftseinheit, weil dadurch ein empirisch fundierter, objektiver Maßstab zur Analyse und Darstellung von Stärken und Schwächen einer Geschäftseinheit geboten wird.[425]

In Abbildung 55 sind zwei Beispiele dargestellt. Für die strategische Geschäftseinheit A (SGE A) liegt zunächst die Schlussfolgerung nahe, dass es sich um ein unattraktives Geschäft handelt, bleibt doch bei einer IST-Rentabilität von 5 Prozent nach Abzug der Kapitalkosten und Steuern nicht viel übrig. Zieht man allerdings die PIMS-Erkenntnisse heran, lässt sich das Geschäft durch einen PAR-ROI von 25 Prozent charakterisieren. Mit anderen Worten: Das Geschäft zeigt heute eine deutlich geringere Rendite, als dessen strukturelle Konfiguration der erfolgspotenzialorientierten Faktoren oder Ertragstreiber erwarten lassen würde. Nochmals anders ausgedrückt: Geschäftseinheiten mit genau diesen Strukturmerkmalen erzielen in der Regel einen ROI von 25 Prozent.

Betrachtet man hingegen die strategische Geschäftseinheit B (SGE B), vermutete man zunächst aufgrund der IST-Rentabilität von 25 Prozent, dass es sich hier um ein attraktives und erfolgreiches Geschäft handelt. Unter erneuter Berücksichtigung der PIMS-Erkenntnisse lässt sich SGE B jedoch durch einen PAR-ROI von lediglich 5 Prozent charakterisieren.

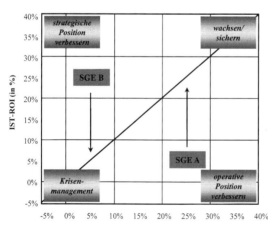

Abbildung 55: Vergleich von IST-ROI und PAR-ROI
Quelle: in Anlehnung an PIMS (2007 a), S. 30

Entgegen der konventionellen Sichtweise ergibt die empirisch fundierte Analyse, dass es sich bei SGE A um ein Geschäft mit einer strategisch attraktiven Position handelt, das vorwiegend operative Probleme zu lösen hat. Solche Geschäfte weisen häufig gute Werte in den strategischen Kategorien *Wettbewerbsposition* und *Marktumfeld* auf, haben jedoch oft Schwächen in den operativen Kennzahlen der Kapital- und Kostenstruktur. Eine mäßige Produktivität, geringe Kapazitätsauslastung oder niedrige Wertschöpfung sind hier nur einige Aspekte, deren Korrektur zu einer deutlichen Steigerung der Rentabilität führen würde. Eine Verbesserung der operativen Position durch Maßnahmen zur Prozessanpassung beziehungsweise der Optimierung einzelner Funktionen hebt das Potenzial beträchtlich, da die Anlage für den strategischen Erfolg längst gelegt worden ist. Es fehlt bei SGE A demnach die operative Exzellenz.[426]

Eine analoge beziehungsweise umgekehrte Situation ergibt sich bei SGE B, das sich entgegen der Meinung vieler nicht etwa als ein attraktives, sondern als ein äußerst risikobehaftetes Geschäft erweist. Eine solche Position basiert typischerweise nicht auf den strategischen Erfolgsfaktoren, sondern gründet sich viel eher auf operative Effizienz, das Geschick bei der Reaktion auf zufallsbedingte Ereignisse oder gar Manipulationen in der Erfolgsrechnung beziehungsweise der Bilanz. SGE B zeigt jedoch noch ein zusätzliches weitverbreitetes Muster in der Wirtschaft: Geschäfte, die eine genügende Rentabilität aufweisen, vernachlässigen Investitionen in ihren zukünftigen Erfolg[427] beziehungsweise in den Ausbau bestehender und Aufbau zukünftiger Erfolgspotenziale. Ein solches Verhalten ist zum Beispiel auf die *Shareholder-Value*-Doktrin zurückzuführen.

Wie schon erwähnt, geht aus der PIMS-Forschung hervor, dass Geschäftseinheiten, die über dem PAR-Wert liegen, sich mittel- bis langfristig nach unten bewegen, während solche, die unter dem PAR-Wert angesiedelt sind, sich allmählich nach oben in Richtung PAR verändern.[428] Ben Branch kommt aufgrund seiner an der PIMS-Datenbank durchgeführten Zeitreihenanalysen zu dem Schluss:

»Although there is a considerable spread in the deviations around their Pars, it is evident that the distribution of the deviations is quite consistent with what should be expected of an equilibrium estimate. The observations are concentrated near the zero deviations with an approximately symmetrical distribution about zero.«[429]

Von der Quantifizierung bestehender hin zu der neuer Erfolgspotenziale

Kapitel 5.2 widmete sich der Darlegung der Kern- oder Strukturfaktoren, die im Zuge der PIMS-Forschung empirisch als diejenigen ermittelt wurden, die das Erfolgspotenzial eines Unternehmens bestimmen. Im Verlaufe dieses Kapitels wurde in den Grundzügen gezeigt, wie sich diese Faktoren quantifizieren und messen lassen sowie wie die Quantifizierung des Erfolgspotenzials selbst ermöglicht wird.

In diesem Kontext wird die Erfahrungskurve als eine der Gälweiler'schen Orientierungsgrundlagen durch die Faktoren, die bei PIMS unter anderem unter der strategischen Kategorie *Kapital- und Kostenstruktur* zugeordnet sind, für praktische Zwecke hinreichend genau spezifiziert. Die Faktoren der Kategorien *Wettbewerbsposition* und *Marktumfeld* können hingegen für eine entsprechende Spezifizierung der Gälweiler'schen Marktposition herangezogen werden. Das PAR-ROI-Modell ermittelt damit die Qualität beziehungsweise den Rentabilitätswert des in einem *bestehenden Geschäft enthaltenen Erfolgspotenzials*. Das – in der Terminologie Gälweilers – *bestehende Erfolgspotenzial* einer Geschäftseinheit kann entsprechend mit nur einer einzigen Kennziffer hinreichend genau ausgedrückt werden: mit dem PAR-ROI.

Die Bestimmung zukünftiger beziehungsweise neuer Erfolgspotenziale

Bereits in Kapitel 5.2 wurde darauf hingewiesen, dass sich beispielsweise der relative Kundennutzen als einer der wichtigsten Einflussfaktoren, die im Zuge der PIMS-Forschung ermittelt und unter der Kategorie *Wettbewerbsposition* subsumiert wurden, gleichzeitig auf das Gälweiler'sche Kundenproblem bezieht und entsprechend auch für die Diskussion *zukünftiger beziehungsweise neuer Erfolgspotenziale* herangezogen werden kann. Im Folgenden werden diese Potenziale knapp skizziert.

Die Customer Value Analysis zur qualitativen Evaluation zukünftiger Erfolgspotenziale

Die *Customer Value Analysis* eignet sich – wenn auch in qualitativer Hinsicht – für die Auseinandersetzung mit neuen Erfolgspotenzialen, steht doch im Zentrum ihrer Steuerung einerseits die Frage nach dem Kundenproblem, das es durch bestimmte Produkte und Marktleistungen zu lösen gilt, und andererseits die Kenntnis der Substitutionsdynamik. Es wurde bereits angesprochen, dass die Substitutionsdynamik auf einem Markt nur beurteilt werden kann, wenn es gelingt, ein lösungsinvariantes Verständnis für das Kundenproblem zu gewinnen. Und nur durch eine sorgfältige Analyse des gesamten Systems an Leistungen und Wirkungen, die um ein Kundenproblem herum entstanden sind, lässt sich weiter erkennen, ob es sich um *originäre, dauerhafte* oder um *abgeleitete, nicht-dauerhafte Kundenprobleme* handelt.[430]

Neben ihrer Funktion, als Berechnungsgrundlage des Indexes des relativen Kundennutzens im Kontext der Quantifizierung bestehender Erfolgspotenziale zu dienen, kann die Kundennutzenanalyse mithilfe der Spezialdatenbank für *Customer Value* auch angesichts der skizzierten Herausforderungen und damit in der Evaluation zukünftiger beziehungsweise neuer Erfolgspotenziale ihre volle Wirkung entfalten.

Doch ist der *relative Kundennutzen* nicht der einzige Einflussfaktor der Kategorie *Wettbewerbsposition*, der sich gleichzeitig auf die neuen Erfolgspotenziale bezieht und für deren Diskussion herangezogen werden kann. Auch die Innovationsrate stellt einen solchen Faktor dar.

Das Business Start-up-Model zur quantitativen Bestimmung zukünftiger Erfolgspotenziale

Einen Schritt weiter bei der quantitativen Bestimmung neuer Erfolgspotenziale geht das *Business Start-up-Model* mit seiner PIMS-Start-up-Datenbank. Wie bereits erwähnt, ermöglicht es eine objektive Beurteilung sowohl der Marketingtaktiken und Zukunftsaussichten von neugegründeten Geschäftseinheiten als auch von Diversifikations- und Innovationsprojekten.

Die Vorgehensweise des *Business Start-up-Models* entspricht weitgehend derjenigen des PAR-ROI-Modells – mit einem wesentlichen Unterschied in den abhängigen beziehungsweise zu erklärenden Variablen: An die Stelle des ROI rückt der Marktanteil beziehungsweise der Marktanteilsgewinn. Während Abbildung 52 und die dazugehörenden Ausführungen bereits zeigten, dass die Profitabilität als Erfolgsmaßstab bei Start-up-Geschäften nicht geeignet ist, dient Abbildung 56 der weiteren, etwas quantitativeren Untermauerung dieses Zusammenhangs.

Unter Berücksichtigung des Marktanteilgewinns als der wichtigsten Zielgröße für Start-up-Geschäfte nach dem Markteintritt – der Schlüssel zum Markteintritt ist die Qualität der Marktleistung[431] – wurden eine Reihe von marktanteilsrelevanten Faktoren ermittelt und deren Wirkungen quantifiziert. Aufgrund des umfangreichen empirischen Datenmaterials

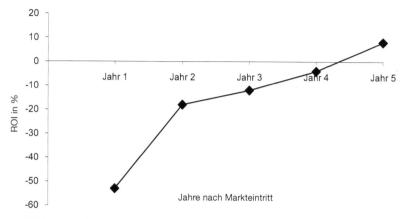

Abbildung 56: ROI von Start-up-Geschäften in den ersten fünf Jahren
Quelle: PIMS-Start-up-Datenbank

von rund 200 Geschäftseinheiten der PIMS-Start-up-Datenbank wurde es so möglich, die Antwort auf eine zentrale Fragestellung eines Start-ups zu finden und dadurch einen erheblichen Beitrag für dessen positive Entwicklung zu leisten. Die Frage lautet:

- Welche Marktanteilsgewinne sind unter den gegebenen Rahmenbedingungen und den vorhandenen Stärken und Schwächen typischerweise zu erwarten?[432]

Da Marktanteilsgewinne beziehungsweise hohe Marktanteile ihrerseits eine Kerngröße für die zukünftige Höhe und Stabilität der Rendite darstellen, kann in einem zweiten Schritt aufgrund des PAR-ROI-Modells und mithilfe der PIMS-Hauptdatenbank schließlich die folgende Frage beantwortet werden:

- Sollte sich das Geschäft im Markt etablieren können, in welcher Höhe wird die Renditeerwartung des Geschäftes liegen?

5.4 Kritik am PIMS-Programm und Leistungsbeiträge der PIMS-Forschung

In Literatur und Praxis finden sich die unterschiedlichsten Beurteilungen des PIMS-Programms; sie reichen von »When the history of business strategy is written, PIMS will remain as a milestone.«[433] über »Kein mathematisches Modell ist perfekt. Diese statistischen Korrelationen bewähren sich jedoch als eines der besten Managementwerkzeuge, die zur Verfügung stehen.«[434] hin zu »Was hier letztendlich nur gezeigt werden kann, ist dass (fast) alles mit allem zusammenhängt; man versinkt in einem Meer von Interdependenzen.«[435] Forschungsmethodik und Ergebnisse des PIMS-Programms sind seit dessen Entstehung immer wieder kritisiert worden. Allerdings sind nicht alle Äußerungen als profund, seriös und kompetent zu bezeichnen. Einige Standardkritikpunkte, die in der Literatur teilweise immer wieder einfach übernommen werden,[436] sind Vermutungen, die durch eine schlichte Überprüfung entkräftet werden können. PIMS gewährt offen und großzügig Zugang zum Datenmaterial, wenn ein Forschungsinteresse glaubhaft gemacht wird.[437] So konnte auch der Autor verschiedenen Kritikpunkten in Gesprächen mit PIMS-Experten sowie unter uneingeschränktem Datenbankzugriff nachgehen, und kam dabei zu dem Schluss, dass die entscheidenden Forschungsergebnisse nicht widerlegt werden können.

Die Kritik im Einzelnen darzulegen, würde den Rahmen dieses Buches sprengen, und schließlich steht ja nicht das Forschungsprogramm per se, sondern dessen möglicher Beitrag für Private-Equity-Firmen im Zentrum des Interesses.[438] Darum werden im Folgenden die wesentlichsten Ergebnisse und Leistungsbeiträge des Forschungsprojektes zusammengefasst.

Die PIMS-Forschung und die erhobenen Daten beziehen sich auf strategische Fragen sowie auf die Profitabilität von strukturverwandten Geschäften. PIMS hat den bisher unwiderlegten Beweis erbracht, dass nicht die Branche, sondern die Konstellation oder Konfiguration von empirisch nachgewiesenen strukturellen Einflussgrößen erfolgsbestimmend ist. Das Forschungsprojekt verfügt somit über die weltweit einzigen Konfigurationsdaten für strategische Entscheidungen beziehungsweise für den nachhaltigen Unternehmenserfolg.

Das ist eines der wichtigsten Forschungsergebnisse, auch wenn auch dies innerhalb der Betriebswirtschaftslehre längst nicht auf breiter Basis verstanden wird. Eine Analogie zur Medizin mag das Vorgehen von PIMS veranschaulichen: Für die Anfälligkeit für Krankheiten einschließlich ihrer Therapie spielt nicht die Kultur, Nationalität oder ethnische Zugehörigkeit eines Menschen (analog Branche) die entscheidende Rolle, sondern die strukturelle und prozessuale Konfiguration etwa seines Herz-Kreislaufoder Respirationssystems (analog Strukturfaktoren). Unter einer solchen Betrachtungsweise steht die PIMS-Forschung der Biologie und Medizin deutlich näher als der klassischen Betriebswirtschaft.

Die Leistungsbeiträge des PIMS-Programms sind – mit Blick auf den instrumentellen Charakter und die Eignung zur Integration in system- und erfolgspotenzialorientierte strategische Konzepte:

- die systematische und quantitative Bestimmung von Erfolgspotenzialen,
- die systemische Analyse der Kausalbeziehungen hinsichtlich unternehmens- und umfeldbezogener Variablen sowie
- die Konzentration auf erfolgsrelevante Faktoren zur Komplexitätsbeherrschung ohne risikoreiche Einschränkung von Varietät.

Sie gewährleisten des Weiteren, dass das PIMS-Programm, trotz seines quantitativen Charakters, nicht als ein Modell *konstruktivistisch-technomorpher*[439] Prägung missverstanden wird. Es geht im Gegenteil deutlich hervor, dass aufgrund der ungeheuren Komplexität, mit der sich Private-Equity-Firmen fortan konfrontiert sehen, im Rahmen des PIMS-Programms oftmals nur probabilistische und tendenzielle Aussagen getroffen werden können.

Strategische Unternehmensführung muss jedoch dafür sorgen, dass die Grundstrategie das Unternehmen befähigt, sich kurzfristig den eben nicht längerfristig voraussehbaren Veränderungen der Umwelt anzupassen.[440] Da die Zukunft nicht prognostizierbar ist, muss strategische Navigation zunächst unabhängig von Prognosen sein.[441] Außerdem ist jedes Konzept und Instrument der strategischen Führung, dem Exaktheit unterstellt wird, von vornherein untauglich und zum Scheitern verurteilt. Schließlich steht bei einer (richtigen) Strategie nicht Präzision, sondern Richtung im Vordergrund, oder wie es Malik formuliert: »Strategie ist Versuch und Irrtum mit Richtung, also Evolution. In der Biologie spricht man von der Strategie der Evolution. Dasselbe gilt für Management.«[442]

Unter allen gegebenen und teilweise berechtigten, nicht zu unterschätzenden Kritikpunkten kann das PIMS-Programm – getreu dem Johann Wolfgang von Goethe zugeschriebenen Aphorismus: »Entscheide lieber ungefähr richtig, als genau falsch.« – somit im Rahmen einer *systemisch-evolutionären* Betrachtungsweise einen wesentlichen Beitrag leisten, geht doch der evolutionäre Ansatz – im Bewusstsein, dass eine vollständige Kontrolle und Beherrschung von Systemen nicht möglich ist – von der Lebensfähigkeit des Unternehmens aus aufgrund der Fähigkeit, sich an veränderte Umweltbedingungen anzupassen[443]:

»Durch die Verwendung genereller Regeln des Verhaltens kann zwar in einem größeren Bereich eine gewisse Orientierung ermöglicht werden als ohne solche Regeln, dies jedoch nur unter Verzicht auf Regelung des Details. Die ordnungserzeugende Wirkung allgemeiner Regeln im Sinne des evolutionären Ansatzes ermöglicht es, dass eine gewisse regulierende Wirkung im Bereiche sehr großer Komplexität ausgeweitet wird.«[444]

Es muss nicht weiter erklärt werden, dass die relevanten Regeln im Kontext dieses Buches unmittelbar aus der Logik des kybernetischen Konzepts der strategischen Unternehmensführung von Gälweiler folgen und die darin enthaltenen Orientierungs- und Steuerungsgrößen durch die Ergebnisse der PIMS-Forschung hinreichend und richtungsweisend präzisiert und quantifiziert werden.

5.5 Kritische Würdigung aktueller Investitionskriterien

Zu Beginn von Kapitel 4 wurde dargelegt, warum es notwendig ist, die strategische Unternehmensführung für Buyout-Investoren einzubeziehen, zudem wurde das im Rahmen dieser Studie verwendete kybernetische Konzept erläutert. Kapitel 4.2 nahm zunächst die quasi *neutrale* Positionierung der im dritten Kapitel erhobenen Investitionskriterien in ebendieses Konzept vor. Da von besonderem Interesse ist, inwiefern die heute praktizierte, operative Unternehmensführung der Beteiligungen von Private-Equity-Firmen sich in den Investitionskriterien widerspiegelt, die zur Anwendung gelangen, wurden dieselben in einem zweiten Schritt unter dem Blickwinkel der Bedeutung diskutiert, die ihnen jeweils beigemessen wird. Dabei ging es hauptsächlich um eine mehr oder weniger dichotome Zuteilung entweder zur operativen oder zur strategischen Führung.

Im Folgenden werden die in der aktuellen Praxis zur Anwendung gelangenden Investitionskriterien einer kritischen Würdigung unterzogen.

Bezugsrahmen der kritischen Würdigung

Abbildung 57 bildet den Bezugsrahmen der kritischen Würdigung sowie der weiteren Ausführungen. Sie veranschaulicht die in Kapitel 4.3 gezogene Schlussfolgerung, dass die Investitionskriterien – angesichts der Bedeutung, die ihnen von Finanzinvestoren bei der Beurteilung der Investitionsopportunitäten jeweils beigemessen wird – sowohl in absoluter als auch

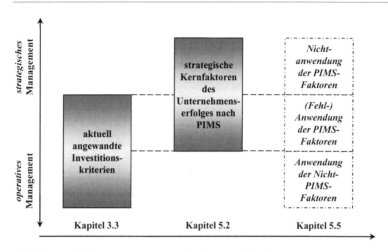

Abbildung 57: Bezugsrahmen der kritischen Würdigung

in relativer[445] Hinsicht mehrheitlich der operativen Führung zuzuordnen waren. In diesem Sinne steht die Abbildung auch in Einklang mit dem Gälweiler'schen Navigationssystem (Abbildung 26), zumal auch dort die vertikale Achse das Kontinuum zwischen operativem und strategischem Management beziehungsweise, in der Terminologie Gälweilers, zwischen operativer und strategischer Führung darstellt.[446]

Die Schnittfläche der erhobenen Investitionskriterien mit den strategischen Kernfaktoren des Unternehmenserfolgs nach PIMS zeigt die Investitionskriterien, die von Private-Equity-Firmen aktuell angewandt werden und die gleichzeitig empirisch ermittelte und für den nachhaltigen Unternehmenserfolg relevante PIMS-Faktoren darstellen. Die drei Investitionskriterien *Marktanteil*, *Marktwachstum* und *Kapitalintensität* gehören hier, trotz ihrer terminologischen Gleichheit, nicht dazu, hat doch die Diskussion die bestehende Diskrepanz gegenüber der jeweils strategischen Bedeutung der Faktoren klar verdeutlicht. Entsprechend sind es im Einzelnen die drei verbleibenden Kriterien, die dieser Schnittfläche zugeordnet werden können: *Kapazitätsauslastung* (2), *Produktqualität* (2) und *Kundenabhängigkeit* (1).[447] Sie sind nach der Häufigkeit ihrer Nennung (in Klammern) gereiht.

Da sie jedoch extrem selten genannt wurden, dürften diese Kriterien in der Entscheidungsfindung der Private-Equity-Firmen nicht sonderlich schwer ins Gewicht fallen. Stattdessen bleibt an dieser Stelle festzuhalten, dass mit *Marktanteil* (14) und *Marktwachstum* (13) zwei der fünf meistgenannten Investitionskriterien von den Beteiligungsgesellschaften falsch verstanden scheinen und entsprechend in der Entscheidungsfindung gewissermaßen falsch berücksichtigt werden.[448] Weit schwerwiegender als die Fehlanwendung beziehungsweise Falschberücksichtigung strategisch relevanter Faktoren ist aber deren Nichtanwendung respektive Nichtberücksichtigung bei der Beurteilung von Investitionsopportunitäten. Bereits die Gegenüberstellung der 15 Kern- oder Strukturfaktoren mit sämtlichen 23 von den Private-Equity-Firmen aufgeführten Investitionskriterien macht deutlich, dass eine Reihe empirisch ermittelter Erfolgsfaktoren nicht angewendet wird. Es sind dies zum Beispiel die PIMS-Faktoren *Produktivität*, *vertikale Integration* und *Innovationsrate* sowie *Marketingintensität*, *Marktkonzentration* oder etwa *relative Kostenposition*.

Kritische Würdigung der Anwendung der Nicht-PIMS-Faktoren

Dieses Unterkapitel geht – im Sinne einer *Gap Analysis* – auf die Investitionskriterien ein, die von den Private-Equity-Firmen angewendet werden,

• für die im Zuge der PIMS-Forschungen aber kein empirisch begründeter Zusammenhang mit der Rentabilität eines Unternehmens festgestellt werden konnte,

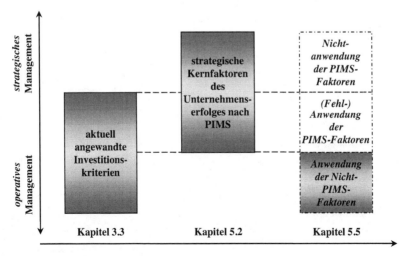

Abbildung 58: Kritische Würdigung der Anwendung der Nicht-PIMS-Faktoren

- die unter der PIMS-Betrachtungsweise als Resultat beziehungsweise als Output von strategischen Entscheidungen und nicht als deren Input verstanden werden, und schließlich die,
- die bei PIMS schlicht nicht erfasst sind.

Im Mittelpunkt stehen hierbei die restlichen drei, von den Gesprächspartnern einer deutlichen Mehrheit der Private-Equity-Firmen genannten Kriterien *Qualität des Managementteams* (16), *Potential for Value Creation and Growth* (13) und *Profitabilität* (13).

Qualität des Managementteams: weder Freikarte noch Todesurteil

Auf die Qualität des Managementteams wurde in diesem Buch bereits verschiedentlich eingegangen. Besonders interessant ist die Schlussfolgerung, die im Zuge der Private-Equity-Forschung regelmäßig gezogen und die durch die erste Interviewrunde dieser Studie weitgehend bestätigt wurde, dass es entlang sämtlicher Kategorien von Private-Equity-Investments die Qualität des Managementteams ist, die in letzter Instanz die Investitionsentscheidung der Finanzinvestoren bestimmt. Im Folgenden wird die Bedeutung der Managementqualität zunächst unter Berücksichtigung der gewonnenen PIMS-Erkenntnisse und in einem zweiten Schritt unter Einbezug der Rolle, die dem Investitionskriterium von den Beteiligungsgesellschaften zugeordnet wird, betrachtet.

Die Qualität das Managements einer jeweiligen Geschäftseinheit wird im Rahmen des PIMS-Programms nicht (explizit) in den Blick genommen; bei der Berechnung des PAR-ROI wird von einer durchschnittlichen Professionalität des Managements und einem durchschnittlichen Glück ausgegangen. Hinsichtlich des Renditepotenzials ist die Managementqualität somit Bestandteil der rund 20 Prozent ROI-Varianz, die sich nicht durch die Strukturfaktoren sowie ihre Interaktionen erklären lässt, und spielt für die Renditeerwartung eine entsprechend untergeordnete Rolle. Diese Renditeerwartung zu erzielen ist jedoch eine der wesentlichen Managementaufgaben.

Da sich die IST-Rendite maßgeblich durch das Management beeinflussen lässt, kann durch die PAR-ROI-Analyse eine indirekte Beurteilung der Managementqualität vorgenommen werden. Liegt die aktuelle Rendite (IST-ROI) beispielsweise deutlich unter dem Renditepotenzial (PAR-ROI), werden operative Probleme vom Management nicht in geeigneter Form angegangen – es liegen Effizienzprobleme vor. Ist hingegen der IST-ROI deutlich über dem PAR-ROI, wird die langfristige Perspektive des Geschäftes vernachlässigt, oder mit anderen Worten zu wenig in den Aufbau und die Erhaltung bestehender und die Suche sowie Schaffung zukünftiger Erfolgspotenziale investiert – es liegen eher Steuerungsprobleme vor. Tabelle 25 veranschaulicht eher grob und konzeptionell diese Zusammenhänge und verdeutlicht, wie die PAR-ROI-Analyse im Rahmen des PIMS-Programms indirekt zur Beurteilung der Managementqualität eines Geschäftes herangezogen werden kann.

Fokus des Managements auf ...	IST > PAR	IST = PAR	IST < PAR
... operative Unternehmensführung	+	+	–
... strategische Unternehmensführung	–	+	+
abgeleitete Qualität des Managementteams	–	+	–

Tabelle 25: Indirekte Beurteilung der Managementqualität mit PIMS

Um sich ein vernünftiges Urteil – bei den Investitionsentscheidungen der Private-Equity-Firmen – bilden zu können, gilt es, Tabelle 25 vor dem Hintergrund folgender Sachverhalte zu interpretieren:

- Wertschöpfung jenseits von kurzfristig finanzwirtschaftlicher *Operating Improvements, Multiple Uplifts* und *Financial Leverage*: Eine auf rein operative oder finanzwirtschaftliche Verbesserungen ausgerichtete Unternehmensführung der Portfoliogesellschaften hält den Anforderungen der Zukunft nicht länger stand.
- Empirisch belegte Annäherung des IST-Wertes an den PAR-Wert: Aus der PIMS-Forschung geht hervor, dass sich unter einer mittel- bis langfristigen Zeitbetrachtung Geschäftseinheiten, die über dem PAR-Wert liegen, nach unten bewegen, während sich solche unter dem PAR-Wert nach oben Richtung PAR verändern.

Die am häufigsten genannte Rechtfertigung für das Kriterium *Qualität des Managementteams* liegt in der Rolle des Managements bei der Realisierung des *Potential for Value Creation and Growth*. Während sich die Gesprächspartner über die Existenz des Investitionskriteriums vollkommen einig waren, herrschte bei der Frage, welche konkrete Bedeutung und Relevanz der Qualität des Managementteams einzuräumen sei, weit weniger Übereinkunft. Tabelle 26 stellt exemplarisch Extrempositionen gegenüber.[449]

Qualität des Geschäftes im Vordergrund	Qualität des Managements im Vordergrund
• »The quality of management is important, but not of prime importance. Even the best management cannot turn an average asset into a good asset.« • »Auch wenn man einen sehr guten Manager in einem schlechten Geschäft hat, gewinnt eigentlich immer das Geschäft.« • »Das Management kann ich [...] immer ändern, weil es auf dieser Plattform sitzt und da den Steuerhebel bewegt.«	• »At the end of the day you bet on people, not on strategies.« • »Sie können ein Super-Business haben, also ein Super-Geschäftsmodell in einem attraktiven Markt, und dennoch gibt es Managementteams, die das kaputt machen.« • »Experience tells us that we have bought really good businesses with kind of average management teams and we tended to get into trouble. Or we bought pretty average businesses with really good management teams and everything was okay.«

Tabelle 26: Extrempositionen hinsichtlich der Bedeutung der Managementqualität

Wird nun die Rolle, die die Beteiligungsgesellschaften dem Management zuordnen, mit in die Untersuchungen einbezogen, so ist festzustellen, dass es sich hier zum Teil um die Realisierung des Renditepotenzials beziehungsweise um die Erzielung des PAR-ROI handelt. Damit Potenziale realisiert werden können, müssen sie jedoch zunächst einmal vorhanden sein, denn wie bereits mehrfach ausgeführt, ist ohne die Existenz etwaiger Potenziale auf Dauer – unabhängig von der Größe des heutigen Erfolgs – selbst die beste operative Führung nicht in der Lage, Erfolge zu erzielen.

Wie sich diese Erfolgspotenziale eines Unternehmens bestimmen, wurde bereits eingehend dargelegt. Malik erklärt in diesem Zusammenhang:

»Eine günstige Konstellation dieser [acht strategischen Haupt-] Faktoren macht ein Unternehmen strategisch so robust, dass Schwächen auf anderen Gebieten verkraftet werden können. Umgekehrt können Schwächen in einem oder mehreren dieser Schlüsselfaktoren auch durch noch so viele andere Stärken und durch noch so gutes operatives Management nicht kompensiert werden.«[450]

Das bedeutet: Bei der Beurteilung einer Investitionsopportunität ist das Augenmerk in einem ersten Schritt auf die Existenz von Potenzialen zu richten, um das Unternehmen zunächst im Lichte seiner Wettbewerbsposition, Marktumwelt sowie Kapital- und Kostenstruktur, kurz hinsichtlich seiner strategischen Position zu beurteilen.

Die Qualität des Managementteams stellt zweifelsohne ein Kriterium höchster Wichtigkeit dar, das in den strategischen Kernfaktoren der PIMS-Untersuchungen nicht enthalten ist und – entgegen der Meinung einiger Gesprächspartner – unabhängig von der Größe eines Unternehmens sowie unabhängig von der aktuellen Position eines Unternehmens von zentraler Bedeutung ist. Berücksichtigt man jedoch die beiden oben dargelegten Sachverhalte sowie das zeitlich jeweils begrenzte Engagement der Finanzinvestoren, ist ein strategisch gut positioniertes Unternehmen mit einem mehr oder weniger guten Management einem strategisch schlecht positionierten Unternehmen mit einem noch so starken operativen Management vorzuziehen. Insofern scheint die in der rechten Tabellenhälfte zitierte Haltung der Private-Equity-Firmen als überholt: Eine hohe Qualität des Managementteams an sich ist weder Freikarte noch Todesurteil.

Potential for Value Creation and Growth: PIMS als Quantensprung in der Potenzialermittlung und -quantifizierung

In Kapitel 4.3 wurde das *Potential for Value Creation and Growth* als *hybrides Investitionskriterium* bezeichnet. Es kann, richtig angewendet, unter einer strategischen Sichtweise als das wichtigste Kriterium zur Beurteilung von Investitionsopportunitäten gelten, wurde doch ausgeführt, dass eine angestrebte Wertsteigerung die Realisierung von Potenzialen voraussetzt, die ihrerseits zunächst einmal die Existenz der Potenziale per se bedingt.

Die zentrale Frage in diesem Zusammenhang ist, ob überhaupt, wo und wie Werte generiert werden können. Die Beantwortung dieser Frage führte für sämtliche Gesprächspartner, die dies erörterten, zu den bisher verschiedentlich diskutierten Wertschöpfungstreibern in Buyout-Transaktionen. Da auf die Grenzen und die schwindende Bedeutung der *Multiple Uplifts* und des *Financial Leverage* bereits verwiesen wurde, gilt das Interesse an dieser Stelle den Potenzialen, die durch *Operating Improvements* zu realisieren wären. Während für die Private-Equity-Firmen hier die weitestgehend intuitive Auseinandersetzung mit Umsatzsteigerungs- und Kostensenkungspotenzialen von Bedeutung ist und es einem erhofften und subjektiv eingeschätzten Wertsteigerungspotenzial nachzueifern gilt, wurde mit der evidenzbasierten Bestimmung und Quantifizierung von Erfolgspotenzialen, die das PIMS-Forschungsprojekt ermöglichte, ein Quantensprung erzielt.

Um Redundanzen zu vermeiden, wird an dieser Stelle hier nicht weiter darauf eingegangen. Das darf jedoch nicht darüber hinwegtäuschen, dass es durch die PIMS-Erkenntnisse erstmals möglich ist, im Rahmen der nur wenige Jahre währenden Investitionsperiode anhand eines methodischen Instrumentariums dieses Wertsteigerungspotenzial empirisch zu erheben, zu quantifizieren und schließlich mittels realwirtschaftlicher und strategisch fundierter Maßnahmen – eben nachhaltigen *Operating Improvements* – zu realisieren sowie deren Zielerreichung zu überwachen.

Strategische Irreführung durch das Investitionskriterium der Profitabilität

Bereits schon die ersten zwei Buchstaben des Akronyms PIMS – *Profit Impact* – verraten die von PIMS vertretene Auffassung, die mit derjenigen von Drucker und Gälweiler in Einklang steht, dass nämlich der Gewinn keine Ursache, sondern das Resultat verschiedener zusammenwirkender Faktoren ist. Auf die Gefahren, die die Orientierung an Resultaten mit sich bringt, wurde bereits hingewiesen:

»Das Kernproblem besteht darin, dass eine an den Daten des Rechnungswesens sowie an Bilanzgrößen orientierte Unternehmensführung strategisch zwangsläufig und systematisch irreführend ist.«[451]

Dass ein Unternehmen mit Gewinnen nicht zwingend auch ein gesundes Unternehmen und die Verwendung der Profitabilität als Investitionskriterium höchst problematisch ist, kommt wiederum durch Abbildung 55 zum Ausdruck.

Wird Investitionsopportunität SGE B bevorzugt, weil die Profitabilität als Investitionskriterium verwendet wurde, liegen die Folgen auf der Hand. Sie wurden bereits sowohl weiter oben als auch in Zusammenhang mit Abbildung 55 erläutert: Die Abnahme der Profitabilität ist eine Frage des mittelfristigen Zeithorizontes. Die Situation spitzt sich zu, sobald die Private-Equity-Firmen gezwungen sind, ihre Beteiligungen länger zu halten.

Das zentrale Argument, das die Gesprächspartner in Zusammenhang mit der Profitabilität hervorbrachten – die Unabdingbarkeit einer gewissen Mindestprofitabilität für das Aufsetzen der *Leverage*-Finanzierung – wird durch die Marktentwicklungen und die resultierenden Implikationen (Kapitel 2) entkräftet. So hat etwa bereits schon die im Sommer 2007 vom amerikanischen Immobilienbereich ausgehende *Subprime*-Krise den für die Gesprächspartner beständigen, unabdingbaren und systemimmanenten Charakter des *Financial Leverage* deutlich in Frage gestellt.[452]

Die gewissermaßen ohnehin schon als Perversion zu bezeichnende Kreditvergabe zur Fremdfinanzierung eines Buyout-Investitionsobjektes aufgrund der Ergebnisse, die das betreffende Zielunternehmen in der Vergangenheit erzielt hat, und den darauf basierenden Projektionen wird ihre Daseinsberechtigung in einem zusehends durch Komplexität gekennzeichneten Marktumfeld mehr und mehr verlieren. Da ein Unternehmen mit Gewinnen nicht zwingend auch ein gesundes Unternehmen ist, und in Hinblick darauf, dass ein Großteil der heutigen Ratingsysteme der Banken auf operativen Kennzahlen basiert, verwendet beispielsweise die Luzerner Kantonalbank (LUKB) die Methoden, die das PIMS-Programm zur Verfügung stellt, in der Kreditvergabe an ihre Firmenkunden.[453] Anstatt Kreditentscheide in der Hoffnung zu treffen, dass die Vergangenheit einen guten Prognosewert für die Zukunft zu liefern vermag, wird auf Basis der mit PIMS quantifizierbaren Rendite- oder Erfolgspotenziale der möglichen Kreditnehmer zukunftsorientiert und empirisch fundiert über eine Kreditvergabe diskutiert und entschieden.

Die in Kapitel 2 skizzierten Marktentwicklungen und die daraus resultierenden Implikationen – die sich verlagernden Wertschöpfungstreiber – erfordern eine Verlagerung des Augenmerks der Private-Equity-Firmen weg von der Rückspiegelbetrachtung (der aktuellen oder vergangenen Profitabilität) hin zum zukünftigen Profitabilitäts- oder Renditepotenzial ihrer Zielunternehmen. Die für die Beteiligungsgesellschaften unabdingbare strategische Unternehmensführung darf eben nicht als eine »Aufstellung einer in die Zukunft gerichteten und auf zukünftige Zeitabschnitte bezogenen Gewinn- und Verlustrechnung«[454] aufgefasst werden, sondern hat sich zusätzlich zur geforderten größeren zeitlichen Erstreckung auch sachlich anderen Orientierungs- und Steuerungsmechanismen als denjenigen des Erfolgs zu bedienen.

Wegen der identischen Argumentationslogik entfällt hier die Betrachtung der operativen Investitionskriterien *Cashflow-Stabilität* und *Cashflow-Visibilität*, sowie derjenigen der *Zyklizität*, bezieht sie sich doch auf die Schwankungen der Zahlungsmittel, die für die Kredittilgung zur Verfügung stehen und damit de facto auf die Cashflow-Stabilität.

Weitere Investitionskriterien

Unter die Kategorie *Anwendung der Nicht-PIMS-Faktoren*, die hier diskutiert wird, fallen eine Reihe weiterer Kriterien, die

- zwar strategischen Charakters, für die nachhaltig zu erwartende Rendite jedoch nicht relevant, von untergeordneter Bedeutung oder in den strategischen Kernfaktoren anderweitig enthalten sind,

- in den strategischen Kernfaktoren nicht enthalten sind, und schließlich
- weder als operativ noch als strategisch zu bezeichnen sind und durch ihren engen Buyout-Transaktionsbezug nicht Gegenstand einer kritischen Würdigung sein können.

Während der ersten Gruppe beispielsweise die *Wettbewerbsintensität*, die *Marktgröße*, *Markteintrittsbarrieren* oder das jeweilige *Produktportfolio* eines Unternehmens zugeordnet werden können, zählt die *Marktregulierung* zu den bei PIMS nicht erfassten Dimensionen. Die transaktionsspezifischen Kriterien umfassen die Exit- und *Buy-and-Build*-Möglichkeiten, die jeweilige Erfahrung und Kompetenz der Private-Equity-Firma sowie die Transaktionskomplexität. Hierbei sei darauf hingewiesen, dass das Gälweiler'sche Konzept der strategischen Unternehmensführung und damit auch das Navigationssystem einschließlich sämtlicher PIMS-Anwendungen analog des bisher dargestellten Einsatzes zur Akquisition von Zielunternehmen auch später eingesetzt werden können, um für ebendiese (dann gewordenen) Portfoliogesellschaften *Add-on Acquisitions* beziehungsweise *Buy-and-Build*-Aktivitäten durchzuführen.

Abschließend sei noch die von acht Private-Equity-Firmen aufgeführte Technologielastigkeit hervorgehoben.[455] Die Technologielastigkeit eines Unternehmens oder seiner Produkte an sich hat keinerlei Auswirkungen auf das Rentabilitätspotenzial, doch ist es selbstverständlich wichtig, sich jeweils die Substitutionsdynamik eines Marktes zu verdeutlichen. Zur Unterstützung können hier etwa Substitutionszeitkurven- sowie Kundennutzen-Analysen herbeigezogen werden.

Zusammenführung der Erkenntnisse

Mit Blick auf die empirisch fundierten PIMS-Forschungsergebnisse können nun auch die Investitionskriterien selbst, die von Beteiligungsgesellschaften angewendet werden, hinsichtlich der zukünftigen Anforderungen weitgehend als die falschen bezeichnet werden. Wie Abbildung 57 veranschaulicht und wie aus den bisherigen Darlegungen hervorgeht, verfügen die Private-Equity-Firmen im Einzelnen

- teils über eine fehlende Perspektive (Nichtanwendung der PIMS-Faktoren),
- teils über die richtige Perspektive (Anwendung der PIMS-Faktoren),
- teils zwar über die richtige Perspektive, aber ein falsches Verständnis (Fehlanwendung der PIMS-Faktoren) und schließlich

- teils über eine gänzlich falsche Perspektive (Anwendung der Nicht-PIMS-Faktoren).

Nur wenige der Investitionskriterien, die die Gesprächspartner aufführten, entsprechen den Faktoren, die dem Erfolg kausal und temporal vorgelagert und für das strategische Erfolgspotenzial eines Unternehmens im Sinne der dauerhaften Ertragskraft tatsächlich relevant sind.

Der äußerst günstigen Konstellation ökonomischer Rahmenbedingungen hatten es die Beteiligungsgesellschaften bis 2007 zu verdanken, dass die durch *Multiple Uplifts* und *Financial Leverage* zu erzielenden Renditepotenziale weitestgehend ausgeschöpft werden konnten. Kaum existente gesellschaftliche Kritik und nicht vorhandener politischer Druck ermöglichten es überdies, auch im Rahmen der *Operating Improvements* durch vorwiegend kurzfristig ausgerichtete Maßnahmen Wertzuwächse des eingesetzten Eigenkapitals zu erzielen.

Entsprechend ist es für Private-Equity-Firmen in der Vergangenheit möglich gewesen, trotz der Anwendung der weitgehend falschen Investitionskriterien durchweg erfolgreich zu sein. Die gewissermaßen als gutmütig zu bezeichnenden Rahmenbedingungen erlaubten es, die Investitionsopportunitäten nach strategisch nicht oder wenig relevanten Gesichtspunkten auszuwählen und die Beteiligungen nach wenigen Jahren mit lukrativen Renditen wieder zu veräußern. Die in Kapitel 2 skizzierten Entwicklungen führen jedoch konsequenterweise dazu, dass mit einer fortgesetzten Anwendung derselben Investitionskriterien in Zukunft unter strategischen Gesichtspunkten die falschen Investitionskandidaten ausgesucht werden.

6. Validierung in der Praxis und Ausblick

»So banal es klingt: Komplexität kann nur mit Erfolg bewältigt werden, wenn man sie zuerst überhaupt als nicht zu beseitigenden realen Tatbestand anerkennt.«
Hans Ulrich, Schöpfer des St. Galler Managementmodells

Während in der ersten Interviewrunde eine Bestandsaufnahme des Status quo im Mittelpunkt stand, geht es nun um die Frage, inwieweit die erhobenen Investitionskriterien in typischen Praxisfällen tatsächlich zur Anwendung gelangen. Weiterhin soll in Erfahrung gebracht werden, wie die Funktionstüchtigkeit des PIMS-Projektes von den Private-Equity-Firmen beurteilt wird.

Hierzu wurden 13 der 18 Beteiligungsgesellschaften erneut befragt. Die Gesprächspartner für das zweite Interview waren jeweils dieselben Vertreter des meist gehobenen Managements – wie Geschäftsführer und Partner. Tabelle 27 listet die befragten Firmen auf und unterteilt sie nach ihrer Herkunft.

angelsächsische Private-Equity-Firmen	kontinentaleuropäische Private-Equity-Firmen
• 3i Group plc • Apax Partners • BC Partners • CVC Capital Partners (CVC) • Doughty Hanson & Co • Kohlberg Kravis Roberts & Co (KKR) • Permira • Texas Pacific Group (TPG)	• AFINUM • Argos Soditic • CapVis Equity Partners • Gilde Buy Out Partners • Zurmont Madison Private Equity

Tabelle 27: In die zweite Interviewrunde einbezogene Private-Equity-Firmen

6.1 Die Basis: zwei Investitionsopportunitäten

Als Grundlage der zweiten Interviewrunde dienten zwei Investitionsopportunitäten, die gleich vorgestellt werden. Auf Basis zweier realer Geschäftseinheiten, für die das Malik Management Zentrum St. Gallen von 2006 bis 2007 PIMS-PAR-ROI-Analysen durchführte, wurden zwei branchenübliche *Teaser* beziehungsweise anonymisierte Kurzprofile oder Blindprofile erstellt und den Gesprächspartnern vorgelegt.[456] Um die Funktionsweise der PIMS-Analysen besser und konkreter zu verstehen, wurden die PAR-ROI-Analysen für beide Geschäftseinheiten unter Mitwirkung des Autors an der PIMS-Datenbank am Malik Management Zentrum St. Gallen schrittweise rekonstruiert und in diesem Sinne weitestgehend wiederholt.

Teaser bilden in der Private-Equity-Branche Ausgangspunkt und Grundlage jedes (organisierten) Verkaufsprozesses:

»Während die Käufer möglichst umfassend informiert werden möchten, wollen die Verkäufer Einzelheiten und sensitive Daten möglichst spät offen legen. Dieser Interessenkonflikt wird [...] dadurch gelöst, dass zuerst ein sogenanntes Blindprofil (englisch *Teaser*) verfasst wird, das die wesentlichen Eckpunkte des Unternehmens anonymisiert darstellt.«[457]

Anhand dieses Blindprofils werden die Investitionskriterien von den Private-Equity-Firmen erstmals und soweit als möglich angewandt. Im Anschluss wird entschieden, ob die in aller Regel beigelegte Vertraulichkeits- beziehungsweise Diskretionserklärung unterschrieben werden soll, um vertiefte Informationen in der Form eines Businessplans beziehungsweise eines Information-Memorandums zu erhalten. Aus Sicht des Verkäufers ist das Blindprofil so zu gestalten, dass das Interesse eines potenziellen Erwerbers geweckt wird, er das zum Verkauf stehende Unternehmen aber nicht identifizieren kann. Gerade bei eng definierten und überschaubaren Nischenmärkten verlangt es einiges an Geschick, beide Anforderungen miteinander zu verknüpfen.[458]

Die Verwendung derartiger Blindprofile im Rahmen der zweiten Interviewrunde erscheint insbesondere aufgrund folgender Aspekte zweckmäßig und hinreichend:

- Die Blindprofile bieten eine ausreichende Entscheidungsgrundlage für eine erste Anwendung der erhobenen Investitionskriterien des Selektionsprozesses.
- Auf diese Weise ist es möglich, weitgehend unverfälschte Aussagen durch die Verwendung branchenüblicher Dokumente und Informationen zu erlangen.

- Der den Gesprächspartnern aufgebürdete Aufwand ist durch die limitierte Informationsvielfalt und entsprechend geringe Vorbereitungszeit zumutbar.
- Die Blindprofile erlauben, die dem Malik Management Zentrum St. Gallen beziehungsweise der seinerseits den beiden Unternehmen zugesicherte Anonymität zu wahren.

Selektion der Investitionsopportunitäten

Bei der Beurteilung der Investitionsopportunitäten durch die Finanzinvestoren stand nicht der eigentliche Investitionsentscheid im Mittelpunkt, sondern viel eher lag das Gewicht auf der Art und Weise, *wie* eine Investitionsopportunität beurteilt wird, und damit auf dem Meinungs- und Entscheidungsbildungsprozess.

Die Selektion der Investitionsopportunitäten richtete sich somit nicht danach, eine unverzerrte und fundierte Grundlage für eine Investitionsentscheidung zu bieten – was mit einem Blindprofil ohnehin praktisch nicht zu realisieren ist –, sondern wurde vom Bestreben geleitet, möglichst geeignete Geschäftseinheiten zur Illustration der entsprechenden PAR-ROI-Untersuchungen heranzuziehen. Die Auswahl orientierte sich deshalb in erster Linie daran, zwei hinsichtlich der aktuellen Rendite wie auch insbesondere des Renditepotenzials möglichst unterschiedliche und aktuelle Fälle herauszufiltern. Das Ziel war, darzulegen, wie die empirisch ermittelten PIMS-Faktoren in der Praxis in typischen Anwendungsfällen im Sinne zweier Extrembeispiele konfiguriert und operationalisiert werden können.

Aufgrund der Internationalität der befragten Private-Equity-Firmen wurden die Blindprofile in englischer Sprache verfasst. Um die exakte Terminologie und genaue Wiedergabe der jeweiligen Inhalte zu wahren, werden die Profile auch im Folgenden auf Englisch dargebracht.

Investment Opportunity I: *Project Railway*

Background and Investment Opportunity

Railway (»Railway« or the »Company«) is one of the leading European manufacturers of railway equipment. The Company employs about 150 people and operates state-of-the-art production sites in four European countries (three in Western Europe and one in Eastern Europe).

Following a strategic review of the product portfolio the shareholders of the parent holding company have decided to sell up to 100 percent of shares of Railway to an appropriate partner.

Products

As a system supplier the Company is a well established partner for the development, design, prototyping and manufacturing of driver and passenger seats for railways worldwide. Railway's focus is on the premium segment and innovative designs.

The products are offered directly to original equipment manufacturers (OEMs) and railway operators.

Market

Railway has a market share of about 20 percent in the European market and therewith belongs to one of the top three players.

The estimated real market growth rate for the next four years amounts to 4–6 percent per anno. At this, the Asian market shows tremendous growth rates and offers big potential for business expansion.

The dynamic market development is primarily driven by the increasing demand for mobility, the modernisation of transport systems and the trend towards privatisation of the operating companies.

Financials

Net Sales have grown organically up to 27 million Euro in 2007 and are expected to grow slightly above the market growth rate for the years to come.

In 2007 Railway showed double-digit EBITDA- as well as EBIT-margins.

Key Investment Considerations

- Experienced, competent management team with proven track record and recognition in the industry; in-depth industry know-how as well as trusted relationships with the clients.
- Leading market position among the top three European players.
- Very healthy financial condition and profitability: double-digit EBITDA- as well as EBIT-margins.

in EUR 000	Financial Year 2007
Sales	27 092.7
EBITDA	3 731.3
in % of Sales	13,8 %
EBIT	2 757.4
in % of Sales	10,2 %
ROI	33,8 %

Tabelle 28: Financials of Project Railway

- Technology and quality leadership position.
- High potential for profitable growth through further market penetration in Europe and participation in the growth of the Asian market through market entry in China.

Investment Opportunity II: *Project Automotive*

Background and Investment Opportunity

Automotive (»Automotive« or the »Company«) is one of the leading European automotive suppliers. The Company employs about 500 people and operates production plants in Spain and Germany.

Following a strategic review of the product portfolio the shareholders of the parent holding company have decided to sell up to 100 percent of shares of Automotive to an appropriate partner.

Products

Automotive is focused in the production of powder metallurgical components and sub-assemblies for engines, manual and automatic transmissions for the global automotive industry.

The products are supplied directly to original equipment manufacturers (OEMs) or through Tier 1 and Tier 2 companies.

Market

Automotive has a market share of about 7 percent in the European market and therewith belongs to one of the top five players in the market. The market leader has a market share of approximately 30 percent.
The real market growth rate for the next four years is estimated to lie between 3–5 percent per anno. The growth of the automotive market will not take place in the triad (Europe, USA, Japan), but in developing countries like South America, India, China etcetera.

Financials

Net Sales have grown up to 71 million Euro in 2007 and are expected to grow with the market growth rate for the years to come.
In 2007 Automotive showed a double-digit EBITDA-margin of 15 percent, and an EBIT-margin of 3 percent. Depreciations are expected to remain stable at around 8.5 million Euro per anno.

in EUR 000	Financial Year 2007
Sales	71 020.7
EBITDA	10 896.2
in % of Sales	15,3 %
EBIT	2 242.2
in % of Sales	3,2 %
ROI	5,7 %

Tabelle 29: Financials of Project Automotive

Key Investment Considerations

- Experienced, competent management team with in-depth industry know-how.
- Leading market position among the top five players and market leadership in defined product segments.
- Technological leadership in defined product segments.
- Potential for further growth through ongoing substitution in favour of

metallurgical components, new product development and substitution of other metal working processes.

6.2 Beurteilung nach der aktuellen Praxis

Die erste Frage der zweiten Interviewrunde galt der Art und Weise, wie die Investitionsopportunitäten durch die Vertreter der Private-Equity-Firmen beurteilt werden.[459] Wie erwähnt, ging es in erster Linie um den Meinungs- und Entscheidungsbildungsprozess, nicht um den eigentlichen Investitionsentscheid. Von besonderem Interesse war die Frage, ob sich bei der Beurteilung durch die verschiedenen *Buyout Executives* etwaige Muster erkennen lassen und inwieweit hierbei die in der ersten Interviewrunde erhobenen Kriterien tatsächlich zur Anwendung gelangen.

Obwohl vom Autor bewusst keine Anstrengungen unternommen wurden, einen Investitionsentscheid oder Präferenzen hinsichtlich der beiden Investitionsopportunitäten in Erfahrung zu bringen, haben sich sämtliche Gesprächspartner dazu geäußert, ob sie die Investitionsopportunitäten weiterverfolgen würden oder nicht. Während die Vertreter von zwei Private-Equity-Firmen beiden Opportunitäten keine weitere Beachtung schenken würden, interessierten sich die übrigen elf für weiterführende Informationen zum *Project Railway*. Vor allem wegen der aktuellen, relativ tiefen EBIT-Marge und der allgemeinen Abwehrhaltung der Finanzinvestoren gegenüber der Automobilzulieferindustrie waren nur vier Gesprächspartner bereit, auch das Information-Memorandum des *Project Automotive* anzufordern. Dieses Ergebnis ist insbesondere vor dem Hintergrund der PIMS-Analysen (siehe Kapitel 6.3) interessant, da diese durch die Beurteilung des Erfolgspotenzials zu einem diametralen Ergebnis führen.

Hinsichtlich der Art und Weise, wie die Vertreter der Private-Equity-Firmen die Investitionsopportunitäten beurteilten, konnten eindeutig drei jeweils mehr oder weniger ausgeprägte (Verhaltens-)Muster festgestellt werden. Auf sie wird im Folgenden etwas näher eingegangen.

Anwendung der erhobenen Investitionskriterien

In allen Gesprächen wurden die in der ersten Interviewrunde erhobenen Investitionskriterien bei der Beurteilung beider Investitionsopportunitäten gleichermaßen angewendet.[460] Unterschiede waren lediglich in der Vorgehensweise festzustellen. Während einige der Gesprächspartner die Investitionskandidaten ziemlich strikt sequenziell auf die Erfüllung der jeweiligen Kriterien untersuchten, näherten sich andere den Kriterien entlang den Kategorien der vorliegenden *Teaser* an.

Da auf der Basis eines Blindprofils nur sehr bedingt Schlüsse über die Qualität des Managementteams sowie hinsichtlich des *Potential for Value Creation and Growth* gezogen werden können, wurden zunächst immer wieder die *Marktanteile*, das *Marktwachstum* und die *Profitabilität* der beiden Unternehmen unter die Lupe genommen. Für die deutliche Mehrheit der Gesprächspartner waren in beiden Fällen die ersten zwei Kriterien weitgehend erfüllt.[461] Doch wurden beim *Project Automotive* stets die hohen Abschreibungen beziehungsweise die daraus in aller Regel abzuleitende hohe Kapitalintensität und die damit einhergehende tiefe *Cash Conversion Rate* als Hauptproblem identifiziert. Stellvertretend für praktisch sämtliche in die zweite Interviewrunde einbezogenen Private-Equity-Firmen erklärte der Vertreter einer angelsächsischen und international tätigen Investorengruppe: »This is a highly cash-consuming business that would not support any leverage.«[462]

Beim *Project Railway* wurde hingegen sehr oft die negativ zu beurteilende hohe *Zyklizität* des Geschäftes betont und damit implizit auf dessen geringe *Cashflow-Stabilität* verwiesen. Entgegen der relativ geringen Bedeutung, die dem Kriterium *Kundenabhängigkeit* in der ersten Interviewrunde beigemessen wurde, nannten des Weiteren viele Gesprächspartner die vermutlich geringe Anzahl der bei diesem Geschäft vorhandenen Kunden als Problem. Überdies hätten diese wenigen Abnehmer eine hohe Verhandlungsmacht, die es mittels des Information-Memorandums, spätestens aber im Rahmen der *Due Diligence* detailliert abzuklären gelte.

Einfluss von Intuition, Subjektivität und Erfahrungsschatz

In die Beurteilung der beiden Investitionsopportunitäten floss auch ein hohes Maß an Intuition und ein hoher Grad an Subjektivität ein; dies erfolgte weitgehend erfahrungsgetrieben. Dabei spielten sowohl der Erfahrungsschatz der jeweiligen Private-Equity-Firma als auch derjenige des *Buyout Executive* selbst eine Rolle. Während Ersterer auf der Anzahl der Buyouts beruht, die von der Beteiligungsgesellschaft in einer bestimmten Industrie durchgeführt wurden, beziehen sich die Erfahrungen der Gesprächspartner auf das Wissen, das sie im Laufe ihrer Karriere vorwiegend in Beratungs- und anderen Beteiligungsgesellschaften aufbauen konnten.

Einige der Interviewpartner räumten diesem Aspekt der Entscheidungsfindung von sich aus Platz ein. Der Vertreter einer angelsächsischen Investorengruppe erklärte beispielsweise:

»[…] man schaut schon auf die wichtigsten Kriterien, aber es liegt kein klares methodologisches Vorgehen vor, denn die Entscheidungsfindung ist eher eine Kunst denn eine exakte Wissenschaft.«

Wenn auch unbewusst, so versuchte doch ein Großteil der Gesprächspartner, bei der Beurteilung der Opportunitäten anhand der in der Vergangenheit durchgeführten Transaktionen Muster zu erkennen und daraus Schlussfolgerungen hinsichtlich der beiden vorliegenden Investitionskandidaten zu ziehen. Einer der Interviewpartner sagte explizit: »[…] man versucht eine *Pattern Recognition* aus vergangenen Deals aus denselben Branchen oder mit denselben Produkten zu machen.«

Bei der Beurteilung von *Project Automotive* wurde die Abwehrhaltung gegenüber der Automobilzulieferindustrie insbesondere mit eigenen erfolglosen, sprich unrentablen Buyouts der Vergangenheit untermauert beziehungsweise auf die schlechte Erfahrung anderer Beteiligungsgesellschaften verwiesen. Mit Blick auf die starke Verhandlungsposition der Kunden in der Industrie erklärte ein Gesprächspartner etwa: »[…] which is why everybody hates the automotive supply industry, and I'm afraid, we do too.« Ein weiterer Gesprächspartner argumentierte ähnlich:

»Es gibt immer einzelne Ausnahmen für erfolgreiche Automotive-Unternehmen – das ist klar. Aber wenn Sie die Gesamtzahl der Private-Equity-Investitionen in diesem Sektor anschauen, mag ich zu bezweifeln, dass da übermäßige Renditen erwirtschaftet worden sind.«

Die nicht zu unterschätzende Bedeutung der Intuition und der Subjektivität bei der Beurteilung der beiden Investitionsopportunitäten kam insbesondere durch die Verschiedenheit der Argumente zum Ausdruck, derer sich die Interviewteilnehmer bedienten. Selbst wenn sich der Großteil der Gesprächspartner darin einig war, grundsätzlich das *Project Railway* zu bevorzugen und das *Project Automotive* ebenso grundsätzlich abzulehnen, so waren die Gründe für und gegen die Investitionsopportunitäten sowie die jeweiligen Beurteilungsschwerpunkte – abgesehen von einigen offensichtlichen Kernpunkten wie etwa Profitabilität, Marktanteil oder Marktwachstum – deutlich voneinander verschieden.

Notwendigkeit der Involvierung von Industrieexperten

Einige der größeren und auf größere Transaktionen spezialisierten Private-Equity-Firmen erklärten schließlich, es sei notwendig, bei der Beurteilung von Investitionsopportunitäten ziemlich früh Industrieexperten zu involvieren, um eine fundierte Entscheidung treffen zu können. Es gehe hierbei primär darum, die dem Markt zugrunde liegenden Treiber zu verstehen und die zukünftigen Marktentwicklungen abschätzen zu können. Eine Expertenmeinung sei überdies für die Beurteilung der jeweiligen Technologie(führerschaft) der beiden vorgestellten Projekte von großer Bedeutung, da hierfür kein Generalisten-, sondern viel eher Spezialistenwissen gefragt ist.

Zusammenführung der Erkenntnisse

Das Venn-Diagramm in Abbildung 59 veranschaulicht die drei festgestellten und dominanten (Verhaltens-)Muster bei der Beurteilung der beiden Investitionskandidaten. Da die in der ersten Interviewrunde erhobenen Investitionskriterien in sämtlichen Gesprächen zur Anwendung gelangten, ist der Schnittfläche der beiden anderen Muster (unten) keine Bedeutung beizumessen. Während die größeren und auf größere Transaktionen spezialisierten Private-Equity-Firmen hinsichtlich der Art und Weise ihrer Beurteilung von Investitionsopportunitäten ziemlich eindeutig der Schnittfläche sämtlicher Muster, und damit der Mitte des Venn-Diagramms, zugeordnet werden können, liegen die kleineren Beteiligungsgesellschaften eher in der linken Schnittfläche.

Die eingangs gestellten Fragen können also abschließend wie folgt beantwortet werden:

- In ausnahmslos allen Gesprächen gelangten die in der ersten Interviewrunde erhobenen Investitionskriterien bei der Beurteilung beider Investitionsopportunitäten gleichermaßen zur Anwendung. Es existier-

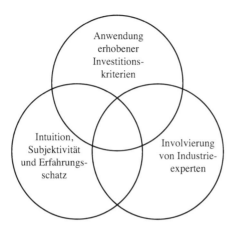

Abbildung 59: Muster bei der Beurteilung von Investitionsopportunitäten

ten hierbei keinerlei Analysemethoden[463] – schon gar keine standardisierten – für die Attraktivitätsbeurteilung der Investitionsopportunitäten.

- Die Beurteilung der beiden Investitionsopportunitäten zeichnete sich durch ein hohes Maß an Intuition und einen hohen Grad an Subjektivität aus und erfolgte weitgehend erfahrungsgetrieben; abgesehen von einigen Kernkriterien und der Grundhaltung gegenüber den einzelnen Investitionsopportunitäten, entspricht die Anzahl der verschiedenen Gesamtbeurteilungen nahezu der Anzahl der in die Studie einbezogenen Private-Equity-Firmen.
- Für das Treffen einer fundierten Entscheidung verwiesen einige der größeren und auf größere Transaktionen spezialisierten Private-Equity-Firmen auf die Notwendigkeit, ziemlich früh Industrieexperten in den Entscheidungsprozess zu involvieren.

6.3 Konfiguration und Operationalisierung des PIMS-Projektes

Im Anschluss an die Beurteilung der beiden Investitionsopportunitäten wurde den Gesprächspartnern in der zweiten Interviewrunde das PIMS-Programm ausführlich vorgestellt und die Art und Weise der Beurteilung derselben Investitionskandidaten durch ebendieses Instrumentarium erläutert. Gewissermaßen als Fortsetzung des fünften Kapitels wird im Folgenden dargelegt, wie die empirisch ermittelten PIMS-Faktoren in der Praxis in typischen Anwendungsfällen konfiguriert und operationalisiert werden können.

Hierfür fließen in die PAR-ROI-Untersuchungen weit mehr Informationen ein, als den Gesprächspartnern mit den Blindprofilen zur Verfügung standen. Es wurde jedoch bereits darauf hingewiesen, dass die Auswahl der Investitionsopportunitäten darauf abzielte, zwei hinsichtlich der aktuellen Rendite wie auch insbesondere des Renditepotenzials möglichst unterschiedliche Beispiele zur Illustration dieser PIMS-Analysen heranzuziehen.

Aufbauend auf Tabelle 22 vermittelt Tabelle 30 einen Überblick über die Definition und die Wirkungsweise der sieben strategischen Kernfaktoren, die ebenfalls in die folgenden PAR-ROI-Untersuchungen mit einfließen und die im Rahmen der bisherigen Ausführungen nicht diskutiert wurden.

Faktor	Definition	Wirkung
(absoluter) Marktanteil	eigener Umsatz bezogen auf den Gesamtumsatz des bedienten Marktes	Hoher absoluter Marktanteil ist immer günstig.
relative Kostenposition	direkte Kosten relativ zu denen der drei größten Konkurrenten (=100 %)	Hohe relative Kosten wirken sich negativ auf die Ertragskraft von Unternehmen aus.
Kapitalbindung	Bruttoanlagevermögen bezogen auf das Investment	Hohes Bruttoanlagevermögen wirkt sich negativ auf den ROI aus.
Kapazitätsauslastung	Anteil der genutzten Kapazität bezogen auf die Standardkapazität	Hohe Kapazitätsauslastung wirkt sich positiv auf den ROI aus.
Marktkonzentration	kumulierter wertmäßiger Marktanteil der vier größten Anbieter im bedienten Markt	Hohe Marktkonzentration wirkt sich positiv auf die Ertragskraft von Unternehmen aus.
Kundenverhandlungsmacht	typische Auftragsgröße der unmittelbaren Kunden (in $ 000)	Hohe Auftragsgrößen der unmittelbaren Kunden wirken rentabilitätsmindernd.
Marketingintensität	Marketing- und Vertriebskosten bezogen auf den Umsatz	Hohe Marketingintensität wirkt sich negativ auf den ROI aus.

Tabelle 30: Weitere strategische Kernfaktoren des Unternehmenserfolges
Quelle: PIMS (2007a), S. 49–61

PIMS-PAR-ROI-Analyse des *Project Railway*

Jeweils aus der Perspektive der drei Kategorien *Wettbewerbsposition, Marktumwelt* sowie *Kapital- und Kostenstruktur,* unter die die PIMS-Faktoren subsumiert werden können, gilt es zunächst, die schrittweise Ermittlung des Renditepotenzials von *Railway* zu visualisieren und zu kommentieren, ehe im Anschluss der PAR- und IST-Vergleich beider Investitionsopportunitäten sowohl anhand des *Return on Investment* als auch des *Return on Sales* dargelegt wird.

Strukturfaktoren der Wettbewerbsposition

Hinsichtlich der Wettbewerbsposition ergibt sich bei *Railway* ein konsistentes Bild. Das Unternehmen weist gegenüber dem Durchschnitt der in der PIMS-Datenbank enthaltenen Geschäftseinheiten bei sämtlichen fünf hier aufgeführten strategischen Kernfaktoren Werte auf, die eine niedrigere Rentabilität erwarten lassen (siehe Abbildung 60).

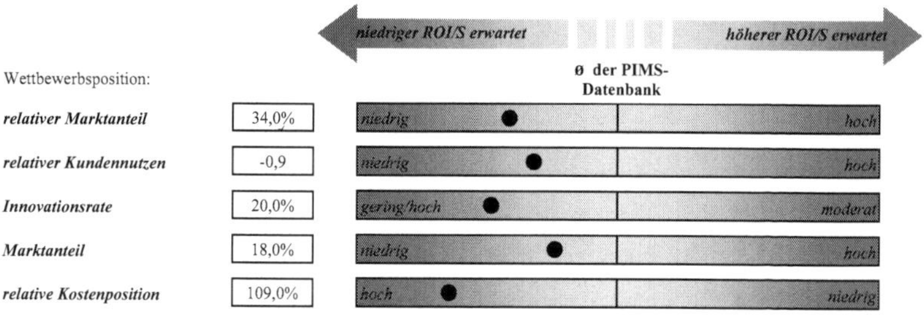

Wettbewerbsposition:		niedriger ROI/S erwartet — ø der PIMS-Datenbank — höherer ROI/S erwartet
relativer Marktanteil	34,0%	niedrig ● hoch
relativer Kundennutzen	-0,9	niedrig ● hoch
Innovationsrate	20,0%	gering/hoch ● moderat
Marktanteil	18,0%	niedrig ● hoch
relative Kostenposition	109,0%	hoch ● niedrig

Abbildung 60: Abgleich der Strukturfaktoren der Wettbewerbsposition
Quelle: PIMS-Datenbank

So verfügt *Railway* beispielsweise über eine derart hohe Innovationsrate, dass die damit einhergehenden Kosten deren positive Auswirkungen überwiegen. Das Unternehmen weist denn auch direkte Kosten auf, die in Relation zu denen der drei größten Konkurrenten als sehr hoch eingestuft werden können. Hinzu kommen unterdurchschnittliche Marktanteile sowie ein unterdurchschnittlicher relativer Kundennutzen.

Strukturfaktoren der Marktumwelt

Nicht ganz so eindeutig ist die Situation in Bezug auf die Marktumwelt, in der sich *Railway* befindet. Das Unternehmen weist gegenüber dem Durchschnitt der in der PIMS-Datenbank enthaltenen Geschäftseinheiten hinsichtlich drei der hier aufgeführten Faktoren Ausprägungen auf, die eine niedrigere Rentabilität erwarten lassen. Es verfügt aber gleichzeitig hinsichtlich zweier Faktoren über bessere Werte als der Durchschnitt der PIMS-Datenbank.

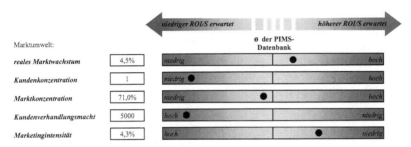

Abbildung 61: Abgleich der Strukturfaktoren der Marktumwelt
Quelle: PIMS-Datenbank

Wie aus Abbildung 61 hervorgeht, befindet sich das Unternehmen zwar in einem wachsenden Markt und hat, auf den Umsatz bezogen, Marketing- und Vertriebskosten, die als niedrig und damit günstig zu bewerten sind. Gleichzeitig ist es aber extrem stark von seinen Großkunden abhängig, was sich in einer Gesamtbetrachtung stärker und damit negativ auf die zu erwartende Rendite auswirkt.

Strukturfaktoren der Kapital- und Kostenstruktur

Das gleiche Bild ergibt sich, wenn man die Kapital- und Kostenstruktur betrachtet. Wiederum verfügt *Railway* gegenüber dem Durchschnitt der PIMS-Datenbank bei drei der hier aufgeführten strategischen Kernfaktoren über Werte, die eine niedrigere Rentabilität erwarten lassen. Das Unternehmen kann aber gleichzeitig hinsichtlich zweier Faktoren bessere Werte als der Durchschnitt ausweisen.

Wie aus Abbildung 62 ersichtlich, ist das Geschäft von *Railway* nicht investmentintensiv. Das Unternehmen verfügt außerdem über eine relativ hohe Wertschöpfung pro Mitarbeiter. Gleichzeitig aber zeichnet sich *Rail-*

Kapital- und Kostenstruktur:		ø der PIMS-Datenbank	
Produktivität	111	niedrig	hoch
Investmentintensität	57,8%	hoch	niedrig
vertikale Integration	52,2%	niedrig	hoch
Kapitalbindung	153,7%	hoch	niedrig
Kapazitätsauslastung	45,0%	niedrig	hoch

Abbildung 62: Abgleich der Strukturfaktoren der Kapital- und Kostenstruktur
Quelle: PIMS-Datenbank

way durch eine sehr niedrige Kapazitätsauslastung aus, die in Kombination mit dem relativ hohen, auf das Investment bezogene Bruttoanlagevermögen und der unterdurchschnittlichen Wertschöpfungstiefe eine insgesamt niedrigere Rentabilität erwarten lässt.

IST- und PAR-ROI/S des Project Railway

Abbildung 63 veranschaulicht die ausgeführten Zusammenhänge und gibt die Gewichtung der drei Kategorien für die Ermittlung des Renditepotenzials wieder.

Während die IST-Werte des *Return on Investment* beziehungsweise des *Return on Sales* bereits Tabelle 28 zu entnehmen waren, zeigt sich hier das Rendite- oder Erfolgspotenzial in der Form des PAR-ROI beziehungsweise

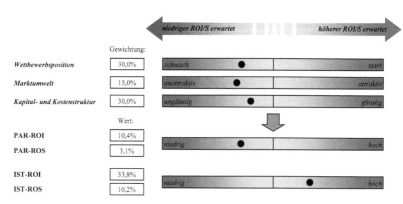

Abbildung 63: IST- und PAR-ROI/S des Project Railway
Quelle: PIMS-Datenbank

des PAR-ROS, das mithilfe der PAR-ROI-Regressionsfunktion und aufgrund der konkreten Ausprägungen der strategischen Kernfaktoren bei *Railway* errechnet wurde. Die Geschäftseinheit erzielt heute also eine mehr als dreimal so hohe Rentabilität, als aufgrund ihrer Strukturmerkmale beziehungsweise mit genau dieser strukturellen Konfiguration der empirisch nachgewiesenen Ertragstreiber normalerweise und erwartungsgemäß zu erzielen wäre.

PIMS-PAR-ROI-Analyse des *Project Automotive*

Aus der Perspektive derselben drei Kategorien wird nun die schrittweise Ermittlung des Renditepotenzials des Projekts *Automotive* visualisiert und kommentiert. Im Anschluss daran folgt der PAR- und IST-Vergleich beider Investitionsopportunitäten sowohl anhand des *Return on Investment* als auch des *Return on Sales*.

Strukturfaktoren der Wettbewerbsposition

Hinsichtlich der Wettbewerbsposition ergibt sich bei *Automotive* kein konsistentes Bild. Das Unternehmen verfügt gegenüber dem Durchschnitt der in der PIMS-Datenbank enthaltenen Geschäftseinheiten bei drei der hier aufgeführten Faktoren über Werte, die eine höhere Rentabilität erwarten lassen, weist aber gleichzeitig bei zwei Faktoren schlechtere Werte aus als der Durchschnitt.

Wie aus Abbildung 64 hervorgeht, verfügt *Automotive* insbesondere über niedrige absolute wie auch relative Marktanteile. Der vom Unternehmen gestiftete Kundennutzen, der im Vergleich mit der Konkurrenz höher liegt, die niedrigere Kostenposition sowie die moderate und rentabilitätsfördernde Innovationsrate vermögen den Nachteil der geringen Marktanteile in einer Gesamtbetrachtung nicht zu kompensieren.

Strukturfaktoren der Marktumwelt

Ähnlich uneindeutig ist die Situation, wenn man die Marktumwelt in den Blick nimmt, in der sich *Automotive* befindet. Das Unternehmen verfügt gegenüber dem Durchschnitt der in der PIMS-Datenbank enthaltenen Geschäftseinheiten bei drei der hier aufgeführten strategischen Kernfaktoren über Werte, die eine niedrigere Rentabilität erwarten lassen, kann aber

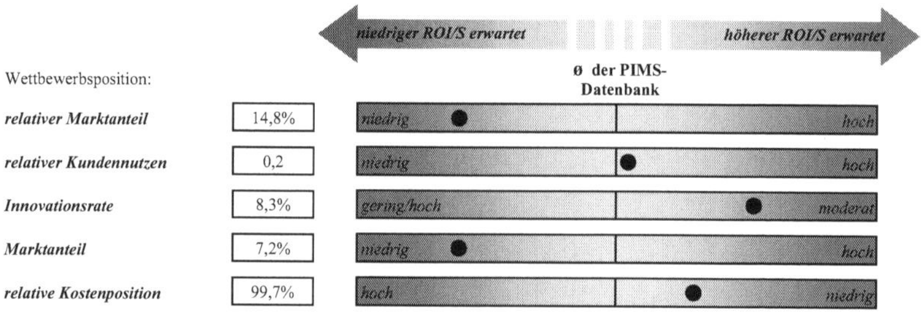

Wettbewerbsposition:		niedriger ROI/S erwartet	ø der PIMS-Datenbank	höherer ROI/S erwartet
relativer Marktanteil	14,8%	niedrig ●		hoch
relativer Kundennutzen	0,2	niedrig	●	hoch
Innovationsrate	8,3%	gering/hoch		● moderat
Marktanteil	7,2%	niedrig ●		hoch
relative Kostenposition	99,7%	hoch		● niedrig

Abbildung 64: Abgleich der Strukturfaktoren der Wettbewerbsposition
Quelle: PIMS-Datenbank

gleichzeitig hinsichtlich zweier Faktoren bessere Werte als der Durchschnitt der PIMS-Datenbank ausweisen.

Wie aus Abbildung 65 ersichtlich, befindet sich auch dieses Unternehmen zwar in einem wachsenden Markt und hat, auf den Umsatz bezogen, Marketing- und Vertriebskosten, die als niedrig und damit günstig zu bewerten sind. Gleichzeitig aber ist es extrem stark von seinen Großkunden abhängig, was sich in einer Gesamtbetrachtung wiederum stärker und damit negativ auf die zu erwartende Rendite auswirkt.

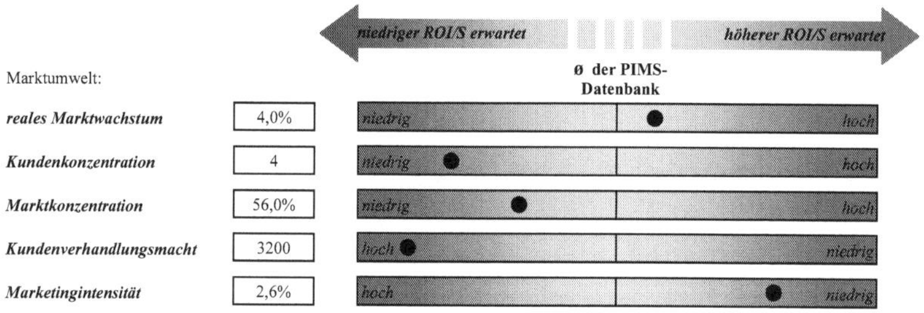

Marktumwelt:		niedriger ROI/S erwartet	ø der PIMS-Datenbank	höherer ROI/S erwartet
reales Marktwachstum	4,0%	niedrig	●	hoch
Kundenkonzentration	4	niedrig ●		hoch
Marktkonzentration	56,0%	niedrig ●		hoch
Kundenverhandlungsmacht	3200	hoch ●		niedrig
Marketingintensität	2,6%	hoch		● niedrig

Abbildung 65: Abgleich der Strukturfaktoren der Marktumwelt
Quelle: PIMS-Datenbank

Strukturfaktoren der Kapital- und Kostenstruktur

Das gegenteilige Bild ergibt sich beim Betrachten der Kapital- und Kostenstruktur. *Automotive* verfügt gegenüber dem Durchschnitt hinsichtlich drei der hier aufgeführten strategischen Kernfaktoren über Werte, die eine höhere Rentabilität erwarten lassen, ist aber gleichzeitig hinsichtlich zweier Faktoren schlechter aufgestellt als der Durchschnitt der in der PIMS-Datenbank enthaltenen Geschäftseinheiten (siehe Abbildung 66).

In einer Gesamtbetrachtung fallen die positiven Effekte einer hohen Wertschöpfung pro Mitarbeiter, einer niedrigen Investmentintensität sowie einer hohen Wertschöpfungstiefe stärker ins Gewicht als die negativen Effekte einer hohen Kapitalbindung und einer etwas unterdurchschnittlichen Kapazitätsauslastung.

Kapital- und Kostenstruktur:		ø der PIMS-Datenbank
Produktivität	98	niedrig ● hoch
Investmentintensität	77,6%	hoch ● niedrig
vertikale Integration	71,2%	niedrig ● hoch
Kapitalbindung	266,4%	hoch ● niedrig
Kapazitätsauslastung	74,0%	niedrig ● hoch

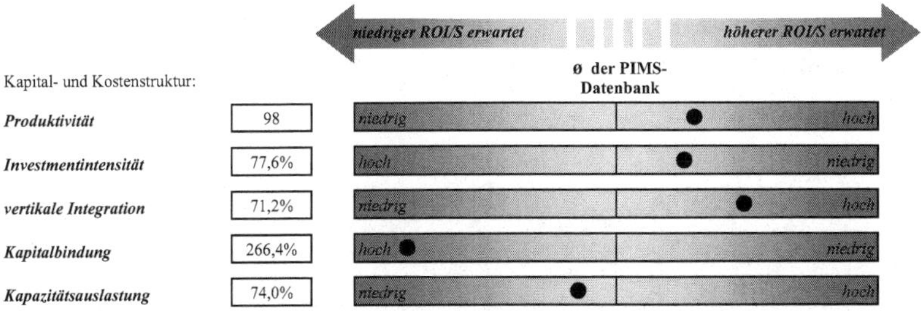

Abbildung 66: Abgleich der Strukturfaktoren der Kapital- und Kostenstruktur
Quelle: PIMS-Datenbank

IST- und PAR-ROI/S des Project Automotive

Abbildung 67 veranschaulicht wiederum die ausgeführten Zusammenhänge und gibt die Gewichtung der drei dargelegten Kategorien für die Ermittlung des Renditepotenzials wieder.

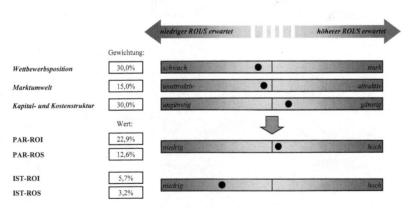

Abbildung 67: IST- und PAR-ROI/S des Project Automotive
Quelle: PIMS-Datenbank

Die IST-Werte des *Return on Investment* beziehungsweise des *Return on Sales* waren bereits Tabelle 29 zu entnehmen. In Abbildung 67 zeigt sich entsprechend wieder das mittels der PAR-ROI-Regressionsfunktion und aufgrund der konkreten Ausprägungen der strategischen Kernfaktoren bei *Automotive* errechnete Rendite- oder Erfolgspotenzial in der Form des PAR-ROI beziehungsweise des PAR-ROS. Die Geschäftseinheit erzielt heute lediglich rund 25 Prozent der Rentabilität, die aufgrund ihrer Strukturmerkmale beziehungsweise mit genau dieser strukturellen Konfiguration der empirisch nachgewiesenen Ertragstreiber normalerweise zu erzielen und zu erwarten wäre.

PAR- und IST-Vergleich beider Investitionsopportunitäten

Um die Konfiguration und Operationalisierung des PIMS-Projektes abzuschließen, veranschaulichen Abbildung 68 und 69 den PAR- und IST-Vergleich beider Investitionsopportunitäten.[464] Die Abbildungen unterscheiden sich lediglich in dem verwendeten Erfolgsmaß: Während Abbildung 68 die IST-ROI-Werte der beiden Geschäftseinheiten deren PAR-ROI-Werte gegenüberstellt und damit den ROI als Maßstab heranzieht, zeigt Abbildung 69 denselben Zusammenhang unter Verwendung des Erfolgsmaßes ROS.

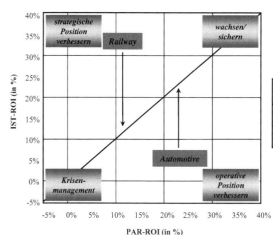

Abbildung 68: PAR- und IST-ROI-Vergleich beider Investitionsopportunitäten
Quelle: PIMS-Datenbank

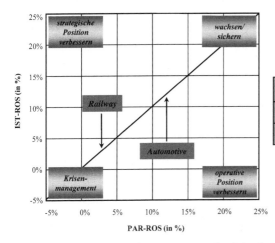

Abbildung 69: PAR- und IST-ROS-Vergleich beider Investitionsopportunitäten
Quelle: PIMS-Datenbank

Die PIMS-PAR-ROI-Untersuchungen zeigen also, dass es sich bei *Automotive* um eine Geschäftseinheit mit einer strategisch attraktiven Position handelt, die überwiegend operativen Problemen gegenübersteht. *Railway* dagegen ist strategisch schwach positioniert. Während sich die Investitionsopportunität *Automotive* durch ein Rendite*potenzial* charakterisieren lässt, das rund das Vierfache der aktuellen Rendite beträgt, beinhaltet die Geschäftseinheit *Railway* ein Rendite*risiko* von dem rund 0,3-fachen der aktuellen Rendite.

6.4 Spektrum der Beiträge und Grenzen des PIMS-Projektes

Nachdem nun gezeigt wurde, wie die PIMS-Faktoren in der Praxis konfiguriert und operationalisiert werden können und wie sich die Beurteilung der Geschäftseinheiten durch PIMS darstellt, geht es nun um die Beiträge, die das PIMS-Forschungsprojekt für Buyout-Investoren leisten kann – insbesondere vor dem Hintergrund der in Kapitel 6.2 festgestellten dominanten (Verhaltens-)Muster bei der Beurteilung von Investitionsopportunitäten. Tabelle 31 veranschaulicht dies und stellt die existierenden Gegensätze einander gegenüber.

Beurteilung gemäß der aktuellen Praxis (Kap. 6.2.)	Beurteilung mit und Beitrag von PIMS (Kap. 6.3./4.)
• Anwendung der in der ersten Interviewrunde erhobenen Investitionskriterien • Einfluss von Intuition, Subjektivität und Erfahrungsschatz • Notwendigkeit der Involvierung von Industrieexperten	• methodische Anwendung richtiger, strategisch relevanter Kernfaktoren • empirische Fundierung, Objektivität und Erfahrungsdatenbank • Reduktion der Unsicherheit durch Konzentration auf das Wesentliche

Tabelle 31: Beurteilung gemäß der aktuellen Praxis im Vergleich zur Beurteilung mittels PIMS

Methodische Anwendung richtiger, strategisch relevanter Kernfaktoren

Das PIMS-Projekt bietet zunächst eine empirisch fundierte Antwort auf die Frage, welches die Faktoren sind, die die Erfolgspotenziale eines jeweiligen Zielunternehmens bestimmen, die unter den veränderten Rahmenbedingungen der strategischen Beurteilung von Investitionsopportunitäten zugrunde gelegt und entsprechend als strategisch relevante Investitionskriterien verwendet werden müssen, um nachhaltige, realwirtschaftliche *Operating Improvements* zu erwirtschaften.

Die Fokussierung auf die tatsächlich erfolgsrelevanten Faktoren beziehungsweise Investitionskriterien erlaubt eine Beherrschung und Reduzierung von Komplexität, ohne dabei eine risikoreiche Einschränkung von Varietät vorzunehmen. Dies führt zu einer Minimierung des Entscheidungsrisikos bei der Beurteilung von Investitionsopportunitäten. Peter Drucker erklärt beispielsweise:

»[…] entrepreneurial decisions must be fundamentally expedient decisions. It is not only possible to know all the contingent effects of a decision, even for the shortest time period ahead. The very attempt to know them would lead to complete paralysis. But the determination of what should be considered and what should be ignored, is in itself a difficult and consequential decision.«[465]

Das PIMS-Projekt bietet Beteiligungsgesellschaften für die (Attraktivitäts-) Beurteilung von Investitionskandidaten des Weiteren eine systematische Analysemethode mit klaren Zielen, Bewertungskriterien und Ergebnistransparenz, wie sie derzeit in der Praxis nicht zu existieren scheint.

Für den Selektionsprozess kann so etwa das *Limited Information Model* herangezogen werden, eignet es sich doch hauptsächlich für Situationen, die durch eine eingeschränkte Datenverfügbarkeit charakterisiert sind, wie dies bei der Beurteilung anhand eines Businessplans beziehungsweise Information-Memorandum in aller Regel der Fall ist. Die Anwendung des *Limited Information Model* wird außerdem durch den erheblich reduzierten Datenerhebungsaufwand begünstigt, da eine geringere Menge Input-Daten benötigt wird, zumal in der Selektionsphase meist mehrere Investitionsopportunitäten gleichzeitig untersucht werden und es den Aufwand pro verfolgter Opportunität einigermaßen in Grenzen zu halten gilt.

Neben den einzelnen methodischen Anwendungsmodellen leistet das PIMS-Projekt einen wesentlichen, nicht zu unterschätzenden Beitrag für die qualifizierte Beurteilung von Investitionskandidaten. Bereits die Kenntnis der acht beziehungsweise 15 strategischen Kernfaktoren des nachhaltigen Unternehmenserfolgs erlaubt es *Buyout Executives,* entlang sämtlicher Phasen des Buyout-Prozesses und unabhängig der ihnen zur Verfügung gestellten Informationsbasis – so etwa bereits anhand eines *Teasers* – jeweils konsequent die richtigen und zentralen Fragen zu stellen und sich auf die wesentlichen Faktoren zu konzentrieren.

Vor allem aber wenn es darum geht, den Zugang zu einer möglichst großen Anzahl möglichst erfolgversprechender Investitionsopportunitäten zu schaffen, kann die Vertrautheit mit den strategisch relevanten Faktoren in einer dem Buyout-Prozess vorgelagerten Stufe die Qualität des *Deal Flow* entscheidend beeinflussen. So können bereits in einem frühen Stadium strategisch schwach positionierte Zielunternehmen von denjenigen mit einer strategisch attraktiven Position abgegrenzt werden. Das ist nicht nur vor dem Hintergrund der immer kompetitiver werdenden Auktionen, sondern insbesondere auch für die grundlegende, zukünftige Wettbewerbsfähigkeit einer Private-Equity-Firma von zentraler Bedeutung.

Empirische Fundierung, Objektivität und Erfahrungsdatenbank

Das PIMS-Projekt bietet sodann eine Reihe weiterer, empirisch fundierter Antworten, die für die Erfüllung der zentralen Aufgabe im Kontext der strategischen Unternehmensführung ebenso von elementarer Bedeutung sind. Im Einzelnen beantwortet werden die Fragen,

- wie in Erfahrung gebracht werden kann, wie ein Zielunternehmen sowohl hinsichtlich der einzelnen strategisch relevanten Faktoren als auch insgesamt strategisch positioniert ist,
- wie hoch das Erfolgspotenzial eines Zielunternehmens ist, und
- welche Zielunternehmen unter den dargelegten veränderten Rahmenbedingungen ideale Investitionsopportunitäten darstellen.

PIMS ermöglicht es, Subjektivität bei der Beurteilung von Buyout-Investitionsopportunitäten weitestgehend auszuschalten; an die Stelle der Intuition rückt eine empirische Fundierung. Durch die Anwendung des PIMS-Instrumentariums wird ein objektiver Vergleichsmaßstab geschaffen, indem die strukturellen und strategisch erfolgsrelevanten Charakteristika eines Zielunternehmens mit denjenigen der Geschäftseinheiten verglichen werden, die in der Datenbank gespeichert sind. An die Stelle der limitierten und limitiert greifbaren beziehungsweise erfassten Erfahrung der jeweiligen Private-Equity-Firmen und ihrer Investmentmanager rückt die belegbare und methodisch erfasste Geschäftserfahrung von über 4 000 strategischen Geschäftseinheiten, für die Daten über mindestens vier Jahre vorliegen. Auf der Basis dieses empirischen Vergleichs erfolgen die Evaluation und die Festlegung der strategischen Position des untersuchten Unternehmens. Die Beurteilung und Entscheidungsfindung beruht somit auf empirisch bewährten und de facto erfolgsrelevanten Faktoren beziehungsweise Kriterien und nicht auf unbedeutenden Stärken oder Schwächen, die zum Teil das Resultat der subjektiven Wahrnehmung der *Investment Executives* sind.

Der mithilfe des *Limited Information Model* oder des PAR-ROI-Modells zu ermittelnde PAR-ROI stellt aufgrund seiner konsequenten Ausrichtung an den Faktoren, die die strategischen Erfolgspotenziale bestimmen, einen stabilen und zeitlich weitreichenden Prognosewert für die zu erwartende Rentabilität eines Zielunternehmens und damit sowohl ein qualifiziertes als auch ein quantifiziertes Renditepotenzial dar. In der heutigen Buyout-Praxis erstellen Private-Equity-Firmen gemeinsam mit dem Management des zu akquirierenden Unternehmens den Businessplan in der Annahme beziehungsweise Hoffnung, dass die Vergangenheit einen guten Prognosewert für die Zukunft liefert. Mit den Methoden von PIMS aber kann unter Verwendung anderer Orientierungs- und Steuerungsmechanismen als derjenigen des Erfolgs erstmals eine empirisch begründete, zukunftsgerechte Quantifizierung von Erfolgspotenzialen vorgenommen werden, die dann im Businessplan entsprechend plausibel und insbesondere begründet abgebildet werden kann. Diese Tatsache kann als Meilenstein in der Beurteilung von Buyouts bezeichnet werden.

Der PAR-ROI beziehungsweise PAR-ROS steht dem aktuellen ROI beziehungsweise der aktuellen EBIT-Marge des Rechnungswesens diametral gegenüber. Er reflektiert die strategische Attraktivität eines Zielunternehmens und stellt deshalb das geeignete und – vor dem Hintergrund der skizzierten Entwicklungen – das einzig richtige Kriterium für die zukünftige Kapitalallokation der Finanzinvestoren dar. So ist ein Zielunternehmen mit einer derzeitigen EBIT-Marge von beispielsweise 15 Prozent nicht nur nicht zwingend eine attraktive Investitionsopportunität (PAR-ROS liegt bei 25 Prozent), sondern kann überdies gar eine strategisch äußerst unattraktive Option sein (PAR-ROS liegt bei 5 Prozent). Aus dem Vergleich des Renditepotenzials mit der aktuellen Rentabilität können außerdem Schlüsse hinsichtlich der operativen Effizienz des Zielunternehmens gezogen und die Qualität des amtierenden Managements abgeschätzt werden.

Führt man sich die skizzierten Entwicklungen und die veränderten Rahmenbedingungen vor Augen, ist es für Private-Equity-Firmen von immenser Bedeutung, strategisch grundsätzlich gut aufgestellte Unternehmen zu erwerben. Dies sind Unternehmen, bei denen die Anlagen für hohe Renditen bereits geschaffen sind und die sich entsprechend durch einen hohen PAR-Wert charakterisieren lassen. Da Unternehmen mit einer aktuell niedrigen Profitabilität aufgrund der in der Branche vorherrschenden Bewertungsmethoden zu günstigeren Preisen übernommen werden können, empfiehlt es sich, das konkrete Augenmerk auf Unternehmen zu legen, die sich durch einen hohen PAR-, jedoch gleichzeitig durch eine mehr oder weniger deutlich niedrigere IST-Profitabilität auszeichnen. Die oben skizzierte Geschäftseinheit *Automotive* ist ein Beispiel dafür. Die bei diesen – gewissermaßen unterbewerteten – Zielunternehmen notwendige Verbesserung der operativen, nicht der strategischen Position zur Sicherung der nachhaltigen Ertragskraft entspricht den Stärken, die bei Private-Equity-Firmen vorhanden sind. Ein stärkenkonformer Einsatz der Fähigkeiten der Finanzinvestoren ist somit möglich. Denkbar wäre in einer solchen Situation auch das Einbringen eines neuen, fähigeren Managements, das die vorhandenen Potenziale besser als das bisherige auszuschöpfen versteht.

Die Stärkung strategisch schwach positionierter Akquisitionskandidaten – beispielsweise über Marktanteilsgewinne oder über die Erzielung eines höheren relativen Kundennutzens – ist demgegenüber in aller Regel mit einem höheren Einsatz an Ressourcen, mehr Zeit und profunden Strategiekenntnissen verbunden, über die Beteiligungsgesellschaften nur limitiert verfügen. Abzuraten ist insbesondere von Akquisitionen heute äußerst profitabler Unternehmen, die sich jedoch durch eine deutliche Über-PAR-Rentabilität auszeichnen. Ein Beispiel hierfür ist die oben skizzierte Geschäftseinheit *Railway*. Abgesehen von der Tatsache, dass diese Unternehmen relativ teuer beziehungsweise gewissermaßen deutlich überbewertet sein dürften, ist es nur eine Frage des mittelfristigen Zeithorizonts, dass sich die Rentabilität auf dem Niveau des PAR-Wertes einpendelt.

Vor dem Hintergrund der massiv angestiegenen Anzahl der *Secondary Buyouts* kann das PIMS-Projekt einen weiteren wichtigen Beitrag für die Beurteilung potenzieller Buyouts leisten. Der Großteil dieser Zielunternehmen wurde unter der vorherigen Private-Equity-Eigentümerschaft sehr wahrscheinlich zur Steigerung des Verkaufspreises über vorwiegend kurzfristige und finanzwirtschaftliche Maßnahmen zu raschem Wachstum gezwungen. Die PIMS-Methoden können nun dafür eingesetzt werden, diese weit überoptimierten Unternehmen, die sich durch eine nachhaltig nicht haltbare Profitabilität auszeichnen, zu enttarnen. Anders ausgedrückt erlaubt es PIMS, Größe von Stärke zu unterscheiden.Die Voraussetzung zur Identifizierung der zukünftig idealen Zielunternehmen ist und bleibt selbstverständlich die Kenntnis sowohl der operativen als auch der strategischen Position eines konkreten Investitionskandidaten. Während Erstere aus den Unterlagen des Zielunternehmens einfach hervorgeht, vermag nur PIMS eine empirisch fundierte Antwort auf die strategische Position und eine hinreichend quantifizierte Antwort hinsichtlich des Erfolgspotenzials eines Unternehmens zu bieten.

Reduktion der Unsicherheit durch Konzentration auf das Wesentliche

Im Rahmen der zweiten Interviewrunde verweisen einige der größeren und auf größere Transaktionen spezialisierten Private-Equity-Firmen auf die Notwendigkeit, bei der Beurteilung der Investitionsopportunitäten ziemlich früh Industrieexperten in den Entscheidungsprozess einzubinden, um eine fundierte Entscheidung treffen zu können. PIMS jedoch hat den bisher unwiderlegten Beweis erbracht, dass nicht die Branche, sondern die Konfiguration der empirisch nachgewiesenen strukturellen Einflussgrößen erfolgsbestimmend ist. Bei gleicher Konfiguration der strategischen Hauptfaktoren zweier Zielunternehmen gleichen sich auch deren Ergebnisse, unabhängig davon, welche Art von Produkten sie herstellen, und unabhängig davon, welcher Branche sie angehören.

Durch die Konzentration auf diese empirisch bewährten und erfolgsrelevanten Faktoren sowie dank der Berücksichtigung ihrer Interdependenzen wird durch den Einsatz des PIMS-Instrumentariums die Unsicherheit massiv reduziert, die bei den Private-Equity-Firmen bei der Beurteilung von Investitionsopportunitäten festzustellen war. Das Resultat kann eine Ausweitung des möglichen Spektrums der Investitionskandidaten sein, nicht nur – wie weiter oben ausgeführt – indem heute nicht sehr profitable Unternehmen, sondern auch indem Unternehmen aus bislang nicht bevorzugten Industrien beziehungsweise Branchen erworben werden.

Beiträge und Grenzen im Anwendungszusammenhang

Ausnahmslos hoben die Vertreter der Buyout-Investoren in allen Gesprächen der zweiten Interviewrunde die Unterstützung in der Beurteilung und Analyse von und Entscheidung über Investitionskandidaten hervor, die das PIMS-Forschungsprojekt ermöglicht; sie bewerteten es äußerst positiv. Keiner der Gesprächspartner würde sich bei der Beurteilung einer Investitionsopportunität und in der Entscheidungsfindung ausschließlich auf das PIMS-Projekt stützen. Doch unterstrichen alle insbesondere dessen Eignung als ergänzendes Instrumentarium, das parallel zu den heute angewendeten Investitionskriterien im Selektionsprozess, aber auch in der *Due Diligence* eingesetzt werden kann. Einige der Vertreter verwiesen darauf, dass die PIMS-Analyse ein vernünftiges Gegengewicht zu den gegenwärtig üblichen *Due-Diligence*-Berichten darstellen kann, die vorwiegend qualitativ und je nach beauftragtem (Beratungs-)Unternehmen unterschiedlich geprägt sowie nach verschiedenen Schwerpunkten gegliedert sind.[466]

Angesichts des wachsenden relativen Gewichts, das *Operating Improvements* im Rahmen der Wertsteigerung des Post-Investment-Managements zukommt, ist es laut der Aussage einiger weniger Gesprächspartner von großer Bedeutung, bereits schon in der Selektionsphase zu wissen, inwiefern und in welcher Höhe bei einer bestimmten Investitionsopportunität jeweils jenseits der *Multiple Uplifts* und des *Financial Leverage* Wertsteigerungspotenziale vorliegen. Dank der durch PIMS ermöglichten strategischen Beurteilung der Investitionskandidaten und der Fokussierung auf ebendiese strategischen und operativen Verbesserungsmaßnahmen könne derartigen Defiziten in der Beurteilung entsprechend sinnvoll begegnet werden. Ein einziger Gesprächspartner einer kontinentaleuropäischen Private-Equity-Gesellschaft schloss es nicht aus, dass das Instrumentarium auch bei der

Diskussion mit den Banken im Rahmen der *Leverage*-Finanzierung sinnvoll zum Einsatz gelangen könnte.

Eine klare Mehrheit der Interviewpartner verwies explizit auf den dank PIMS gebotenen Mehrwert, der durch die empirisch begründete Positionierung von Zielunternehmen hinsichtlich ihrer jeweiligen Erfolgspotenziale und der Quantifizierung derselben entstände, zumal es nicht immer einfach nachzuvollziehen sei, ob denn ein Zielunternehmen nun tatsächlich als *undermanaged* beziehungsweise als unterbewertet zu bezeichnen ist oder nicht. Die gleiche Unsicherheitsreduktion ergibt sich auch beim Vergleich mehrerer Investitionsopportunitäten, wie es dies in der Selektionsphase, unter anderem um den Ressourceneinsatz zu planen, oftmals der Fall ist. Stellvertretend für diese Mehrheit erklärte der Gesprächspartner einer angelsächsischen Investorengruppe:

»Klar ist es immer die Idee, Unternehmen zu kaufen, die in ihrem Bereich zwar gut aufgestellt sind, aber suboptimal geführt werden, und sie dann an diese Diagonale, die Sie hier eingezeichnet haben, heranzuführen [...] Hier ist das Tool sehr interessant und auf jeden Fall von Nutzen, das ist keine Frage.«

Schließlich betonten die Vertreter von vier Beteiligungsgesellschaften, dass die PIMS-Analysen die eigene Einschätzung hinsichtlich einer bestimmten Investitionsopportunität bestätigen oder widerlegen könnte, was wiederum zu einer erhöhten Entscheidungssicherheit führe. Aufgrund des zunehmenden Wettbewerbs und den damit einhergehenden höheren Unternehmenspreisen sei es für den Erfolg eines Buyouts unabdingbar, dass die eigene Beurteilung stets hinterfragt würde und man sich Kritik gegenüber offen zeige. Nur so könne eine zumindest in den Ansätzen gesicherte Entscheidung getroffen werden, zumal es so etwas wie die absolute Sicherheit bei einer Buyout-Transaktion ohnehin nicht gebe.

Diesen Beiträgen des PIMS-Projektes für die Buyout-Praxis stehen aus Sicht der Gesprächspartner ebenso viele *Grenzen und Mängel* gegenüber. Auf sie wird im Folgenden eingegangen. Die Stellungnahme des Vertreters einer auf größere Buyout-Transaktionen spezialisierten, angelsächsischen Investorengruppe vermag die grundlegende Haltung praktisch sämtlicher Gesprächspartner der zweiten Interviewrunde deutlich zum Ausdruck zu bringen:

»Fakt ist: PIMS ist ein statistisches Tool, und ein statistisches Tool führt zu statistischen Ergebnissen, und mit statistischen Ergebnissen können Sie kein Investment Committee überzeugen.«

Es wurde erklärt, dass das PIMS-Projekt trotz aller Beiträge und Vorteile einen zu hohen Abstraktionsgrad aufweise beziehungsweise zu akademisch-theoretisch ausgerichtet sei. In der Buyout-Praxis würde es deshalb nur bedingt auf Anklang stoßen. Einer der Gesprächspartner stellte fest: »Die Gefahr liegt halt darin, dass Sie gesunden Menschenverstand an die Statistik delegieren.«

Die Interviewpartner argumentierten insbesondere, dass ein Zielunternehmen nicht einfach statistisch erfasst und in einer Graphik positioniert werden könne. Die rigide Klassifizierung widerspreche der Natur des Private-Equity-Geschäfts; jede Investitionsopportunität sei einzigartig und dementsprechend spezifisch zu behandeln beziehungsweise zu analysieren. Instrumente, so auch PIMS, können bei der Entscheidungsfindung behilflich sein, aber letztendlich würde man nicht aufgrund eines solchen Instrumentariums seine Entscheidung treffen, sondern aufgrund der persönlichen Überzeugung, dass es eben ein gutes Investment sei.

Rund die Hälfte der Gesprächspartner wies des Weiteren ganz allgemein darauf hin, dass die Fähigkeit, ein Zielunternehmen zu analysieren, in aller Regel nicht das Thema sei, weil dies gut funktioniere, weshalb denn auch bei der Attraktivitätsbeurteilung kein zwingender Bedarf bestehe, durch etwaige Instrumente unterstützt zu werden. Der Vertreter einer angelsächsischen und international erfahrenen Investorengruppe zweifelte gar an der Tauglichkeit jeglicher Instrumente für die Buyout-Praxis:

»You don't have to rely on a tool all the time, you know, the fact of matter is that we can get enough experienced people that are enough experienced; they have their own way of thinking through these things [...] The thing or the issue of such tools is that they are tools – all they do is they give you a certain way of interpreting a whole lot of inputs.«

Der Interviewpartner einer kontinentaleuropäischen Private-Equity-Firma schloss sich dieser Meinung an:

»I am very sceptical about – you know – academic tools they [Consultants] use to describe real situations. Real situations are very complex and none of us really know the future. The only thing you can do is trying to balance the risks of the uncertainty against the certainties you think you can see in the business.«

Wiederum rund die Hälfte der Gesprächspartner wies schließlich darauf hin, dass ein Unternehmen, das gemäß PIMS strategisch stark positioniert ist, keineswegs zwingend auch ein gutes Investitionsobjekt darstellen müsse, mit dem entsprechende Renditen erwirtschaftet werden können. Im Einzelnen wurde etwa darauf hingewiesen, dass es die Aufgabe eines guten

Managements sei, Unternehmen wie beispielsweise das als Investitionsopportunität verwendete *Railway* im Diagramm – im Sinne einer hohen Rendite – oben zu halten.

Sofern ein Unternehmen über ein fähiges Management verfüge, sei es möglich, die aktuell hohe Rendite beizubehalten. Deshalb könnten auch solche Unternehmen, die laut PIMS eine schwache strategische Position innehätten, dennoch durchweg attraktive Opportunitäten für Buyout-Investoren darstellen und würden weiter nachgefragt. Umgekehrt sei es nur bedingt hilfreich zu wissen, dass bei einem Unternehmen wie beispielsweise *Automotive* erhebliche Potenziale vorhanden seien. Einer der Gesprächspartner erklärte:

»Ich glaube auch, dass da Optimierungspotenziale vorhanden sind. Das Problem für uns ist aber, dass wir beim Kauf das Risiko berechnen und übernehmen müssen, diese Potenziale dann auch tatsächlich zu erreichen.«

Tabelle 32 bietet eine zusammenfassende Übersicht der Beiträge und Grenzen beziehungsweise Mängel des PIMS-Projektes in der Buyout-Praxis, die von den Gesprächspartnern in der zweiten Interviewrunde vorgebracht wurden. Die Tabelle zeigt auf einen Blick, dass sich beide Seiten die Waage halten.

Beiträge von PIMS in der Buyout-Praxis	Grenzen/Mängel von PIMS in der Buyout-Praxis
• Unterstützung in der Beurteilung von und Entscheidung über Investitionskandidaten im Selektionsprozess und in der Due Diligence • Mehrwert durch die/den empirisch begründete/n Positionierung/Vergleich von Zielunternehmen hinsichtlich ihrer Erfolgspotenziale • geeignetes Instrumentarium zur Bestätigung bzw. Widerlegung der eigenen Einschätzung und dadurch zur Erhöhung der Entscheidungssicherheit	• zu hoher Abstraktionsgrad bzw. zu akademisch-theoretischer Charakter und entsprechend limitierte Eignung zur Anwendung in der (Buyout-)Praxis • kein (ausgeprägter) Bedarf eines alternativen Instrumentariums zur (strategischen) Beurteilung von Investitionsopportunitäten • Überschätzung der Bedeutung der strategischen Faktoren und Unterschätzung der Bedeutung einer hohen Qualität des amtierenden Managements

Tabelle 32: Beiträge und Grenzen von PIMS im Anwendungszusammenhang

Der zuerst aufgeführte Mängelaspekt bedarf keines weiteren Kommentares – PIMS gelangt seit Jahren in der (Beratungs-)Praxis verschiedentlich und erfolgreich zum Einsatz. Die beiden anderen Grenzen beziehungsweise Mängel spiegeln allerdings eindeutig die in der Private-Equity-Industrie heute immer noch vorherrschende, zu kurz greifende Sicht- und Denkweise wieder. So mag es nicht erstaunen, dass trotz der sich verschlechternden ökonomischen Rahmenbedingungen sowie trotz der wachsenden gesellschaftlichen Kritik und dem immer stärker werdenden politischen Druck immer noch kein (ausgeprägter) Bedarf eines alternativen Instrumentariums zur strategischen Beurteilung von Investitionsopportunitäten besteht. Anders ausgedrückt denkt man nach wie vor, sich auf die kaum beeinflussbare Wertsteigerung durch *Multiple Uplifts* und *Financial Leverage* verlassen zu können.

Ähnlich verhält es sich bei dem Einwand, das PIMS-Instrumentarium überschätze die Bedeutung der strategischen Faktoren und unterschätze die Bedeutung der hohen Qualität des amtierenden Managements. Dank der äußerst günstigen Konstellation ökonomischer Rahmenbedingungen in der Vergangenheit konnte in der Tat davon ausgegangen werden, dass die Renditen eines Unternehmens trotz seiner strategisch schwachen Positionierung mit einem operativ hoch effizienten Managementteam kurz- bis mittelfristig – also innerhalb der in der Vergangenheit üblichen Halteperiode der Finanzinvestoren – auf dem hohen Niveau beibehalten werden können. Deshalb wurde im Rahmen dieses Buches betont, dass Schwächen in einem oder mehreren der strategischen Hauptfaktoren und damit eine strategisch schwache Positionierung eines Unternehmens auch durch ein noch so gutes operatives Management nicht *auf Dauer* kompensiert werden können. Von kurz- bis mittelfristigen, finanzwirtschaftlich ausgerichteten *Operating Improvements* und entsprechenden Renditeerfolgen wird hier – unter strategischen Gesichtspunkten berechtigterweise – abgesehen.[467]

Weiterführende Beiträge entlang des Buyout-Prozesses

Der Vollständigkeit und Übersicht halber werden im Folgenden die weiterführenden Beiträge des Instrumentariums entlang des Buyout-Prozesses grob skizziert. Tabelle 33 bietet dazu eine Übersicht. Die beiden ersten Phasen *Selektion* sowie *Due Diligence (DD), Strukturierung (Struktur) und Bewertung* stellen den eigentlichen Beurteilungsprozess von Investitionsopportunitäten dar. Auf die Selektion und die dortigen Einsatzmöglichkeiten des *Limited Information Model* wurde bereits oben eingegangen. Die in Abbildung 5 außerdem enthaltenen Schlüsselschritte des Buyout-Prozesses *Screening* und

Akquisition werden hier nicht behandelt, da das PIMS-Projekt weder bei den Fragen der Übereinstimmung einer jeweiligen Investitionsopportunität mit der Investitionspolitik eines Fonds, der einer *Partnership* zugrunde liegenden Investitionsstrategie und den entsprechenden Fundamentalkriterien, noch in der Akquisitionsphase im engeren Sinne eingesetzt werden kann.

	Selektion	DD, Struktur und Bewertung	Post-Investment-Management	Exit
Limited Information	■			
PAR-ROI		■		
Report on Look-Alikes		■		
Customer Value			■	
Business Start-Up			■	

Tabelle 33: Weiterführende Beiträge von PIMS entlang des Buyout-Prozesses

Da im Rahmen einer *Due Diligence* im Vergleich zur Selektionsphase mehr Informationen zur Verfügung stehen, kann hier das PAR-ROI-Modell eingesetzt werden. Damit geht eine erhöhte Erklärungskraft, aber auch ein größerer Datenerhebungsaufwand einher.

Von den Fragen, die in Kapitel 4.5 gestellt wurden und deren Beantwortung für die Bewältigung der zentralen Aufgabe im Kontext der strategischen Unternehmensführung von elementarer Bedeutung ist, verbleiben (abgeleitet für die Private-Equity-Firmen):

- Was müsste das Management des gegebenenfalls zu akquirierenden Unternehmens zur Realisierung und dem Aufbau von Erfolgspotenzialen konkret tun?
- Welche Wechselwirkungen bestehen zwischen operativer und strategischer Führung, die für die notwendige – und mittels strategischer Unternehmensführung zu realisierende – Erwirtschaftung nachhaltiger, realwirtschaftlicher *Operating Improvements* von Bedeutung sind?

Zur Beantwortung kann bereits in der *Due Diligence* auch der *Report on Look-Alikes* herangezogen werden.

Auch bei der *Bewertung* von Investitionskandidaten kann PIMS effektiv eingesetzt werden; ohne an der grundsätzlichen Art und Weise der heutigen

Bewertungspraxis etwas zu ändern, lässt sich der Wert eines Zielunternehmens unter Einbezug des LIM oder PAR-ROI-Modells konsequent als eine Funktion der Strategie, genauer des strategischen Erfolgspotenzials errechnen. Hierdurch wird der heute vorherrschenden Rückspiegelbetrachtung, also der Multiplikation der aktuellen beziehungsweise vergangenen Profitabilität eines Unternehmens, mit einem Bewertungs-*Multiple* entgegengewirkt. Das entsprechende Schema für die Bewertung eines Unternehmens mit PIMS wäre dann unter Verwendung der EBIT-Kennzahl als operative Bezugsgröße beispielsweise:

Enterprise Value (EV) = PAR-EBIT x Valuation Multiple.

Außerdem können die PIMS-Anwendungsmodelle beziehungsweise deren Ergebnisse in der *Strukturierung* einer Buyout-Transaktion und hierbei im Einzelnen in der Diskussion mit Banken im Kontext der *Leverage*-Finanzierung eingesetzt werden, wie dies beispielsweise annähernd bei der Luzerner Kantonalbank (LUKB) in der Kreditvergabe an Firmenkunden bereits seit geraumer Zeit der Fall ist.

Die größten Einsatzmöglichkeiten des PIMS-Instrumentariums bestehen jedoch eindeutig im *Post-Investment-Management*, wo sämtliche Anwendungsmodelle je nach Fragestellung gleichermaßen zum Einsatz gelangen können. Hervorzuheben sind insbesondere die durch PIMS im Rahmen des Portfoliomanagements ermöglichte quantitative und transparente Erfassung und Verfolgung beziehungsweise Überwachung von Veränderungen in der Performance sämtlicher eingegangener Beteiligungen, und zwar in sowohl operativer (Erfolgspotenzialerreichung) als auch in strategischer (Erfolgspotenzialveränderung) Hinsicht. Dies stellt gerade für Finanzinvestoren einen klaren Mehrwert dar, zumal diese im Gegensatz zu strategischen Käufern, die Integrations- und etwaige Synergieaspekte in den Vordergrund stellen, ihre Investitionen – abgesehen von *Add-on Acquisitions* – isoliert in Bezug auf die erzielte Performance beurteilen.

Genauso wie das PIMS-Projekt und dessen Anwendungsmodelle für die strategische Beurteilung von Zielunternehmen von Private-Equity-Gesellschaften eingesetzt werden können, lassen sie sich selbstverständlich auch für die schon erwähnten *Add-on Acquisitions* bereits eingegangener Beteiligungen nutzen. Auf die Anwendungsmöglichkeiten des *Business Start-up Model* sowie der *Customer Value Analysis* wird an dieser Stelle nicht gesondert eingegangen, da sich deren Einsatzzweck im *Post-Investment-Management* eines Buyout-Investors nicht von dem im Rahmen dieses Buches allgemein beschriebenen Zweck unterscheidet.

Das mittels PIMS ermöglichte systematische und zielgerichtete Portfolio- und Wertsteigerungsmanagement kann schließlich für die Frage herangezogen werden, welche Beteiligungen es zu welchem Zeitpunkt idealerweise zu veräußern gilt, womit das Instrumentarium ebenso für die *Exit-Phase* von großem Nutzen sein kann.

6.5 Zusammenfassender Ausblick

Zu Beginn des Kapitels »Planen« seines Bestsellers *Die Logik des Misslingens* legt Psychologieprofessor Dietrich Dörner dar, dass man sich beim folgerichtigen Umgang mit einem komplexen Problem zunächst einmal seine Ziele klar machen wird. Man wird dann ein Modell der jeweiligen Realität konstruieren oder das vorhandene ergänzen und kritisch betrachten, wobei man dafür vielleicht das gesamte System zunächst eine Weile beobachten muss, um die Zusammenhänge aus den Kovariationen der Variablen zu erschließen. Dann darf man nicht vergessen, sich Informationen über den gegenwärtigen Zustand zu beschaffen, damit man weiß, was heute ist und wie sich das System vermutlich in Zukunft verhalten wird.[468] Dörner hält abschließend fest: »Und wenn man all das getan hat, kann man zum Planen von Maßnahmen übergehen.«[469]

Mit der vorliegenden Studie wurde die wissenschaftlich fundierte Basis für praktisch wirksame Maßnahmen gelegt. Mit dem vorgestellten kybernetischen Konzept der strategischen Unternehmensführung in Kombination mit dem ebenso als kybernetisch zu bezeichnenden PIMS-Instrumentarium wurde ein empirisch begründetes Modell der Realität konstruiert. Des Weiteren wurden ausführlich Informationen über den gegenwärtigen Zustand erarbeitet und die Implikationen für die in der Private-Equity-Branche tätigen Finanzinvestoren abgeleitet. Inwiefern und ob nun tatsächlich Maßnahmen geplant und die Empfehlungen in die Praxis umgesetzt werden, hängt von den entsprechenden Zielsetzungen der Private-Equity-Firmen ab, die ihrerseits wiederum entscheidend davon abhängen, ob die zunehmende Komplexität der für sie relevanten Unternehmensumwelt überhaupt als solche wahrgenommen wird.

Quellen

Literatur

Achleitner, A.-K./Fingerle, C. H. (2003):Unternehmenswertsteigerung durch Management Buyout, *EF Working Paper Series*, Technische Universität München, Nr. 01–03.

Anderson, C. R./Paine, F.T. (1978): PIMS: A Reexamination, *Academy of Management Review*, vol. 3, no. 3, pp. 602–612.

Anson, M. (2004): Trends in Private Equity in 2004, *The Journal of Wealth Management*, vol. 7, no. 3, pp. 84–92.

Arzac, E. R. (1992): On the Capital Structure of Leveraged Buyouts, *Financial Management*, vol. 21, no. 1, pp. 16–26.

Ashby, W. R. (1970): *An Introduction to Cybernetics*, 5th Edition, Chapman & Hall, London, UK.

Backhaus, K./Erichson, B./Plinke, W./Weiber, R. (2006): *Multivariate Analysemethoden – Eine anwendungsorientierte Einführung*, 11., überarbeitete Auflage, Springer-Verlag, Berlin/Heidelberg/New York.

Bader, H. (1996): *Private Equity als Anlagekategorie: Theorie, Praxis und Portfoliomanagement für institutionelle Investoren*, Verlag Paul Haupt, Bern/Stuttgart/Wien.

Baker, G. P./Smith G. D. (1998): *The New Financial Capitalists – Kohlberg Kravis Roberts and the Creation of Corporate Value*, Cambridge University Press, Cambridge, UK.

Bance, A. (2004): Why and How to Invest in Private Equity, *An EVCA Investor Relations Committee Paper, Special Paper*, European Private Equity & Venture Capital Association, Zaventem, Belgium.

Barilits, M. M. (1994): *Die Gültigkeit der PIMS-Erkenntnisse für Klein- und Mittelbetriebe – Eine empirische Überprüfung*, Dissertation der Wirtschaftsuniversität Wien (WU Wien).

Becker, R. (2000): *Buy-outs in Deutschland – Handbuch für Manager, Consultants und Investoren*, Verlag Deutscher Wirtschaftsdienst, Köln.

Becker, M./Müller, R. (1986): Erfahrungen mit PIMS aus der Sicht eines Anwenders, *Strategische Planung*, Bd. 2, S. 245–267.

Beer, S. (1995 a): *The Heart of Enterprise*, John Wiley & Sons, Ltd., London/New York.

Beer, S. (1995b): *Decision and Control – The Meaning of Operational Research and Management Cybernetics,* John Wiley & Sons, Ltd., London/New York.

Berg, A. (2005): *What is Strategy for Buyout Associations?,* Verlag für Wissenschaft und Forschung, Berlin.

Berg, A./Gottschalg, O. (2004): Understanding Value Generation in Buyouts, *Journal of Restructuring Finance,* vol. 1, no. 2, pp. 1–29.

Bernet, B. (2005): *Geld & Geist – Finanzplatz Schweiz zwischen Evolution und Revolution,* Orell Füssli Verlag AG, Zürich.

Bernet, B. (1999): Wieviel Rendite ist genug? – Einige performanceorientierte Überlegungen zur volkswirtschaftlichen Verantwortung der Banken, in: Jäger, F./Stier, W. (1999) (Hrsg.), *Die volkswirtschaftliche Verantwortung der Banken,* Verlag Rüegger, Chur/Zürich, S. 59–73.

Bernet, B. (1998): Finanzintermediation und Risikofinanzierung – oder: Geben die Banken den Jungunternehmern zuwenig Startkapital?, in: Scheidegger, A./Hofer, H./Scheuenstuhl, G. (1998) (Hrsg.), *Innovation – Venture Capital – Arbeitsplätze: Antworten zu den Kernfragen,* Verlag Paul Haupt, Bern/Stuttgart/Wien, S. 169–178.

Bernet, B./Denk, C. L. (2000): *Finanzierungsmodelle für KMU,* Verlag Paul Haupt, Bern/Stuttgart/Wien.

Bettis, R. A./Hall, W. K. (1981): Strategic Portfolio Management in the Multibusiness Firm, *California Management Review,* vol. 24, issue 1, pp. 23–38.

Bilo, S. (2002): *Alternative Asset Class – Publicly traded Private Equity: Performance, Liquidity, Diversification Potential and Pricing Characteristics,* Bamberg.

Binder, P. M. (2006): *Mergers & Acquisitions in der Praxis,* Orell Füssli Verlag AG, Zürich.

Blaydon, C./Wainwright, F. (2006): The balance between debt and added value, *Research Paper,* Center for Private Equity and Entrepreneurship, Tuck School of Business at Dartmouth.

Boquist, A./Dawson, J. (2004): U.S. Venture Capital in Europe in the 1980s and the 1990s, *Journal of Private Equity,* vol. 8, issue 1, pp. 39–54.

Borel, P. (2007): Staying with the pace, *Private Equity International,* issue 53, pp. 34–40.

Branch, B. (1980): The Laws of the Market Place and ROI Dynamics, *Financial Management,* vol. 9, issue 2, pp. 58–65.

Bredeck, T. (2002): *Private Equity im Firmenkundengeschäft regionaler Kreditinstitute – Eine geschäftspolitische Analyse,* Dissertation der Universität Basel.

Bresch, C. (1977): *Zwischenstufe Leben – Evolution ohne Ziel?,* Piper Verlag, München.

Brooks, J. (1999): Fund-Raising and Investor Relations, in: Bygrave, W. D./Hay, M./Peeters, J. B. (1999) (Eds.), *The Venture Capital Handbook,* Financial Times Prentice Hall, London, UK, pp. 95–117.

Burgess, A. R. (1982): The Modelling of Business Profitability: A New Approach, *Strategic Management Journal,* vol. 3, issue 1, pp. 53–65.

Buzzell, R. D. (1983): Is vertical integration profitable?, *Harvard Business Review*, vol. 61, issue 1, pp. 92–102.

Buzzell, R. D./Gale, B. T. (1987): *The PIMS (Profit Impact of Market Strategy) Principles – Linking Strategy to Performance*, The Free Press, New York.

Buzzell, R. D./Gale, B. T./Sultan, R. G. M. (1975): Market Share – a key to profitability, *Harvard Business Review*, vol. 53, issue 1, pp. 97–105.

BVCA (2006): *The Economic Impact of Private Equity in the UK 2006*, British Venture Capital Association, London, UK.

BVK/PwC (2005): Der Einfluss von Private Equity-Gesellschaften auf die Portfoliounternehmen und die deutsche Wirtschaft, *Gemeinsame Studie des Bundesverbands deutscher Kapitalbeteiligungsgesellschaften und PricewaterhouseCoopers*, München.

Bygrave, W. D./Timmons, J. A. (1992): *Venture Capital at the Crossroad*, Harvard Business School Press, Boston.

Cao, J./Lerner, J. (2006): The Performance of Reverse Leveraged Buyouts, *NBER Working Paper*, no. 12626, Cambridge, MA.

Ciglia, F. (2008): *Vom Bank-Rating zum strategischen Chancenpotenzial*, Präsentation der Luzerner Kantonalbank anlässlich des 9. KMU-Forum des Instituts für Finanzdienstleistungen Zug (IFZ) der Hochschule Luzern, 3. März 2008, Institut für Finanzdienstleistungen, Zug.

Copeland, T./Koller, T./Murrin, J. (2000): *Valuation – Measuring and Managing the Value of Companies*, McKinsey & Co., 3rd Edition, John Wiley & Sons, Inc., New York.

Cumming, D. J./MacIntosh, J. G. (2003): A cross-country comparison of full and partial exits, *Journal of Banking and Finance*, vol. 27, no. 3, pp. 511–548.

Cuny, C. J./Talmor, E. (2006): A Theory of Private Equity Turnarounds, *Working Paper*, London Business School, London, UK.

Damodaran, A. (2002): *Investment Valuation – Tools and Techniques for Determining the Value of Any Asset*, Second Edition, John Wiley & Sons, Inc., New York.

Davidson, J. C. (2005): *MBO mittels Private Equity – Empirische Analyse der Schweizer Praxis*, Dissertation der Universität Zürich, Haupt Verlag, Bern/Stuttgart/Wien.

Deutsche Bundesbank (2007): Leveraged-Buyout-Transaktionen: die Rolle von Finanzintermediären und Aspekte der Finanzstabilität, *Monatsbericht April 2007*, 59. Jg., Nr. 4, S. 15–28.

Dörner, D. (2007): *Die Logik des Misslingens – Strategisches Denken in komplexen Situationen*, 6. Auflage, Rowohlt Taschenbuch Verlag, Reinbek bei Hamburg.

Drucker, P. F. (2001): *Management: Tasks, Responsibilities, Practices*, Butterworth-Heinemann, Oxford, MA.

Drucker, P. F. (1970): *Technology, Management and Society*, Butterworth-Heinemann, Oxford, MA.

Eidenmüller, H. (2007): Private Equity, Leverage, und die Effizienz des Gläubigerschutzrechts, *Zeitschrift für das gesamte Handelsrecht und Wirtschaftsrecht*, H. 5–6, S. 644–683.

EVCA (2007 a): *EVCA Yearbook 2007: Annual Survey of Pan-European Private Equity & Venture Capital Activity,* European Private Equity & Venture Capital Association, Zaventem, Belgium.

EVCA (2007 b): European private equity: Strong 2006 performance drives increased allocation, European Private Equity & Venture Capital Association, *Press Release,* published 13 March 2007, Geneva.

EVCA (2007 c): The European Private Equity and Venture Capital Association responds to the launch of the UK Walker Group consultation on Private Equity Disclosure, *Press Release,* published 17 July 2007, Brussels.

EVCA (2007 d): EVCA Response To The Report Issued By The Walker Working Group, *Press Release,* published 21 November 2007, Brussels.

EVCA (2007 e): Six key misconceptions regarding buyouts, *Special Paper,* European Private Equity & Venture Capital Association, Zaventem, Belgium.

EVCA (2006 a): *EVCA Yearbook 2006: Annual Survey of Pan-European Private Equity & Venture Capital Activity,* European Private Equity & Venture Capital Association, Zaventem, Belgium.

EVCA (2006 b): *EVCA Barometer,* issue 45, European Private Equity & Venture Capital Association, Zaventem, Belgium.

EVCA (2005): Private Equity and Generational Change – The Contribution of Private Equity to the Succession of Family Businesses in Europe, *Research Paper,* European Private Equity & Venture Capital Association, Zaventem, Belgium.

EVCA (1998): *EVCA Yearbook 1998: A Survey of Private Equity & Venture Capital in Europe,* European Private Equity & Venture Capital Association, Zaventem, Belgium.

Farris, P. W./Farley, J. U. (2004): The PIMS project: vision, achievements, and scope of the data, in: Farris, P. W./Moore, M. J. (2004b) (Eds.), *The Profit Impact of Marketing Strategy Project: Retrospect and Prospects,* Cambridge University Press, Cambridge, UK, pp. 6–27.

Farris, P. W./Moore, M. J. (2004 a): PIMS in the new millennium: how PIMS might be different tomorrow, in: Farris, P. W./Moore, M. J. (2004b) (Eds.), *The Profit Impact of Marketing Strategy Project: Retrospect and Prospects,* Cambridge University Press, Cambridge, UK, pp. 272–286.

Farschtschian, P. (2005): Hedge Funds and Private Equity: Differences, similarities and convergence, *Doctoral Seminar Paper,* Veranst. Nr. 10,100, Veranst. Titel: Corporate Finance, Juni 2005, Universität St. Gallen.

Farschtschian, P./Petersen, M. (2006): Management Buyouts – Case Study: SR Technics, *Präsentation der 3i Schweiz AG anlässlich eines Gastvortrags an der Universität St. Gallen,* Veranst. Nr. 4,170, 1.00, Veranst. Titel: Corporate Restructuring, 3. Juli 2006, Universität St. Gallen.

Fenn, G./Liang, N./Prowse, S. (1997): The Private Equity Market: An Overview, *Financial Markets, Institutions, and Instruments,* vol. 6, no. 4, pp. 1–106.

Foster, R. N./Kaplan, S. (2001): *Creative Destruction: Why Companies That Are Built to Last Underperform the Market – and how to Successfully Transform Them,* Doubleday/Currency, New York.

Fraser-Sampson, G. (2007): *Private Equity as an Asset Class,* John Wiley & Sons, Ltd., Chichester.

Friedrich, R./Küsel, C. (2007): Gewinn – notwendig, aber nicht hinreichend! Richtige Orientierungspunkte für eine Strategie zur Sicherung der Erfolgspotenziale, *OnlineBlatt,* Nr. 17, Malik Management Zentrum St. Gallen, St. Gallen.

Gagliano, S./Olsen, J./Wainwright, F. (2003): Note on Leveraged Buyouts, *Research Paper,* Center for Private Equity and Entrepreneurship, Tuck School of Business at Dartmouth.

Gale, B. T. (1980): Can more capital buy higher productivity, *Harvard Business Review,* vol. 58, issue 4, pp. 78–86.

Gale, B. T. (1978 a): Cross-Sectional Analysis: The New Frontier in Planning, *Planning Review,* vol. 6, no. 2, pp. 16–20.

Gale, B. T. (1978 b): Planning for Profit, *Planning Review,* vol. 6, no. 1, pp. 4–7, 30–32.

Gale, B. T./Branch, B. (1981): Cash flow analysis: more important than ever, *Harvard Business Review,* vol. 59, issue 4, pp. 131–136.

Gale, B. T./Heany, D. F./Swire, D. J. (1977): The PAR-ROI Report: Explanation and Commentary on Report, *Research Paper,* Strategic Planning Institute, Cambridge, MA.

Gale, B. T./Klavans, R. (1984): Formulating A Quality Improvement strategy, *The PIMS-Letter on Business Strategy,* no. 31, Strategic Planning Institute, Cambridge, MA.

Gälweiler, A. (2005): *Strategische Unternehmensführung,* zusammengestellt, bearbeitet und ergänzt von Markus Schwaninger, 3. Auflage, Campus Verlag, Frankfurt a. M./New York.

Gälweiler, A. (1999): Determinanten des Zeithorizontes in der Unternehmensplanung, in: Hahn, D./Taylor, B. (1999) (Hrsg.), *Strategische Unternehmensplanung – Strategische Unternehmensführung: Stand und Entwicklungstendenzen,* 8. aktualisierte Auflage, Physica-Verlag, Heidelberg, S. 385–402.

Gälweiler, A. (1976): Unternehmenssicherung und strategische Planung, *Schmalenbachs Zeitschrift für betriebswirtschaftliche Forschung (zfbf),* Jg. 28, H. 6, S. 362–379.

Gälweiler, A. (1974): *Unternehmensplanung – Grundlagen und Praxis,* Herder & Herder, Frankfurt a. M./New York.

Gantenbein, P./Gehrig, M. (2007): Moderne Unternehmensbewertung – Bewertungsziel mit Methodenmix erreichen, *Der Schweizer Treuhänder,* H. 9, S. 602–612.

Geigenberger, I. (1999): *Risikokapital für Unternehmensgründer – Der Weg zum Venture-Capital,* 1. Auflage, Deutscher Taschenbuch Verlag, München.

Gladstone, D. J. (1988): *Venture Capital Investing: The Complete Handbook for Investing in Small Private Businesses for Outstanding Profits,* Financial Times Prentice Hall, Englewood Cliffs, NJ.

Gomez, P./Zimmermann, T. (1999): *Unternehmensorganisation: Profile, Dynamik, Methodik – Das St. Galler Management-Konzept*, 4. Auflage, Campus Verlag, Frankfurt a. M./New York.

Gompers, P. (1996): Grandstanding in the venture capital industry, *Journal of Financial Economics,* vol. 42, issue 1, pp. 133–156.

Gompers, P./Lerner, J. (2001): The Venture Capital Revolution, *Journal of Economic Perspectives,* vol. 15, no. 2, pp. 145–168.

Gompers, P./Lerner, J. (2000): Money chasing deals? The impact of fund inflows on private equity valuations, *Journal of Financial Economics,* vol. 55, issue 2, pp. 281–325.

Gottschalg, O./Loos, N./Zollo, M. (2004): Working out where the value lies, *European Venture Capital Journal,* issue 113, pp. 36–39.

Gottschalg, O./Zipser, D. (2006): Money Chasing Deals and Deals Chasing Money – The Impact of Supply and Demand on Buyout Performance, *Working Paper,* no. 851, HEC School of Management Paris.

Gros, S. E. (1998): *Das Management-Buyout-Konzept als Instrument der Unternehmensprivatisierung bei der Transformation einer Planwirtschaft in eine Marktwirtschaft,* Frankfurt a. M.

Grünbichler, A./Graf, S./Gruber, A. (2001): *Private Equity und Hedge Funds – Alternative Anlagekategorien im Überblick,* Verlag Neue Zürcher Zeitung, Zürich.

Grünbichler, A./Henke, C. (1998): Braucht es Private Equity Börsen? – Lehren aus der Vergangenheit, in: Scheidegger, A./Hofer, H./Scheuenstuhl, G. (1998) (Hrsg.), *Innovation – Venture Capital – Arbeitsplätze: Antworten zu den Kernfragen,* Verlag Paul Haupt, Bern/Stuttgart/Wien, S. 179–190.

Gull, J. (1999): Methodologies of Marketing Private Equity Returns, *Venture Capital Journal,* vol. 39, no. 6, pp. 46–48.

Gupta, A./Rosenthal, L. (1991): Ownership Structure, Leverage, and Firm Value: The Case of Leveraged Recapitalizations, *Financial Management,* vol. 20, issue 3, pp. 69–83.

Hadjis, A. (1997): Corporate Models: Integration of PIMS and System Dynamics, *Research Report,* University of St. Gallen, Research Fund, St. Gallen.

Hardymon, F./Leamon, A./Lerner, J. (2005): *Venture Capital and Private Equity – A Casebook,* John Wiley & Sons, Inc., New Caledonia.

Heel, J./Kehoe, C. (2005): Why some private equity firms do better than others, *The McKinsey Quarterly,* no. 1, pp. 24–26.

Heyning, D. W. (1999): Due Diligence, in: Bygrave, W. D./Hay, M./Peeters, J. B. (1999) (Eds.), *The Venture Capital Handbook,* Financial Times Prentice Hall, London, UK, pp. 143–161.

Hitchner, J. R. (2003): *Financial Valuation – Application and Models,* John Wiley & Sons, Inc., Hoboken, NJ.

Homburg, C./Krohmer, H. (2003): *Marketingmanagement: Strategie – Instrumente – Umsetzung – Unternehmensführung,* Gabler Verlag, Wiesbaden.

Incisive Media (2007): *European Buyout Review 2007: Executive Summary – European Buyout Statistics 2001–2006,* Incisive Financial Publishing Ltd, London, UK.

IPC (2006): *Interpretive Guidance for Private Equity,* Investment Performance Council – Venture Capital and Private Equity Subcommittee: Private Equity Provisions for the GIPS Standards, CFA Institute, Charlottesville, VA.

Jacob, H. (1983): Das PIMS-Programm, *Das Wirtschaftsstudium (WISU),* H. 12, S. 262–266.

Jensen, M. C. (1989): Eclipse of the Public Corporation, *Harvard Business Review,* vol. 67, issue 5, pp. 61–74.

Jensen, M. C. (1986): Agency Costs of Free Cash Flow, Corporate Finance and Takeovers, *American Economic Review,* vol. 76, no. 2, pp. 323–329.

Jin, L./Wang, F. (2002): Leveraged Buyouts: Inception, Evolution, and Future Trends, *Perspectives,* vol. 3, no. 6, pp. 1–17.

Kaplan, S. N. (1989a): The Effects of Management Buyouts on Operating Performance and Value, *Journal of Financial Economics,* vol. 24, issue 2, pp. 217–254.

Kaplan, S. N. (1989b): Management Buyouts: Evidence on Taxes as a Source of Value, *Journal of Finance,* vol. 44, no. 3. pp. 611–632.

Kaplan, S. N./Ruback, R. S. (1995): The Valuation of Cash Flow Forecasts: An Empirical Analysis, *The Journal of Finance,* vol. L, no. 4, pp. 1059–1093.

Keel, A. (1999): *Statistik I – Beschreibende Statistik,* 14. Auflage, Verlag Wilhelm Surbir, St. Gallen.

KKR (1989): Leveraged Buy-outs, *Journal of Applied Corporate Finance,* vol. 2, issue 1, pp. 64–71.

Koch, M. (1997): *Eine empirische Studie über Möglichkeiten und Chancen von Management Buyouts in der Schweiz,* Rosch-Buch, Schesslitz.

Kraft, V. (2001): *Private Equity-Investitionen in Turnarounds und Restrukturierungen,* Campus Verlag, Frankfurt a. M./New York.

Krebs, A. (1990): *Management Buyout in der Schweiz – Rahmenbedingungen und Finanzierungskonzepte,* Verlag Paul Haupt, Bern.

Kreilkamp, E. (1987): *Strategisches Management und Marketing: Markt- und Wettbewerbsanalyse, strategische Frühaufklärung, Portfoliomanagement,* de Gruyter, Berlin.

Krieg, W. (1971): *Kybernetische Grundlagen der Unternehmensgestaltung,* Dissertation der Universität St. Gallen, Nr. 398, Verlag Paul Haupt, Bern/Stuttgart.

Lange, B. (1982): Bestimmung strategischer Erfolgsfaktoren und Grenzen ihrer empirischen Fundierung, *Die Unternehmung – Schweizerische Zeitschrift für betriebswirtschaftliche Forschung und Praxis,* 36. Jg., Nr. 1, S. 27–41.

Le Foll, L. (2006): The Impact and Perception of Buyouts in Europe, *Working Paper,* London Business School, London, UK.

Loos, N. (2005): *Value Creation in Leveraged Buyouts,* Dissertation of the University of St. Gallen, no. 3052, Gutenberg AG, Liechtenstein.

Lubatkin, M./Pitts, M. (1983): PIMS: Fact or Folklore, *Journal of Business Strategy,* vol. 3, issue 3, pp. 38–43.

Luchs, R. H./Müller, R. (1985): Das PIMS-Programm – Strategien empirisch fundieren, *Strategische Planung,* Bd. 1, S. 79–98.

MacMillan, I. C./Zemann, L./Narasimha, P. N. S. (1987): Criteria distinguishing successful from unsuccessful ventures in the venture screening process, *Journal of Business Venturing,* vol. 2, issue 2, pp. 123–137.

Malik, F. (2008): *Unternehmenspolitik und Corporate Governance – Wie Organisationen sich selbst organisieren,* Campus Verlag, Frankfurt a. M./New York.

Malik, F. (2006): *Strategie des Managements komplexer Systeme – Ein Beitrag zur Management-Kybernetik evolutionärer Systeme,* 9. Auflage, Haupt Verlag, Bern/Stuttgart/Wien.

Malik, F. (2005): *Management – Das A und O des Handwerks,* Frankfurter Allgemeine Buch, Frankfurt a. M.

Malik, F. (2002): *Die Neue Corporate Governance – Richtiges Top-Management, Wirksame Unternehmensaufsicht,* 3., erweiterte Auflage, Frankfurter Allgemeine Buch, Frankfurt a. M.

Malik, F. (2001): Strategische Unternehmensführung I – Aloys Gälweilers Navigationssystem, *malik on management – m. o. m.-Letter,* 9. Jg., Nr. 8, S. 130–150.

Malik, F. (1999): *Management-Perspektiven: Wirtschaft und Gesellschaft, Strategie, Management und Ausbildung,* 2., korrigierte Auflage, Verlag Paul Haupt, Bern/Stuttgart/Wien.

Malik, F. (1998): Strategische Irreführung durch operative Daten, *malik on management – m. o. m.-Letter,* 6. Jg., Nr. 1, S. 1–17.

Malik, F. (1987): Messbare Erfolgspotentiale: PIMS – Profit Impact of Market Strategies, *GDI-Impuls,* Nr. 3, S. 53–60.

Marchetti, C. (1980): Society as a learning system: discovery, invention, and innovation cycles revisited, *Technological Forecasting and Social Change,* vol. 18, issue 4, pp. 267–282.

Martel, F. (2006): Venture Capitalists' Investment Process, Criteria, and Performance, *Working Paper,* University of Lausanne's Hautes Etudes Commerciales (HEC).

Maxwell, R. (2007): Private Equity: Changing Europe for the better?, *EBF – European Business Forum,* issue 28, p. 19.

McKaskill, T./Weaver, K. M./Dickson, P. (2004): Developing an exit readiness index: a research note, *Venture Capital,* vol. 6, no. 2–3, pp. 173–179.

Mensch, G. (1975): *Das technologische Patt – Innovationen überwinden die Depression,* Umschau Verlag, Frankfurt a. M.

Mirow, M. (2005): Wie praktisch ist eine gute Theorie? – Thesen zur Umsetzung systemischen Denkens in der Gestaltung von Führungsstrukturen, in: Krieg, W./Galler, K./Stadelmann, P. (2005) (Hrsg.), *Richtiges und gutes Management: vom System zur Praxis – Festschrift für Fredmund Malik,* Haupt Verlag, Bern/Stuttgart/Wien, S. 35–58.

Morrison, R./Tavel, D. (1982): New Products and Market Position, *The PIMS-Letter on Business Strategy,* no. 28, Strategic Planning Institute, Cambridge, MA.

Moulton, J. (2007): Private Equity: Changing Europe for the better?, *EBF – European Business Forum,* issue 28, p. 23.

Muzyka, D./Birley, S./Leleux, B. (1996): Trade-offs in the investment decisions of European venture capitalists, *Journal of Business Venturing*, vol. 11, issue 4, pp. 273–287.

Müller-Stewens, G./Lechner, C. (2003): *Strategisches Management – Wie strategische Initiativen zum Wandel führen,* 2., überarbeitete und erweiterte Auflage, Schäffer-Poeschel Verlag, Stuttgart.

MZSG-PIMS (1986): *Das MZSG/PIMS-Konzept der Strategie-Entwicklung – Eine neue Dimension der strategischen Unternehmensführung,* Management Zentrum St. Gallen, St. Gallen.

Naylor, T. H. (1978): PIMS: Through A Different Looking Glass, *Planning Review,* vol. 6, no. 2, pp. 15–16, 32.

Neubauer, F. F. (1999): Das PIMS-Programm und Portfolio-Management, in: Hahn, D./Taylor, B. (1999) (Hrsg.), *Strategische Unternehmensplanung – Strategische Unternehmensführung: Stand und Entwicklungstendenzen,* 8. aktualisierte Auflage, Physica-Verlag, Heidelberg, S. 469–496.

NVCA (2007): Venture capital performance trends positive overall in period ending Q2 2007, National Venture Capital Association, *Press Release,* published 29 October 2007, New York.

OASIS (1986): *OASIS – Organization And Strategy Information Service, Findings April 1986,* Hay Associates/The Strategic Planning Institute/The University of Michigan.

Oliver Wyman (2003): Private-Equity-Industrie: Wege aus der Krise, *Presseinformation,* erschienen am 25. September 2003, München.

Palepu, K. G. (1990): Consequences of leveraged buyouts, *Journal of Financial Economics,* vol. 27, issue 1, pp. 247–262.

PEI (2007): PEI 50 – Private Equity International's ranking of the world's largest private equity firms, *Private Equity International,* issue 55, pp. 61–89.

Pengg, H. (2004): *Marktchancen erkennen: Erfolgreiche Marktprognosen mit Hilfe der S-Kurven-Methode – Ein Buch für Unternehmer und Manager,* Haupt Verlag, Bern/Stuttgart/Wien.

Peters, T./Austin, N. (1985): *A Passion for Excellence – The Leadership Difference,* Warner Books Edition, Warner Business Books, New York.

PIMS (2007 a): Kernfaktoren für den Unternehmenserfolg – Nutzung strategischer »Gesetzmäßigkeiten« zur Bestimmung heutiger und zukünftiger Erfolgspotenziale, *PIMS-Präsentationsunterlagen,* Malik Management Zentrum St. Gallen, St. Gallen.

PIMS (2007 b): Analyse von Start-up Geschäften, *PIMS-Präsentationsunterlagen,* Malik Management Zentrum St. Gallen, St. Gallen.

PIMS (2007 c): PIMS RoLA – Report on Look Alikes, *PIMS-Präsentationsunterlagen,* Malik Management Zentrum St. Gallen, St. Gallen.

Porter, M. E. (2004 a): *Competitive Advantage – Creating and Sustaining Superior Performance,* The Free Press, New York.

Porter, M. E. (2004 b): *Competitive Strategy – Techniques for Analyzing Industries and Competitors,* The Free Press, New York.

Povaly, S. (2006): *Private Equity Exits: An analysis of divestment process management in relation to leveraged buyouts,* Dissertation of the University of St. Gallen, no. 3238, Gutenberg AG.

Prahalad, C. K./Hamel, G. (1990): The Core Competence of the Corporation, *Harvard Business Review,* vol. 68, issue 3, pp. 79–91.

PREQIN (2007): *The 2007 Global Fundraising Review,* Private Equity Intelligence Ltd, London, UK.

Ramanujam, V./Venkatraman, N. (1984): An Inventory and Critique of Strategy Research Using the PIMS Database, *Academy of Management Review,* vol. 9, no. 1, pp. 138–151.

Rappaport, A. (1998): *Creating Shareholder Value: A Guide for Managers and Investors,* Revised and Updated, The Free Press, New York.

Rappaport, A. (1990): The Staying Power of the Public Corporation, *Harvard Business Review,* vol. 68, issue 1, pp. 96–104.

Roberts, K. (2007): Evidence on start-up businesses: Take off requires full throttle, *OnlineSheet,* no. 3, Malik Management Zentrum St. Gallen, St. Gallen.

Roberts, K. (2006): The ›Unprofitability‹ of Modern Technology, *OnlineSheet,* no. 6, Malik Management Zentrum St. Gallen, St. Gallen.

Roberts, K. (1986): How to define your market segment, *Long Range Planning,* vol. 19, no. 4, pp. 53–58.

Rogers, P./Holland, T./Haas, D. (2002): Private Equity Disciplines for the Corporation, *Journal of Private Equity,* vol. 6, issue 1, pp. 6–8.

Sanne, S. (2005): Strategien zur Erreichung der Wertziele eines Private Equity Investments, *Präsentation der Allianz Capital Partners GmbH anlässlich des Symposiums »Private Equity Investments in Buy Outs von Konzerneinheiten« der Schmalenbach-Gesellschaft für Betriebswirtschaft,* 20. Oktober 2005, E.ON, Düsseldorf.

Schäfer, D. (2006): *Die Wahrheit über die Heuschrecken. Wie Finanzinvestoren die Deutschland AG umbauen,* Frankfurter Allgemeine Buch, Frankfurt a. M.

Schefczyk, M. (2000): *Erfolgsstrategien deutscher Venture-Capital-Gesellschaften,* 2. überarbeitete und erweiterte Auflage, Schäffer-Poeschel Verlag, Stuttgart.

Schindler, R. (2002): EBITDA – Führungsgröße mit Zukunft, Konzept zur Steuerung des Ressourcenmanagements, *Der Schweizer Treuhänder,* H. 9, S. 771–778.

Schoeffler, S. (1980 a): Good Productivity vs. Bad Productivity, *The PIMS-Letter on Business Strategy,* no. 11, Strategic Planning Institute, Cambridge, MA.

Schoeffler, S. (1980 b): The ›Unprofitability‹ of Modern Technology, *The PIMS-Letter on Business Strategy,* no. 2, Strategic Planning Institute, Cambridge, MA.

Schoeffler, S. (1977): Cross-Sectional Study of Strategy, Structure, and Performance: Aspects of the PIMS Program, in: Thorelli, H. B. (1977) (Ed.), *Strategy + Structure = Performance: The Strategic Planning Perspective,* Indiana University Press, Bloomington, IN, pp. 108–121.

Schoeffler, S./Buzzell, R. D./Heany, D. F. (1974): Impact of strategic planning on profit performance, *Harvard Business Review,* vol. 52, issue 2, pp. 137–145.

Schwaninger, M. (1994): *Managementsysteme,* Campus Verlag, Frankfurt a. M./New York.

Sharp, G. (2003): *Buyouts – A Guide for the Management Team*, Euromoney Books, London, UK.
Sherling, C. (1999): Deal Structuring and Pricing, in: Bygrave, W. D./Hay, M./Peeters, J. B. (1999) (Eds.), *The Venture Capital Handbook*, Financial Times Prentice Hall, London, UK, pp. 163–182.
Spremann, K. (2002): *Finanzanalyse und Unternehmensbewertung*, R. Oldenbourg Verlag, München.
Spremann, K. (1996): *Wirtschaft, Investition und Finanzierung*, 5., vollständig überarbeitete, ergänzte und aktualisierte Auflage, R. Oldenbourg Verlag, München.
Spremann, K./Pfeil, O. P./Weckbach, S. (2001): *Lexikon Value-Management*, R. Oldenbourg Verlag, München.
Standard & Poor's (2007a): LCD European Leveraged Buyout Review 1Q07, *Research Report*, Standard & Poor's, New York.
Standard & Poor's (2007b): LCD European Leveraged Loan Review 1Q07, *Research Report*, Standard & Poor's, New York.
Stöger, R./Mispagel, J./Herse, R. (2005): Kundennutzen: Richtige Qualität zum richtigen Preis, *OnlineBlatt*, Nr. 5, Malik Management Zentrum St. Gallen, St. Gallen.
Szymanski, D. M./Bharadwaj, S. G./Varadarajan, P. R. (1993): An Analysis of the Market Share-Profitability Relationship, *Journal of Marketing*, vol. 57, no. 3, pp. 1–18.
The Economist (2007): The trouble with private equity, *The Economist*, July 7th–13th 2007, p. 11.
Tyebjee, T. T./Bruno, A. V. (1984): A Model of Venture Capitalist Investment Activity, *Management Science*, vol. 30, no. 9, pp. 1051–1066.
Ulrich, H. (2001a): *Systemorientiertes Management: Das Werk von Hans Ulrich – Studienausgabe*, Verlag Paul Haupt, Bern/Stuttgart/Wien.
Ulrich, H. (2001b): *Gesammelte Schriften Band 1: Die Unternehmung als produktives soziales System*, Verlag Paul Haupt, Bern/Stuttgart/Wien.
Ulrich, H. (2001c), *Gesammelte Schriften Band 2: Das St. Galler Management-Modell*, Verlag Paul Haupt, Bern/Stuttgart/Wien.
Ulrich, H. (2001d): *Hans Ulrich – Gesammelte Schriften Band 5: Management: Aufsätze 1981–1998*, Verlag Paul Haupt, Bern/Stuttgart/Wien.
Ulrich, H. (1976) (Hrsg.): *Zum Praxisbezug der Betriebswirtschaftslehre in wissenschaftstheoretischer Sicht*, Verlag Paul Haupt, Bern/Stuttgart.
Ulrich, H./Krieg, W. (2001): Das St. Galler Management-Modell, in: Ulrich, H. (2001c).
Ulrich, H./Krieg, W./Malik, F. (1976): Zum Praxisbezug einer systemorientierten Betriebswirtschaftslehre, in: Ulrich, H. (1976) (Hrsg.), *Zum Praxisbezug der Betriebswirtschaftslehre in wissenschaftstheoretischer Sicht*, Verlag Paul Haupt, Bern/Stuttgart, S. 135–151.
Ulrich, H./Probst, G. J. B. (1991): *Anleitung zum ganzheitlichen Denken und Handeln – ein Brevier für Führungskräfte*, 3., erweiterte Auflage, Verlag Paul Haupt, Bern/Stuttgart.

Venohr, B. (1988): »Marktgesetze« und strategische Unternehmensführung: Eine kritische Analyse des PIMS-Programms, Gabler Verlag, Wiesbaden.
Vester, F. (2002): Die Kunst vernetzt zu denken: Ideen und Werkzeuge für einen neuen Umgang mit Komplexität – Der neue Bericht an den Club of Rome, 2. Auflage, Deutscher Taschenbuch Verlag, München.
Volkart, R. (2007): Corporate Finance – Grundlagen von Finanzierung und Investition, 3., überarbeitete und erweiterte Auflage, Versus Verlag, Zürich.
Volkart, R. (1995): Finanzmanagement – Beiträge zu Theorie und Praxis, Bd. 2, 6., erweiterte, neu überarbeitete Auflage, Versus Verlag, Zürich.
Von Daniels, H. (2004): Private Equity Secondary Transactions – Chancen und Grenzen des Aufbaus eines institutionalisierten Secondary Market, Deutscher Universitäts-Verlag, Wiesbaden.
Wagner, H. M. (1984): Profit wonders, investment blunders, Harvard Business Review, vol. 62, issue 5, pp. 121–135.
Wahrig, G. (1994): Deutsches Wörterbuch, Neu herausgegeben von Dr. Renate-Wahrig-Burfeind, Bertelsmann Lexikon Verlag, Gütersloh.
Waibel, R./Käppeli, M. (2006): Betriebswirtschaft für Führungskräfte – Die Erfolgslogik des unternehmerischen Denkens und Handelns, Versus Verlag, Zürich.
Wang, C. K./Sim, V. Y. L. (2001): Exit strategies of venture capital-backed companies in Singapore, Venture Capital, vol. 3, no. 4, pp. 337–358.
Wensley, R. (1982): PIMS and BCG: New Horizons or False Dawn?, Strategic Management Journal, vol. 3, issue 2, pp. 147–158.
Wright, M./Robbie, K. (1998): Venture Capital and Private Equity: A Review and Synthesis, Journal of Business Finance & Accounting, vol. 25, no. 5–6, pp. 521–570.
Wright, M./Renneboog, L./Simons, T./Scholes, L. (2006): Leveraged Buyouts in the U.K. and Continental Europe: Retrospect and Prospect, Working Paper, no. 126, European Corporate Governance Institute, Brussels, Belgium.
Wright, M./Robbie, K./Albrighton, M. (2000): Secondary management buy-outs and buy-ins, International Journal of Entrepreneurial Behaviour & Research, vol. 6, no. 1, pp. 21–40.
Xu, X. E. (2004): Venture Capital and Buyout Funds as Alternative Equity Investment Classes, Journal of Investing, vol. 13, no. 4, pp. 74–83.
Zacharakis, A. L./Meyer, G. D. (1998): A lack of insight: do venture capitalists really understand their own decision process?, Journal of Business Venturing, vol. 13, issue 1, pp. 57–76.
Zemke, I. (1995): Die Unternehmensverfassung von Beteiligungskapital-Gesellschaften: Analyse des institutionellen Designs deutscher Venture-Capital-Gesellschaften, Wiesbaden.
Züchner, P. (2005a): Overhang of Funds im Private Equity-Markt – Mittelüberhang als Ursache für den zyklischen Verlauf bestimmende Marktkorrekturen, Venture-Capital Magazin, H. 3, S. 18–21.
Züchner, P. (2005b): Marktzyklus von Private Equity – Zeithorizonte und Anlegerverhalten, Absolut Report, Nr. 29, S. 18–27.

QUELLEN 271

Websites

Apax Partners Ltd/The Economist Intelligence Unit (2006): Unlocking global value – Future trends in private equity investment worldwide, *Report*, accessed online on 7 February 2007, www.apax.co.uk/en/news.

A.T. Kearney (2007): Organische Wachstumsraten verdoppeln – Erfolgshebel von Private-Equity-Investoren anwenden, *Executive Brief,* online aufgerufen am 12. September 2007, www.atkearney.at.

LUKB (2008): *Offizielle Website der Luzerner Kantonalbank,* online aufgerufen am 13. Mai 2008, www.lukb.ch.

Roland Berger Strategy Consultants (2007): Master the next buyout wave: European private equity outlook 2008 – Private equity market appraisal, *Report,* accessed online on 21 November 2007, www.pressetext.at.

Siemens (2007): *Offizielle Website der Siemens Schweiz AG,* online aufgerufen am 1. Oktober 2007, www.siemens.ch.

Thomson Financial (2007): *Thomson ONE Private Equity Database,* accessed online on 6 November 2007, www.thomson.com.

Anmerkungen

1 Vgl. PREQIN (2007), S. 7–12.
2 Vgl. EVCA (2007a), S. 32f.
3 Vgl. BVCA (2006), S. 24.
4 Vgl. Bance (2004), S. 2.
5 Vgl. EVCA (2007a), S. 40.
6 Vgl. EVCA (2007a), S. 330–333.
7 Vgl. Schefczyk (2000), S. 17, Bader (1996), S. 154, und Zemke (1995), S. 81–88.
8 Vgl. IPC (2006), S. 4.
9 EVCA (2005), S. 33.
10 Siehe auch EVCA (2005), S. 33.
11 Vgl. Koch (1997), S. 26.
12 Vgl. Becker (2000), S. 11.
13 Eine ähnliche, aber weniger umfangreiche Aufzählung findet sich bei Krebs (1990), S. 6–9. Der Autor unterscheidet hier weiter zwischen unabhängigen Unternehmen und Unternehmen, die von einer Muttergesellschaft abhängig sind. *Secondary Buyouts* werden hingegen in diesem Zusammenhang nicht betrachtet.
14 Vgl. Krebs (1990), S. 7.
15 Vgl. EVCA (2005), S. 2, und Koch (1997), S. 32f.
16 Vgl. Prahalad/Hamel (1990), und Achleitner/Fingerle (2003), S. 9.
17 Vgl. Cuny/Talmor (2006), S. 2. Eine gründliche Studie über Private Equity für *Turnaround*-Investitionen findet sich bei Kraft (2001).
18 Die Motive für eine derartige Privatisierung können vielfältig sein. Ein *Going-Private Buyout* kann beispielsweise vor dem Hintergrund einer drohenden feindlichen Übernahme durchgeführt werden. Weitere Motive können sich in nachteiligen Offenlegungsrichtlinien, wie sie bei der Börsennotierung gefordert werden, oder in der seitens der Käuferpartei empfundenen Unterbewertung eines Zielunternehmens widerspiegeln.
19 Vgl. Achleitner/Fingerle (2003), S. 10f., und Koch (1997), S. 34–37.
20 Eine ausführliche Darstellung von Buyouts als Privatisierungsinstrument im Rahmen des Übergangs von der Plan- zur Marktwirtschaft findet sich unter anderem bei Gros (1998).
21 Vgl. Wright/Robbie/Albrighton (2000), S. 21. Für weiterführende Literatur zu *Secondary Buyouts* siehe bspw. von Daniels (2004).
22 EVCA (2005), S. 33.

23 Vgl. Fenn/Liang/Prowse (1997), S. 48.
24 Vgl. Tyebjee/Bruno (1984), S. 1056 f.
25 Vgl. Tyebjee/Bruno (1984), S. 1053.
26 Für die gleiche beziehungsweise eine sehr ähnliche Klassifizierung siehe bspw. Martel (2006), Davidson (2005), Kraft (2001), Zacharakis/Meyer (1998), Muzyka/Birley/Leleux (1996), oder MacMillan/Zemann/Narasimha (1987).
27 Vgl. Fenn/Liang/Prowse (1997), S. 49, und Heyning (1999), S. 145 f.
28 Vgl. Sherling (1999), S. 171, und Wright/Robbie (1998), S. 541.
29 Vgl. bspw. Gagliano/Olsen/Wainwright (2003), S. 8. Für eine Übersicht der verschiedenen Bewertungsmethoden siehe bspw. Damodaran (2002), S. 947, oder Gantenbein/ Gehrig (2007), S. 603. Für die ausführliche Erläuterung derselben siehe bspw. Copeland/Koller/Murrin (2000) oder Hitchner (2003).
30 Vgl. Schindler (2002), S. 773.
31 Vgl. bspw. Damodaran (2002), S. 453 f., Hardymon/Leamon/Lerner (2005), S. 204 f., oder Wright/Robbie (1998), S. 540. In einer empirischen Untersuchung stellt Kraft (2001), S. 201, diesen Sachverhalt auch für *Turnaround*-Investoren fest.
32 Wie etwa die Anzahl Kunden eines Unternehmens, dessen Anzahl an Beratern oder Programmierern. Vgl. Spremann (2002), S. 91.
33 Vgl. Kaplan/Ruback (1995), Damodaran (2002), S. 508, sowie die Ausführungen des Kapitel 1.3.
34 Vgl. bspw. Kaplan/Ruback (1995), S. 1067. *Quoted Comparables* enthalten aufgrund der Liquidität börslich gehandelter Beteiligungen implizit eine entsprechende Liquiditätsprämie, die es bei der Bewertung abzuziehen gilt. Für eingehendere Ausführungen zu diesem sogenannten *Illiquidity Discount* und weiteren möglichen Ab- beziehungsweise Zuschlägen bei Unternehmensbewertungen, siehe bspw. Hitchner (2003), S. 272–323.
35 Vgl. Fenn/Liang/Prowse (1997), S. 54 f.
36 Vgl. bspw. Xu (2004), S. 76, oder Rogers/Holland/Haas (2002), S. 6.
37 Vgl. Gompers/Lerner (2001), S. 159, und McKaskill/Weaver/Dickson (2004), S. 173.
38 Vgl. bspw. Cumming/MacIntosh (2003), Wang/Sim (2001), Wright/Robbie (1998), Grünbichler/Henke (1998), oder Gladstone (1988).
39 Vgl. Kraft (2001), S. 263–273.
40 Vgl. Gompers/Lerner (2001), S. 159.
41 Vgl. Gompers (1996).
42 Vgl. EVCA (2006 a), S. 88 f., und EVCA (2007 a), S. 81.
43 Vgl. Cumming/MacIntosh (2003), S. 513 f.
44 Vgl. Anson (2004), S. 85 f.
45 Vgl. Cumming/MacIntosh (2003), S. 524, oder Wang/Sim (2001), S. 340.
46 Vgl. Wang/Sim (2001), S. 340.
47 Vgl. Gagliano/Olsen/Wainwright (2003), S. 3, Arzac (1992), S. 16, und EVCA (2005), S. 33.
48 Vgl. Blaydon/Wainwright (2006), S. 8.

49 Vgl. Gagliano/Olsen/Wainwright (2003), S. 12 ff.
50 Vgl. Baker/Smith (1998), S. 53, Jin/Wang (2002), S. 14, Arzac (1992), S. 20 f., und Gagliano/Olsen/Wainwright (2003), S. 13 f.
51 Vgl. bspw. Fraser-Sampson (2007) oder Bance (2004), S. 16. Die folgenden Ausführungen beziehen sich auf die Ebene einzelner Beteiligungen. Für eine Übersicht der Methoden zur Aggregation der – in der Form des IRR ausgedrückten – Einzelrenditen zur Berechnung einer Fondsrendite siehe bspw. Gull (1999).
52 Brooks (1999), S. 106.
53 Für eine Herleitung und ausführliche Erläuterung der *Internal Rate of Return* siehe bspw. Volkart (2007).
54 Vgl. EVCA (1998), S. 74 ff.
55 Bance (2004), S. 16.
56 Vgl. bspw. Bredeck (2002), S. 87.
57 Vgl. Bance (2004), S. 16.
58 Vgl. Brooks (1999), S. 106.
59 Vgl. Berg/Gottschalg (2004), S. 3.
60 Für diese deduktive Herleitung und Darstellungsweise der Wertschöpfungstreiber in Buyout-Transaktionen siehe bspw. Gottschalg/Loos/Zollo (2004), S. 38, Berg/Gottschalg (2004), S. 3 f., Berg (2005), S. 102, Loos (2005), S. 53, oder Farschtschian/Petersen (2006), S. 11 f.
61 Die Referenzgröße muss sich auf den Bewertungsgegenstand beziehen: Für eine Bewertung des *Enterprise Values (EV)* müssen entsprechend andere Größen herangezogen werden als für eine Bewertung des Eigenkapitals (E). Für weitergehende Ausführungen siehe bspw. Gantenbein/Gehrig (2007), S. 607–609.
62 *Capex* ist die Abkürzung für *Capital expenditure* und bezieht sich auf die Investitionsausgaben eines Unternehmens für längerfristige Anlagegüter.
63 Für die hier geltende Beziehung siehe bspw. Volkart (2007), S. 573, Damodaran (2002), oder Spremann (2002), S. 106–111.
64 Vgl. bspw. Fraser-Sampson (2007), S. 71, Baker/Smith (1998), S. 52, oder Sharp (2003), S. 53.
65 Vgl. bspw. Gagliano/Olsen/Wainwright (2003), S. 8.
66 Vgl. bspw. Kaplan/Ruback (1995), S. 1066 ff., Schindler (2002), S. 773, oder Spremann/Pfeil/Weckbach (2001), S. 91.
67 Vgl. bspw. Sharp (2003), S. 55, und Schindler (2002), S. 775. Davon ausgehend, dass in einer verschlechterten Ertragssituation ein bedeutender Teil des erwirtschafteten EBITDA zur Kredittilgung verwendet werden könnte, wird mit der Verhältniszahl Nettoverschuldung zu EBITDA (Net Debt/EBITDA) seitens der Banken der Zeitraum geschätzt, in welchem ein Kreditverhältnis zurückgeführt werden könnte.
68 Siehe hierzu bspw. Apax Partners Ltd/The Economist Intelligence Unit (2006), S. 27, Le Foll (2006), S. 20, Heel/Kehoe (2005), Cuny/Talmor (2006), S. 1, oder Blaydon/Wainwright (2006), S. 6.

Anmerkungen

69 Und somit in der Regel auch der Wert des vom Finanzinvestor eingesetzten Eigenkapitals, sofern über die Haltedauer einer Beteiligung hinweg eine zumindest teilweise Tilgung der Schulden stattgefunden hat.
70 Vgl. bspw. Berg/Gottschalg (2004), S. 4.
71 Siehe hierzu bspw. Schindler (2002), S. 773.
72 Die *Conglomerate Discount*-Theorie besagt, dass diversifizierte Unternehmen vom Kapitalmarkt mit einem Abschlag bewertet werden können, was im Vergleich zu der Summe der einzelnen Unternehmensteile zu einem tieferen Unternehmenswert führt.
73 Vgl. bspw. Berg/Gottschalg (2004), S. 8.
74 Vgl. bspw. Blaydon/Wainwright (2006), S. 6.
75 Beispielsweise durch die Begünstigung von Börsengängen.
76 Vgl. bspw. Kaplan (1989a), S. 218, oder Palepu (1990), S. 251.
77 Etwa im Rahmen einer *Going-Private* beziehungsweise *Public-to-Private Transaction*. Vgl. Wright et al. (2006), S. 9.
78 Im Rahmen einer *Public-to-Private Transaction* und anschließendem Börsengang in einem anderen Markt.
79 Vgl. Berg/Gottschalg (2004), S. 4. Die Bezeichnung *Value Capturing* beziehen die Autoren nicht nur auf die Wertgenerierung, die im Rahmen der *Multiple Arbitrage* erfolgt, sondern auf die gesamte Wertgenerierung im Rahmen der Bewertungs-*Multiples* beziehungsweise der *Multiple Uplifts*. Anders als im vorliegenden Buch erfolgt dort somit keine Differenzierung bzgl. der Beeinflussbarkeit der *Multiples* durch den Finanzinvestor.
80 Berg/Gottschalg (2004), S. 9.
81 Vgl. Baker/Smith (1998), S. 60.
82 In einer Zukunftsbetrachtung entspricht die Eigenkapitalrendite einer unsicheren Größe. Sie lässt sich daher nicht als eine Zahl, sondern nur durch eine Wahrscheinlichkeitsverteilung charakterisieren. Diese kann durch Verteilungsparameter wie bspw. Erwartungswert und Varianz beschrieben werden. Vgl. Spremann/Pfeil/Weckbach (2001), S. 275.
83 Vgl. Volkart (2007), S. 595f., und Spremann (1996), S. 299ff.
84 Das Akronym *EBT* steht für *Earnings before Taxes*.
85 Vgl. Palepu (1990), S. 253, Gupta/Rosenthal (1991), S. 71, Volkart (2007), S. 613, und Gagliano/Olsen/Wainwright (2003), S. 6. Für eine ausführliche Auseinandersetzung mit Steuervorteilen in Buyout-Transaktionen siehe Kaplan (1989b).
86 Vgl. Branch (1980), S. 58, Gale/Branch (1981), S. 131, Buzzell/Gale (1987), S. 1f., Malik (1987), S. 53, Müller-Stewens/Lechner (2003), S. 320f., Malik (2005), S. 178, und Waibel/Käppeli (2006), S. 54.
87 Damals Professor an der University of Massachusetts sowie *Senior Visiting Research Fellow* an der Harvard Business School (HBS).
88 Schoeffler/Buzzell/Heany (1974), S. 139.
89 Vgl. Friedrich/Küsel (2007), S. 6, und Malik (1987), S. 59. Siehe hierzu auch MZSG-PIMS (1986), S. 4f.

90 Vgl. Buzzell/Gale (1987), S. 30, und PIMS-Datenbank.
91 Vgl. Schoeffler/Buzzell/Heany (1974), S. 137–140.
92 Vgl. Malik (2005), S. 181 ff., und PIMS-Datenbank.
93 Vgl. Malik (1987), S. 54.
94 Vgl. hierzu bspw. Hardymon/Leamon/Lerner (2005), S. 1–4. Für Finanzierungsprobleme von Klein- und Mittelunternehmen (KMU) aufgrund eines erschwerten Zugangs zu Bankkrediten sowie die in diesem Zusammenhang mögliche Rolle von Private Equity als einem alternativen Finanzierungsmodell siehe bspw. Bernet/Denk (2000), für dieselben Probleme von Jungunternehmen (Start-ups) siehe bspw. Bernet (1998).
95 Vgl. hierzu bspw. NVCA (2007) für Daten des amerikanischen, und EVCA (2007b) für diejenigen des europäischen Private-Equity-Marktes. Siehe auch Foster/Kaplan (2001), S. 21, u. 171, für eine Darstellung möglicher Ursachen dieser anhaltenden *Outperformance*.
96 Vgl. PREQIN (2007), S. 7–12.
97 Vgl. EVCA (2007a), S. 32 f.
98 Ausgehend von der Prämisse, dass Private Equity eine eigene Anlageklasse mit hohen Renditechancen bei einer relativ geringen Korrelation zum Aktienmarkt darstellt (vgl. hierzu bspw. Bance (2004), S. 5 f) und unter Berücksichtigung des enormen Wachstums.
99 Siehe bspw. eine Reihe verschiedener Artikel der Tageszeitung *Neue Zürcher Zeitung (NZZ)*, die in den Jahren 2006 und 2007 erschienen sind.
100 Vgl. EVCA (2007a), S. 50 u. 67.
101 Vgl. Bance (2004), S. 3.
102 Deutlich zum Ausdruck gebracht wurde dies unter anderem im Jahre 2005 durch den damaligen SPD-Vorsitzenden Franz Müntefering, der das Verhalten einiger Investorengruppen mit Heuschreckenplagen verglich.
103 Für weiterführende Literatur zur Entwicklung des Private-Equity-Marktes in Europa und den Vereinigten Staaten siehe bspw. Boquist/Dawson (2004).
104 Vgl. PREQIN (2007), S. 7–12.
105 Vgl. EVCA (2007a), S. 70.
106 Vgl. EVCA (2007a), S. 7.
107 Vgl. Incisive Media (2007), S. 1.
108 Vgl. Thomson Financial (2007).
109 Vgl. PREQIN (2007), S. 7–12.
110 Vgl. auch hierfür eine Reihe verschiedener Artikel der Tageszeitung *Neue Zürcher Zeitung (NZZ)*, die in den Jahren 2006 und 2007 erschienen sind.
111 Anson (2004), S. 84.
112 Während bspw. 1989 weltweit lediglich fünf Private-Equity-Firmen über Buyout-Fonds mit einem Anlagevolumen von über einer Milliarde US-Dollar verfügten, existierten 2005 bereits über 100 solcher LBO-Fonds. Vgl. Sanne (2005), S. 3.
113 Vgl. Anson (2004), S. 84 f.
114 Vgl. PREQIN (2007), S. 7–12.

115 Vgl. Gompers/Lerner (2000), Gottschalg/Zipser (2006), Geigenberger (1999), S. 26 f., und Bader (1996), S. 168 f.
116 Für eine intensive Auseinandersetzung mit der Thematik des Mittelüberhangs im Private-Equity-Markt siehe bspw. Züchner (2005 a), und Züchner (2005 b).
117 Vgl. bspw. Anson (2004), S. 90 f. Für ein Rahmenwerk zur Differenzierung dieser beiden Arten von alternativen Anlagekategorien siehe Grünbichler/Graf/ Gruber (2001), für eine Untersuchung derer verschiedenen Beziehungen siehe Povaly (2006), S. 40–45, und für eine Auseinandersetzung mit der Konvergenz von Private Equity und Hedge-Fonds siehe Farschtschian (2005).
118 Vgl. auch Gompers/Lerner (2000), und Gottschalg/Zipser (2006).
119 Zur Erinnerung: Liegt die erwartete Gesamtkapitalrendite eines Unternehmens über dem Fremdkapitalzinssatz, wächst der Erwartungswert der Eigenkapitalrendite linear mit dem Verschuldungsgrad. Vgl. Volkart (2007), S. 595 f., und Spremann (1996), S. 299 ff.
120 Vgl. Standard & Poor's (2007 b), S. 77.
121 Vgl. bspw. Deutsche Bundesbank (2007), S. 19 u. 27.
122 Vgl. Standard & Poor's (2007 a), S. 70 f.
123 Vgl. auch Anson (2004), S. 85 f.
124 Vgl. Standard & Poor's (2007 a), S. 26.
125 Vgl. auch Anson (2004), S. 85.
126 Vgl. hierzu bspw. Roland Berger Strategy Consultants (2007), S. 9–20.
127 Vgl. hierzu bspw. Oliver Wyman (2003).
128 Vgl. Thomson Financial (2007).
129 Vgl. Borel (2007), S. 36.
130 Vgl. Borel (2007), S. 36.
131 Bspw. durch die Begünstigung von Börsengängen.
132 Vgl. bspw. Deutsche Bundesbank (2007), S. 25. Dadurch bedingt, dass die Fremdfinanzierung in Bezug auf Volumen und Kosten nicht wie ursprünglich geplant abgewickelt werden konnte, haben Finanzinvestoren 2007 bei mehreren bereits vereinbarten und zu einem Großteil mit Fremdkapital zu finanzierenden Unternehmensübernahmen von Rückzugsklauseln Gebrauch gemacht und sind unter Entrichtung immenser Konventionalstrafen von Kaufverträgen zurückgetreten.
133 Vgl. Spremann/Pfeil/Weckbach (2001), S. 275.
134 Die Varianz entspricht dem Quadrat der Streuung.
135 Vgl. Volkart (2007), S. 598, Spremann (1996), S. 301, und Spremann/Pfeil/ Weckbach (2001), S. 275 f.
136 Auf die Möglichkeiten einer Absicherung gegen steigende Fremdkapitalzinsen wird an dieser Stelle nicht eingegangen.
137 Vgl. Volkart (1995), S. 124 ff., und Kraft (2001), S. 282 f.
138 Vgl. Moulton (2007), S. 23.
139 Mit *Financial Covenants* werden vertragliche Zusicherungen des Kreditnehmers während der Laufzeit des Kreditvertrages bezeichnet, die dem Schutz der Gläubiger dienen. So muss das Zielunternehmen bspw. bestimmte Kennzahlen

einhalten. Bei einer Verletzung dieser Bestimmungen stehen den Gläubigern in der Regel Kündigungs- oder erweiterte Gläubigerrechte zu. Vgl. bspw. Deutsche Bundesbank (2007), S. 21.
140 Vgl. bspw. Rappaport (1990), S. 96f.
141 Zur Verlagerung der Wertschöpfungstreiber vgl. auch Apax Partners Ltd/The Economist Intelligence Unit (2006), S. 27.
142 Vgl. hierzu die Ausführungen weiter oben in diesem Kapitel sowie Eidenmüller (2007).
143 Vgl. Blaydon/Wainwright (2006), S. 8.
144 Vgl. Maxwell (2007), S. 19. Siehe auch Rappaport (1990), S. 96f. Siehe auch die konträre Sichtweise einiger weiterer Wissenschaftler, wie sie etwa zu Ende der achtziger Jahre durch Jensen (Jensen 1989 und 1986) zum Ausdruck gebracht wurde. In dem dort aufgeführten Artikel wird seitens des Autors darzulegen versucht, dass *Leveraged Buyouts* und damit ein erhöhter Einsatz von Fremdkapital in *Corporate-Governance*-Mechanismen resultieren, die ihrerseits zu einer Reduktion von Agenturkosten sowie einer – durch die gesteigerte operative Effizienz erzielten – Steigerung des Unternehmenswertes führen.
145 Unterstützung erfuhren die Kritiker in ihrer Argumentation auch durch die massive Zunahme der Anzahl sogenannter *Dividend Recaps*, also Dividenden-Rekapitalisierungen. Hierbei geht es um die Rückführung von Gesellschaftermitteln in der Form einer Sonderdividende und deren Ersetzung durch andere Finanzierungsformen, insbesondere durch Bankfinanzierungen. Damit erhält der Buyout-Investor rasch einen Teil des Kapitaleinsatzes zurück und verlagert das Risiko damit auf die übernommene Gesellschaft.
146 Vgl. Blaydon/Wainwright (2006), S. 8.
147 Für weitere Ausführungen zu diesem, vom ehemaligen Chairman der amerikanischen Morgan Stanley International Sir David Walker erarbeiteten, sogenannten *Walker-Bericht*, siehe bspw. EVCA (2007c) und EVCA (2007d).
148 In dem Buch *Die Wahrheit über die Heuschrecken* argumentiert etwa ein Wirtschaftsredakteur der Tageszeitung *Frankfurter Allgemeine Zeitung* ausführlich, dass es sich bei den Finanzinvestoren um wichtige *Agenten des Wandels* handelt, die in Deutschland den Umbau vom rheinischen zum angelsächsisch geprägten Kapitalismus beschleunigen und die Unternehmen für den globalen Wettbewerb fit machen. Vgl. Schäfer (2006).
149 So wurde 2005 vom deutschen Verband Bundesverband Deutscher Kapitalbeteiligungsgesellschaften (BVK) im Rahmen einer gemeinsamen Studie mit PricewaterhouseCoopers (PwC) bereits zum dritten Mal der Einfluss von Private-Equity-Firmen auf ihre Portfoliogesellschaften und die deutsche Wirtschaft analysiert: BVK/PwC (2005). Für die entsprechende Studie des britischen Verbands BVCA in Großbritannien siehe BVCA (2006), die 2006 zum achten Mal veröffentlicht wurde. Praktisch zeitgleich publizierte der europäische Dachverband EVCA erstmals eine europaweite Studie über den Gesamtbeitrag der Beteiligungsindustrie bei der Schaffung von Arbeitsplätzen: EVCA (2005b). Zwei Jahre später nahm er in einem *Special Paper* zu oben

ANMERKUNGEN 279

genannten als auch zu weiteren, häufig angeführten Kritikpunkten Stellung: EVCA (2007 e). Auch Wissenschaftler wie etwa Harvard-Professor Josh Lerner versuchen zunehmend die an die Branche gerichteten Vorwürfe abzuwehren und mit diversen empirischen Studien zu widerlegen. Vgl. bspw. Cao/Lerner (2006).
150 Rappaport (1990), S. 102.
151 Vgl. Oliver Wyman (2003), S. 3. Stellvertretend für die in der Praxis häufig anzutreffende willkürliche und teils falsche Begriffswahl wird dort seitens der amerikanischen Beratungsgesellschaft Oliver Wyman von *Wertschaffung* gesprochen. Es bedarf keiner Erklärung, dass es sich hier nicht etwa um eine *Wertsteigerung* oder *-schaffung*, sondern um eine einfache *Preissteigerung* handelt.
152 Vgl. Malik (2008), S. 153.
153 Vgl. Deutsche Bundesbank (2007), S. 27.
154 Die zusehends kurzfristigere Ausrichtung steht dem seitens der Branche häufig vorgebrachten Argument entgegen, dass Private-Equity-finanzierte Unternehmen im Gegensatz zu börsennotierten Unternehmen nicht dem Druck unterliegen, jeweils Quartalsberichte vorlegen zu müssen und dadurch ein entsprechend längerfristig angelegtes Vorgehen ermöglicht wird.
155 Bei den derzeit am Markt zu beobachtenden *Secondary Buyouts* erscheint vor diesem Hintergrund entsprechend die Frage berechtigt, ob diese Art von Transaktionen tatsächlich weitere operative Verbesserungen bewirken oder ob lediglich eine signifikante Risikoerhöhung durch den erneuten Einsatz von Fremdkapital zur Finanzierung des Unternehmens eintritt. Vgl. bspw. Deutsche Bundesbank (2007), S. 21.
156 Malik (2005), S. 141.
157 Für die Unterscheidung dieser beiden Aktionärstypen siehe Malik (2005), S. 140 ff.
158 Vgl. Malik (2005), S. 140 f.
159 Bernet (2005), S. 92.
160 Malik (2002), S. 37.
161 Vgl. Malik (2008), S. 153. Siehe hierzu auch Bernet (2005), S. 92 f.
162 Malik (2008), S. 157.
163 Vgl. PEI (2007), S. 64 ff., wo sich weitere Details zur angewandten Methodik finden.
164 Die zwei in den beiden Übersichten verwendeten Unterscheidungsmerkmale *Sector Fokus* und *Unternehmenswert (EV)* beziehungsweise *Umsatz (TO)* beziehen sich ausschließlich auf Buyout-Investitionen.
165 Die in den Tabellen enthaltenen Daten und Spezifikationen wurden den genannten Quellen am 28. Mai 2007 entnommen.
166 Es ist des Weiteren davon auszugehen, dass sich auch andere Attribute einer Buyout-Investition – wie etwa die Halteperiode – ändern, wenn sich in der bevorzugten *Deal Size* unterscheidende Buyout-Firmen untersucht werden.
167 Bance (2004), S. 16.

168 Hiervon gab es nur zwei Ausnahmen: Während bei einer Private-Equity-Gesellschaft der ganze Fonds mit mehreren Beteiligungen nach nur zwei Jahren veräußert wurde, hatte ein anderes Unternehmen seine Buyout-Aktivitäten erst kürzlich aufgenommen.
169 Vgl. EVCA (2006 b), S. 1 f.
170 Die Halteperioden können gemäß Aussage der Interviewpartner als Funktion der Transaktionssumme interpretiert werden und vergrößern sich mit steigender *Deal Size*. Der Grund, so die Interviewpartner, liegt in der Tatsache, dass bei größeren Deals die Unternehmen in der Regel über kompetitive Auktionsprozesse veräußert werden und sich die Preisverhältnisse so weiter akzentuieren. Bedingt durch die dadurch überproportional hohen geforderten Unternehmenspreise dauere es schließlich noch länger, die erwarteten Renditen jenseits der *Multiple Arbitrage* durch strategische und operative Verbesserungen zu erwirtschaften.
171 Bei einem sich in einer Übergangsphase befindenden Unternehmen, das eine Änderung im Management oder gar im Geschäftsmodell bedingt, sei bspw. eine längere Halteperiode zu erwarten, als bei einem stark wachsenden Unternehmen, das sich in Kürze schon für einen Börsengang eignet.
172 Hier werden die vom Buyout-Investor im Voraus definierte Strategie und deren Erreichungsgrad für die Halteperioden verantwortlich gemacht. Gemäß Aussage dieses Gesprächspartners erfolgen 70 Prozent aller Exits in Einklang mit der festgelegten Strategie, wohingegen der Rest opportunistischem Verhalten der Investoren zuzuordnen sei.
173 Alle folgenden Aussagen entstammen – insofern sie nicht anders gekennzeichnet sind – den geführten Interviews.
174 Vgl. EVCA (2006 b), S. 1.
175 Vgl. hierzu Tabelle 3, sie setzt die Dimensionen *Haltedauer, Money Multiple* und *IRR* zueinander in Beziehung.
176 Diese umfassen bspw. die Erfüllung möglicher Sektorerfordernisse, die geografische Lage eines Zielunternehmens, die jeweilige Stufe beziehungsweise Kategorie der benötigten Private-Equity-Finanzierung, oder die Erfüllung etwaiger (Mindest-)Erfordernisse in Zusammenhang mit der prozentualen Beteiligungshöhe.
177 So wurde bspw. vom Vertreter einer Beteiligungsgesellschaft der dringende Wunsch geäußert, jeweils 100 Prozent der Aktien eines Unternehmens kontrollieren zu können.
178 Acht der insgesamt 18 befragten Private-Equity-Firmen konzentrieren sich zwar auf bestimmte Sektoren, jedoch nur vier Gesprächspartner schnitten dieses Thema an.
179 Die hier im Mittelpunkt stehenden Sektoren seien: *Healthcare, Retail, Business Services, Financial Services, Media* und *Technology*.
180 Als Beispiele wurden hier seitens des Gesprächspartners Investitionen in Software- oder Biotech-Unternehmen angeführt.

ANMERKUNGEN 281

181 Nicht nur das Topmanagement, sondern eine möglichst große Anzahl der Manager soll hierbei in den Genuss eines entsprechenden Beteiligungsprogramms kommen.
182 Diese Zukäufe für bestehende Portfoliogesellschaften werden als sogenannte *Add-on Acquisitions* bezeichnet.
183 Und bspw. über einen starken Markennamen verfügen, qualitätsmäßig hochwertige Produkte anbieten oder ein exzellentes Marketing und Distributionsnetz betreiben.
184 Diese Unternehmen können, müssen aber nicht zwingend *Turnaround*-Kandidaten sein. Der Terminus *Turnaround* impliziert in der Regel eine Umkehr ins Positive und würde hier somit eine Nicht-Profitabilität andeuten, was bei *undermanaged* Unternehmen nicht zwingend der Fall sein muss.
185 Durch die gezielte Erweiterung des Produktportfolios eines in einem uninteressanten Markt tätigen Unternehmens könne, so ein Gesprächspartner, bspw. der Einstieg in einen Wachstumsmarkt ermöglicht werden. Durch die geografische Expansion und die hieraus resultierende internationale Tätigkeit eines Unternehmens könne bspw. eine gewisse Unabhängigkeit von den Zyklen einzelner Länder erreicht werden.
186 Das Zielunternehmen müsse bei diesem Kriterium über eine *Leadership Position* und/oder über eine oder mehrere *Defendable USPs* verfügen (*USP* steht hierbei für *Unique Selling Proposition* und bezieht sich auf das Alleinstellungsmerkmal eines Unternehmens). Die *Leadership Position* eines Unternehmens spiegelt sich in dessen Marktanteilen wider. Bei den *Defendable USPs* ging der Gesprächspartner nicht weiter ins Detail und beließ es bei der Betonung deren Wichtigkeit.
187 Diese Professionalisierung kann etwa im Sinne eines besseren Controllings, besserer Systeme oder klarerer Strukturen erfolgen.
188 Der *Modus* oder *Modalwert* ist der häufigste Wert einer Häufigkeitsverteilung und damit der Wert mit der größten Wahrscheinlichkeit. Vgl. bspw. Keel (1999), S. 27.
189 Diese Annahme steht in Einklang mit den durch die EVCA in 2006 erzielten Ergebnissen, als Mitglieder nach den durchschnittlichen Haltedauern ihrer Beteiligungen gefragt wurden. Vgl. EVCA (2006b), S. 1ff.
190 Rappaport (1998), S. 8.
191 Malik (2008), S. 155.
192 Vgl. Gälweiler (2005), S. 25.
193 Vgl. hierzu auch Ulrich/Krieg (2001), S. 16.
194 Vgl. hierzu insbesondere Ulrich (2001b).
195 Vgl. Krieg (1971), S. 28.
196 Vgl. Ulrich (2001a), S. 11–20, 42ff. u. 225. Um einen Eindruck vom breiten Anwendungsspektrum des kybernetischen Systemansatzes über den Einsatzbereich der Unternehmensführung hinaus zu erhalten, siehe bspw. Vester (2002), S. 299–326.
197 Vgl. Ulrich (2001a), S. 347f.

198 Gälweiler (2005), S. 35.
199 Vgl. Ulrich (2001a), S. 350f.
200 Vgl. Ulrich/Probst (1991), S. 265–270, Malik (2006), S. 169–210, und Vester (2002), S. 304. Siehe auch Schwaninger (1994), S. 17–21.
201 Nach seinem Entdecker William Ross Ashby, einem britischen Neurophysiologen und Kybernetiker, wird das Gesetz gelegentlich auch als *Ashby's Law* bezeichnet.
202 Ashby (1970), S. 207.
203 Für weiterführende Literatur zur Varietät als Maß der Komplexität des Systemverhaltens siehe Krieg (1971), S. 55–60
204 Vgl. Malik (2005), S. 40, und Malik (2006), S. 194. Siehe auch Schwaninger (1994), S. 20.
205 Vgl. Malik (2006), S. 181. Siehe in diesem Zusammenhang auch Mirow (2005), S. 40ff.
206 Dies ist auch insbesondere den Arbeiten von Ashby (1970) und Beer (1995a und 1995b) zu entnehmen.
207 Vgl. Malik (2006), S. 69 u. 170.
208 Vgl. Ulrich (2001a), S. 59, und Ulrich/Krieg/Malik (1976), S. 149. Die Bedeutung der Kybernetik in der strategischen Unternehmensführung wird durch Gälweiler selbst bereits 1974 zum Ausdruck gebracht: Im Kapitel »Grundlegende Prinzipien und Arbeitsmethoden« des 1974 erschienenen Werkes *Unternehmensplanung* führt er aus: »Planung handelt immer von künftig möglicher und wahrscheinlicher Wirklichkeit. Mindestens muss und soll sie das, wenn sie nicht nur Wunsch oder Utopie bleiben will und damit ihren Zweck völlig verfehlt. Deshalb kann alles, womit man es in der Planung zu tun hat oder zu tun haben kann, auch so vielfältig sein wie die Wirklichkeit selbst. Diese Vielfalt wird noch dadurch gesteigert, dass sich verschiedene potentielle Wirklichkeiten in die Zukunft hineinprojezieren lassen.« Gälweiler (1974), S. 49.
209 Vgl. Schwaninger, in: Gälweiler (2005), Buchrücken.
210 Vgl. Malik (2005), S. 160f.
211 Vgl. auch Bernet (2005), S. 114.
212 Malik (2005), S. 162. Vgl. hierzu auch Bernet (1999), S. 61.
213 Vgl. Malik (2005), S. 161f. Siehe hierzu auch ausführlich Malik (1998).
214 Gälweiler (2005), S. 23f.
215 Gälweiler (2005), S. 28.
216 Malik (1998), S. 12.
217 Vgl. Gälweiler (2005), S. 26.
218 Vgl. Malik (2006), S. 67.
219 Vgl. Gälweiler (2005), S. 23f.
220 Vgl. Gälweiler (2005), S. 24 u. 33. Siehe auch Malik (1999), S. 142.
221 Gälweiler selbst hat in seinen Publikationen den Begriff des *Navigationssystems* nicht verwendet. Die Bezeichnung wurde am Management Zentrum St. Gallen geprägt, ehe sie dann in Zusammenhang mit dem Internet massiv an Popularität gewonnen hat. Vgl. bspw. Malik (2005), S. 163.

222 Vgl. Malik (2005), S. 164, und Malik (1999), S. 141.
223 In der August-Ausgabe 2001 des *Management Letter malik on management (m. o. m.)* beschreibt Malik das Gälweiler'sche Navigationssystem ausführlich. Die folgenden Erläuterungen beruhen weitgehend auf dieser Literatur.
224 Vgl. Malik (2001), S. 139, und Gälweiler (1999), S. 392.
225 Vgl. Gälweiler (2005), S. 23–35.
226 Was bspw. dann der Fall sein kann, wenn ein falscher Gebrauch von den daraus fließenden liquiden Mitteln gemacht wird.
227 Vgl. Malik (2001), S. 139 f., und Gälweiler (2005), S. 29 f.
228 Vgl. Malik (2001), S. 140 f., und Gälweiler (2005), S. 29 f.
229 Vgl. Gälweiler (2005), S. 32.
230 Vgl. Malik (2001), S. 141.
231 Gälweiler (2005), S. 26. Vgl. erstmals Gälweiler (1976).
232 Vgl. Malik (2001), S. 142, und Gälweiler (2005), S. 26.
233 Vgl. Malik (2001), S. 142 f.
234 Dies können sowohl strategische Investoren als auch wiederum Finanzinvestoren sein, die im Rahmen eines *Secondary-* oder gar *Tertiary Buyouts* als neue Käufer auftreten. Die Börse kann hier insofern ebenfalls als eine mögliche *nächste Käuferpartei* bezeichnet werden, als dass Private-Equity-Firmen ihre Beteiligungen nicht selten im Zuge eines Börsengangs veräußern.
235 Vgl. Malik (2001), S. 143, und Gälweiler (2005), S. 37–40 u. 166 f.
236 In nicht mehr wachsenden Märkten sinken diese Sätze auf 10–15 Prozent. Vgl. Gälweiler (2005), S. 191.
237 Wenn die Kostensenkungspotenziale eine Funktion der kumulierten Mengen sind, dann kann näherungsweise ermittelt werden, wie zu einem gegebenen Zeitpunkt die potenziellen Stückkosten der einzelnen Konkurrenten zueinander liegen, soweit ihre jeweils kumulierten Mengen näherungsweise bekannt sind. Vgl. Gälweiler (2005), S. 38.
238 Zum Beispiel aufgrund staatlicher Subventionierungen oder falscher Querverrechnungen innerhalb von Konzernen. Vgl. Gälweiler (2005), S. 37 f., und Malik (2001), S. 143.
239 Vgl. Gälweiler (2005), S. 39 f., und Malik (2005), S. 168 f.
240 Gälweiler (2005), S. 46.
241 Vgl. Malik (1999), S. 150 f., und Malik (2001), S. 144.
242 Vgl. Gälweiler (2005), S. 46.
243 Vgl. Malik (2001), S. 144, und Gälweiler (2005), S. 46.
244 Die Beispiele dafür sind zahlreich: der Ersatz der auf Chemie basierenden Fotografie durch elektronische, digitale Bildaufzeichnung, der Ersatz der Schreibmaschine durch den PC und Drucker, die Substitution der Kassette durch die CD sowie die Substitution der CD durch MP3 etc.
245 Vgl. Malik (2001), S. 144 f., und Gälweiler (2005), S. 46 f.
246 Vgl. Gälweiler (2005), S. 48, und Malik (1999), S. 151.

247 Oft führen deswegen Innovationen zu Marktaufspaltungen, weil für einen Teil der Anwenderprobleme die bisherige Lösung die bessere bleibt. Vgl. Gälweiler (2005), S. 50.
248 Vgl. Gälweiler (2005), S. 49 f.
249 Vgl. Malik (2001), S. 145 f. Für weiterführende Literatur zum Instrumentarium der S-Kurven-Analyse und zur Thematik der Substitution siehe insbesondere Marchetti (1980), Mensch (1975), sowie Pengg (2004).
250 Gälweiler (2005), S. 25.
251 Es sind dies die folgenden vier, in Kapitel 1.3 unter der Kategorie der *Transaktions- beziehungsweise Buyout-bezogene Kriterien* subsumierten Investitionskriterien: *Exit-Möglichkeiten, Buy-and-Build-Möglichkeiten, Erfahrung und Kompetenz der PE-Firma* sowie *Transaktionskomplexität*.
252 Sämtliche sieben an dieser Stelle nicht positionierten sowie im folgenden Kapitel nicht diskutierten Investitionskriterien sind Gegenstand des Kapitels 5.5.
253 Entsprechend erfolgte die Positionierung das Investitionskriteriums *Qualität des Managementteams* in Abbildung 28 an der Schnittstelle dieser beiden Führungs- und Aufgabenbereiche.
254 Wahrig (1994), S. 1168.
255 Namentlich dem Umgang mit zunehmender Komplexität.
256 Vgl. hierzu Waibel/Käppeli (2006), S. 19–22, und Gälweiler (2005), S. 28.
257 Deutlich zum Ausdruck kommt diese weitgehende Beschränkung des Aufgabenbereiches des Managements auf die Realisierung und damit auf operative Belange, auch durch die folgende, in Kapitel 3 bereits verwendete Stellungnahme eines Interviewpartners: »The most important criteria to assess a buyout opportunity used to be management, management and management. However, this era has ended. Today the situation has become much more complex. Nowadays we must understand and be able to articulate what we can do with a particular business. We then must deliver a detailed plan how to achieve what we want to do and have a management that realises this plan.« Bestätigt wurde diese Rollenverteilung durch die seitens mehrerer Gesprächspartner dargelegte Substitutionsmöglichkeit gesamter Managementteams oder zumindest suboptimal besetzter Stellen, wie sie etwa durch folgende Stellungnahme zum Ausdruck gebracht wird: »If we would need to change management, no problem, we change management.« Als Begründung dieser Substitutionsmöglichkeit kann stellvertretend folgende Interviewaussage herangezogen werden: »The quality of management is important, but not of prime importance. Even the best management cannot turn an average asset into a good asset.«
258 Vgl. Malik (2002), S. 154.
259 So wurde in keinem einzigen der insgesamt 20 geführten Interviewgespräche auf die Gründe für die strategische Bedeutung eines hohen Marktanteils hingewiesen. Weiter wurde im Rahmen nur eines Gesprächs von *relativen* Marktanteilen gesprochen und nur wenige Gesprächspartner thematisierten die Notwendigkeit eines richtig abgegrenzten Marktes, ehe von etwaigen Marktanteilen überhaupt die Rede sein kann.

260 Vgl. Gälweiler (2005), S. 40.
261 Wobei hier in Vergessenheit zu geraten sein scheint, dass der von höheren Marktanteilen herrührende Kostendegressionseffekt kein Automatismus, sondern lediglich potenzieller Natur ist. Seine Realisierung setzt Fähigkeiten zum Erkennen und Realisieren der Kostensenkungspotenziale voraus.
262 Malik (2005), S. 169.
263 Vgl. Gälweiler (2005), S. 167.
264 Siehe hierzu etwa die Stellungnahme des Gesprächspartners einer international tätigen Private-Equity-Firma: »Unsere Firmen müssen zurzeit über die gesamte Haltedauer mindestens 15 Prozent pro Jahr wachsen. Wenn sie dies nicht tun können, machen wir den Deal nicht.«.
265 Höhere Umsätze in Kombination mit höheren Umsatzrenditen verstärken, ein Entgegenlaufen derselben Größen relativiert die resultierende Wertsteigerung entsprechend. Eine sinngemäß analoge Wirkung entfaltet sich durch zum Zeitpunkt der Akquisition und zum Exit-Zeitpunkt variierende, zur Anwendung gelangende Bewertungs-*Multiples*. Siehe auch Kapitel 1.3.
266 Vgl. Gälweiler (2005), S. 43 u. 213.
267 Vgl. Malik (2001), S. 149, und Malik (2005), S. 173–175. Nur allzu oft werden die von den Private-Equity-Firmen erzielten Umsatzwachstumsraten ihrer Portfoliogesellschaften fälschlicherweise als Hauptargument für den grundsätzlich positiven Einfluss auf und als Beitrag für die von ihnen übernommenen Unternehmen aufgeführt. Vgl. bspw. A.T. Kearney (2007). Außer Acht gelassen wird hierbei die Tatsache, dass es nicht wichtig ist, ständig zu wachsen, sondern ständig besser zu werden. Die Qualität der seitens eines Unternehmens angebotenen Produkte, die hieraus resultierende Marktstellung und die Produktivität sind viel eher als die richtigen, zur etwaigen Bewertung heranzuziehenden Messgrößen anzusehen.
268 Malik (2005), S. 169.
269 Vgl. Gälweiler (2005), S. 26. Dazu gehören insbesondere Produktentwicklungen, der Aufbau von Produktionskapazitäten, von Marktpositionen, von kostengünstig funktionierenden Organisationen in den einzelnen Funktionsbereichen usw.
270 Im Kontext des Investitionskriteriums *Potential for Value Creation and Growth* wurden von den Gesprächspartnern exakt die in Kapitel 1.3 dargelegten und bisher verschiedentlich diskutierten Wertschöpfungstreiber in Buyout-Transaktionen als mögliche Anknüpfungspunkte für eine Wertgenerierung beziehungsweise für *Value Creation and Growth* aufgeführt.
271 Vgl. bspw. Müller-Stewens/Lechner (2003), Gälweiler (2005), sowie Gomez/Zimmermann (1999).
272 Vgl. Gälweiler (2005), S. 31 u. 213 f.
273 Vgl. hierzu die Stellungnahme eines Gesprächspartners, die den geschilderten Sachverhalt verdeutlicht: »Wenn man sich die schwer kapitalintensiven Unternehmen anschaut, mag man bezweifeln, ob die wirklich am Ende ihrer *total Lifetime Cash* verdient haben.«

274 Vgl. Gälweiler (2005), S. 31, 34, u. 212f. Siehe hierzu insbesondere auch die von Harvard-Professor Michael E. Porter entwickelte Branchenstrukturanalyse nach dem Fünf-Kräfte-Modell: *Porter's Competitive Forces Model*. Vgl. Porter (2004a).
275 Von KKR wurde bereits 1989 als eine Eigenschaft eines geeigneten *Leveraged Buyout*-Kandidaten aufgeführt: »Not subject to prolonged cyclical swings in profitability [...]«. KKR (1989), S. 66. Siehe auch Kapitel 1.3.
276 Vgl. Gälweiler (2005), S. 31 u. 210–213.
277 Vgl. Gälweiler (2005), S. 31 u. 213f.
278 Es handelt sich hier um die Investitionskriterien *Marktanteil, Marktwachstum* und *Potential for Value Creation and Growth*.
279 Gemeint sind hier die beiden Investitionskriterien *Qualität des Managementteams* und *Kapitalintensität*.
280 Es handelt sich hier um das Investitionskriterium *Potential for Value Creation and Growth*.
281 Gemeint sind hier die Investitionskriterien *Marktanteil, Marktwachstum, Qualität des Managementteams* und *Kapitalintensität*.
282 Gälweiler (2005), S. 25.
283 Drucker (2001), S. 55.
284 Drucker (2001), S. 112.
285 Vgl. Malik (1999), S. 143. Siehe auch Gälweiler (2005), S. 24ff.
286 Gälweiler (1974), S. 56. Vgl. hierzu insbesondere auch Gälweiler (1999), S. 385–392.
287 Dieses Vorgehen entspricht exakt der in der Private-Equity-Industrie heute vorherrschenden Denkweise bei der Beurteilung von Investitionsopportunitäten, spiegelt es doch genau die Art und Weise wider, wie die Finanzinvestoren jeweils (teils gemeinsam mit dem Management des zu akquirierenden Unternehmens) den Businessplan erstellen. Mit dem *Businessplan* ist in diesem Kontext sowie allgemein in der Buyout-Industrie nicht der klassische Geschäftsplan, sondern einzig die Finanzplanung gemeint. Unter anderem auch zwecks der Fremdfinanzierung des Zielunternehmens wird so genau wie nur möglich zu errechnen versucht, welcher Ertrag und Cashflow in ein, zwei, drei oder fünf Jahren zu erwarten ist, unter der mehr oder weniger deutlichen Annahme, dass bestimmte Voraussetzungen weiter gelten oder sich ändern.
288 Vgl. Gälweiler (1974), S. 56.
289 Gälweiler (2005), S. 24.
290 Vgl. Gälweiler (2005), S. 26ff.
291 Für die erstmalige Formulierung derartiger Fragestellungen siehe Malik (1987), S. 53.
292 Vgl.: »Profit is not a cause but a result – the result of the performance of the business in marketing, innovation, productivity«. Drucker (2001), S. 65.
293 Buzzell, R. D./Gale, B. T. (1987): *The PIMS Principles – Linking Strategy to Performance*, The Free Press, New York.
294 Ulrich (2001a), S. 347f.

295 Gälweiler (2005), S. 35.
296 Vgl. Ulrich (2001 a), S. 350 f.
297 »Strategie ist Versuch und Irrtum mit Richtung, also Evolution. In der Biologie spricht man von der Strategie der Evolution. Dasselbe gilt für Management.« Malik (2005), S. 163.
298 Vgl. Gälweiler (2005), S. 322.
299 Durch das Aufzeigen von Systemzusammenhängen wird ersichtlich, dass nicht etwa die Optimierung eines Einzelfaktors, sondern das Ausbalancieren einer Vielzahl von unternehmens- und umfeldbezogenen Variablen zur langfristigen Sicherung des Erfolgs notwendig ist. Vgl. auch Drucker: »There are three kinds of balance needed in setting objectives. Objectives have to be balanced against attainable profitability. Objectives have to be balanced as to the demands of the immediate and the distant future. They have to be balanced against each other, and trade-offs have to be established between desired performance in one area and desired performance in others.« Drucker (2001), S. 111 f.
300 Vgl. Barilits (1994), S. 31 f.
301 Wie zum Beispiel die *Growth-Share Matrix* beziehungsweise *Marktwachstum-Marktanteil-Matrix*, die Anfang der siebziger Jahre von der Boston Consulting group (BCG) eingeführt wurde, oder die sogenannte *General Electric/McKinsey Attractiveness-Position Matrix*. Für eine übersichtliche Darstellung dieser absatzmarktorientierten und Skizzierung einiger weiterer Portfolioansätze siehe Müller-Stewens/Lechner (2003), S. 300–306.
302 Bettis/Hall (1981), S. 23 f.
303 Buzzell/Gale (1987), S. 4.
304 Wie ihr Name bereits impliziert, ordnet die *Marktwachstum-Marktanteil-Matrix* bspw. Geschäftseinheiten einer von vier Gruppen zu, und zwar allein auf der Grundlage von zwei Merkmalen: Marktwachstumsrate und relativer Marktanteil.
305 Vgl. Buzzell/Gale (1987), S. 4 f., u. 20.
306 Vgl. Burgess (1982), S. 54, und Buzzell/Gale (1987), S. 5.
307 Vgl. bspw. Malik (2005), S. 40. Für eine kritische Stellungnahme zur Komplexitätsreduktion dieser Portfolioansätze und dem damit einhergehenden Risiko, wichtige Faktoren zu vernachlässigen, siehe bspw. auch Müller-Stewens/Lechner (2003), S. 305.
308 Bresch (1977), S. 288.
309 Vgl. Ashby (1970), S. 207.
310 Anderson/Paine (1978), S. 603.
311 Vgl. PIMS-Datenbank.
312 Malik (2005), S. 179.
313 »Ihr seid alle Idioten zu glauben, aus Eurer Erfahrung etwas lernen zu können, ich ziehe es vor, aus den Fehlern anderer zu lernen, um eigene Fehler zu vermeiden.«
314 Vgl. bspw. Buzzell/Gale (1987), S. 1 f.

315 Siehe hierzu bspw. Waibel/Käppeli (2006), S. 54, Farris/Farley (2004), S. 6, Müller-Stewens/Lechner (2003), S. 323, Hadjis (1997), S. 11, oder Malik (2008), S. 220.
316 Schoeffler/Buzzell/Heany (1974), S. 140.
317 Malik (2005), S. 178.
318 Luchs/Müller (1985), S. 82.
319 Luchs/Müller (1985), S. 83.
320 Vgl. PIMS (2007a), S. 4, Venohr (1988), S. 57f., und Luchs/Müller (1985), S. 81ff.
321 Die von PIMS untersuchten, grundlegenden Strategiedimensionen sind: Produkt/Dienstleistungs-Maßnahmen (Qualität von Produkt/Dienstleistung, Relative Rate der Häufigkeit der Einführung neuer Produkte), Maßnahmen der Preisgestaltung, Marketingprogramme (Außendienst, Werbung, Verkaufsförderung), Investitionsstrategie (Mechanisierung/Automatisierung von Betriebsabläufen, Kapazitätserweiterungen, Lagerbestandsniveau), Arbeitsproduktivität, Wertschöpfungstiefe (vertikale Integration) sowie Forschung und Entwicklung.
322 Vgl. bspw. Schoeffler (1977), S. 108f., Gale (1978a), S. 18f., oder Gale (1978b), S. 5.
323 Vgl. bspw. Venohr (1988), S. 58, oder Anderson/Paine (1978), S. 604f. In Literatur und Praxis wird dieser *Cross-Sectional*-Ansatz oft kritisiert (siehe Kapitel 5.4). Zur Entkräftung wurden jedoch durch entsprechende Segmentierungen der PIMS-Datenbank industriespezifische Untersuchungen durchgeführt, die die branchenübergreifende Gültigkeit der Marktgesetze zu bestätigen vermochten. Vgl. Neubauer (1999), Luchs/Müller (1985), S. 92, sowie Jacob (1983), S. 97.
324 Vgl. Buzzell/Gale (1987), S. 20f.
325 Treffenderweise findet man auf der Website des letztgenannten Konglomerats unter der Rubrik *Über uns* nicht etwa – wie sonst üblich – eine generische Beschreibung der von der Gesellschaft angebotenen Produkte oder Dienstleistungen, sondern zunächst einmal folgende Aussage:»Siemens ist ein Netzwerk von weit mehr als 400 000 Menschen in über 190 Ländern der Erde: Menschen mit fundiertem Wissen über Kundenwünsche, über innovative Lösungen auf dem Gebiet der Elektrotechnik und Elektronik sowie über erfolgreiche Geschäftsführung auch in schwierigen Zeiten.« Siemens (2007).
326 Buzzell/Gale (1987), S. 32.
327 Buzzell/Gale (1987), S. 32.
328 Vgl. Buzzell/Gale (1987), S. 32.
329 Vgl. Buzzell/Gale (1987), S. 33.
330 Buzzell/Gale (1987), S. 85.
331 Vgl. Buzzell/Gale (1987), S. 85f. u. 33.
332 So der Titel des Buches von Buzzell/Gale (1987).
333 Nach der PIMS-Definition entspricht das investierte Kapital dem Buchwert der Aktiva einer strategischen Geschäftseinheit abzüglich den Verbindlichkeiten

ANMERKUNGEN

aus Lieferungen und Leistungen. Auf Gesamtunternehmensebene entspricht dies dem Eigenkapital plus langfristiger Verschuldung, also dem permanent im Unternehmen investierten Kapital.

334 Vgl. Malik (2005), S. 142.

Die eigentliche Wiege der seit Mitte der neunziger Jahre populär gewordenen EBIT-Kennziffer war das PIMS-Programm, das, wie weiter oben angedeutet, die Kennziffer bereits in den sechziger Jahren zur Durchführung nutzbarer Leistungsvergleiche von Unternehmen einsetzte.

335 Vgl. Buzzell/Gale (1987), S. 24 f., u. 36 ff.
336 Vgl. PIMS-Datenbank.
337 Vgl. PIMS-Datenbank.
338 Vgl. Malik (2005), S. 178 ff.
339 Vgl. Buzzell/Gale (1987), S. 35. Messungen oder Schätzungen des von einer strategischen Geschäftseinheit bedienten Marktes, die Marktwachstumsrate, der Umsatz der Konkurrenten und andere Wettbewerbsdaten werden vom Leiter der strategischen Geschäftseinheit, den für Marketing zuständigen Führungskräften und von Experten der Stabsleitung zur Verfügung gestellt.
340 Vgl. Malik (1987), S. 54.
341 Für weiterführende Erläuterungen im Zusammenhang mit der PIMS-Datenerhebung sowie einen Auszug aus den *PIMS Data Forms* siehe Buzzell/Gale (1987), S. 259–271.
342 Vgl. bspw. Venohr (1988), S. 66.
343 Die Kritiker stellten die Repräsentativität der Datenbank insofern infrage, als die Auswahl der Mitglieder der PIMS-Datenbank nicht durch einen Zufallsmechanismus, sondern eben durch diese Selbstselektion erfolgte; siehe auch Kapitel 5.4.
344 Vgl. bspw. Luchs/Müller (1985), S. 82.
345 Ähnlich wie der von PIMS gewählte *Cross-Sectional*-Ansatz ist in der Literatur und Praxis auch die – früher noch stärker ausgeprägte – starke Konzentration US-amerikanischer Unternehmen in der PIMS-Datenbank oft kritisiert worden (für die entsprechende Literaturangabe siehe Kapitel 5.4). Zur Entkräftung dieser Kritik wurden auch hier durch entsprechende Segmentierungen der PIMS-Datenbank geografiespezifische Untersuchungen durchgeführt, die die geografische Allgemeingültigkeit der Marktgesetze zu bestätigen vermochten. Vgl. Luchs/Müller (1985), S. 89, und Jacob (1983), S. 97.
346 Vgl. bspw. Malik (2005), S. 180, Buzzell/Gale (1987), S. 272, sowie Venohr (1988), S. 70 f.
347 Vgl. Buzzell/Gale (1987), S. 272.
348 Für eine übersichtliche Darstellung der wichtigsten OASIS-Ergebnisse siehe OASIS (1986).
349 Vgl. Schoeffler/Buzzell/Heany (1974), S. 137–140.
350 Vgl. Malik (1987), S. 54 f., Malik (2005), S. 181 ff., und PIMS-Datenbank.
351 Vgl. Malik (1987), S. 54.

352 Entlang sämtlicher in Abbildung 1 dargelegten Kategorien von Private-Equity-Investitionen ist es ebendiese Qualität des Managementteams, die in letzter Instanz den Investitionsentscheid der Private-Equity-Firmen bestimmt.
353 Für die detailliertere Abhandlung eines jeweiligen Faktors siehe die einschlägige Literatur; für die wissenschaftlich profunde Auseinandersetzung mit sämtlichen Einflussfaktoren empfiehlt sich das Studium des PIMS-Standardwerks: Buzzell/Gale (1987). Dort sind auch zahlreiche Praxisbeispiele, Quantifizierungen und Querverweise zu weiteren existierenden Methoden und Instrumenten des strategischen Managements, sowie schließlich Angaben zur weiterführenden Literatur (S. 301–312) vorzufinden.
354 Vgl. hierzu etwa Szymanski/Bharadwaj/Varadarajan (1993), sowie Buzzell/Gale (1987), S. 85 f. Für eine detaillierte Übersicht sämtlicher, auf Basis der PIMS-Datenbank durchgeführter, empirischer Untersuchungen des Zusammenhangs zwischen Marktanteil und Rentabilität, sei der Leser auf Venohr (1988), S. 130–137 verwiesen.
355 Vgl. Buzzell/Gale (1987), S. 71.
356 Vgl. Buzzell/Gale (1987), S. 73 f., Buzzell/Gale/Sultan (1975), S. 98, sowie Waibel/Käppeli (2006), S. 179.
357 Vgl. Buzzell/Gale (1987), S. 74, und Buzzell/Gale/Sultan (1975), S. 98.
358 Robert D. Buzzell und Bradley T. Gale erklären: »It [market share] reflects two kinds of forces, however, that do cause high or low profits: (1) relative scale and/or experience-based cost advantages or disadvantages and (2) relative success or lack of it [business unit] in designing, producing, and marketing products that meet the needs of the customers in a particular served market.« Buzzell/Gale (1987), S. 91.
359 Peters/Austin (1985), S. 75.
360 Vgl. bspw. Malik (2008), S. 179.
361 Vgl. Buzzell/Gale (1987), S. 153–158.
362 Drucker (2001), S. 103 f.
363 Vgl. Schoeffler (1980a), S. 4 f.
364 Vgl. Gale (1980), S. 78 ff., und Barilits (1994), S. 127.
365 Das Investment wird definiert als Nettobuchwert (der Preis zum Zeitpunkt des Erwerbs abzüglich akkumulierter Abschreibungen) der Betriebsanlagen zuzüglich des *Working Capital* plus sonstiger Nettovermögenswerte. Das entspricht dem Gesamtvermögen abzüglich kurzfristiger Verbindlichkeiten, eben dem Kapital, das die Geschäftseinheit für ihren Betrieb benötigt. Vgl. Buzzell/Gale (1987), S. 136.
366 Buzzell/Gale (1987), S. 145.
367 Vgl. Roberts (2006), S. 1, sowie Schoeffler (1980b), S. 1 f.
368 Vgl. Wagner (1984), S. 121 ff.
369 Eine hohe Investmentintensität vergrößert den Nenner des ROI. Unter Annahme eines gleichbleibenden Zählers führt dies zu einer Verringerung des als ROI ausgedrückten Ergebnisses. Vgl. hierzu die Ausführungen des Kapitels 5.1.

370 Für eine ausführliche Beschreibung der Implikationen dieser *Exit Barriers* siehe Porter (2004b), S. 259 ff.
371 Vgl. Buzzell/Gale (1987), S. 148, und Roberts (2006), S. 3.
372 Die Zunahme des Marktanteils bedeutet Umsatzwachstum, bessere Kapazitätsauslastung und schließlich eine Kapazitätserweiterung, die es ermöglicht, neue Produktionsanlagen mit der modernsten, kostensparenden Technologie einzuführen.
373 Vgl. Buzzell/Gale (1987), S. 104 ff. Siehe auch Gale/Klavans (1984), S. 6 ff.
374 Vgl. Malik (2008), S. 154, Malik (2005), S. 171, u. 185 f., sowie PIMS (2007a), S. 32.
375 Bei einem Maschinenbauer könnten dies bspw. Verlässlichkeit, Verfügbarkeit, Reputation und Service sein.
376 Bei einem lebenswichtigen Medikament lautet das Preis-Qualitäts-Verhältnis etwa 10/90.
377 Vgl. Stöger/Mispagel/Herse (2005), S. 2f., sowie PIMS (2007a), S. 35. Die Messung des relativen Kundennutzens erfolgt zunächst in Form eines Eigenbildes mit den eigenen Mitarbeitern eines Unternehmens aus allen Funktionen. Dabei ist es wichtig, sich in die Lage des Kunden zu versetzen. Mit derselben Methodik wird sodann ein Fremdbild mit den Kunden erarbeitet. Zu befragen sind nicht nur aktuelle Kunden, sondern auch Nicht- und Wechselkunden. Schließlich erfolgt der Abgleich von Eigen- und Fremdbild.
378 Vgl. Buzzell/Gale (1987), S. 122.
379 Vgl. Barilits (1994), S. 87.
380 Vgl. PIMS (2007a), S. 52.
381 Vgl. Morrison/Tavel (1982), S. 2f.
382 Vgl. Morrison/Tavel (1982), S. 4–8.
383 In rasch wachsenden Märkten steigen die Preise in der Regel langsamer als die Kosten, mit der Folge einer auseinandergehenden Preis-Kosten-Schere.
384 Vgl. Buzzell/Gale (1987), S. 57 f.
385 Die Kundenkonzentration beziehungsweise das Kundenprofil ist von dem hier nicht näher diskutierten Strukturfaktor *Kundenverhandlungsmacht* abzugrenzen. Auch Letztere bezieht sich auf die Kundenmacht, jedoch nicht hinsichtlich der Kundenanzahl einer Geschäftseinheit, sondern hinsichtlich der typischen Auftragsgröße der unmittelbaren Kunden.
386 Als *unmittelbare* Kunden werden all jene Kunden bezeichnet, die die Produkte und Dienstleistungen direkt von der untersuchten Geschäftseinheit beziehen. Vgl. PIMS (2007a), S. 62.
387 Dies ist allerdings von bestimmten Branchenmerkmalen abhängig.
388 Vgl. bspw. Barilits (1994), S. 135.
389 Die Marketingintensität entspricht im PIMS-Programm den Marketing- und Vertriebskosten einer Geschäftseinheit bezogen auf deren Umsatz.
390 Vgl. Buzzell/Gale (1987), S. 166–170. Siehe insbesondere auch Buzzell (1983).
391 Was bspw. bei entsprechender Investmentintensität und Produktivität der Fall sein kann.

392 Was bspw. bei entsprechendem relativen Kundennutzen und relativen Marktanteil der Fall sein kann.
393 Vgl. Porter (2004 b), S. 42 f.
394 Während Porter den Marktanteil als Absatz einer Geschäftseinheit im Verhältnis zu einer sehr weit gefassten Industrie wie bspw. die Automobilindustrie definiert, werden die Marktanteile bei PIMS im Verhältnis des seitens einer Geschäftseinheit bedienten Marktes gemessen. Entsprechend führte Porter damals Mercedes Benz als einen erfolgreichen Wettbewerber mit geringem Marktanteil am weltweiten Automobilmarkt auf, während das Unternehmen gemäß des Konzepts des bedienten Marktes einen großen Marktanteil am Markt für Luxusfahrzeuge aufzuweisen vermag. Vgl. Buzzell/Gale (1987), S. 85 f. Die Beurteilung, inwiefern nun Mercedes Benz damals tatsächlich mit Honda oder Volkswagen konkurrierte, sei dem Leser überlassen.
395 Vgl. Porter (2004 b), S. 42 ff., sowie Buzzell/Gale (1987), S. 85 ff.
396 Vgl. Malik (2005), S. 44.
397 Vgl. bspw. Malik (1987), S. 55.
398 Malik (1987), S. 56.
399 Für eine Übersicht sämtlicher im Rahmen des PIMS-Programms existierender Anwendungsmodelle und eine jeweils mehr oder weniger detaillierte Abhandlung derselben, siehe bspw. Hadjis (1997), S. 14 ff., Barilits (1994), S. 47–58, Venohr (1988), S. 76–116, Kreilkamp (1987), S. 373 ff., oder MZSG-PIMS (1986), S. 8 f., u. 14–18.
400 Vgl. Branch (1980), S. 59.
401 Diese ist so früh wie möglich und so früh wie notwendig für die Schaffung und Erhaltung der besten Voraussetzungen für anhaltende und weit in die Zukunft reichende Erfolgsmöglichkeiten, d. h. für Erfolgspotenziale zu sorgen. Vgl. Gälweiler (2005), S. 23 f.
402 Vgl. Friedrich/Küsel (2007), S. 2 f.
403 Vgl. MZSG-PIMS (1986), S. 8 f. u. 14, Venohr (1988), S. 102 f., sowie Luchs/Müller (1985), S. 96 f.
404 Zur Messung der Ähnlichkeit wird ein auf dem euklidischen Distanzmaß aufbauender, sogenannter *Index of Similarity* konstruiert.
405 Vgl. Venohr (1988), S. 103 ff., Buzzell/Gale (1987), S. 131 f., und Barilits (1994), S. 55 f. Für einen Auszug aus einem *Report on Look-Alikes* siehe MZSG-PIMS (1986), S. 15.
406 Vgl. PIMS (2007 c), S. 5. Siehe auch Becker/Müller (1986), S. 255.
407 Für die Auflistung sämtlicher Daten, die für eine Analyse mittels des *Limited Information Model* benötigt werden, siehe MZSG-PIMS (1986), S. 18.
408 Vgl. Roberts (1986), S. 58, und Luchs/Müller (1985), S. 95.
409 Vgl. bspw. MZSG-PIMS (1986), S. 9.
410 Vgl. MZSG-PIMS (1986), S. 14, und PIMS-Datenbank.
411 Vgl. bspw. PIMS (2007 a), S. 10.
412 Vgl. Malik (1999), S. 185–194. Siehe auch Roberts (2007), S. 2.
413 Vgl. bspw. PIMS (2007 a), S. 13.

Anmerkungen

414 Vgl. Barilits (1994), S. 49, sowie bspw. Buzzell/Gale (1987), S. 245f.
415 Malik (2005), S. 171.
416 Vgl. Gale/Heany/Swire (1977), S. 1, u. 13–17, sowie Venohr (1988), S. 77. Das PAR-ROI-Modell wird kommerziell verwertet, weshalb denn auch die statistischen Werte (Regressionskoeffizienten), die in die Regressionsfunktion einfließen, bislang unveröffentlicht blieben. Eine Darstellung der Struktur der PAR-ROI-Regressionsfunktion sowie eine Auflistung der 28 einbezogenen Grundvariablen der Gleichung finden sich bei Gale/Heany/Swire (1977), S. 8f., u. 14f.
417 Diese Interaktionsvariablen spiegeln den gemeinsamen Einfluss zweier Grundvariablen auf den ROI wider.
418 Diese beiden Indizes werden jeweils aus der Summe zweier Variablen gebildet; es ist dies für den Marktanteilsindex die Summe aus absolutem und relativem Marktanteil beziehungsweise für den Index der Kapitalintensität die Summe aus dem investierten Kapital bezogen auf den Umsatz und dem investierten Kapital bezogen auf die Wertschöpfung.
419 Vgl. Venohr (1988), S. 79f., Backhaus et al. (2006), S. 56–60, sowie Branch (1980), S. 64.
420 Vgl. Venohr (1988), S. 80f., und Backhaus et al. (2006), S. 63–66.
421 Branch (1980), S. 59.
422 Vgl. Gale/Heany/Swire (1977), S. 3.
423 MZSG-PIMS (1986), S. 9.
424 Vgl. Buzzell/Gale (1987), S. 241. Vgl. hierzu bspw. auch Branch (1980).
425 Vgl. PIMS (2007a), S. 13.
426 Vgl. Friedrich/Küsel (2007), S. 3. Siehe auch Buzzell/Gale (1987), S. 241.
427 Vgl. Friedrich/Küsel (2007), S. 3f. Siehe bspw. auch Malik (2005), S. 170.
428 Vgl. bspw. Buzzell/Gale (1987), S. 241.
429 Branch (1980), S. 60.
430 Vgl. hierzu die Ausführungen in Kapitel 4.1, beziehungsweise Malik (2005), S. 169ff., sowie Gälweiler (2005), S. 46f.
431 Vgl. Malik (1999), S. 179, 186, u. 193, sowie Roberts (2007), S. 2.
432 Vgl. PIMS (2007b), S. 38.
433 Philip Kotler, Professor für Internationales Marketing an der Kellogg School of Management, Northwestern University, in: Buzzell/Gale (1987), Buchrücken.
434 George A. Steiner, amerikanischer Ökonom und emeritierter Professor für Management an der University of California, Los Angeles (UCLA), in: Neubauer (1999), S. 495.
435 Venohr (1988), S. 232.
436 Teilweise (leider) auch in (universitären) Lehrbüchern des strategischen Managements.
437 Vgl. Malik (2005), S. 187. Siehe auch das Interview mit Keith Roberts, *Managing Director* und Partner von PIMS Associates Ltd. in London, aus dem Jahr 2004 (vgl. Farris/Moore (2004a), S. 273f.), sowie Buzzell/Gale (1987), S. 308f.

438 Auf verschiedene Kritikpunkte ist bereits im Rahmen dieses Buches eingegangen worden, z. B. auf die (angeblich) zu stark ausgeprägte Konzentration auf US-amerikanische Unternehmen in Kapitel 5.1 (Kritik an der Datengrundlage), auf die Kritik an der Untersuchungsmethodik (bspw. am *Cross-Sectional*-Ansatz, siehe Kapitel 5.1 und 5.2), auf die Kritik an den Strategieempfehlungen (bspw. an der einseitigen Orientierung am ROI als Erfolgsgröße; Kapitel 5.1). Für mehr oder weniger ausführliche und in ihrem jeweiligen Seriositätsgrad stark variierende, kritische Auseinandersetzungen mit dem PIMS-Programm siehe insbesondere Anderson/Paine (1978), Naylor (1978), Lange (1982), Wensley (1982), Jacob (1983), Lubatkin/Pitts (1983), Ramanujam/Venkatraman (1984), Venohr (1988) sowie Homburg/Krohmer (2003).
439 Dieser Ansatz beziehungsweise Theorietyp steht in fundamentalem Gegensatz zum systemisch-evolutionären Ansatz und funktioniert vergleichbar einer *Maschine im Sinne der klassischen Mechanik* nach Prämissen der absoluten Beherrschbarkeit. Für die weiterführende Literatur siehe Malik (2006), S. 36–79, dort findet sich auf S. 49 eine übersichtliche Abgrenzung vom systemisch-evolutionären Ansatz.
440 Vgl. Ulrich (2001a), S. 350 f.
441 Vgl. Malik (2005), S. 159.
442 Malik (2005), S. 163.
443 Für weiterführende Literatur siehe wiederum auf Malik (2006), S. 36–79.
444 Malik (2006), S. 46.
445 Und damit in gewichteter Hinsicht.
446 Abbildung 57 darf nicht als rigide Einteilung aufgefasst werden, sondern soll als Orientierung hinsichtlich des Charakters der Mehrzahl der seitens der Finanzinvestoren angewandten Investitionskriterien dienen.
447 Für eine Übersicht sämtlicher erhobener Investitionskriterien einschließlich der jeweiligen Häufigkeit ihrer Nennungen siehe Tabelle 19.
448 Der Marktanteil stellt einen der wesentlichsten, empirisch ermittelten Erfolgsfaktoren dar, aber eben nicht für die kurz- bis mittelfristige Gewinnmaximierung, sondern für die Schaffung der Voraussetzungen für Erfolgspotenziale und damit für den langfristigen Erfolg. Ein hoher Marktanteil ist entsprechend als Grundvoraussetzung zu verstehen, um höhere Renditen überhaupt erwirtschaften zu können. Zudem ist er eine wesentliche Voraussetzung in gesättigten Märkten, wenn es zur Konsolidierung im Markt kommt. Hierfür ist Stärke im Sinne hoher Marktanteile und nicht Größe unabdingbar. Für weitere Ausführungen siehe Kapitel 4.3. Des Weiteren wird die Bedeutung des Marktumfelds und insbesondere die des Marktwachstums von vielen Gesprächspartnern massiv überschätzt, wie etwa durch folgende Interviewaussage deutlich zum Ausdruck kommt: »In einem stark wachsenden Markt oder Sektor kann man sich auch einiges an Fehlern erlauben. In einem schrumpfenden Markt wird man auch mit einem guten Managementteam, das alles richtig macht, mit runtergezogen, auch wenn vielleicht etwas weniger schnell als die anderen. Wenn man zu einem korrekten Preis, also zu einer normalen *Market Valuation*

ein durchschnittliches oder gar gutes Unternehmen in einem tollen Markt erwerben kann, ist es schwierig, etwas falsch zu machen.« Diese Haltung steht in Einklang mit der dem Marktwachstum in Portfoliokonzepten im Kontext der Bestimmung der Marktattraktivität regelmäßig beigemessenen, hohen Bedeutung. Ihr lässt sich jedoch die empirisch begründete Tatsache entgegenhalten, dass, wie in Abbildung 38 dargestellt, die Marktumwelt insgesamt einen Einfluss von nur 15 Prozent auf das Erfolgs- beziehungsweise Renditepotenzial eines Unternehmens ausübt. Das Marktwachstum an sich kann hier den Erfolg eines Unternehmens zwar verstärken, ihn jedoch nicht bewirken.
449 Die Zitate sind ausnahmslos der ersten Interviewrunde entnommen. Sie verdeutlichen die Haltung der Private-Equity-Firmen gegenüber der Bedeutung der Managementqualität per se und wurden teilweise auch zur Begründung der Priorisierung der Investitionskriterien verwendet.
450 Malik (2005), S. 181. Es bedarf an dieser Stelle einer kleinen Präzisierung: Da es Unternehmen gibt, die über eine bestimmte Zeitdauer hinweg einen höheren IST-ROI- als PAR-ROI-Wert ausweisen können (siehe bspw. den ersten Fall der Tabelle 25 oder die SGE B in Abbildung 55), müsste der zweite Satz wie folgt ergänzt beziehungsweise korrigiert werden: »[…] und durch noch so gutes operatives Management [auf Dauer] nicht kompensiert werden«.
451 Malik (2005), S. 162.
452 Vgl. hierzu die Ausführungen des Kapitels 3.4. Interessant ist hierbei insbesondere die folgende Stellungnahme des Vertreters einer kontinentaleuropäischen Investorengruppe: »Das [*Financial Leverage*] kann nie von Platz eins vertrieben werden, denn sogar wenn sich ein Unternehmen nur seitwärts bewegt, machen Sie ein gutes Investment, solange Sie weniger auf die Finanzierung zahlen, als Sie auf das ganze Kapital verdienen. Sogar ein Unternehmen, das an Wert verliert, kann über *Financial Leverage* trotzdem noch zum Erfolg werden […].«
453 Vgl. hierzu LUKB (2008) und Ciglia (2008).
454 Gälweiler (1974), S. 56.
455 Vgl. auch KKR (1989), S. 66.
456 Dem Malik Management Zentrum St. Gallen wurde natürlich Anonymität zugesichert und eingehalten.
457 Binder (2006), S. 50 f.
458 Vgl. hierzu bspw. Binder (2006), S. 51.
459 Die Gesprächspartner wurden hierbei darum gebeten, von der *Deal Size* der Investitionsopportunitäten zu abstrahieren.
460 Für eine Übersicht sämtlicher erhobener Investitionskriterien einschließlich der jeweiligen Häufigkeit ihrer Nennungen siehe Tabelle 19.
461 Die für die Investitionsopportunitäten angegebenen Marktwachstumsraten von 4–6% p. a. *(Project Railway)* beziehungsweise 3–5% p. a. *(Project Automotive)* seien zwar für Wachstumsfinanzierungen keineswegs, für Buyouts aber sehr wohl als hinreichend zu betrachten.
462 Alle wörtlichen Aussagen dieses Kapitel entstammen – sofern nicht anders gekennzeichnet – der zweiten Interviewrunde.

463 Der Vertreter einer angelsächsischen Investorengruppe sagte hierzu treffend: »Was wir nicht tun, und vielleicht sollten wir es tun, ist, dass wir mit einem systematischen Tool à la McKinsey oder so alle Investitionsopportunitäten abarbeiten. Wir schauen zwar auf die einzelnen Kriterien und Themen – das ist dann aber mehr gut-feeling.«

464 Für die entsprechende Interpretation siehe die Ausführungen von Kapitel 5, insbesondere die Ausführungen des Kapitels 5.3.

465 Drucker (1970), S. 121.

466 Der Vertreter einer kontinentaleuropäischen Private-Equity-Gesellschaft erklärte in diesem Zusammenhang, dass sich die jeweilige Markt- und Unternehmenssituation bei einer durchgeführten Buyout-Transaktion schon zu oft anders als von den Beratern vorhergesagt entwickelt hätte, als dass er diesen Berichten sein vollstes Vertrauen schenken würde. Nichtsdestotrotz versorgen diese *Due-Diligence*-Berichte die Private-Equity-Firmen jeweils mit einer großen Menge an Informationen, weshalb denn auch dieser Investor in Zukunft nicht darauf verzichten wird.

467 Branchenkenner Jon Moulton erklärt: »Investors and managers will develop a business plan to maximise value over the five-year timeframe. But it is questionable that this will benefit businesses over the long-term. One example is product development. Working to a five-year exit plan, a company will often seek to introduce new products quickly, reducing development costs in the last year or two. That will allow them to maximise their operating income at exit. Sometimes an exit will come at a bad time – an industry might be at a cyclical low for example. Again, that can produce pressure for artificial short-term performance.« Moulton (2007), S. 23. So ist es denn auch bei von Beteiligungsgesellschaften realisierten Kostensenkungspotenzialen häufig der Fall, dass nicht nur Kosten aufgrund von Ineffizienzen und Verschwendungen, sondern auch Kosten, die de facto bestehende und zukünftige Erfolgspotenziale bilden, abgebaut werden, weil das eben die schnellstmögliche Art ist, Gewinne zu maximieren. Unter der Maxime des hochgepriesenen *Bottom Line Growth* versuchen die verantwortlichen Investmentmanager, jeweils kurzfristig die operative Performance und damit die Profitabilität ihrer Portfoliogesellschaften zu steigern. Die Erwirtschaftung höherer Umsatzrenditen resultiert dann in der Regel in höheren Bruttoergebnissen und führt schließlich über eine Kombination der in Kapitel 1.3 dargelegten Kanäle zu einer Wertsteigerung des vom Finanzinvestor eingesetzten Eigenkapitals.

468 Vgl. Dörner (2007), S. 235.

469 Dörner (2007), S. 235.

Register

Add-on Acquisition 110, 224, 257, 281
Asset-Klasse 90, 113

Balance
- of Upside-Potential 109
- Sheet 117

Base-Case-Annahme 111
Benchmark 100
Bewertungs-Multiples 12 f., 44–46, 59, 63, 66 f., 75, 79, 89, 101, 112, 116, 119, 135, 146, 257, 275, 285
Blindprofil 227 f., 233, 237
Bottom-Line Growth 44 f., 99 f., 147
British Venture Capital Association (BVCA) 18
Business
-Start-up-Modell 196, 200, 211, 256 f.
-Unit 165
Buy-and-Build-Möglichkeit 31, 93, 99 f., 105, 109 f., 224, 284
Buy-back-Transaktion 35
Buy High/Sell High-Strategie 66
Buy High/Sell Low-Strategie 66
Buyin-Management-Buyout (BIMBO) 26
Buyout (BO)
-Exit 33
-Investor 12, 14, 17, 40, 87 f., 98, 106, 215, 245, 251, 254, 257, 278, 280

Call-Option 35
Call-Regelung 35
Capex 40, 274

Captive-Buyout-Firma 24
Captive Private-Equity-Firma 22 f.
Carried Interest 23 f., 90
Carve-Out 110
Case-by-Case-Analyse 111
Cash Conversion Rate 149, 233
Cashflow
-Muster 30
-Stabilität 93, 102, 105, 107, 149 f., 223, 233
-Visibilität 93, 102, 105, 107, 223
Comparable Transaction 33
Compelling Value Proposition 99
Conglomerate Discount 45, 275
Corporate
- Governance 202
- Spin-Off 45, 62, 65, 100 f.
Cross-Sectional-Ansatz 164, 288 f., 294
Customer-Value 15, 81, 121 f., 157, 172

Deal-Flow 29
Deal Size 21 f., 30, 85–88, 279 f., 295
Defendable USP 111, 281
Discounted Cashflow (DCF) 32
Distressed-Investition 21, 84
Divestment 113
Downside-Risk 109
Due Dilligence (DD) 18, 29, 31 f., 92, 111, 233, 251, 254–256, 296

Early-Stage-Venture-Capital-Firma 21
Earnings before Interest, Taxes, Depreciation and Amortization (EBITDA) 40

Earnings before Interest and Taxes
(EBIT) 40, 42, 47, 102 f., 148, 167,
194, 229–232, 249, 257, 289
Earnings before Taxes (EBT) 40, 42,
47, 275
Effizienzproblem 143 f., 218
Emittenten 19–21
Employee Buyout (EBO) 26
Enterprise Value (EV) 32, 39, 42, 45,
56, 85, 257, 274
Equity Kicker 37
Erfahrungseffekt 136
Erfahrungskurventheorie 177
Erfolgsmessgröße 145, 148
Erfolgsvoraussteuerung 133 f., 136, 153
Ertragswertmethode 32
European Interbank Offered Rate
(EURIBOR) 36
Exit
-Kriterium 91, 107
-Route 34, 66
-Szenarium 91, 107
Expansionsfinanzierung 84

Financial
-Engineering 47, 117
-Covenants 70, 277
Fundamentalkriterium, fondsbezogenes
91, 111
Fundraising 11, 52 f., 59, 89

Gap Analysis 217
General Partner 23 f.
Global Investment Performance
Standards (GIPS) 22
Going-Private Buyout 27, 272, 275

Halteperiode 42, 88 f., 118, 255, 279 f.
Hands-off-Ansatz 33
Hands-on-Ansatz 33
Hedge-Fonds 12, 17, 58, 61, 78, 277

Initial Public Offering (IPO) 34
Input-Parameter 41, 140

Institutional Buyout (IBO) 26
Internal Rate of Return (IRR) 37 f.,
41–43, 66 f., 70, 72, 87, 89 f., 118,
274
Investitionskriterium, hybrids 147 f.,
221
Investment Advisors to Investors 20 f.
Investment Executives 92, 119, 148, 248

Junior-Fremdfinanzierungsquelle 36
Junk-Bonds 36

Kapazitätsauslastung 93, 105, 109, 150,
173, 180 f., 209, 216, 237, 240, 243,
274
Kapitalallokation 249
Kapitalmarkt, dritter 53
Key Success Factor 95
Killerkriterium 94, 96 f., 107
Konsolidierung 294
Konzept der strategischen Unternehmensführung 128, 130, 159 f., 162,
224, 258
Kriterium
–, dichotomes 31
–, kontinuierliches 31
Kundenabhängigkeit 93, 105, 109, 149,
216, 233
Kundennutzen, relativer 51, 173, 175 f.,
182–185, 191–193, 200 f., 210 f., 238,
242, 249, 291 f.

Large and Mid-Market Buyout-Funds
86 f.
Late-Stage-Venture-Capital-Firma 21
Laws of the market place 50, 163, 173,
204
Leverage
-Effekt 43 f., 47, 60, 69, 75, 140
-Finanzierung 103, 222, 252, 257
-Risiko 69
Linking Strategy to Performance 156,
167
Liquidation 35

Register

London Interbank Offered Rate
(LIBOR) 36

Management
- and Employee Buyout (MEBO) 26
- Buyin (MBI) 26, 95
- Buyout (MBO) 26, 46
- Fee 24

Margenverbesserung 43 f., 72, 100, 140
Marktanteils-Rentabilitäts-Beziehung
177, 183
Markteintrittsbarriere 93, 105, 109, 149,
224
Marktregulierung 93, 105, 108, 142,
224
Marktvergleichsmethode 32
Matching Criteria 197 f.
Mezzanine-Darlehen 36, 84
Multiple of Original Cost 37

Net
- Asset Value (NAV) 37
- Debt (ND) 39 f.
- Profit 32, 40
- Profit-Margin 40
- Profit-Multiple 40
New-Economy-Phase 162

Ordinary Least Squares (OLS) 203
Owner Buyout (OBO) 26

Pattern Recognition 234
PIMS
- Business Overheads-Datenbank 172
- OASIS-Datenbank 172
- Start-up-Datenbank 172, 200, 211 f.
Placement Agents 20 f.
Privatisierungs-Buyout 28
Portfolioklassifikationssystem 161
Predictable Exit 107
Produktportfolio 30, 93, 105, 108, 150,
224, 281
Profit-Optimizing Model (PROM) 50
Public-to-Private Transaction 27, 275

Quick Flip 77
Quoted Comparables 32, 273

Ratingsystem 223
Report on Look-Alikes (ROLA)
196–199, 256, 292
Risiko-Rendite-Profil 98, 111
Risk-Return-Profile 111

Satelliten-Datenbank 169, 172
Sector Growth 111
Semi-Captive-Buyout-Firma 24
Semi-Captive Private-Equity-Firma
22 f.
Senior-Tranchen 36
Small and Mid-Market Buyout-Fund
86 f.
Spin-off Buyout 27, 62, 65
Spread 36
Steuerungsproblem 143, 219
Steuerungssystem, komplexitäts-
konformes 16, 127, 139, 159
Strategic Peers 198
Strategic Planning Institute (SPI) 50,
170
Stratification Variable 198
Subprime-Krise 70, 222
Substitutionsdynamik 136, 210 f., 224
Succession Buyout 27
Synergiepotenzial 44, 100

t-Test 198
Tax Shield 47
Teaser 227, 233, 247
Top-Line Growth 44, 100, 146 f.
Total Lifetime Cash 108, 285
Track Record 30, 229
Trade Sale 34 f.
Trading Multiples 32
Transaction Multiples 33
Turnaround
- Buyout 27
- Investitionen 272
Turnover (TO) 85

Unternehmenleistung 27, 135

Valuation Multiple 32, 43, 45, 59, 88, 140, 257
Value
- Capturing 46, 275
- Map 184 f., 196, 201
- Play 88, 99
- Story 99

Volatilität 88

Wertsteigerungsmanagement 258
Win-Win-Gedanke 182
Working Capital Management 100, 102, 181, 290

Zyklizität 93, 105 f., 149 f., 223, 233